1부

학교에서 부치는 편지

2012학년도 서곡초등학교
4학년 2반

저자 **우길주**

차 례

1주 ・자유와 민주의 신념　　　　　　　7

2주 ・　　‥　　　　　　　　　　　　11

3주 ・가르침의 바탕　　　　　　　　　25

4주 ・권리와 책임　　　　　　　　　　35

5주 ・시대, 그리고 학교의 변화　　　　41

6주 ・에너지 보존의 법칙　　　　　　　45

7주 ・직진주의자와 조급주의자　　　　52

8주 ・언어의 감옥　　　　　　　　　　59

9주 ・부박(浮薄)과 즉물(卽物), 그리고 극복　　67

10주 ・화려(華麗)와 침묵(沈默)　　　　75

11주 ・열린 사회의 적들　　　　　　　84

12주 ・아인슈타인의 에너지　　　　　　90

13주 ・내부의 적들　　　　　　　　　　96

14주 ・일차원적 인간　　　　　　　　　103

15주 • 큰바위 얼굴	113
16주 • 대중의 권력, 또는 탐욕	120
17주 • 도량형과 독심술	128
18주 • 만들어가는 진실	138
19주 • 문화 생태계의 미로(迷路)	156
20주 • 스마트폰 홀릭 중후군	168
21주 • 스마트폰의 식민성(植民性)	175
22주 • 배반의 세월	185
23주 • 성냥팔이 소녀의 죽음	200
24주 • 실존과 해체, 제망매가(祭亡妹歌)	215
25주 • 너무 많은 것들	223
26주 • 대중문화에서 삶의 미학을?	248
27주 • 사라호! 유토피아를 향한 역설	322
28주 • 유목(遊牧)과 실존(實存)	343

머리말

안녕하세요?

참으로(?) 반갑습니다. 2013년 2월에 초등학교(예전엔 국민학교<國民學校>라고 했지요.) 교사로 정년퇴직한 사람입니다. 12년 전 그림들이지만 10년이 지난 지금도 그때를 생각하면 제 생애에서 가장 화려(?)했던 시절이었다고 생각합니다. 지금도 가끔 꿈을 자주 꾸곤 하지요.

말썽꾸러기 우리반 아이가 옆반 아이를 때려 교장실에 불려가 난처했던, 언제나 말없이 뒤처지기만 했던 아이가 눈물을 흘리며 집안 사정으로 학교를 그만두겠다고 하던, 뒷산으로 소풍을 가서 말벌에 쏘인 아이를 업고 산을 뛰어내려 시장 안 현대병원에 갔던, 절벽 위 학교 담벼락에서 연을 날리며 두둥실 꿈을 꾸던, 아이스링크로 현장학습을 가서 미끄러져 뒹굴면서도 깔깔 웃던, 성적이 너무 좋지 못해 더 이상 가르치고 싶지 않다고 양호실에 가서 누워있을 때 아이들이 와서 죄송하다며 눈물을 흘리던, 수영강 상류에 가서 바지를 접어올리고 물고기를 잡으며 깔깔 웃던, 그래서 커다란 어항을 같이 꾸미며 박수치던-. 그렇게 제 곁을 스쳐간 아이들과 또 여러 선생님들….

그들은 10년이 지난 지금도 꿈 속에 나타나 조잘재잘 끝없이 이야기를 하면서 깔깔 웃어줍니다. 그러면 저는 반가우면서도 흘러내리는 눈물을 주체하지 못하고 한없이 무너지곤 합니다. 아아, 그 시절을 되돌릴 수 있다면 내 이 모든 것을 다 주고라도 달려가 껴안고 싶습니다만. 그러나 지금은 폐교되어 곧 아파트 단지로 뒤덮일 것만 같은.

당시 무언가 제 마음에 맺혔던 게 있었던걸까요? 마지막 교직의 마무리를 그대로 보내기에 너무 아쉬웠습니다.

그래서 학년 초부터 글을 썼습니다. 일주일 동안 배울 내용을 적어 아이들에게 나눠주는 〈주학습지도안〉에 덧붙여 《학교에서 부치는 편지》란 글을 써서 같이 나눠줬습니다. 뭐 별 건 아닌데 쓰다보니 점점 엉큼한 욕심(?)이 생기더군요. 쓰잘 데 없는 생각들이겠지만, 그래서 어쩌면 살아오면서 제 맘 속에 똬리를 틀고 있는 무언가를 세상으로 쏟아내야 시원해질 것 같은. 결과적으로 쓰잘 데 없는 개인의 내면을 배설한 것과 같은데 그래도 지지(?) 않고 1년을 버텨온 제가 장하다는 생각이 들기도 하더군요.

매주 긴 글을 쓰다보니 조금 아쉬운 생각도 들더군요. 그래서 작년 출판사를 통해 책을 펴냈습니다. 무려 700쪽에 가까운. 아마도 무척 잘난 체 하는 내용들인 것 같은데 그래도 마음은 후련하더군요.

그런데 출판 생각이 앞서 글이 조금 어수선하고, 온전하고 적절하지 못한 문장들도 있어 일부 수정하고, 무엇보다 부담스럽지 않게 1~2부로 나눴습니다. 이번에는 거의 완벽(?)하게 출판해야겠다는 생각인데 과연? 아무래도 어리석은 미망(迷妄)일 테지요,

아무튼 이제 모두 마무리를 하여 짐을 내려놓고 나니 편합니다.
죄송합니다.

제(1~2)주 학습지도 계획안

(2012년 3월 2일 ~ 3월 9일)　　　　　　　　　○○초등학교 4학년 2반

구분	금(3/2)	월(3/5)	~ 수(3/7)	목(3/8)	금(3/9)
행사	시업식			국가수준 교과학습 진단평가	
1교시	창의적 체험활동 학교행사 시업식 참석 자기 소개하기	국어 학습준비(1/2) 국어공부의 달인되기	국어 1. 생생한 느낌 그대로(2/10) 이야기 듣고, 장면에 대한 생각과 느낌 나누기 (듣말쓰 8-13쪽)	국어 국가수준 교과학습 진단평가	영어 1단원 학습하기
2교시	창의적 체험활동 ″	수학 학습준비(1/2) 수학교과서 살펴보기	창의적 체험활동 자기 이해하기	수학 국가수준 교과학습 진단평가	수학 1.큰 수(2/10) 다섯자리 수를 쓰고 읽기 (6-7쪽, 익 8- 9쪽)
3교시	창의적 체험활동 교실 정리정돈	국어 학습준비(2/2) 국어공부의 달인되기	영어 1단원 학습하기	사회 국가수준 교과학습 진단평가	창의적 체험활동 교실 정리하기
4교시	사회 학습준비(1/2) 교과서 훑어보기	체육 1.건강활동(1/24)단원 도입 및 기초 체력의 뜻과 종류 (7-11쪽)	체육 1.건강 활동(2/24) 스트레칭을 통한 유연성 기르기 (12-13쪽)	과학 국가수준 교과학습 진단평가	국어 1. 생생한 느낌 그대로(4/10) 독서감상문 쓰는 방법을알고 알고 쓰기 (듣말 14-19쪽)
5교시		과학 학습준비(1/2) 교과서 살피기	음악 1. 종달새의 하루 (1/2) 쉼표가 있는 리듬꼴(6-7)	영어 국가수준 교과학습 진단평가	사회 1.우리 지역 자연 환경과 생활 모습(2/17) 위치와 영역 살펴보는 방법 알아 보기(8-11쪽)
6교시			1. 형과 색(2/14) 형과 색 놀이 (풍선 놀이, 색카드놀이) (6~7쪽)		
준비물			스케치북,색연필, 체육복, 운동화, 리듬악기, 잡지책		

교 과	국어	도덕	사회	수학	과학	체육	음악	미술	영어	창체	원어민	오름길	합계
계 획	204	34	102	136	102	102	68	68	68	102	0	0	986
실 시	6	1	4	4	2	2	1	2	3	5	0	0	30
누 계	6	1	4	4	2	2	1	2	3	5	0	0	30

제(1)주 학습지도 계획안

(2012년 10월 8일 ~ 10월 12일)　　　　　　　　　　　　　　4학년 2반

자유와 민주의 신념

안녕하십니까? 이번에 ○○○의 담임을 맡은 교사 '우길주(禹吉珠)'라고 합니다. 작년 전담으로 과학과 도덕을 가르쳤기 때문에 아시는 분들도 꽤 있겠군요. 자녀들과 관련하여 재밌는 이야기나 즐거웠던 기억, 혹은 하고 싶었던 말들도.

부모님들께서는 어떻게 받아들일지 모르지만 저는 올해를 마지막으로 내년에는 교직을 떠납니다. 그동안 많은 아이들과 여러 희로애락을 거치며 교직이라는 의미를 언제나 마음에 깊이 담아두고 살았다고 생각하고 싶습니다. 때론 기쁨과 기대로, 또는 서글픔과 안타까움으로 하루하루를 지내며 그 다가오는 의미들에 흠뻑 빠져 살아왔다는 생각, 어쩌면 착각으로. 지금 와서 보니 그렇게 살아온 시간들은 스스로를 위로하는 한 방법이 아니었나 싶기도 하군요. 어쩌면 남들보다 조금은 더 외로웠을 삶을 아이들과의 생활에서 달랠 수 있었으니까요.

그럼에도… 쓸데없는 부록 같은 이런 이야기들이 주 학습지도안, 또는

계획안이란 자리를 통해 진술된다는 게 과연 정당한 건지 모르겠습니다. 현실이라는 객관에 제 내면의 욕망, 어떤 이미지의 환상, 아직 뭔가 마무리하지 못한 것 같은 아쉬운…! 하긴 누구나 하고 싶은 말들은 많이 있을 겁니다. 기회가 없어서, 방법을 찾지 못해서, 혹은 세상이 인정해주지 않아서…. 아마 저도 몰래 한 인생의 사이클을 마무리하고 싶은 마음이 강해선지도. 보통 이런 지도안의 아랫부분엔 각종 학교 소식과 안내를 하는 자리가 있어 〈다음 수요일에는 현장체험학습을 갑니다. 준비물은 ○○입니다〉처럼 학교에서 보내는 소식을 아주 짤막한 글로 전하는데(위 표에서는 지웠습니다. 칸도 좁아 첫째 주인 3월 2일(금)을 넣는 대신 둘째 주 3월 6일(화)을 임의로 삭제한), 그럼에도 올해는 각 가정에 보내는 지도안에 덧붙여 이것저것 쓸데없는 여러 이야기들을 써보고 싶었던 잠재적인 욕망(?)을 이번 마지막 교직 생활을 맞아 실제로 횡설수설 떠들려고 해서 죄송한 마음입니다. 뭐 그저 학교에서 아이들을 가르치며 평소 떠오른 쓰잘머리 없는 이야기들에 불과하지만. 만약 어느 분이 장황하고 지극히 개인적인 내면의 풍경을 이런 자리를 빌려 왜 쓰느냐고 나무라시면 바로 멈출 생각입니다. 어쩌면 개인에서 출발한 과도하고 어그러진 내면을 진술할 때도 있을 텐데 그럴 수도 있겠다는 배려의 마음을 바랄 뿐입니다. 혹여 균형과 형평(衡平)을 벗어나 강하게 내면을 진술하는 부분들엔 따끔한 질책도. 하지만 그래도 교육은 결과보다는 이런 과정들의 연속에서 더욱 자세히 돌아볼 수 있음을.

　　조선 후기에 『청구영언(靑丘永言)』을 편찬한 김천택(金天澤)이라는 가객(歌客-시조 작가)이 있었지요. 숙종(肅宗)과 영조(英祖) 연간에 포도청(浦盜廳)의 포교(捕校)로 있었는데 시조집 『청구영언(靑丘永言)』을 편찬하여 80여 수의 시조 작품을 남겼다고 합니다. 『해동가요(海東歌謠)』라는 책에 그의 시조 「서검(書劍-文武)을 못 이루고」란 작품이 있다고 하더군요.

    書劍(서검)을 못 일우고 쓸 씌 업쓴 몸이 되야
    五十春光(오십춘광)을 희옴 업씨 지니연져
    두어라 언의 곳 靑山(청산)이야 날 씰 쑬이 잇시랴

⇒ 글공부와 무예로 이룬 것 없이 쓸데없는 몸이 되어
   오십 년을 해온 것 없이 지냈구나
   두어라, 어느 곳의 자연이야 나를 싫어할 리 있겠느냐

나이가 오십이 되도록 이룬 것은 없지만 자연은 나를 싫어하지 않으니 자연으로 돌아가 순응하며 살겠다는 내용인 것 같습니다. 어찌 보면 패자(敗者)의 낙향(?) 같은 푸념으로까지 들릴 수 있는. 저는 오십, 아니 육십을 뛰어넘어 올해가 교직의 마지막이 되어선지 새삼 그런 자연을 돌아보고 싶은 마음인지도 모르겠습니다. 제 고향 부산 남항(南港) 등대와 낡은 배, 태풍 사라(Sarah)호와 해녀, 그리고 바다의 울음소리 같은. 어쩌면 바다의 마녀 세이렌(Seiren)의 고문 같은 기억의 채찍들을 이런 푸념으로 초월하려는 심리인지도. 비록 文武(글공부와 무예), 또는 벼슬이나 명망(名望), 황금을 이루지는 못했지만 그런 고향처럼 은근히 위로해줄. 정말로 평생을 마음속 깊은 곳에 오랫동안 가라앉아 있던. 저도 새삼 기대되기도 하는군요. 인생 2막이라던가!

좋은 글은 어렵지 않고 쉽게 쓰는 글임을 잘 알고 있습니다. 제 글이 조금 과시적인 현학(衒學)과 어려운 한문과 복문(複文), 중문(重文), 그리고 어울리지 않는 단어나 문장이 문득문득 끼어들어가는 단점이 많아 여의치 않다는 점을 인정합니다. 그러나 여태 글을 그런 식으로 써왔고, 제 생각을 문장으로 나타내는 최선의 방법으로 적응해왔습니다. 쓰는 저도 호흡이 가쁘겠지만 읽어주시는 학부모님들도 난삽(難澁)한 주관을 객관으로 변용시켜 해석하려면 역시 맘과 호흡이 가빠지겠다는⋯. 하지만 그래도 지금처럼 인터넷 시대의 〈넘치고 번잡한〉 글로 영합(迎合)하지는 않겠다는 생각입니다. 일부러 이런 자리를 어렵게 만들려고 하는데 섣불리 따라가다 보면 이도저도 아닌 한바탕 웃음거리가 될 뿐이란 생각이 과하군요. 우리들이 자주 떠올리지 못하던 삶의 모습들을 만나보며 새삼 스스로의 되새김과 여유를 돌아보는 기회가 된다면 더할 수 없는 보람이란 생각까지도.

제(2)주 학습지도 계획안

(2012년 3월 5일 ~ 3월 9일)　　　　　　　　　　　　　　　　4학년 2반

⇒ 첫째 주가 하루뿐이어서 계속 이어서 씁니다.

　　제가 아이들과 세대 차가 많아 저 스스로 먼저 시대와 불화(不和)되는 면도 있고, 아이들도 우선은 쉽게 다가오지 못하는 면도 있습니다. 모든 처음은 아무래도 서먹함이란 과정으로 시작하니까요. 하지만 꽤 오랜 세월 아이들과 함께 생활하며 교류하다 보니 아이들의 특징이나 마음의 회로(回路), 반의 분위기 등을 나름으로 깨우치고 있음도 이야기할 수 있을 것 같군요. 그래서 제 나이대가 가르칠 수 있는 것들을 외면하지 않겠지만 더 많이 아이들과 동류(同流)하며 같은 방식에서 어울릴 생각입니다. 어떨 땐 제가 더 어리광(?)을 부리기도 하고, 필요하다면 같이 장난도 치며 더욱 가깝게 아이들과 호흡을 나눌 생각입니다. 도대체 어디로 튈지 모르는 현대의 아이들에게 짐짓 관록이라든가 경험으로 굳어진, 그러나 분명 현대와 불화할 수밖에 없는 고루(固陋)한 삶의 태도와 방식을 강요한다면 그건 견고한 자기만족에 머물 뿐 진정한 교육이 될 수 없다는 걸 받아들이고 최우선 순위를 아이들 옆에 저를 자연스럽게 다가갈 수 있도록 하겠습니다. 제 생각보다 먼저 아이들의 생각을 더욱 존중할 생각입니다. 교육의 주체는 어디까지나 학생이고, 그들의 생각이나 행동이 시대의 표준과 양식(樣式)으로 존재하기 때문이지요. 물론 어느 정도 담임의 책무로서 컨트롤할 부분들은 외면하지 않겠지만, 그렇게 하지 않으면 교육이란 장면 자체가 불가능한 시대가 되어버렸다고 생각합니다. 교육은 경험과 판단에 의한 〈

강요(强要)〉가 아니라 아이들 수준의 평등한 〈교류(交流)〉라고 자주 느끼고 있습니다. 옹고집 꼰대의 가르침보다 친구로서 보고, 듣고, 느끼며 서로 화합하는 것임을. 눈앞에 펼쳐지는 현장이 바로 교육의 현장이고, 거기서 함께 행동하는 게 진정한 교육임을. 필요하다면 구슬치기도, 축구도, 아니 장난도. 그리고 〈낄낄낄, 우헤헤!〉 마구 웃는 모습도!

교사라는 직업이 가진 가장 큰 매력은 끊임없이 새로운 감수성(感受性)을 만날 수 있는 거라고 생각합니다. 나이를 먹다 보면 세상사 그런대로 돌아가는 걸 이해하고 있고, 그래서 나름으로 삶에 대한 방식을 굳건한 관념으로 쌓아둡니다. 인생관이라고 할까요? 동시에 나와 간격이 다른 삶들을 만나며 세상이 단순하지 않고 겹눈으로 이해되는 멀티플렉스(multiplex) 같은 장면들이 겹쳐있음을 눈치채기도 하지요. 삶은 개인이 받아들일 수 있는 범위보다 훨씬 세밀하고, 제각각인 현상으로서 다가오고, 그래서 점점 노련과 혜안(慧眼)으로 발전할 수 있을 겁니다. 어쩌면 경험은 인류의 문명을 받쳐주는 작동방식(作動方式)이며 진화의 씨앗이랄 수도 있겠군요. 가르친다는 건 배움의 또 다른 모습임을, 그래서 아이들을 만나 그들의 세상을 만날 수 있다는 건 거의 교사들만의 신선한 축복이랄 수 있습니다.

『To sir, with my love』란 원제(原題)보다 『언제나 마음은 태양(太陽)』이란 한국 제목이 더욱 멋졌던 미국 영화가 생각나는군요. 극장 개봉도 했고, TV를 통해 방송도 몇 번 했으니까 아마 많은 분들이 보셨고, 그리고 추억의 한 자락으로 남겨놓았을. 흑인으로는 최초로 아카데미 남우주연상을 수상한 미남 배우 '시드니 포이티어(Sidney Poitier)'가 런던 빈민지역의 학교에서 거친 반항기로 가득한 아이들을 거두어 긍정적인 학생들로 변화시키는. 반항과 일탈(逸脫), 그리고 관용과 포용으로 전투와 같은 교육의

장을 거치며 결국 교사와 아이들이 서로를 이해하고 사랑으로 완성하는 학원 영화의 명작이었습니다. 비록 이야기 구조로서는 정교한 맛이 떨어졌고, 그리고 영화의 문법(文法)과 현실은 많은 부분에서 같지 않지만-, 생략과 과장, 기계적 구조 속에서 벌어지는 이야기를 현실과 착각하는 건 조금 바보스럽지만, 그러나 또 다른 영화 같은 현실도 존재하니까요. 영화에서 보면 현실이 영화처럼 이해할 수 없는, 신비한 감성이 살아 숨 쉬는 세상입니다. 영화는 최상의 판타지(fantasy)로 조직된 그림이라고 이해하면 그 또한 받아들일 수 있습니다. 거기에 기대 우리는 영화를 보지요.

이번에 새삼 영화 포스터를 찾아보니 〈**學生時節은 靑春의 燈불!**〉, 〈**스승과의 葛藤은 人生의 길잡이!**〉라고 표기되어 있더군요. 이야기를 함축적으로 드러낸 말이 아닐 수 없습니다.

그래선지 가슴 뭉클한 장면이 많았습니다. 불량기 가득한 반항 대장이랄 수 있는 〈데넘〉역의 '크리스천 로버츠(Christian Roberts)'를 비롯한 여러 아이들과 런던박물관을 관람하는 장면에서는 아이들이 세상을 향한 눈을 뜨는 계기가 되었고, 유색(有色)인종인 반 아이의 부모님 장례식에 참석하지 않으려던 아이들이 꽃을 들고 참석하는 장면은 그 확산(擴散)된 실천을 보여주었으며, 마지막 졸업 파티 때 〈바바라〉란 학생으로 분(扮)한 유명한 가수 '룰루(Lulu)'가 원제(原題)의 노래를 부르는 가운데 반항적인 〈파멜라〉 역을 맡았던 '주디 기슨(Judy Geeson)'이 주인공 〈마크 데커리〉 선생님과 함께 춤을 추는 귀여운 모습은 그 완성을 보여주었습니다. 보신 분들도 아마 많은 부분 공감하셨을 거라고 생각되며 학원 영화의 대표적인 텍스트(text)로 간직하고 있을 겁니다.

- 세상은 너희들을 기다리고 있어. 너희는 참 멋진 아이들이야!
- 선생님, 사랑해요!

지금도 〈눈물과 함께 생생하게 들려오는 감동적인 그 말〉을 새삼 떠올리다 보니 원제(原題)와 한국식 제목 모두가 표상하는 의미는 현재보다 〈미래의 몫〉이었음을 새삼 깨달았습니다.

이 영화를 보며 교육의 주체는 물론 아이들이지만 그 못지않게 교사의 사랑과 헌신이 바탕에 깔려야 함을 확연히 느낄 수 있었습니다. 지식이야 누구나 가르칠 수 있겠지만 〈인간〉을 가르치는 건 교사의 사랑과 헌신이 함께 해야 함을 절실히 보여주고 있습니다. 최종적인 목적인 교육을 위해 교사는 사랑으로, 헌신을 먹고 살아야 함을. 시작과 끝을 함께 해야 함을.

아이들에게 몸으로 다가가겠습니다. 비록 그게 말로서는 쉬운 일이지만 실제로는 여러 가지 사정으로 무척 힘든 일이 아닐 수 없습니다. 다람쥐 쳇바퀴 돌 듯 기계처럼 정교하게 돌아가는 번잡한 현대도시의 학교에서는 무척 어렵지요. 하지만 우리 학교처럼 소규모 학교에서는 가능하다고 생각합니다. 저번 시골의 자그마한 학교에서 실제 겪었지요. 12명으로 구성된 〈한 반〉이 바로 〈한 학년〉인. 아이들과 텃밭을 가꾸고, 동네 뒤 들판에 나가 달래와 냉이를 캐고, 술래잡기를 하며 깔깔 마구 웃고, 자주 마을 뒤 산자락 냇가에 가서 송사리, 다슬기, 민물새우, 개구리를 잡고 돌아오며 제가 대장처럼 "시냇물은 졸졸조올~졸" 노랠 선창하면 아이들은 "우리들은 깔 깔 까~아알" 따라 부르며 한바탕 웃던 모습들, 동네라 해봐야 모두 이웃집인 할아버지, 할머니를 모시고 며칠 밤새며 준비한 재롱잔치로 모두 활짝 웃던 모습들…. 다양한 행사를 하며 그 터전에서 마치 가족처럼 소통하며 한마음으로 생활했던 기억들은 아이들과 저를 단단히 결속해준 방법론이었습니다. 학교 일을 하다 늦게 아이 집에 가서 밥을 얻어먹어도 자연스러웠던 새삼 그리운 풍경들! 여기 아이들도 그런 다정한 말과 손길을 그리워하고 있음을 지난 일 년 절실히 느꼈습니다. 어쩌면 시골 학교보다 도심 바깥 변두리 언덕 위 자그만 학교를 터전으로 삼은 아이들은 그런 손길을 더욱 그리고 있음을 잘 알고 있습니다. 아마 제가 먼저 손을 내밀면 순박한 이 아이들도 슬며시 손을 내밀고, 그래서 다가가는 만큼 가까워질 수 있다고 생각합니다. 지난 일년 동안 이 아이들이 그리워하는 것이 무언지를 절실히 느꼈기 때문이지요. 아이들 자체가 참 착하고 맑은 심성을 가졌음을. 비록 정교한 현대적 삶과 조금 떨어져 변두리 서민들의 감성이 뭉클 베여있는 현장을 터전으로 사는 아이들이라선지 순박과 정직, 수용(受容)과 이해가 도심지 아이들과 많이 달랐지만 속으로는 더욱 그리워하고 있음을.

작년엔 참 장난도 많이 치고, 전담실로 찾아오는 아이들과 무시로 재밌는 놀이도 꽤 했습니다. 제가 많이 가르쳤지만 아마 학생들 팽이치기(줄로 감아 던져 돌리는 <줄팽이>, 그리고 채찍으로 쳐서 굴리는 <촌팽이>가 있지요) 대회나 굴렁쇠 굴리기 대회가 있으면 몇몇 아이들은 부산 초등 전체에서도 크게 뒤지지 않을 거라고 자신합니다. 그래 봐도 프로 못잖은 저에겐 아직 상대도 되지 못하지만. 후후! 제 교실 뒤 사물함에는 지금도 팽이와 굴렁쇠가 한 반 20명쯤은 충분히 놀이할 수 있을 정도로 많이 있습니다. 언제든지 가져가서 실력(?)을 연마하면 좋겠습니다. 잃어버리면 또 구입하면 되니까요. 체육 시간에 강당에서 줄팽이를 돌려 손바닥에 올린 후 비스듬히 잡은 줄로 옮겨 타고 내려가게 하는 묘기를 보였더니 아이들이 환호를 지르더군요. 또 알록달록 무지개처럼 색칠한 촌팽이를 채로 쳐서 굴리며 저 혼자 아이들과 넘어뜨리기 시합했는데 이건 아예 상대가 되지 못했습니다. 반 이상이 팽이를 제대로 돌리지도 못했고, 며칠 가르친 아이들 팽이는 겨우 뒤뚱뒤뚱 돌아가는데 제가 채로 한번 치면 팽이 서너 개가 한꺼번에 와르르 쓰러질 정도로. 〈에헴! 이 녀석들, 내가 선생님이닷!〉하며 웃어주었지요. 그래서 아이들에게 선생님 실력을 자랑(?)하기 위해 저 혼자 6학년 전체 남학생 22명과 〈깨금발싸움-일명 닭싸움〉을 했습니다. 제대로 다리를 잡을 줄도 몰라 한쪽 발을 다른 발 무릎에 올려 잡고 폴짝폴짝 뛰는 법을 가르쳤더니 제법 폼이 나더군요. 제가 내기를 했습니다. 내가 지면 전부 과자 하나씩 주겠다며. 녀석들이 무작정 다가오는데 피식 웃음이. 실력을 떠나서도 전 마라톤을 하고 있기 때문에 다리 힘도 좋거든요. 달려가 한 바퀴 돌며 무릎으로 〈와르르〉 내리쳤더니 거짓말처럼 〈우루루〉 넘어지더군요. 뒤에서 쭈볏거리던 녀석들 몇 명에게 소리치며 다가갔더니 발을 내리고 도망가버렸습니다. 6학년에서 덩치가 꽤 크고 잘하는 아이 5명을 뽑아 저와 붙을 때 잡고 있던 왼발을 순간적으로 밑에서 쳐올렸더니 공중에 붕 떠오르는 걸 보고 겁이 나서 오히려 잡아주기도. 〈엄지 척〉 하는 아이들이 귀여워서 과자 하나씩 돌렸습니다.

  아, 참! 그러니까 생각나는데 〈굴렁쇠!〉 새삼스레 참 아름답고, 잘 어울리고, 또 정겨운 우리말이라는 생각이 드는군요. 아이들의 놀이 중에서도 아마 가장 어린이다운. 1988년 서울올림픽 개막식 때 그 넓은 운동장을 모자와 티셔츠, 반바지, 양말과 신발까지 모두 흰색으로 차려입은 소년이(아마도 백의민족(白衣民族)을 표상한 듯) 굴렁쇠를 굴리며 운동장을 가로지르는 〈현미경〉 같은 장면은 제가 볼 땐 올림픽 개막식 사상 가장 감동적인 장면으로 남아있습니다. 전 세계가 숨을 죽이며 주시하는 가운데 여백 같은 넓은 운동장을 굴렁쇠가 한 줄로 가로지르며 지구인의 마음을 단번에 정숙일순(靜寂一瞬)으로 숨막히게 했을 때 우리나라 사람들 마음의 정서가 얼마나 깊고 넓은지 감동으로 고개를 끄덕였지요. 염화미소(拈華微笑)라든가 이심전심(以心傳心) 같은 말들이 그 흔들림 없는 차분한 움직임에서 저절로 우러나와 세계인의 마음을 감동시켰던 것 같습니다. 굴렁쇠라는 아이들 놀이에 그런 엄청난 에너지(?)가 담겨있었다니! 지금 새삼 되돌아보니 마치 하얀 동시(童詩) 한줄기가 띠처럼 운동장을 흐르는 듯한 느낌까지 드는군요! 그 후에 우리 사회에 굴렁쇠가 한참 유행하기도 했습니다. (퇴직하면 손수 만든 채찍과 팽이, 굴렁쇠 각 한 벌쯤은 갖고 와서 계속 운동하고픈 마음이군요. 가능하다면 굴렁쇠를 굴리며 풀코스 마라톤을 달리는-, 이 세상에서 가장 아름다울 것 같은 설레는 꿈도.)

기타 공깃돌 놀이나 사방치기, 땅따먹기. 제기차기. 비석치기, 자치기. 딱지치기, 구슬치기, 두꺼비 집짓기…. 저로선 저 혼자 아이들 모두와 함께해도 지지 않을 정도로 잘할 수 있는 재밌는 놀이들이지만 과연 바쁜 학교생활에서 얼마만큼 할 수 있을지? 〈아침 바람 찬 바람에/울고 가는 저 기러기/…〉라고 노래 부르며 서로의 손뼉을 마주치는 '쎄쎄쎄' 놀이나, 여학생들이 좋아할 '반달'이나 '푸른 잔디' 등의 3박자 동요에 맞춰 짝과 손바닥 마주치기 놀이 등등도. 그러니까 까마득한 5~60년대 초에 유행했던 아이들 노래도 생각나는군요. 전쟁의 상흔(傷痕)이 가시지 않은 궁핍(窮乏)한 시대 계집아이들이 노래 부르며 고무줄놀이를 하던. 그러면 짓궂은 우리 머스마(남자아이)들은 칼로 자르고 도망쳤지요. 지금은 워낙 오래되어 애매한데 아무래도 군가(軍歌)에 가사를 바꿔 부른 듯한 생각도.

    무찌르자 오랑캐 몇백만이냐
    대한 남아 가는 길 초개(草芥)로구나
    나아가자 나아가 승리의 길로
    나아가자 나아가 자유의 길로

2절은 '쳐부수자 공산당 몇천만이냐~'로 불렀는데 요즘 여학생들은 고무줄놀이 자체를 모르더군요. 저도 그냥 노래로 가르쳐주었습니다. 어쩌면 할머니들 연배의 어르신들 중에선 아직 기억하시는 분들도 있을 겁니다.

아이고, 참! 저희들이 어릴 때 '유관순(柳寬順)' 누나(?) 노래를 불렀던 기억도 더불어 나는군요.

　　삼월 하늘 가만히 우러러 보며
　　유관순 누나를 생각합니다.
　　옥 속에 갇혀서도 만세 부르다
　　푸른 하늘 그리며 숨이 졌대요.

　　삼월 하늘 가만히 우러러 보며
　　유관순 누나를 불러봅니다.
　　지금도 그 목소리 들릴 듯하여
　　푸른 하늘 우러러 불러봅니다.

겨우 17살 밖에 되지 않은 어린 소녀가 손톱이 빠지고, 귀와 코가 잘리는 모진 고문 속에서도 독립 만세를 외치며 죽어간 그 고결(高潔)한 마음에 제 맘 속에 똬리를 튼 온갖 나쁜 마음들로 숙연(肅然)해지는군요. 우리는 현재가 그저 주어져있다는 시간의 속임수(?)를 눈치채고 언제나 〈진지(眞摯)와 감동(感動)과 숙연〉의 자세를 잊지 말아야겠습니다.

교실 뒤 진열대에 있는 햄스터(hamster)들과 커다란 어항 속 송사리들과 가재, 새우, 우렁이, 다슬기, 그리고 정원처럼 꾸며 놓은 많은 화분과 분재(盆栽)들은 아이들 정서를 콕 사로잡는 강력한 환경이 되어 올해도 전교생에게 개방할 생각입니다. 하긴 전담 교실이라서 시도 때도 없이 쳐들어오는 아이들을 막을 수도 없었지만. 자연에서 점점 멀어지고 비정한 도시의 메커니즘〈mechanism〉에 물들어가는 아이들에게 자연과 삶의 단정한, 그리고 원시적인 생명의 모습을 일깨워주는 것 같습니다. 살아있는 생물에 완전히 뿅 간 모습을 보노라면 아이들은 아직 순수함을 너나없이 모두 가슴 속에 품고 있음을. 햄스터에게 중얼중얼 무슨 집안 이야기나 소원을 비는 아이도, 어항 속 바닥에서 거머리를 발견하고 검은 지렁이가 있다고 호들갑스럽게 저를 부르는 모습도. 이번 춘계방학에도 돌봄교실 아이들이 제가 없는 동안 자기들끼리 먹이를 주고, 물도 줘서 좀 편했습니다.

교실 뒤 사물함에는 칠교(七巧), 바둑과 장기판, 스케치북, 색종이 접기, 제기, 구슬, 딱지, 연, 도미노 칩(domino chip?), 오자미(おじゃみ), 스도쿠 북(Sudoku book), 줄넘기, 북 아트(book art) 등등 각종 활동에 필요한 자료와 재료들이 많이 있습니다. 작년부턴가 〈학습준비물 지원제도〉가 생겨 교육청의 지원으로 기본 학용품이나 준비물 등을 구입하는데 학교 자체적으로 예산을 짜서 교구 구입할 때 눈치 보지 않고 가득 적어내거나 제가 필요한 자료들을 직접 교구사에서 구입하기도 했거든요. 작년 이 학교로 오며 자료실 구석구석을 뒤져 학생들 활동에 필요하다 싶은 것들을 모으고 구입했더니 생각보다 꽤 다양한 활동을 할 수 있을 정도는 된다고 생각합니다.

아, 그렇지요! 전에 생각해본 적이 있는데 방송실에 가면 지금은 아날로그 시대의 유물처럼 별로 쓰일 데 없는 학습용 VHS 비디오테이프 7~8

백여 개가 먼지를 뒤집어쓰고 있습니다. 그걸로 〈도미노(domino)〉 놀이를 하면 아이들이 무척 좋아할 겁니다. 사물함에 있는 카드 크기의 도미노 칩(Chip)들과 함께 1층 넓은 강당(교실 두 개를 연결해 만든 공간)으로 가져와 다양한 모양으로 정성스레 쌓은 후 맨 처음 한 조각을 밀면 마치 살아있는 듯 몇 가닥으로 갈라지며 차르르 연속 쓰러지는 걸 보면서 엄청 좋아할 게 틀림없을 것 같군요. 예전(95년 추석?) SBS 방송에서 **《환상(幻像)의 도미노 특급》**이란 제목으로 한국과 일본의 고등학생들이 시즈오카 고등학교에 모여 200만 개가 훨씬 넘는 알록달록하고 다양한 모양의 칩들을 한 달 동안 협동하여 엄청 넓은 강당에서 마치 살아있는 유기체처럼 수십 가닥으로, 입체로 갈라져 차르르 쓰러지며 〈화산 분출〉, 〈달리는 말〉, 〈대형 풍경화〉, 〈회전하는 지구〉, 〈고흐의 자화상〉, 〈고래 잡는 낚시꾼〉, 〈볼링하는 사람〉, 〈2층에서 다이빙하는 선수〉, 〈기차와 속도감 있게 쓰러지는 도미노와의 경주〉 등등 끝없이 펼쳐지는 화려하고 다양한 모양의 도미노 퍼포먼스(performance)를 펼치는 비디오를 보여줬는데 아이들이 눈을 떼지 못하고 연신 환호하더군요. 그동안 바빠 실행해보지 못했는데 올해 알맞은 날을 골라 다른 학년 아이들도 같이 참여하여 대규모(?)로 실시해보고 싶습니다. 다양한 갈래로 나뉘어 쓰러지다 끝부분 책상 위에 인형을 세워서 마지막 도미노가 밀어뜨려 아래 물통으로 다이빙하는. 후후! 어째, 제가 더 신난 것 같습니다. 아마도 도미노를 쌓다 집중하지 못해 이미 쌓은 것들이 차르르 전부 쓰러지는 걸 막을 수 없어 처음부터 다시 쌓아야 하는 과정을 많이 겪어야 할 겁니다. **〈공든 탑도 무너진다〉**는 걸 확인하고, 그래서 머리에 쥐가 날 정도로 다시, 또다시 계속 쌓아야 마지막에 우리가 원하는 결과를 얻을 수 있음을. 그게 교육이지요. 그래서 더욱 달콤한 결과를. (그 파일을 찾아냈습니다. 알고 보니 제가 당시 방송부장을 맡았던 관계로 촬영해 놓았더군요. 까맣게 잊고 있었던. 곧 아이들에게 직접 보여줘야겠습니다.)

겨울에는 제 어릴 적 고향 충무동 등대에서 용두산 공원 패들과 연날리기 놀이를(? 보다는 등대의 자존심을 걸고 대결) 하던 기억도 나는데(저는 그때 나이가 어려 직접 날리기보다 막대처럼 잔뜩 굳은 아교(阿膠)를 녹여 거기에 가루로 만든 유리를 개어 종이나 천 조각에 담은 후 명주실(明紬-silk)이 거기를 통과하여 덧칠되도록 자세(얼레)로 감으며 형들을 도와주었습니다. 그걸 우린 <사(砂)를 먹인다>고 했지요. 잘 못하여 실을 감을 때 손을 베여 피가 나기도) 방패연과 가오리연을 만들고 날리는 법을 잘 가르쳐 신나는 추억을 새겨주고 싶군요. 만들고 날리기가 쉽지 않지만 몇 차시에 걸쳐 하나하나 짚어주면 꽤 잘 날릴 수 있을 것 같습니다. 우리 학교가 산 위쪽이라 담벼락 근처에서 날리면 제법 신나게 날아오를 것도 같은? 아마도 자세를 감고 푸는 법을 익혀야 하는데 그게 쉽지 않겠지만 또 그걸 그런대로 익히면 밥도 먹지 않고 야단일 겁니다.

예전 60년대 초 제 고향 남부민동 등대에서 이발소를 경영하던 '밋짱(みっちゃん)'이란 벙어리 형이(작년까지도 그 자리에서 계속 일하고 있더군요.) 그런데 정말로, 참으로 희귀(稀貴)한 경우지만 같은 벙어리에 또 동갑이었던 '얏짱(やっちゃん)'이란 형도 있었는데 제가 국민학교 들어가기 전 옛 〈해양고등학교〉 뒤 아리랑 고개에서 술에 취해 떨어져 죽었습니다. 어쩌면 자살했다는 이야기도. 두 형들의 수화(手話)를 보며 무슨 말인지 몰라 고개를 흔들며 키득대던 기억이 뚜렷합니다. 그렇게 동네마다 슬픈 전설이 있는 모양입니다만 아무튼 모두 떠나버렸는데 밋짱형 홀로 시대를 잃어버리고 벽에 걸린 낡은 사진처럼 아직도. 당시 제게 준 아주 커다랗고 멋진 얼레가 있었는데 이리저리 살기 바빠 어느 틈에 부서지고…. 아마 우리 학교처럼 연날리기 좋은 환경도 쉽게 볼 수 없을 겁니다. 제가 신문 반절 크기의 방패연, 또는 꼬리가 20m 정도 되는 특별한 가오리연을 만들어 100m 이상 되는 까마득한 하늘 멀리 날리면 아이들 꿈도 그렇게 둥실 날아오를

게 틀림없을. 물론 그런 자작(自作)의 대형 연은 일반적인 실이 아닌 나일론 실로 날려야 좋고, 힘과 기술도 많이 있어야 하는데 잠시 얼레를 잡아 보는 것만으로도 비행기 조종하는 것처럼 재잘재잘 시끄러울 겁니다. 아이들은 무조건 실제 해봐야 가슴에 새겨지거든요. 연중 틈틈이 연 만들기와 날리기 연습을 하면 아이들 스스로 만든 연을 40~50미터쯤은 날릴 수 있으리라 생각하고, 그건 강력한 블랙홀(Black hole)처럼 커서도 머릿속에 진하게 각인될 겁니다. 하긴 요즘은 문방구점에서 비닐로 만든 연을 많이 팔더군요. 바쁜 학교생활-, 물론 저는 크고 멋진 무늬를 입힌 연을 만들겠지만 어쩌면 아이들에게는 힘들 것 같아 학교에서 학습준비물로 구입해 나눠줘서 날리게 할 수도.

아이들이 반 속에서 섬처럼 외롭게만 있도록 하지는 않겠습니다. 외로움은 아이들 가슴에 침략해 들어오는 바이러스처럼 마음을 파괴하기 때문이지요. 삶이 외롭다는 건 신의 저주에 다름 아닙니다. 어릴 때부터 가슴에 차갑고 건조한 마음의 모래가 달그락 굴러다니지 않도록 하겠습니다. 그 알갱이는 서러움과 쓸쓸함과 눈물과…. 아마도 그 백신(vaccine)이 가장 필요한 시기가 초등학생 때일 겁니다. 평생을 그런 부채로 가슴에 마냥 새겨놓을 수는 없지요. 비록 제게 모두의 가슴을 따뜻하게 할 수 있는 만능백신은 없지만.

그렇다고 담임으로서 가르치고 돌봐야 할 부분이나 책무(責務)를 피하지 않겠습니다. 〈균형(均衡)과 절제(節制)〉는 삶을 떠받치는 실제적 덕목이라고 생각합니다. 성적이 떨어지는, 어딘지 외로운, 언제나 힘이 없는, 눈치를 보는, 자신을 소외시키는, 숨기고 싶은 퉁퉁한 몸을, 게으름으로 잘 따라오지 못하는, 언제나 말이 없이 외로운…, 그런 식으로 자신을 자책(自責)하게 둘 수는 없습니다. 그 아이들에게 다만 한 줄기 화색(和色)이 돌 수 있기만 한다면 제 교육은 성공이라고 확신할 수 있을 것 같기도. 필요할 땐 강하게 끌고 가겠으며, 야단도 칠 생각입니다. 학업이 뒤떨어지지 않도록 더욱 단단히 챙겨보겠습니다. 될수록 약자들을 돌보는 담임이 되고 싶습니다. 자신도 있음을 조심스레 이야기할 수 있겠군요. 어디선가 읽었는데 기억이 잘 나지 않는. 〈사랑의 기본은 상대에 대한 배려와 이해이며, 지배하는 것이 아니라 주는 것〉이라고.

　물론 제 나이라면 세상사 살아오며 가졌던 생각들이 자기 나름의 질서로 고착되어 〈꼰대〉라는 소리를 들을 정도로 옹고집이 되기도 합니다만, 그러나 항상 삶에 대한 정교한 응시(凝視)와 나름의 해석으로 살아왔다고 생각합니다. 삶을 자기만의 고집으로 지켜나가는 건 좋은 점도 있겠지만, 그러나 대개 주변과 화합하지 못하고 지적(指摘)과 독단(獨斷), 강요에 머물기 쉬움을. 물론 실제로 저도 오랜 세월에서 다져진 더욱 **〈견고(堅固)한 관념과 고답적(高踏的)인 사고방식〉**으로 존재하며, 또한 당연히 세상에 머리 숙이고 타협할 생각도 없지만 그런 내재적인 것은 제 마음 속 깊은 곳에 두고, 교실이란 현실에서 마주하는 그런저런 것들을 이해하고, 제 스스로 이율배반(二律背反)이 되더라도 이 아이들에게만은 그들이 마주하는 세상의 많은 것들을 알려주고, 가르쳐주고, 함께 행동하고 싶습니다. 당장의 도움과 가르침과 어울림에 비하면 제 관념과 고답은 어처구니없을 정도로 시정의 현란한 삶들과 격리되어 있지만. 어쨌든 담임은 오직 아이들과의 교감에서만 존재해야 함을.

　영화 속 마지막 장면에서 데커리 선생님은 원하던 좋은 직장에서 합격통지서를 받았지만 포기하고 아이들과 계속 함께하겠다고 결심하지요. 그런데 아무것도 모르는 아래 학년의 학생들 몇이 교실에 들어왔다가 선생님인 줄 모르고 만만찮은 장난을 칩니다. 아! 올해도 골 때리는 이녀석들과 더욱 열심히 땀을 흘리며(?) 살아야겠다고 다짐하는. 과연 어떤 아이가 '파멜라'로, '바바라'로, '로버츠'란 이름으로 다가올른지!

 혹 자녀로 한정하여 담임에 대한 개인적인 아쉬움이 있을 수도 있겠지만 참고 기다려주시면 고맙겠습니다. 간혹 개인을 너무 앞세워 〈상황과 집단 속의 자녀〉임을 잊어버리고 보편과 상식을 외면한 채 〈내 자녀만의 정의(正義)〉를 내세우는 모습을 보이기도 하는데 그건 자녀의 전인적인 성장을 가로막고, 세상을 개인, 혹은 가족 이기(利己)로 재단하는 **편협(偏狹)임을 이해하시고 〈학급 속 자녀의 균형과 절제〉를 맞춰주시면** 참으로 감사하겠습니다. 무성한 개인일수록 뒤에 보면 언제나 보잘것없는 작은 것들이기 일쑨데 말입니다. 하긴 교사도 그런 면으로 마찬가지겠지만 우선은 지켜봐주시면 고맙겠습니다. 시간은 긴 호흡으로 존재하며 그 속에 갖가지 의미들을 복합적으로 내포하고 있다고 생각합니다. 저는 교실의 정의도 강하게 가르칠 생각입니다. 교실은 단회(斷回)로 존재하지 않고 항상적(恒常的)이거든요. 데커리 선생님의 결심처럼.

 아이에 대해 하실 말씀은 언제라도 상의해주시길 바랍니다. 교직을 마무리 짓는 올 일 년, 아이들에게 그래도 기억되는 선생님으로 남겨지길 바라며….

제(3)주 학습지도 계획안

(2012년 3월 12일 ~ 3월 16일)   4학년 2반

가르침의 바탕

≡ 저번 주에 언급했던 노래 중에 전래동요로 알려졌지만 사실 일본의 총칼 앞에 굴복한 동요들도 있습니다. 대표적으로 '쎄쎄쎄' 같은 노래는 일본 동요로 뒤에 밝혀지기도 했지요. 역사의 격랑 속에서 친일가요(親日歌謠)란 오명을 뒤집어쓰고 시소를 타야만 했던 지난 세월이 참 안타깝습니다.

≡ 대신 역시 고무줄놀이를 할 때 고려를 지키다 이성계(李成桂)에 의해 죽은 '최영(崔瑩)' 장군의 이야기와 함께 노래를 가르쳐 놀기도 했습니다.
황금을 보기를 돌 같이 하라/이르신 어버이 뜻을 받들어/한평생 나라 위해 바치셨으니/겨레의 스승이라 최영 장군
그러니까 〈황금을 보기를 돌같이 하라〉를 한자로는 견금여석(見金如石)이 되겠군요.

제가 세상과 조금 떨어져 외롭게 살았던 기억이 있어 세상과 연결된다면 얼마나 좋을까 하는 소망을 지금도 지워지지 않는 상처처럼 간직하고 있습니다. 뒤로 처져 도는 마음은 자신을 피동(被動)으로 만들어 무목적의 맹목으로 만들더군요. 언제나 눈치를 보고, 자신을 내면으로 가두고, 무리들 밖에서 어슬렁거리게 했습니다. 아마도 천형(天刑)으로 세포에 각인된 것처럼. 그건 세상의 한 부분에서마저 자신을 삭제하는 것에 다름아닙니다. 우리 반 아이 중에도 그런 〈회색 풍경?〉을 가슴에 품고 있는 아이들이 있더군요. 겉으로는 차분하고, 말을 잘 듣는.

예전에도 그런 아이들은 꽤 있었습니다. 십여 년 전 북부교육청에 있을 때 언젠가 아이 한 명이 이틀 결석했는데 집으로 전화했지만 연락되지 않았습니다. 아이의 내성적 성향으로 조금 걱정이 되어 집을 아는 아이와 함께 찾아가 봤지만 아무도 없었습니다. 그런데 다음날 밤 자정이 훨씬 넘은 시간에 저 먼 경남 창원의 어느 파출소에서 아이를 데리고 있다는 연락이 와서 놀래 달려간 기억이 나는군요. 얼마나 가슴 아팠으면 집을 떠나 그 먼 곳에…. 그래도 제 이름과 전화번호를 알고 이야기할 수 있었다는 건 세상과의 〈끈〉 하나만은 꼭 잡고 있어야 한다는 무언의 바람으로서는 아니었는지. 새벽같이 차를 몰고 가서 아이를 인계받아 근처 시장에서 식사를 함께하며 많은 이야기를 나눴습니다. 빚쟁이들 때문에 집안이 풍비박산(風飛雹散)처럼 허물어져 무작정 떠났다고 하더군요. 돌아오며 사람들이 살아가는 이야기들을 많이 했습니다. 저도 방황을 많이 했던 기억을 더듬어 주고받았더니 마음을 다져 먹고 공부를 열심히 하여 중학교로 진학할 수 있었지요. 졸업식 때 어머니가 박카스 한 통을 들고 찾아왔습니다. 세상에서 가장 귀한 선물을 받은 것 같아 싱긋 웃으며 손을 잡고 흔들어주었습니다. 그 후로도 한동안 건강하게 직장생활을 하는 그 아이와 연락을 주고받은 적이 있습니다마는. 담임도 아이들과 많은 정보와 교감을 하고 있어야 한다는 것을 새삼. 물론 그 전에 부모와 아이와의 대화는 가장 좋은 소통 방법일 겁니다.

그래선지 전담 때와는 또 다른 아이들의 특성이 하나씩 나타나는군요. 단편적으로 만나던 때와 달리 낮 하루 동안 함께 생활하다보니 좀 더 내밀한 모습이 보이기도 합니다. 말없이 제 스스로 학급일이나 개인 일에 성실한 아이가 있는가 하면, 그저 눈치를 보며 신나게 놀기에 바쁜 녀석도 있고, 차분하고 치밀한가 하면 또 금방 덤벙대거나 실수를 하고, 언제나 발표를 도맡아 하려는 아이와 반대로 종일 말 한마디 않고 지명을 하면 수줍어 제대로 대답을 못하는 아이, 혹시나 자신의 콤플렉스를 건드릴까 조심조심 행동하거나 반대로 스스로를 자가발전(自家發電)하기, 또는 외롭게 비켜선 녀석과 왠지 아이들이 곁에 들끓는 녀석. 떼쟁이, 고집쟁이, 말썽쟁이… 대체로 제가 알던 아이들의 모습에 근접하고 있지만, 꽉 찬 일상으로 존재하는 담임의 시점을 벗어나 보면 그냥 개구쟁이와는 조금씩 다른 의미를 띄기도 합니다. 개인이란 단체와는 아주 다른 색상(色相)으로 존재하거든요. 그럴수록 아이들 한명 한명에 신경을 더 줘야겠습니다. 또는 제각각에 맞게 생활이나 공부에 필요한 일들을 가르쳐주려고 하지만 대책 없이 제멋대로 하려는 녀석은 좀 더 가르침의 방식을 고민도 해야겠군요. 우리 반뿐만 아니라 많은 아이들이 자신감이 부족해선지 위축되어 있고, 수동적으로 따라 하려는 아이들이 많습니다. 아마도 생활이 알게 모르게 아이에게 한 걸음 세상의 뒤편으로 물러나야 한다는 생각을 새겨준 것이겠지만 그럴수록 자신이 남들과 다른 특별한 사람임을 알려주고, 각자의 특기를 북돋아줘야겠다고 생각합니다.

어쩌면 그래서 더욱 필요한…, 저희 반도 다른 반과 마찬가지로 규격화된 급훈(級訓)이 있습니다. 급훈이라니까 뭐 거창한 교육목표라든가, 강제된 가치의 개념으로서가 아니라 〈공동체의 소박한 바람〉, 또는 〈개인에게 새겨지는 마음의 빛깔〉 같은 의미를 더욱 많이 가지고 있다고 생각합니다.

- 빛나는 공부보다 더 반짝이는 건 따뜻한 마음이다.

전에 고학년을 맡았을 때는 〈작은 일에 눈길을 주는 사람은 인생을 이해할 수 있다〉 등으로 급훈을 정하기도 했는데 어째 이거나 그거나 모두 아이들에겐 좀 어렵고 막연한 느낌이 들기도 하지요? 저도 조금은 낯선, 현실적이지 못한 느낌도 드는데 어떻게 생각하면 신선(新鮮)하다는 느낌도 있군요. 시간이 지나 뒤늦게 〈따뜻함〉의 의미를 깨닫는 경우가 더 많으리라 생각하지만. 하긴 급훈이란 겉으로 드러내는 표상이지만 실제론 삶의 전면에서 저절로 드러나는.

우리 아이들은 아직 마음 속에 인생의 다양(多樣)이 녹아들지 않아 행동이 흔들리고, 입체적인 이성이 발현되지 못해 판단이 단선적(單線的)인 자기 본위에 머물고, 또한 시야가 본능적 범주에 머물러 집단의 가치에 부합되지 못합니다. 솔직히 말한다면 각자 자기의 나이와 환경을 뛰어넘을 수 없습니다.

일반적으로 보면 그 나이의 아이들에게 꼭 필요한 가치가 있습니다. 〈슬기롭고 예의 바른~〉, 〈착하고 배려하는~〉, 〈친절하고 활기찬~〉 등의 심동적(心動的) 부분들도 필요하고, 〈자기주도적인 학습 태도~〉, 〈자기 생각을 분명하게~〉, 〈한 가지 악기를 깊이~〉 등의 기능적(機能的)인 부분들도 있습니다. 규격화되었다기보다는 꼭 필요한 가치와 덕목들이어서 분명하게 제시되어야 한다고 생각합니다. 저도 그런 부분들에 아주 많이 신경을 쓰겠습니다.

동시에 아직 미분화(未分化)된 아이들에게 지식이나 기능적 측면 이외에 세상을 보는 깊숙한 눈도 동시에 심어주고 싶습니다. 인생이란 거대한 장면들에서 공부가 중요하지만 궁극적으로 필요한 것은 〈따뜻한 마음〉입니다. 아마도 생의 가치는 그 〈마음이 가지고 있는 결〉에서 판단되리란 생각이 드는군요. 자신의 주장과 이념을 마음껏 펼칠 수 있는 지위와 권력, 세상의 첨단에서 호기롭게 선도할 수 있는 자본과 명예…. 그런 것들은 솔직히 말하면 강철 같은 미신에 다름 아닙니다. 삶은 그런 것들에서 피어나지 않고 개인의 내면 깊숙한 곳에서 마술처럼 피어나는 본향(本鄕)의 만족 속에서 진정한 행복을 느낄 수 있다고 생각합니다. 이념과 권력과 명예와 지성이라는 껍데기와 피상(皮相)으로는 일방적인 구호와 플래카드 같은 획일로 난무하여 악취가 진동하는 시궁창이 되기 쉽습니다. 그러나 인간의 따뜻한 덕목(德目)과 본성 속에서는 압도하는 감동이 향기로 피어나게 되지요. 서럽게 우는 소녀에게서 삶의 안타까움도 보듬어 안을 수 있는, 형편없이 무너진 노인의 퀭한 눈에서 우주의 흐름에 순응하는 생의 원대(遠大)함을, 웨딩 소리와 함께 걸어오는 신랑 신부에게서 사람들의 정당하고 찬란한 습속(習俗)의 향기를, 병상에서 죽어가는 어머니에게서 경건한 삶의 매듭을 느낄 수 있는 마음의 양식을 길러야겠습니다. 따뜻하고 향기로운 인간의 무한한 아름다움을. 논리(論理)는 수단과 방법의 범주에 머물 수밖에 없지만 감성(感性)은 그 끝 삶의 지평을 열어주는 마법의 열쇠입니다. 아이들에게 그런 기미(氣味)를 맛보게 하고 싶습니다. 일부 유명론(有名論)에 집착하는 사람들은 끝내 그 세계를 이해하지 못하고 현실의 첨단에서 수혜 받은 자아도취로 마감하기도 합니다만. 저는 아이들에게 그런 세상보다는 마음의 〈자족(自足)〉이란 기쁨을 알려주고 싶습니다.

그러고 보니까 조금 원론적이어서 이상에 치우친 느낌도 나지요? 하하! 그렇다고 현실적인 담임의 책무를 게을리하겠다는 의미는 아닙니다. 공부와 생활, 직설적이지만 그런 면에서 더욱 엄격할 때도 있을 겁니다. 서두에서 말씀드린 것처럼 아이들 특성에 따라 적절한 지도를 마다하지 않겠습니다. 공부가 부담되는 녀석에게는 인내와 자극을, 자기본위적인 녀석에게는 따끔한 꾸중과 반성을, 허약한 녀석에게는 자신과 도전을, 앞서려는 욕심이 과한 녀석에게는 절제와 균형을, 무책임한 녀석에게는 헌신과 규율을 가르쳐 학급이라는, 나아가서 사회라는 세상 속에서 자신이 감당해야 할 무게들을 이겨나가고, 자연스럽게 따뜻함의 가치를 이해하고 온기를 조금은 남에게 베풀 수 있도록 가르치고, 도와주고 싶습니다.

무엇보다 세상을 이루는 가장 본질적인 구조로 〈자유(自由)〉와 〈민주(民主)〉라는 강력한 가치를 신념으로 심어주고 싶습니다. 실제적으로 우리 몸을 온전히 담고 살아가는 현실이니까요. 물론 체험적인 가치로 다가오기 쉽지 않고 그저 딱딱하게 굳은 언어들이지만 따지고 보면 인간으로 존재하는 그 가장 뚜렷한 명제는 〈개인(個人)〉이랄 수 있겠습니다. 개인이란 절대적 가치가 모여 사회가 영위(營爲)되기 때문입니다. 사회는 개인이라는 〈씨줄〉과 〈날줄〉이 만들어내는 터전입니다. 자유와 민주는 그 개인의 천부적(天賦的)인 의미를 겉으로 드러내는 가장 적절한 틀이자 개념이지요. 국가나 도덕 같은 형이상학(形而上學)은 자유와 민주라는 굳건한 터전에서만 존재할 수 있는, 아니, 차라리 신기루 같은 것이라는 생각입니다. 인간이 일부러 만든 허상(虛像)이 실제로 우리 삶에 강제로 치고 들어올 때 가져오는 비극을 우리는 많이 겪었습니다. 갈등, 노동, 기아, 전쟁, 학살···. 개인은 국가라도 함부로 할 수 없는 〈천부인권(天賦人權)〉입니다.

하지만 나 아닌 다른 개인들과 어울려 살기 위해선 다른 천부인권도 존중해야겠지요. 내 인권을 위해 다른 인권이 침해되어서는 안되니까요. 천부인권은 어디까지나 상대적인 가치 속에서만 〈절대적 의미〉를 가질 수밖에 없습니다. 개인들의 어울림은 그래서 중요한 의미를 가지고 있습니다. 절대적인 개인들의 조화! 우선 방법론적으로 도덕(道德)과 헌법(憲法) 같은 가치들이 일견 그 조화를 담당하는 것처럼 느껴집니다. 우리는 그런 가치들 속 개인으로 존재하니까요. 하지만 사실 인간은 그런 것보다 〈개인의 감성(感性)〉에 따라 더 많이 움직인다고 할 수 있습니다. 도덕과 법은 즉각적이지 않고 상대적으로 재어보고, 판단해야 하는 후천적인 패션(fashion?)에 불과하거든요. 사람들은 제각각의 감성으로 세상과 직접적으로 만납니다. 마음 속에서 돋보기처럼 커다란 감성으로 세상을 쳐다보고 교유(交遊)합니다. 어머니 품에서 따뜻한, 가난한 사람을 보고 연민과 동정의, 땀 흘리며 일하는 사람들의 얼굴에서 시대를 감당하는 굳건한, 오늘도 밤을 새우며 연구에 연구를 거듭하는 도수 높은 안경 낀 연구원의 땀방울에서 우리는 아름다운 감성의 결을 가슴에 새기며 오늘도 살아가고 있습니다. 감성은 그런 다양한 인권들의 조합 속에서 피어나는군요.

그렇지만 그 가치가 정당한 신념이 되기 위해서 당연해야 할 행동의 율(律)도 동시에 각인시킬 생각입니다. 자유와 민주는 상처를 입기 쉽습니다. 자칫 자유가 방종(放縱)이 되고, 민주가 독단(獨斷)으로 흐르지 않는 방법은 개인이 아니라 사회와 그 속에 내재된 질서와 배려, 희생과 헌신, 예의와 노작(勞作)임을. 그래서 인생이라는 거대한 강을 자책과 회한이 아니라 긍정과 관조(觀照)로 이해할 수 있도록 이끌고 싶습니다. 학급이라는 사회 속에서 그런 씨앗을 심을 수 있다면 아마도 제 교육의 정당성은 인정받을 수 있으리라 생각합니다.

깊숙하고 따뜻한 눈으로 세상을 바라봐야만 교훈의 깊은 속을 진정으로 자기 것으로 받아들일 수 있을 겁니다. 갑자기 누군가가 한 말이 생각나는군요. 과장되고 선동적(煽動的)이며 엉뚱한 느낌도 있어 어떤 의미로 한 말인지는 좀 더 생각해봐야겠지만, 아마도 현실의 억압에 대한 결의에 찬 말인 것 같은.

– 우리 교육 앞에 〈내 자녀가 민주공화국의 시민으로 살기를 원하는가,

18세기 계급 사회에 살기를 원하는가?〉라고 물어본다.

화, 수요일에 〈전교 임원 및 학급 임원 선거〉가 있습니다. 앞에 〈민주 공화국의 시민〉이란 의미에서 요즘 임원 선거를 짚어보면 불현듯 가치라든가 덕목, 진실 등은 고정되지 않고 시대나 장소에 따라 달라지고 있음을 실감합니다. 왕조 시대에는 그 시대의 가치가 있고, 미래 세계에는 아마도 그 시대의 문화가 있을 겁니다. 태평양 섬나라와 뉴욕의 메트로폴리탄(metropolitan)이 같을 수 없겠지요. 타임머신을 타고 과거와 미래를 오가는 영화들을 보았는데 시대와의 불화(不和)로 기막힌 **좌충우돌, 요절복통, 희비쌍곡선**이 벌어지곤 했습니다. 그러나 언제나 결론은 모든 것이 잘 맺어지는 해피엔딩으로 끝나더군요.

그 이유는 아마도 근본적인 인간관계가 개입되어 있기 때문이라고 생각됩니다. 시대에 덧입혀진 물질과 권력과 미(美)와 편리 등등을 건너뛴 순수한 풍습과 역사와 전설들이. 그것들은 알몸과 같이 사람들의 근저(根柢)에 본태적(本態的)으로 내장되어 있습니다. 그런 본심은 시대와 가치, 지식, 빈부 같은 것들을 뛰어넘어 가슴에 직접 새겨지지요.

아이들은 어른들과는 〈다른〉 존재들입니다. 그러나 우리 어른들은 덧입혀진 형식들에 빠져 좀체 헤어나지 못합니다. 전교 임원이나 학급 임원은 부모의 재력, 학생의 성적, 문화적 향유 정도 등등으로 부합하는 사람들만 해야 한다는. 그래선 안됩니다. 지금의 가치와 덕목은 그런 〈껍데기〉가 지배하는 시대가 아닙니다. 신동엽(申東曄)은 시 「껍데기는 가라」에서 4·19 이후 쇠붙이로 상징되는 시대에 저항하며 소리쳤지만, 지금 시대는 학급 속 〈자유〉와 〈민주〉가 가장 지고한 가치입니다. 껍데기가 아닌 그런 순수로 접근해야 합니다.

능력? 그런 건 특별한 경우가 아니라면 누구나 다 감당할 수 있습니다. '폴 포츠(Paul Potts)'란 사람이 어느 날 갑자기 나타나 엄청난 소리로 기존 성악계(聲樂界)를 뒤집어엎은 것도. 저는 TV나 인터넷과 가까이하지 않는 편이어서 세상 돌아가는 걸 미처 알아내지 못할 때가 많습니다. 폴 포츠 이야기도 얼마 전에야 뒤늦게 우연히 알았을 뿐입니다.

사람은 모습이 제각기 다른 것처럼 능력도 누구나 다릅니다. 껍데기를 벗어버리면 그런 능력들이 선명하게 드러납니다. 학부모님들의 자녀도 충분히 임원이 되어 학교와 반을 이끌어갈 수 있습니다. 아이에게 상처를 주지 않기를 바랍니다. 아이가 원한다면 아이에게 맡겨주시면 됩니다. 자녀의 또 다른 모습을 본다는 것은 부모로서 참으로 기쁘고 행복한 일입니다. 힘들어하면 제가 모든 필요한 사항들을 조성해놓도록 하겠습니다. 아니, 이미 그렇게 생각할 수 있도록 다양한 예를 들어가며 이야길 했습니다. 단 한 표도 얻지 못하더라도 자랑스럽게 생각할 수 있도록. 아이들에게 미리 포기해버리는 마음의 후퇴를 도전으로 바꿔볼 생각입니다. 저희 반 학생들은 이번 선거에 모두 원하는 대로 즐겁게 참여하기를 바랍니다.

진단평가를 토대로 아이들 제각각에게 필요한 방식을 찾아 실력을 기를 수 있도록 해보겠습니다. 얼마만큼 이해하고 있는지, 어느 과목, 어디에서 저항이 있는지, 어떻게 가르치면 이해할 수 있는지…. 쉬운 일이 아니지만 뭐 경험이 없는 것도 아니니까 아마도 자신감은 가질 수 있으리라 생각합니다. 아이의 기억에 그런 그림이 떠올려진다면 해보려는 생각을 가질 수 있겠지요.

저번 주에 빠졌군요. 담임 전화번호입니다. (010-○○○○-○○○○). 환영합니다. 아이와 관련하여 이야기하고 싶은 일이 있을 때 언제나 연락 주시기 바랍니다. 밤에 잘 때도 좋습니다. 특히 아이의 마음이 우울하거나 아파할 땐 더욱. 전 아이의 마음을 잘 알아채는 재주(?)가 있다고 자신합니…. 죄송!

| 제(4)주 학습지도 계획안 |

(2012년 3월 19일 ~ 3월 23일)　　　　　　　　　　　　　　　　4학년 2반

권리와 책임

　바쁜 학년 초입니다. 올해부터는 〈주 5일제 수업〉의 전면 실시로 학교의 교육과정 자체가 전면 재수정되었고, 그에 따른 학년교육과정과 수행평가, 업무계획 등등을 일일이 새롭게 조직했습니다. 거기다 홍수 같이 밀려드는 업무 처리, 환경정리, 수업발표 준비, 토요스쿨…. 학교가 존재하는 가장 큰 의미인 수업이 충실하지 못하다 싶을 정도로 느껴지고 부수적(附隨的)인 조직과 규정 같은 외연(外延)들이 강압적인 주제로 넘쳐납니다. 물론 본질(本質)과 형식(形式)은 당연히 함께할 수밖에 없겠지만 밤 10시 넘어 퇴근하는 3월의 분주(奔走)는 그렇게 정신의 보릿고개처럼 다가오는가 봅니다.

　저번 주에 전교 임원과 학급 임원 선거가 있었습니다. 결국 그런 것들도 본질을 위한 피상(皮相)이겠지만. 두 가지 행사도 3월의 분주로 지나갔습니다. 임원으로 선출되었든, 되지 않았든 모든 학생들에게 정정당당한 시간들이었습니다. 쭈볏쭈볏 생전 처음 임원 선거에 출마한 녀석들의 표정이 어찌 그리 우스웠던지. 그러나 그런 그림은 언젠가는 자신의 내면에

서 단련된 의지와 도전으로 나타날 겁니다.

　저 자신도 까마득한 국민학교 4학년 시절 급장선거(?)에 나가서 단 한 표(제가 스스로 찍었지요)를 얻어 아이들을 웃기게 만들었지만 어쩐지 그 후로 아이들이 저를 참 가까이 해주던 기억이 새삼스럽군요. 비로소 혼자 자학(自虐)처럼 외롭게 지내지 않고 아이들과 재밌는 학창 시절을 보낼 수 있었습니다. 자주 느끼곤 하지만 그때가 제가 패배자가 되지 않을 수 있었던 최초의 기회가 아닌가 싶기도. 그래서 그런지 좀 다른 고백이지만 6학년 중학교 입시 때(그때 한 반 학생이 60명 넘은 것 같은데 8~9반까지 있었던 걸로 기억합니다.) 1반인 우리 반 담임이 6학년 주임 선생님이셨는데-요즘은 〈주임(主任)〉이란 일제 시대 명칭 대신 〈부장(部長)〉이란 말을 사용하지만-일류 중학교에 갈 수 있는 아이들이 가장 많이 배정되어 있었습니다. 대부분 선생님 댁에서 저녁에 과외를 받았는데 저는 과외는커녕 뒤에서 세는 게 훨씬 빠를 정도로 공부에 게을렀습니다. 걱정하던 어머니가 말해 열흘쯤 과외도 받긴 했지만 조금 아이들에게 업신여김을 받는 것 같아 그만뒀습니다. 동네 많은 형들처럼 저도 그저 2~3류 중고등학교나 다니다 뱃놈이 될 게 당연하다는 자조도. 그러나 어쩐지 억울했습니다. 그때 벌써 등대라는 압도적인 존재에 자부심을 갖고 있었던 때문인지 태생(?)부터 전혀 다른 윗동네 부잣집 아이들에게 절대 지고 싶지 않았습니다. 어머니와 형의 질책도 있어 남은 두 달 정도 정말 이빨을 뿌드득 소리가 날 정도로 씹으며 혼자 열심히 공부했습니다.

　지금도 훤히 생각나는데 당시 합격자 발표는 라디오로 했습니다. (그때 벽에 걸어 둔 라디오는 채널도 없이 그냥 <ON-OFF>와 볼륨을 겸하는 스위치 하나만 있는 일종의 유선(有線)이었습니다. 초등학교 교실에 달린 궤짝 스피커와 모양이 비슷한)

등대 동네에서 건방지게 혼자 지원해선지 선구(船具) 및 잡화 가게를 하는 반장 할아버지 집 안방에 많은 동네 사람들이 모여 기특하다며 제 머리를 쓰다듬으며 들었습니다. 아직도 선명하게 기억하는 제 수험번호 〈133〉번을 혹여 지나칠까 긴장하며. 그런데 100번을 지나치자 점점 가슴이 좁아들더군요. 103, 104, 115, 121… 식으로 뭉텅뭉텅 건너뛰는 소리에 가슴이 콩닥거렸습니다. 사람들이 따라 불렀습니다. 131, 132번을 들은 것 같은데 순간 지나친 듯싶어 눈앞이 하얗게 변하더군요. 그런데 사람들의 환호가 터져 나왔습니다. 합격이라며 제 손을 잡고 등대에 경사 났다고 했습니다. 어머니도 얼씨구 춤을 추었고. 어쩌면 등대라는 변두리 회색 풍경이 만들어낸 자학(自虐)을 깨뜨리려는 자존심과 경쟁심이 절 이끌었는지도. 그 중학교에 합격한 건 등대 동네 역사상 처음(?)이라서 저의 합격은 동네의 자존심을 한껏 부풀린. 어머니의 통 큰(?) 합격 턱으로 스물 가까운 어른들과 함께 왁자지껄 자장면과 만두를 시켜 먹은 기억이 선명하군요.

다음날 중학교에 가서 별관 목재 벽면에 몇 장의 커다란 하얀 종이에 세로로 된 붓글씨로 쓴 합격자 명단을 확인하고는 등대를 사는 조그만 아이 하나의 자존심(?)으로 한껏 부푼! 학교에 갔더니 선생님들이 축하한다며 제 머리를 쓰다듬어주었습니다. 담임선생님도 절 껴안고 잘했다고 축하해주셨지요. 알고 보니 우리 반에선 저 혼자 합격했고, 6학년 전체에서 4~5명(?)만 합격했다는 기억이 나는군요. 기대가 컸던 주임선생님 반 공부 잘하는 아이들도, 부럽게만 바라보던 윗마을 부잣집 동네에서도, 해운회사 회장(?) 아들도 모두 떨어진. 전혀 기대하지 않았던 때문인지 졸업식 날 친구들의 목말을 타고 교문을 들어선 기억이 새삼스럽습니다. 그 뒤 제 쇼킹(?)한 합격 이야기는 한참 지나서도 전설처럼 전해져온. 정말 개천에서 용 난다는 말대로. (불합격한 친구들 중 재수를 하여 제 중·고등학교 1년 후배(?)

가 된 친구도 있습니다. 나중 저의 결혼 중매까지 서준. 후후! 아무튼 그 후 세상을 살며 몇 번 시험이란 걸 볼 기회가 있었는데 한 번도 실패하지 않은 건 끈질긴 운명처럼 각인(刻印)된 등대가 가여운(?) 저에게 손길을 내밀어줬던 건 아니었던지!)

저희 반 학생들은 이번 선거에서 아마도 자신이 피상(皮相)이 아니라 주체적인 존재임을 느꼈으리라 생각합니다. 어른들이 아이들에게 은연중에 강요한 모습들이 사실은 정당함이 아니라 〈불량가치〉임을. 모든 사람들은 누구나 다 주체적인 생각과 행동을 할 수 있는 〈존재의 값〉을 가지고 있음을. 내 한 표가 소중하고, 단 한 표로 당락이 갈리더라도 그게 우리 사회의 정의와 율법의 기반으로 작동하고 있음을.

처음 임원 선거에 나선 아이들은 옛날의 저처럼 머쓱하게 웃으며 자기소개를 했지만 곧 진지해지더군요. 그 진지는 아마도 삶의 정당으로 자리잡아 균형으로 자신을 바로잡아 주리라 생각합니다. 거기에는 우쭐함이라든가 패배의식은 전혀 없을 겁니다. 세상에 태어나 자신에게 향한 표가 있었다는 기억은(비록 한 표도 받지 못했다 하더라도) 평생을 가는 자신(自信)으로 새겨질 겁니다. 기쁨과 아쉬움은 있을지 몰라도 그런 자신을 심어주는 삶의 과정은 오늘 아이들 마음에 폭넓게 직조(織造)되었으리라고 생각합니다.

그런 후 3월 생일을 맞은 아이들의 생일 파티를 열었습니다. 이런 간단한 씀씀이에도 아이들은 무척 좋아하더군요. 제가 칠판 가득 멋있게 그려 논 그림 앞에서 선물과 노래와….

사실 저는 여태 생일이라고 따로 축하받은 기억이 별로 없군요. 아니, 어쩌면 50년대 피폐(疲弊)한 시절을 살아가며 스스로를 감추고 그림자처럼 숨겨뒀음을. 생일이 가까우면 미리 스스로를 숨기고 생일에 집에 들어

가지 않았던 기억도. 기막힌 소년의 자학(自虐)이었던! 13살 나이에 스스로를 학대하며 도전의 의지를 불태우던. 사실 앞에 이야기한 중학교 합격도 어머니에게 절대 학교로 찾아오지 말라고, 그래야 내가 이빨을 깨물며 최선을 다할 수 있다고, 난 아무도 없이 혼자 감당하겠다고 단단히 고집부렸지만 2일차 체력검정 마칠 때쯤 어머니가 찾아온 걸 발견하고 십 리나 도망쳤던. 그날 밤 어머니의 서러운 눈물은 라디오에서 합격자 발표가 나오자 덩실덩실 춤을 추고 동네 사람들에게 자장면은 물론 떡을 돌리고 잔치가 열릴 정도로 보상받았습니다. 아아, 어머니, 내 어머니!

케이크를 놓고 노래와 소원과 편지와 선물을 주고받으며. 자신이 친구들의 축하를 받을 수 있는 소중한 존재이며, 미래의 꿈은 모두에게 활짝 열려있으며, 그런 가치가 국가와 사회에 얼마나 건강한 피돌림으로 계속되고 있는지를. 이번 두 가지 경험으로 학생들의 성찰에 자극을 주었으면 합니다. 아이들에게 말해주었지요. **아마존의 벌거벗은 원주민이나 히말라야 고산의 꾀죄죄한 사람들도 〈존재〉한다는 자체만으로도 고급 옷에 번쩍이는 큰 차를 자랑하는 현대인(?)에게 절대 뒤지지 않는 〈상쾌함〉으로 존재한다고!** 아마 편지와 선물을 곱게 간직하고 미래의 자신을 단단히 받쳐줄.

그렇지만 또 이어지는 학교생활에서 지켜지지 않는 모습들을 강하게 야단쳤습니다. 과제라든가 수업 태도, 교실과 학교의 질서들이 지켜지지 않는 학생들에게 벌도 마다하지 않았습니다. 학생의 생명이랄 수 있는 공부에 게으름을 부리고, 공동체의 질서를 깨뜨리는 모습은 주체적인 존재의 상쾌함(?)을 애써 망가뜨리는 배반으로 돌아옵니다. 〈권리와 책임〉은 다른 얼굴 같은 모습으로 동시에 존재하며, 세속의 이념으로 망가진 〈인권〉의 몫을 더욱 확실히 세울 수 있을 것으로 생각합니다. 처음부터 담임

선생님의 확실한 자세를 가르쳐주어야 한다고 생각합니다. 다음에 기회가 된다면 〈주체〉에 대해 이야기하고 싶습니다만.

아무튼 이번 주 행사를 거치며 우리 아이들 마음이 보름달보다 더욱 커졌으면 좋겠습니다. 쓰고 보니 쓸데없는 장황한 말! 참으로 죄송합니다.

제(5)주 학습지도 계획안

(2012년 3월 26일 ~ 3월 30일)　　　　　　　　　　　　　　4학년 2반

시대, 그리고 학교의 변화

≡　학교 속 토요스쿨(신명나는 국악 교실, 독서 교실, 돌봄 교실, 종이공예, 키즈 쿠킹, 체력 증진반)에 신청한 학생들은 시간에 맞춰 등교하여 수업에 참여할 수 있도록 합니다.

　학부모 공개수업 및 총회를 마지막으로 바쁜 3월 일정이 거의 끝나는 것 같습니다. 유난히도 추운 3월이었는데 이제 본격적으로 가르침이라는 본질에 접근할 수 있을 것 같군요.

　그동안 힘들었던 건 사실 수업 이외의 행정적 일들로 인한 가르침의 부실 때문임을 부인할 수 없지만, 그러나 더 본질적인 부분은 시대와의 불화, 또는 방법론이 깔려있었기 때문에 더욱 그러함을 숨길 수 없군요. 가르침의 계량(計量)과 그 연관 업무 등등이 제가 알고 있던 익숙한, 그리고 마음에 편하게 다가오는 친화적인 환경들과 너무 달라져서.

　학교 사회만의 변화는 아니겠지만, 예전 수기(手記)로 모든 학사일정과 행정업무를 처리하던 시대에 더 많이 적응해왔던 저로서는 네이스(NEIS, 통상 '나이스'란 명칭으로 불리지만)란 학교 학사업무처리 시스템이 그 시대의 요구에도 불구하고 상당히 아쉬움이 많습니다. 하긴 학교라고 현실의 변화와 무관할 수 없지만, 어쩌면 더욱 현실과 걸음을 같이 맞추어야 하겠지

만 과연 현장에서 잘 보급될 수 있을지는 확언할 수 없습니다. 그건 2000년부터 보급된 〈C/S〉니 하는 온라인(on-line) 학교운영 체재 도입과정에서부터 왠지 그 깔끔함과 참신, 그리고 편리와 속도감에도 불구하고 우리들 시대와는 결국 불화(不和)로 인한 결별을 예감한 기억이 있었기 때문입니다. 여러 가지 현실과 유리(遊離)된 불합리한 소프트웨어의 구조는 얼마 지나지 않아 결국 폐기되리라는.

하지만 현장에서 가르침의 양식을 수행해야 하는 교사의 처지에서는 가타부타할 순 없지요. 현대적인 시스템의 구조를 살펴보고, 나름으로 적응을 해나갔더니 그런대로 적응할 수 있었고, 오히려 젊은 교사들보다 더욱 활용을 잘 할 수 있었습니다. 시스템의 부조화나 불합리는 제 스스로의 판단으로 병행, 보완해오며. 결국 제가 느꼈던 절름발이 같았던 소프트웨어의 불합리한 구조는 얼마 가지 않아 폐기되고 말았습니다.

근래 남자 교사가 부족해 체육 전담(專擔)을 몇 년 하는 동안 시스템 환경이 또 많이 변했습니다. 〈업무포털(業務 portal)〉이라는 포괄적인 시스템이 개발되어 네이스도 그 속의 한 부분으로 들어가고, 행정업무도 통합되어 학교와 관련된 모든 일들을 업무포털을 통해 이루어지고 있습니다. 오랜만에 담임을 맡았더니 생소한 부분이 많았습니다. 보고 공문과 교내 전자결제 라인의 구조와 분류 등이 광범위하게 분류되어 제가 추진해야 하는 업무 파일을 찾는 것부터가 쉽지 않고, 곧잘 시행시기를 놓치기도 합니다. 물론 또 벌써 잘 적응하고 있는 편이지만 아직도 스마트한 젊은 사람처럼 자연스럽게 받아들이고, 아무런 느낌 없이 맘껏 활용하고… 그런 부분들에서 고뇌(?)하고 있음도 사실입니다.

저는 아이들에게 〈자유〉와 〈책임〉이라는 기본 원리를 가르쳐주기 위해 교실에서 휴대전화를 마음대로 사용하게 합니다. 일반적으로 자율에 맡기면 교실이 엉망이 되기 쉽지만. 한때 신성한 법정(法庭)이 수시로 울려대는 휴대폰 소리로 난장판처럼 되어 사람들의 안타까운 시선을 받은 적이 있듯 교실도 휴대폰이라는 신기하고 편리한 문명의 이기로 선생님들이 수업을 진행하기가 굉장히 힘들어지기도 했습니다. 문명과 문화라는 편리가 그 근저(根柢)인 삶을 추월하는 역리(逆理)에서 고민도 했습니다. 많은 선생님들이 공감하는 부분이기도 하지요.

그러나 몇 가지 원칙을 가르쳤더니 제법 잘 지켜서 오히려 장점이 더욱 많은 편입니다. 수업에 활용하기도 하고, 휴식시간에 자기가 하고 싶은 조작도 하고…. 요즘은 유치원생도 휴대폰을 분신처럼 여겨서 만약 만질 수 없게 되면 불만과 불안, 고립감은 물론 행동에까지 장애를 일으킨다는 이야기도 있던데 우리 반 아이들은 즐겁게 수업에 임하고, 휴대폰으로 친구와 교우를 더욱 두터이 하고 있습니다.

아무튼 학교는 변했고, 문화와 그 형식에 입혀지는 의식도 무척 변했습니다. 지나간 낡은 척도(尺度)로서는 시대가 요구하는 교육을 따를 수 없을 듯하군요. 교육은 소통이 중요한데 아이들이 좋아하는 카카오톡, SNS, 트위터. 페이스북… 용어 자체도 본능적으로 거부감이 들기도 합니다만 어쩌면 이런 것들이 사실 언어에 기대 발전하고 정신을 확산하여온 원천일지도 모르겠습니다. 하지만 그런 것들이 발전이란 미명(美名)으로 〈수다와 번잡〉, 〈수단과 향유〉의 함정에 빠지지는 않았는지!

어쨌든 저는 아직 낡은 휴대전화에만 머물고 있습니다. 그나마 2~3년 전에서야 겨우. 아직도 전 스마트폰이 이름 그대로 얼마나 똑똑하고 신기한지 모릅니다. 앞에 언급한 카카오 등등의 용어들을 근래 자주 들어봤지만 그 정확한 의미를 자세히 모릅니다. 어쩌면 일부러 알려고 하지 않는 면도 있습니다만. 앞에서 말씀드린 시대와의 불화(不和), 가치의 일방적인 통제(統制), 또는 소통의 방법론 등에서 폐쇄적 대립 때문이 아닌가 합니다. 어쩌면 새로운 시대의 필연성에 마음이 들지 않아 외면하는 의미도 있을 것 같군요.

다음에 그런 것들과 관련한, 아마도 아이를 기르는 일부 젊은 부모님 세대에게도 해당되리라는 심리학의 여러 단면들을 이야기해보았으면 합니다.

제(6)주 학습지도 계획안

(2012년 4월 2일 ~ 4월 6일)　　　　　　　　　　　　　　　　4학년 2반

에너지 보존의 법칙

　본교에서는 엊그제부터 아이들의 체격 검사를 하고 있습니다. 직접 아이들과 마주하며 검사하다 보니 요즘 아이들의 체격이 많이 커졌다는 것을 실감할 수 있더군요. 아마 한 세대 전 부모님 세대보다 더욱 커졌다는 것을 학부모님들도 느낄 수 있을. 하물며 5~60년대와는 비교할 수 없을 정도지요.

　제가 학창시절을 보낸 5, 60년대는 〈보릿고개〉란 말도 있었고, 간식은 커녕 먹을거리가 보리밥과 된장, 김치…. 그저 단순한 주부식에 지나지 않았습니다. 오랜만에 귀한 사위가 오면 씨암탉을 잡아준다고 했는데 그만큼 육식(肉食)이 귀한 때였습니다. 지금에야 일상에서도 흔해빠진 닭고기일 뿐이지만

　간식은 몇 개로 한정되어 있었습니다. 건빵이나 설탕과자, 찐빵, 꽈배기…. 모두 1차 산업에서 생산된 것들을 간단히 가공한 수준이지요. 배고프면 산과 들에 나가 여문 필기(풀씨)를 씹거나 칡을 캐어 질겅질겅 턱이 빠질 정도로 하루 종일 씹었습니다. 가끔 튀긴 메뚜기 장수가 와서 어른들

이 술안주를 하고 남은 걸 먹기도 했고. 제가 그 귀한(?) 바나나와 밀감을 처음 먹어보고 감격에 겨워했던 것이 중학교 입시 때 앞서 이야기한 해운 회사 회장집에서 같은 학교에 응시한 아이들 모두 집에 불러 처음 한 조각 얻어먹었을 때니까 지금 아이들은 상상도 할 수 없을 겁니다. 세상에 이런 맛있는 과일도 다 있나라며 감격했을 정도니까요. 도대체 일상에서 얼마든지 먹을 수 있는 흔한 닭고기와 밀감과 바나나에 익숙한 아이들로선 이해하기가 쉽지 않을 겁니다. 연전 텔레비전에서 방영했던 만화영화「검정고무신」속의 주인공 '기철'이와 '기영'이처럼 자장면 한 그릇에도 눈물을 흘리며 맛있게 먹었을 정도로 그렇게 살았습니다. 마치 어느 아프리카 굶어 죽어가는 불쌍한 아이들을 보고 신기하게 생각하는 우리 아이들처럼.

친구들은 모두 말랐고, 키는 고만고만했고, 얼굴은 버짐으로 푸석했습니다. 작은 누님은 그나마 가장 흔했던 기생충인 회충에게 영양분마저 다 빼앗기고 핏기도 없이 백혈병(白血病)에 걸린 소녀처럼 꾸벅꾸벅 졸기만 했습니다. 전 바닷가 출신이어서 그럭저럭 어린 나이에도 물질로 조개나 물고기들을 꽤 먹은 탓인지 키가 평균보다 큰 축에 속했지요. 지금이라면 그저 평범한 키지만.

지천으로 널린 닭고기와 바나나는 시대의 기대를 인플레(inflation) 시키며 〈육식주의〉라는 탐욕을 절대선(絶對善)의 가치로 부풀렸습니다. 부모들은 못 먹은 게 한이 맺혔다는 듯 걸핏하면 가족들과 고깃집으로 가서 삼겹살을 구워 먹으며 복부지방을 쌓았습니다. 원망과 풍성은 아이들의 체형(體型)까지 거대한 풍선처럼 둥글게 만들었습니다.

저는 대체로 아이들이 급식을 마음껏 먹을 수 있도록 해줍니다. 여러 가지로 어려운 사회 분위기인데 먹을 것마저 제대로 먹지 못하면 얼마나 마음이 아플지. 먹는다는 건 본능적으로 만족과 행복을 주거든요.

아이들은 언제나 남들과 비교를 합니다. 누가 무슨 학용품을 가지고 있는지, 누가 무슨 옷을 입고 왔는지, 누구 집 자가용은 어떤 건지, 누구는 외식을 어디서 했는지… 그런 모든 것들을 비교하며 기뻐하기도 하고 슬퍼하기도 합니다. 심지어 탐나는 학용품을 훔치기도 하고 괜한 분풀이로 싸우기도 합니다. 우리 엄마 아빠는 좋은 옷도 사주지 않는다며 삐치기도 하지요.

그 스트레스는 굉장합니다. 그렇게 예민한 감수성을 가진 아이들은 학교에서 먹을 것으로 풀어내기도 합니다. 저도 그 아쉬움을 급식으로나마 달래주고 싶었지요. 몇 가지 지킬 약속을 던져주고. 남겨서는 안된다, 골고루 먹어야 한다, 잔반(殘飯)은 한 곳으로… 하며 아이들의 식사 모습을 살펴볼 수 있었습니다.

규칙 때문이기도 하겠지만 몇몇 아이들은 자기가 먹을 만큼만 먹더군요. 제가 더 먹으라고 이야기하기도 하지요. 그 나이에 쌓였을 욕망을 풀어내고, 삶의 여러 양상(樣相)들을 견뎌내려면 에너지가 더 필요하기 때문에.

특히 여학생들은 벌써부터 몸매 관리 차원인지 아주 적게 먹기도 하더군요. 몇 가지 좋아하는 반찬과 두어 숟갈의 밥만 먹기도 합니다. 아마 집에서는 좀 더 많이 먹겠지요. 어른들의 몸에 대한 〈미(美)의 숭배〉가 벌써 아이들에게 강요되고 있구나 싶기도 합니다. 뭐 본능적이기도 하겠지만. 그러나 몇몇 남학생 아이의 식욕은 제가 생각하기에도 대단한 수준입니다. 단련된 식욕으로 밥과 반찬을 몇 번이나 퍼가기도 합니다. 좋아하는 고기반찬이 나오면 눈치를 보며 먼저 먹으려고 다투기도. 대체로 활동량이 많은 아이들이 그렇지만 딱히 그런 것만도 아니어서 아마도 식사로 스트레스를 풀어내지 않는가 하는 생각이 드는 것도 사실입니다.

뭔가가 아쉽습니다. 아이들의 원하는 바를 강제하기도, 그렇다고 철없는 아이의 욕망을 그대로 두기도. 어릴 때의 스트레스는 평생을 간다는 생각입니다. 그 스트레스를 초월하는 사람도 있겠지만 대부분은 그 집착(執着)에 사로잡혀 정신까지 전투적(戰鬪的)으로 형성되기도 합니다. 거대한 도시의 스카이라인(skyline)을 올려다보며 그에 속하지 못하는 소외된 자신이 겹쳐진다면 더욱. 그 안타까움으로 그대로 두고 싶기도 합니다.

그러나 당장 둥글게 변하는 몸매를 보면 아이의 미래를 더욱 암담하게 만들고 있다는 무책임으로 아쉽기도 하군요. 체육 시간에 아이들의 몸을 들어보니 거대한 고깃덩이처럼 묵직하더군요. 허리를 잡기 어려운 녀석도. 누워서 20㎏을 넘는 바벨 역기를 2천 번 이상 들 수 있는 제 힘으로도 쉽지 않은. 겨우 초등학교 4학년 아인데도 말입니다.

어릴 때의 살은 키로 간다고 하지요. 그러나 그 말은 순전히 6~70년대 굶주렸던 시절의 〈낡은 수사법〉에 다름 아닙니다. 지금은 온갖 성인병의 원인입니다. 몸매를 둥글게 감싸고 있는 살은 근육이 아니라 지방 덩어리로서 혈관과 내장을 압박하고, 심장병이나 뇌졸중, 암, 당뇨 등의 각종 성인병(成人病- adult disease), 또는 생활습관병(生活習慣病, lifestyle disease)을 일으키는-, 그야말로 문제적, 총체적인 기름 덩어리일 뿐입니다. 제가 마라톤을 하는 것도 따지고 보면 그런 기름 덩어리를 잘라내려는 의미도 없다고는 못하겠군요. 우리나라 중년의 체형을 보면 대부분 배불뚝이처럼 보이는데 목욕탕에서 보면 참 보기 민망하기도 합니다. 삶의 고단을 견뎌내느라 몸에 새긴 훈장이라고 긍정으로 생각해봐도 괜히 안쓰러운,

냉정하게 생각하면 인간의 정신이 어떻고, 사상이 어떻고… 그런 것들은 다 허상(虛像)입니다. 분자 수준에서 이야기되는 담론(談論)과 다르지 않지요. 거시적(巨視的)인 시야에서는 언급할 필요도 없는 허깨비 이야기일 뿐입니다. 인간, 아니 우주 전체를 관통하는 단 하나의 법칙이라고 하면 그건 〈에너지 보존의 법칙(energy 保存의 法則)〉이라고 할 수 있을 겁니다. 어쩌면 그에서 파생된, 똑같지만 다른 이름으로 〈작용 반작용의 법칙(作用 反作用의 法則)〉을 들기도 합니다. 우주의 심장을 꿰뚫어 볼 수 있는 아인슈타인(Albert Einstein)의 세련된 〈상대성 이론(相對性 理論)〉도 사실은 고전물리학의 저 낡은 에너지 보존과 작용 반작용이란 근본적인 원리 하에서일 뿐입니다.

에너지는 작용의 과정을 거치며 삼라만상(森羅萬象)의 변화를 일으켜 또 다른 반작용으로 반응하여 보존됩니다. 그리고 바람처럼 다음 작용으로 이동합니다. 이동과 변화만 있을 뿐 에너지가 사라지는 건 아니지요. 책상 위 꽃병은 떨어진 거리와 속도만큼 산산조각 나며, 먹은 만큼 에너지는 지방의 형태로 몸을 부풀리고, 헉헉거리며 달린 만큼 다리와 심장의 근육은 강철처럼 강해집니다. 읽은 책만큼 정신의 세부적, 양적 팽창은 뇌의 회로에 정밀히 기억되고, 고뇌한 만큼 정신은 세상의 부평초(浮萍草)처럼 흘러가는 깊숙한 곳에 숨어 있는 현상을 정확히 해석해낼 수 있는 성숙(成熟)으로 반작용됩니다. 분자 수준의 진동과 결합, 그리고 이탈은 그 존재

의 한계를 넘어 우주까지 똑같은 양상을 보이고 있습니다. 우주는 작용과 반작용의 교집합(交集合) 속에서 어제도 오늘도, 그리고 내일도 거대한 해일처럼 끊임없이 영위(營爲)되고 있습니다.

그러나 지금의 식탐으로는 절대 우아하고 선량한 반작용이 돌아오지 않습니다. 허덕이는 몸으로는 자신이 스스로의 주인으로, 책임을 다할 수 있는 민주 시민으로 성장하기는 지난(至難)한 일입니다. 그렇군요. 몸에 가해진 반작용은 무슨 영화 속에서 쌍두마차가 끄는 것처럼 늪 속으로 달려가야 하는 정신의 허망(虛妄)으로까지 확산되는군요. 환희와 절망은 작용과 반작용의 양 끝에 다름아닙니다. 아니 에너지는 반작용으로 더 쉽게 반응하는 것 같습니다. 도끼로 나무를 내리치면 쩍 날카로운 비명을 지르며 해체되는.

학교에서의 가르침만으로는 턱도 없습니다. 자칫하면 오히려 욕을 먹기 십상(十常)입니다. 부모님들이 관심을 가지고 적극적으로 가르쳐야 합니다. 성장하기도 전에 절망해버리면 그야말로 안타깝기 그지없는 일이지요.

우리 학교 바로 밑, 예전 10년 전 근무하던 학교에서 바로 옆에 있는 윤산으로 소풍을 갔을 때 공부 잘하고 순박하고 예절 바르며 모든 것에서 앞서는, 그러나 타고났는지 모르지만 몸이 비대해 허덕이며 오르던 아이의 그림이 자꾸 떠오르는군요. 다른 아이들이 웃고 장난칠 때 철버덕 앉아서 숨을 고르며 맥을 놓고 있던. 그때 무척 안타깝게 생각했던 기억이 납니다. 잘생긴 얼굴에 또렷하던 눈동자와 생각이 깊던 그 아이는 능히 가족의 기대를 충족할 정도였으며, 착한 심성은 세상을 포근히 감싸 안을. 가끔 그 아이가 능력을 충분히 발휘하고 건강하게 자랐을까 하는 생각이 났지만, 어쩐지 그런 것들과 이별하고 몸이 주는 함정에 빠져 그저 그런 삶을 살고 있는 건 아닌지. 그렇게 자주 생각하곤 했습니다.

오늘 〈표준체중 점검표〉를 아이들 편으로 보냈습니다. 미취학 아동은 물론 어른들 연배에도 적용할 수 있도록 항목의 대푯값을 넓혔으니까 살펴보시고 아이와 많은 대화를 나누었으면 합니다.

| 제(7)주 학습지도 계획안 |

(2012년 4월 9일 ~ 4월 13일)   4학년 2반

직진주의자와 조급주의자

≡ 다음 주는 우리 반이 《교내 봉사반》입니다. 비닐 주머니를 준비하여 학교 주변을 청소하는 착한 봉사활동이니까 다른 날보다 일찍 등교할 수 있도록 합니다.(8시 10분까지)

오늘 아침에 차를 가지고 동네 좁은 네거리를 지나갔습니다. 우회전을 하려고 차를 회전시키는 순간 갑자기 왼쪽에서 직진 차 한 대가 잽싸게 먼저 진입하더군요. 까딱했으면 부딪칠 뻔했습니다. 속으로 저절로 욕이 나오려고 했습니다. 그런데 조금 가다 깨달았는데 오히려 잘못은 저에게 더 많이 있더군요. 제가 진행하려는 오른쪽으로는 한참 전부터 정지 신호가 켜져 있었고, 왼쪽 길에는 진행이 더뎌 그 차 뒤로도 다른 차들이 길게 늘어서 있었습니다. 그러니까 그 차는 한참을 기다리다 저처럼 우회전 차들이 정지 신혼데도 불구하고 계속 달려드니 더 이상 기다릴 수 없다는 조급한 생각으로 신호가 바뀌었지만 그대로 진입을 했고, 저는 제 사정만으로 무작정 기다릴 수 없다는 생각으로 그런 상황을 외면하고 오직 방해받았다는 생각만으로 화를.

아마도 많은 분들이 차를 몰다보면 그 비슷한 경우들을 만날 텐데 제가 아는 한 대부분의 운전자들이 자기는 정당하고 상대가 잘못했다는 판단을

은연중에 하는 경향이 있는가 싶습니다. 판단과 가치의 출발을 미리 깔아 놓은 자신의 〈상황구조〉에서 결정하다 보니 전체 상황의 균형을 잃어버리게 되지요. 물론 그렇다고 제 쪽이 전적으로 잘못한 것만은 아닐 겁니다. 만약 제가 아픈 어머니를 모시고 급히 병원으로 가는 길이었다면 끼어든 사람은 그 상황을 설혹 예단(豫斷)할 수 없다고 하더라도 결국 조급으로 병자를 외면한 셈이 되어버리니까요.

결론적으로 제 말의 요지는 어느 한쪽의 일방적인 선(善)과 악(惡)은 없다는 겁니다. 언제나 상대적(相對的)이지요. 본래 우주 자체는 선과 악으로 이분(二分) 되어 주어진 것이 아니라 햇빛과 그늘처럼 맞물린 현상으로 유지되고 있을 뿐입니다. 선과 악은 그 틀 속에서 상대적입니다. BC 5세기 무렵 희랍의 철학자인 '파르메니데스(Parmenides)'는 선과 악은 명확하게 확정되어 있지 않고, 동시에 우리가 예단할 수 없는 상황들이 언제나 존재하고, 그래서 그런 상황도 포함하여 균형을 재고 〈상대적인 절도(節度)〉를 지켜나가야 한다는 생각을 제자들에게 가르쳤다고 하더군요. 그런 의미로 그에게서 〈존재론(存在論)〉과 〈형이상학(形而上學)〉이 출발했다고 해도 크게 무리는 아니라는 생각이. 자신의 생각과 다른 주장들이 얼마든지 있을 수 있다는 기제(機制)는 성숙한 시민의식이 가져야 할 책임이라고 생각합니다.

인류가 사회를 이루며 존재해온 역사는 무수한 양식(樣式)과 정체(政體)의 탐구사(探究史)라고 할 수 있겠군요. 낡아빠진 전시대의 유령 같은 왕조(王朝) 시대만 하더라도 〈입헌군주제(入憲君主制)〉란 세련된 모습으로 일본과 유럽 등지에서 오늘날에도 널리 채택되고 있고, 한때 들불처럼 번졌던,

그러나 유령처럼 순식간에 사그라진 〈공산주의(共産主義)〉는 아직도 〈조선민주주의 인민 공화국〉-북한이라는 바로 우리 형제에게서 더욱 전제화(專制化)되어 우리를 위협하고 있습니다. 세계를 호령하는 미국만 해도 각 유니온(Union)들이 연합하여 〈연방제(聯邦制)〉를 이루고 있지요. 물론 그 과정에 흘린 피와 땀은 역사 속에 생생히 진열되어 있습니다.

그러나 그 모든 정체들도 결국 인본주의(人本主義)의 정신을 바탕으로 깔고 있는 〈민주주의(民主主義)〉로 귀납됩니다. 지금 현재도 입헌군주제나 연방제 등이 유지되고 있지만 따지고 보면 민주주의를 실제적 법치의 바탕에 깔고 있기 때문이 틀림없습니다.

동물과 달리 형이상학적인 언어와 사고를 구사하는 사람들은 〈인간〉이라는 존재성을 가진 범주에서는 모두 대등한 모습으로 관계되어지고 있는 민주주의를 채택하고 있습니다. 그것이 가진 많은 불합리와 불안과 파탄에도 불구하고 민주주의는 오늘도 거뜬히 인류를 받치고 있고, 미래에도 더욱 세련된 모습으로 펼쳐질 게 틀림없다는 생각입니다. 남녀나 성격, 사상 등은 개인을 확정하는 표상으로 가치나 선호 너머 등가(等價)로 매김되지요. 따라서 개인은 그 자체로 절대적 존재이기 때문에 민주주의는 인류의 수많은 정체(政體) 중에서 실험이 끝난 진화의 마지막 모습이란 생각입니다.

이번 수요일에 국회의원 선거가 있군요. 한 표의 가치가 소중하고, 그 가치만큼 정당하게 발휘되어야 하겠습니다. 그 개인들의 대표인 의회의원들을 뽑는 선거는 그래서 너무나 소중한 〈권리〉입니다. 그 권리를 쟁취하기 위해 역사가 굴러가며 희생시킨 불행은 차지하고라도 미상불 우리들의 미래를 담보하는 장치가 기분이나 호불호, 전제(前提) 등으로 함부로 행사되어서는 안 되지요.

그러나 불행하게도 우리나라의 정치의식은 그런 기반을 송두리째 배반하기 일쑤였습니다. 지난 6~80년대 군사정부 시대는 또 그렇다 하더라도 민간정부가 들어선 이후에도 일방에서 출발한 이념과 논리가 저급하게 편을 가르고, 거칠고 세련되지 못한 언어들이 함부로 분출(噴出)되고 있습니다. 또는 거의 맹목에 중독된 이념이 이 사회를 난도질하고 있지요. 올바른 토론과 주장, 인정(認定)과 타협, 협동과 대안은-저 스스로도 적절하지 않고 생뚱맞다는 생각인데, 아무튼 순간적으로 떠오른-그야말로 '김광균(金光均)'의 시 「추일서정(秋日抒情)」에 나오는 시효(時效) 지난 망명정부의 지폐처럼 사라져버리고 그 자리를 차지한 〈직진주의자〉와 〈조급주의자〉들이 시쳇말로 〈닥공-닥치고 공격〉하고 있습니다. 여백을 남겨두지 않고 온통 선동과 모함과 매명으로 도배된. 정치가는 그렇다 하더라도 자처하여 지식인으로 행세하는 사람들 중 그런 모습이 가장 두드러진 사람들이 바로 작가, 교수, 예술가, 무슨무슨 비평가들입니다. 우리 사회를 지탱하는 대부분의 교수나 작가, 비평가들은 오늘도 강단과 연구실에서 말없이 자기의 학문을 연마하고, 창조하고, 실험과 고뇌의 시간들을 보내고 있습니다. 그야말로 존경받아 마땅한 우리들 미래를 책임지고 있는 저 찬란한 사람들!

그러나 가만 보면 몇몇 나서기 좋아하는 사람들이 많이 보입니다. 민주주의의 증표로서, 사회발전의 동인으로 그렇게 자기의 주장을 내세우는 것을 이해할 수 있습니다. 또는 신념으로 이해할 수도. 물론 모모 교수들처럼 상대를 이해하지 못하는, 아니 존재 자체를 부정하며 자기 주장이나 신념으로만 존재한다면 그건 바로 정신의 독재(獨裁)에 다르지 않겠지만. (오늘은 아마도 제가 그런 부류에 해당된다고 할 수 있을.) 게다가 집단의 이익, 개인의 매명, 정치에 굴종(屈從)된 이분법으로 무장한 견고한 이념으로 상대를 헐뜯고, 비난하고, 악으로 규정하고…. 상대도 역시 일방으로 싸우듯 비난하기 바쁩니다.

'캐스 선스타인(Cass Robert Sunstein)'이라는 사람의 주장에 따르면 음모론(陰謀論)이 발생하는 이유가 극단주의의 절름발이 인식(crippled epistemology) 때문이라고 하더군요. 자신과 다른 관점이나 정보는 아예 배제하고, 일치하는 내용만 받아들여 기존 입장을 강화(强化)하는 성향을 말하는데 예를 들면 미국의 유명한 '마틴 루터 킹(Martin Luther King)' 목사는 연방요원에 의해 암살당했다든지, 세계 여러 나라 금융 위기의 배후에는 유태인들의 음모가 도사리고 있다는 등의 엉뚱한 정보들이 난무하는 이유들이 그런 절름발이 인식이 보편적으로 널리 받아들여지고 있다는 의미입니다.

언젠가 사람들 사이에 정치적, 사회적 이슈가 된 사안이 있어 그 사안의 시초와 마지막까지 연관된 말들을 일일이 찾아서 순차적으로 읽어봤습니다. 시야와 시선의 정확을 기하기 위해. 그런데 그야말로 형편없는 논리와 억지, 미분화(未分化)된 감정 과잉과 소아병적인 미숙, 그리고 그 속에 숨겨진 교묘한 자가발전…. 어쩌면 그런 세계인식으로 작가가 되고, 교수가 되고, 비평가가 될 수 있었는지 이해할 수 없더군요. 선택된 언어와 사고가 뻔뻔하고 거칠고 부박하기만 할 뿐. 지식인이 아니라 트집쟁이 사이비들이었습니다. 만약 제가 같이 맞서 논쟁을 할 생각이 있다면 지금도 하루 종일 조목조목 야단칠 자신(?)이 있습니다. 사회적으로 널리 공인되고 대접받는 지식인이라는 사람들이 겨우 그 정도 논리로 존재한다니, 이 바보들!

선동과 공격으로 죽어버리는 것은 학문입니다. 프랑스 혁명 때 사교적이지 못하고 오직 학문적인 순수에 충만해 근대화학(近代化學)의 기초를 다졌던 화학자 '라보아제(Lavoisier)'는 영악한 기회주의자의 모함에 빠져 길로틴(guillotine.斷頭臺)에서 목이 잘려 죽었습니다. 물론 〈징세 청부업자(徵稅請負業者)〉라는, 그에게 당연히 주어진 권리를 얻어 그 자금으로 화학에 몰두할 수 있었다고 하더라도 혁명이라는 역사의 대의(大義)에는 전혀 고려되지 못하는. 그 기회주의자는 새로 정권을 잡은 급진파 재판관으로 이름을 '마라(Marat)'라고 합니다. 라보아제와 함께 일한 화학자였지만 〈이념〉과 〈기회포착〉과 〈투쟁〉에 최적화된 그는 라보아제를 거꾸러뜨릴 기회를 엿보다 혁명군의 시퍼런 칼날을 그의 목을 향해 돌려놓았습니다. 아마도 자기는 부패와 타락과 구악(舊惡)을 일소했다고 시민사회를 향해 자랑했겠지요. 과연 그가 이룩한(?) 일소가 얼마나 역사를 후퇴시켰는가를 알았을까요? 라보아제의 친구였던 수학자 '라플라스(Laplace)'는 이렇게 말했다고 합니다. 〈그 머리를 잘라버리는 것은 순간이지만 그런 머리를 다시 만들려면 100년도 더 걸릴 것이다〉라고. 마라! 그는 〈최고의 양화〉를 말살한 〈최고의 악화〉로 인류 역사에 기록된 치욕으로 남게 되었습니다.

혁명은 그러나 돌고 돌아 되풀이됩니다. 그 혁명의 선두에서 피의 화신처럼 무자비한 칼날을 휘둘렀던 자코뱅당(Jacobin黨) 당수 '로베스피에르(Robespierre)' 자신도 2달 뒤 기요틴에서 머리가 잘릴 줄은. 역사는 승자들의 몫으로 새겨지는 것 같지만 그러나 언제나 균형을 잡아나가는 것을. 당통도, 아니 나폴레옹(Napoleon), 히틀러(Adolf Hitler)도….

역사는 기억합니다. 교묘한 모션과 번지르르한 화술로 오직 자기의 매명에만 매달린 악화들을. 차라리 노인들은 선거에 참여하지 않아도 된다고 말해 호되게 비난받았던 모 정치인은 그러고 보면 참 순진한 편이라고 할 수 있습니다.

이번 선거에서는 조악(粗惡)하고 직진, 조급에 빠진 생각들을 과감히 물리치고 진짜 양화를 뽑아야겠습니다. 제 생각에는 그런 사람들이 별로 보이지 않습니다만. 사실 자세히 보면 실소(失笑)를 금할 수 없을 정도로 엉터리들이 많습니다. 큼지막한 금배지와 따라오는 명예에만 눈먼. 어쩌겠습니까? 없을 수는 없으니 차선이라도 선택할 수밖에. 대신 차후 그들의 말과 행동들이 얼마나 진실했는지 철저히 따져야 할 겁니다.

저는 우리 아이들이 그렇게 현상을 정확하게 볼 수 있는 눈을 길렀으면 합니다. 모든 사안에 있는 정(正)과 반(反)의 의미들을 함께 유의하여 가장 타당한 값을 찾아낼 수 있는 훈련을 했으면 합니다. 직진과 우회전은 맞물려 돌아가는 균형의 고리로 존재하며, 우리들이 배려를 통해 올바른 값을 찾아나가야 함을. 부모님들이 그런 기본에서 출발한다면 아이들도 그렇게 닮을 겁니다. 선입견과 감정은 성숙한 시민으로서의 모습을 가로막고, 그리고 각각의 일방을 보고 배우는 아이들은 역시 각각의 일방으로 자라날 것이기 때문에.

옳다고 생각되는 것들에도 문제점은 널렸고, 나쁘다고 생각되는 것들에서도 시대의 정의로 매김될 수 있는, 인생은 역설(逆說)로 얽혀있음을. 절대는 없고 상대적인 절도가 정말 필요한 건지도.

| 제(8)주 학습지도 계획안 |

(2012년 4월 16일 ~ 4월 20일)   4학년 2반

언어의 감옥

≡ 4월 24일(화) 학력평가가 예정되어 있습니다. 여유 있다고 우물쭈물 하다보면… 유인물에 자세히 설명해놨으니까 참고하시기 바랍니다.

우리 학교가 위치하고 있는 윤산 아래 금사동에서 부곡동으로 넘어가는 산복도로-우리 학교를 감고 도는 길에는 지금 부산에서 가장 아름다운 풍경이 연출되고 있더군요. 100여m 길 양쪽 산자락에 터널처럼 우거진 커다란 철쭉이 무슨 커다란 한(恨)을 토해내듯 진홍(眞紅)의 붉은 물감을 펼치고 있습니다. 붉은색이 본능을 건드리는 화려한 상징이라는 걸 새삼 느낄 수 있는. 등산하는 사람들이 아니더라도 하루 종일 차들이 드나들며 구경하는 사람들로 가득합니다. 사진을 찍고, 가득한 울긋불긋한 꽃을 줍고. 이번 토요일에는 카메라를 들고 가서 새빨간 배경 속에 자녀의 활짝 핀 웃음을 영원으로 아로새겨두는 낭만도 좋겠지요. 저도 이번 주에 아이들과 함께 꽃잎을 모아서 전지 크기 종이에 모둠별로 꽃그림을 그려봐야겠습니다. 시간이 아무렇지도 않은 듯 슬쩍 펼치는 축시법(縮時法)을. 그리고 그 속에 숨겨진 무언(無言)의 대화를. 일상이 강요하는 무심(無心)이 얼마나 우리들을 억죄었는지도.

저번 주는 지면이 짧아서 글이 산만하고 생략이 많아졌습니다. 사회와 문화, 이념과 현상 등등의 다양한 시선과 그 각각의 의미들이 분명 있을 텐데, 당연히 그 모든 것을 다 담을 순 없다 하더라도 결과적으로 제 스스로 앞에서 언급한 직진과 조급이란 일방에서 출발한 셈이 되어 글의 식견(識見)이 짧아져 아쉬울 뿐입니다. 무엇보다 이런 자리에서 아이들과 교육에 관한 이야기가 이상하게(?) 줄어들고 엉뚱한 이야기들이 점점 무성해지는 느낌을 지울 수 없군요. 주제넘은 듯합니다만 그래도 포괄적으로 이 시대 현상의 천박(淺薄)과 가벼움의 한 부분들을 떠올린 게 나름으로 교육과 연결되는 의미가 있지 않은가 하는 자위도. 앞으로도 이 시대의 가치와 그 의미들을 교육이란 시선에서 제대로 이야기해보고 싶기도.

아무튼 죄송합니다.

하지만 무엇보다 오늘날 가장 심각하게 우려되는 부분은 언어가 함부로 훼손되고 있다는 점입니다. 우리들이 익히 알고 가치를 부여해온 언어가 오늘날은 훼손을 넘어 거의 해체 수준으로까지 치달은 점은 아무리 관대하게 보더라도 교육을 담당하는 처지에서는 받아들일 수 없습니다. 마치 떨어져 마구 밟히는 철쭉 이파리처럼.

시대에 따라 언어는 변하지요. 새로운 문화와 문명에 부합하는 언어가 창조되기도, 반대로 시대에서 속절없이 패배하여 사라지는 문화나 사물 등을 지칭하는 언어가 폐기되기도 하지요. 요즘 많이 쓰는 컴퓨터 언어 등이 전자에 속하고, 어떤 관점의 바탕을 이루는 기본 테두리의 생각이나 형편을 의미하는 〈처지〉, 어떤 일에 앞서서 먼저의 뜻인 〈우선〉, 어떤 일에 들어맞거나 어울린다는 뜻인 〈알맞다〉 등은 물론 은하수를 지칭하는 〈

미리내〉나 조금 억지스럽지만 날아다니는 비행기를 의미하는 〈날틀〉 같은 아름다운 우리말들은 시대의 속도를 따라잡지 못하고 폐기되기도 합니다. 대신 〈입장(立場)〉, 〈일단(一旦)〉, 〈적당(的當)〉 등등 대개 일본말에서 차용한 듯한 말들이 널리 쓰이고 있습니다. 저번 주 언급한 폴란드 망명정부의 지폐처럼 힘없이 사그라드는. 서로 다투어서 살아나는 말과 사라지는 말-, 그런 면에서 언어는 살아있는 유기체(有機體)라고도 할 수 있겠군요. 근대 언어학의 시조(始祖)로 불리는 스위스의 '소쉬르(Saussure)'가 언어의 그런 〈생물학적 특징〉을 염두에 두고 〈통시언어학(通時言語學)〉이라는 명칭으로 고정했다고 알고 있습니다.

언어는 유기체란 특성에 맞게 자꾸 변해갑니다. 아기가 소년으로, 청년에서 어른과 노인으로 변하듯. 하지만 통상 언어라고 이야기하지만 말과 글이란 특징에 따라 〈음성(音聲)언어〉와 〈문자(文字)언어〉로 나눌 수 있고, 둘 다 시대와의 상관에서 민감하게 반응합니다만 거시적인 측면에서 보면 조금 다르다고 할 수 있을 겁니다. 음성언어는 변화의 속도에서는 크게 느끼지 못할 정도지만 결과적으로 시간에 따른 변화의 양은 엄청납니다. 우리들 삼국시대 선조들의 말은 지금 사람들이 사용하는 말과 크게 다르지 않았습니다. 아마도 지금 사람이 시간을 점핑하여 그 시대로 갈 수 있다면 서로 대화를 할 수 있을 정도지요(?). 하지만 결국 유인원의 단음절(單音節) 비명에서 오늘날 영어와 한국어, 인도어와 아프리카어 등등으로 엄청나게 갈라져 나왔습니다. 종내에는 엄청난 분화와 독립이 일어났지만 각각의 시대 단위에서 보면 변화를 감지하지 못할 정도로 미미합니다. 겨우 유행하는 말들 몇 개가 떠돌다 대부분 사라지지요. 음성언어는 말하는 사람이 명확하고, 그 파급이 물리적 공간에 한정하다보니 함부로 비틀거나 변환

하기 어렵기 때문인 것 같습니다.

　반대로 문자언어는 변화의 속도가 빨라 단위 세대에서도 이해하지 못할 정도로 분화가 일어납니다. 마음먹기에 따라 지금 당장 새로운 말을 만들어낼 수도 있지요. 계획적으로 입맛에 맞게 새롭게 분해, 조합, 재조립할 수 있는 특성을 가지고 있습니다. 불특정 다수에게 무한정 프레임(frame)을 바꿔 보낼 수 있으며 또래끼리 통하는 문자도 많습니다. 이모티콘(emoticon)이라든가? 요즘 메신저 등에 많이 쓰인다는 〈ㅠ_ㅠ〉, 혹은 〈ㅋㅋㅋ〉, 또는 일견 귀엽고 재미있는 움직이는 이모티콘 등등. (이런 기호들을 평생 사용해본 적이 없는데 방금 처음 써봤습니다. 그것도 복사해서. 아이고, 이렇게 답답합니다. 제가) 몇 년 전 '귀여니'란 이름의 학생이 이런 기호들을 단어 대신 삽입하여 「그놈은 멋있었다」란 인터넷 소설로 화제가 된 적이 있는 걸로 알고 있습니다.

　그러나 지금 그런 문자들은 살아서 보편이 되지 못하는 경우가 많습니다. 대부분 사라지고 새롭게 살아남은 문자는 얼마 되지 않지요. 언어와 달리 문자는 보다 보수적이고 견고한 사회적 인식(認識)의 구조가 단단히 구축(構築)되어 있기 때문입니다. 함부로 만들어진 변화는 결국 우리들 바탕에 견고하게 새겨진 언어의 그림들에 예속되어 떠돌다 제풀에 사라지기도 합니다. 결국 요란스러웠던 것들이 사실은 장난에 지나지 않는다는 맨얼굴을. 예전 한글들을 보면 낯선 문자와 구문들이 보이지만 자세히 보면 그리 힘들지 않고도 읽어낼 수 있습니다.

　하긴 음성이든 문자든 진화(進化)의 면으로 보면 다른 점이 없겠군요. 다윈의 진화론은 생명에 대한 해석이었지만 〈메타(meta)진화론〉은-스스로도 여기서는 무척 어울리지 않는 건방진 말이란 생각이 드는데-그 의미를 확산하여 언어의 변화도 충분히 이해할 수 있도록 했습니다. 비록 그 진화가 역주행 되어 도태되더라도 그 자체가 바로 변화와 진화로 이해할 수 있는.

요즘은 그 변화의 주범(?)으로 가장 큰 영향을 끼치는 것으로 TV가 지목되고 있습니다. 오늘날 TV의 위력은 가히 절대적이지요. 스위치만 켜면 요설(饒舌) 같은 노래가 귀를 아프게 하고, 과장된 설정으로 도배된 드라마와 그저 호기심에 부화뇌동한 판타지(fantasy) 영화가 홍수처럼 쏟아져 나옵니다. 저는 단 한 마디 노래도, 한 장면 영화와 드라마도 보지 않았지만, 할머니에서부터 우리 아이들까지 모두 TV를 주제로 일상대화를 나누고, 읊조리고 있습니다. 저는 아직도 〈나꼼수〉가, 〈소시〉가, 〈슈스케〉, 〈무도〉, 〈나가수〉, 〈남자 1호〉가 무슨 말인지 정확하게 모릅니다. 시간이 아까워 그런 프로그램들을 하나도 보지 않았지만 하도 들어서 이젠 대강 알 수 있다는 착각이 들 정도입니다. 얼마 전에 〈스타킹〉이란 프로가 있음을 알고 무슨 그런 망칙(?)한 프로가 다 있나 싶었는데 언뜻 채널을 돌리다 마침 방송하는 걸 잠시 봤더니 다행히 민망한 그림이 없어 안심을 했지요. 알고 보니 〈star+king〉으로서 재주 많은 사람들 경연 쇼 느낌이 강해서 꺼버린 적도 있습니다만 뒷맛은 본래 스타킹(?)보다 더 좋지 않더군요. 말로서는 당위와 의미가 많겠지만 결국 대중들을 상대로 한 장난스런 예능, 그것도 소리가 요란스런 쇼에 지나지 않는다는. 그렇게 줄임말이나 억지로 꾸민 외국어 겹말이 함부로 국민적 유행가로 불려지는, 아니 범람(氾濫)하는 것도 과연 진화로 봐야 하는지…. 개그(gag)는 무슨 유행어 경연장처럼 음성언어를 비트는데 우주적 신기(神技)를 가지고 있더군요. 근래 몇 번 작정하고 본 인상으로 말하자면 가관입니다. 어느 웃기는 개그맨이 "좋다"란 말을 "조으다"로 문법을 깨뜨려 말하더군요. 우리 아이들도 당연히 늘여서 멋있게 사용하고. 이상한 억양으로 "째끼야"나 "구뤠" 같은 빛나는 신조어들이 신상품처럼 아이들에게 판매되고 있습니다. 프레임(frame)이 해체된 돌연변이 〈키메라(chimera) 언어〉는 우리의 정신을 마비시키고, 〈파블로프(Pavlov)의 개〉처럼 자동화시키고, 이성이 아닌 감각과 짜릿한 자극으로만 반응하는 자동로봇으로, 진화가 아닌 퇴화(退化)로 달려가게 합니다. 아무것도 모르고 함부로 언어를 비트는 아이들, 감각기관만 발달한 이상한 연체동물처럼 흐느적거리는 이 시대 허물어진 〈애늙은이〉들이 불쌍할 따름입니다. 전국민의 예능화. 대중화, 놀이화, 그저 일률적 장난으로 몰고 가는. 자신의 서식지를 차츰 넓히며 세상을 정복하는. 개그를 하지 않으면 대접도 받지 못하며, 모든 상황을 저급으로 치닫게 하는!

선거는 끝났지만 이번 정치판에서도 그렇게 문법을 깨뜨린 사람들이 오히려 당당하게 활보하더군요. 사전에도 없는 〈쫄지마〉가 정통으로, 도대체가 저속하기 짝이 없는 〈가카빅엿〉이 조소(嘲笑)로, 〈노인네 다니지 못하게 계단을 어쩌구~〉 하는 막말이 정의처럼 세상을 휘젓고 있습니다. 왜 정당하게 논리와, 대화와, 증명과, 판정을 내세우지 못하고 아무런 가치도 없는 바보들의 독설, 비판, 회절(回折), 배반적인 언어들을…. 그들 평생의 순수(?)했을 삶이 그 단 한 마디로 제게서 부정당하는. 아마도 알고 싶지 않고, 받아들이고 싶지 않은 사실들에 대한 반동, 거절, 기피하고 싶은 심리가 작동되지는 않았는지!

'하이데거(Martin Heidegger)'는 언어를 〈존재(存在)의 집〉이라고 했습니다. 이 말은 바꾸어 말하면 언어가 〈존재의 감옥(監獄)〉이란 말에 다름아닙니다. 언어로 존재하는 인간이 거꾸로 그 주체인 인간을 한정(限定)하고,

그 틀에서 존재시키는. 문법을 깨뜨린 독단(獨斷)의 언어는 인간을 동물적 수준으로 〈존재의 감옥〉에 단단히 포박시켜버립니다. 언어의 정교한 의미화(意味化)와 빛나는 구실을 그저 단순히 날선 공격용으로 역설해버리는.

어릴 때의 언어는 뇌에 화살처럼 박혀 정신을 평생 지배한다고 하더군요. 저도 어릴 때의 어떤 풍경 속에서 누군가 한 말들을 여태 기억하고 있습니다. 그 사람이 부모형제가 될 수도 있고 이웃집 사람이 될 수도 있습니다. 그 사람들이 한 말과 풍경이 고향과 관련하여 주홍(朱紅)글씨처럼 뇌리에 굳게 낙인이 되어있습니다. 절대로 잊어버릴 수 없는. 그래서 가끔 세상의 언어와 그 언어를 태생시킨 사회의 저급(低級)에 상처를 받았다고 생각할 때마다 스스로를 복원하려는 강렬한 원망으로 지금은 흔적조차 희미해진 고향 등대를 찾아 순례하기도 합니다. 그들의 말과 존재와 풍경이 사라진 지금 남은 것은 그 추억 속 고향 사람들이 내뱉던 말과 웃음과 표정뿐이란 안타까움으로 지금은 생판 낯설어진 고향 술집에서 술을 마시며 이상화(理想化)시킨 추억에 과도하게 집착하곤 하지요.

그런 언어의 감옥에 갇힌 우리 아이들의 미래는 어떤 풍경으로 채워질까요? 부모의 사랑 속에 아늑하게 지내다 어느 날 문득 모든 것이 사라지고 황야에 던져진 아이의 마음에 새겨지는 풍경은 아마도 〈우울한 잿빛 그림과 언어〉는 아닐까요? 그 아이가 거친 세상을 살며 부드럽고 온화한 신사로 산다고 하더라도 그것은 가면적인 포즈일 뿐 내면은 잿빛 언어에 갇혀 살 수밖에 없습니다. 저는 고향이 존재하고 순례를 통해 마음의 치유를 할 수 있지만 이 아이들은 어디서 어떻게 피곤한 마음을 달랠 수 있을까요? 요즘 〈힐링(healing)〉이란 말이 유행이던데 살벌한 세상을 살아내는 피곤한 마음을 달래주지 않으면 처참한 그림을 새기고 계속 살아가야 하는 피곤한 인생이 될 것입니다. 어쩌면 진홍의 철쭉 터널은 그 알싸한 그림과 냄새로 우리들 인생을 위로하려고 속살을 보여준 건 아닌지.

독설과 비판과 회절과 배반적 언어에 물든. 그만큼 언어는 소중하고, 곱게 내면에 재워두어야 할 것입니다.

제(9)주 학습지도 계획안

(2012년 4월 23일 ~ 4월 27일)   4학년 2반

부박(浮薄)과 즉물(卽物), 그리고 극복

≡ 화요일인 4월 24일에 〈학업성취도 평가〉가 있습니다. 자와 각도기 등도 필요하니 유인물을 보시고 준비해주시면 고맙겠습니다.

　목요일 저녁에 〈학교설명회 겸 학교폭력 학부모 연수〉가 있었습니다. 생각보다 많은 분들이 오셨지요. 저도 그런 연수를 많이 받았고, 일상에서 아이들 사이에서 일어나는 자그마한 폭력들을 많이 접해서 그런지 잘 알고 있는 내용들이지만 여러 학부모님들에겐 그게 좀 애매한 부분들도 있는 것 같습니다. 물론 강사의 강의 방식에 따라 수용(受容)의 정도나 의미가 조금씩 달라지겠지만.

　세상의 여러 부면(部面)이나 가치들은 실체보다 〈수용(受容)의 방식〉에 따라 제각각 다르게 짜여있지 않을까라는 생각이 들기도 하는군요. 예를 들면 예술 작품은 그 자체보다 그것에 반응하는 사람들의 생각과 느낌에 따라 다른 모습을 하고 있다는. 다시 말하면 객체(客體)는 주관에 따라 또 다른 의미를 획득하고 다양하게 변신한다고 할 수 있을 겁니다.

　아마도 그런 양방향, 또는 변신의 가장 최전선의 분야가 현대 미술이

아닐까 싶군요. 통상 '앤디 워홀(Andy Warhol)'로 대표되는 〈팝 아트(pop art)〉라는 이름으로 불리는 현대 미술은 대상과의 수용성에 주목하고 하나의 일러스트(illust) 같은, 또는 시안(試案)용 광고물 같은, 예를 들면 '마릴린 먼로(Marilyn Monroe)'의 실크 프린트(silk print)나 패널(panel) 작품들을 마구 찍어내지 않았을까 생각합니다. 같으면서도 제각각 다른 마릴린의 모습에서 우리는 수용의 다양성을 자신도 모르게 선택하게 되는.

다음에 시간이 된다면 팝 아트에 대해 좀 더 깊이 이야기해 보고 싶군요.

작년 대구 중학생의 자살 사건은 뚜렷한 범죄로 인식되는 폭력성이 부각(浮刻)되었지만, 며칠 전 영주에선가에서 자살한 학생의 경우 가해자는 폭력성(?)이 분명 없었습니다. 그저 반갑다거나 가벼운 장난으로 친구를 대했겠지요. 등을 가볍게 친다거나, 농담으로 욕을 한다거나, 물건을 빌렸다 깜박 갚지 않았다거나…. 아마도 학부모들 대다수가 뭘 그런 장난을 폭력으로 몰아붙이느냐고 할 수 있습니다. 그러나 그런 장난을 온전히 받아내야 하는 학생의 처지에서는 엄청난 고통이 될 수도 있지요. 행위 자체 속에 깊숙이 날카로운 갈고리를 숨겨둔 평범한, 아니 엄청난. 앞에서 이야기했듯 모든 결과는 수용의 문제고, 죽은 아이는 수많은 마릴린 중에서 〈검은〉 프린트를 선택할 수밖에 없었다는 점입니다. 오늘날 학교폭력의 대원칙은 〈아픈 아이의 마음에서 출발〉해야 합니다.

저희 반에도 언제나 그런 숨겨진 폭력이 있고, 그것 때문에 고통을 당하는 아이들도 있습니다. 심지어 제 앞에서 서럽게 울기까지 했습니다. 그러나 상대는 그저 장난이나 습관이었을 뿐입니다. 자신이 무슨 짓을 하고 있는지 전혀 눈치도 채지 못하는. 대상은 사라지고 존재하는 것은 오직 현재와 자신뿐입니다. 그래서 학교폭력은 존재에 대한 문법을 성찰하게 하지요.

앞에서 말했듯 팝아트(Pop Art) 화가들은 〈나의 바깥에 있는 대상에 대한 망각성(忘却性)〉을 장난 같은 그림들로 표현한 것인지도 모르겠습니다. 현대의 촘촘한 기계 같은 사회에서 존재하는 것은 오직 현재의 나 혼자뿐, 모든 것은 프린트(print)된 대상으로 존재하게 되지요. 만화를 회화에 도입하여 팝아트의 대표적 작가가 된 '로이 리히텐슈타인(Roy Lichtenstein)'의 〈Drowning Girl-물에 빠진 소녀〉라는 작은 스케치를 보면 여인이 물에 빠져 죽어가면서도 철저히 도움을 외면하고 죽음을 받아들입니다. 고통마저 휘발(揮發)되고 희화화(戱畵化)된 팝 아트의 작품들은 존재를 분해(分解)하고, 망각(忘却)하고, 폭력적으로 폐기처분(廢棄處分)하는 현대의 야만성에 대한 경고일지도 모릅니다.

그런 의미에서 현대는 부박(浮薄)과 즉물(卽物)이 판치는 사회가 아닐 수 없습니다. 다양한 세상의 가치들이 그림자처럼 사라지고 오직 개인의 현재성(現在性)만으로 존재하는. 예전에는 현상(現象) 건너편에 존재하는 인간의 조건들을 충분히 이해하고, 판단과 행동의 바탕으로 세웠지요. 지하실 봉제(縫製)공장에서 작업복 사이로 땀을 흘리며 일하는 저 창백한 처녀의 가슴에는 한때 〈어화둥둥 내 사랑〉하며 공주처럼 끔찍이 귀여워해주시던 부모님이 계셨고, 땀 흘리며 음식을 나르는 보잘 것 없는 저 식당 아주머니에게는 얼마 전 대기업 입사 시험에 합격한 자랑스런 아들이 있고, 지하도 차가운 바닥에서 거적을 깔고 누운 노숙자의 꿈속에는 뒷산에 올라 원대한 꿈을 가르쳐주던 듬직한 아버지가 있었으며…. 그런 숨겨진 이야기들을 읽어낼 수 있다면 아마도 장난 같은 팝아트의 그림들은 존재하지도 않았을 겁니다.

시간과 존재, 그리고 그 사이의 〈관계〉라는 명제(命題)를 던져버린 현대인은 그래서 인간성을 잃어버리고 고집스런 이념과, 장난스런 행동과, 얕은 판단과, 저속한 언어와, 그리고 박제(剝製)처럼 프린트(print)된 자아(自我)로 존재합니다. 그런 분열적 자아로는 세상의 관계와 입체적 모습을 보지 못하고 단순한 평면으로만 보게 되지요. 막말로 품격을 떨어뜨리는 정치와, 황금제일주의에 포박되어 물신화(物神化)된 경제와, 깊이가 없는 가십(gossip)처럼 겉멋에만 물든 문화와, 함부로 세상을 일률로 도배한 개그와 드라마와 스포츠와 섹스와 패션으로 치장(治粧)한 사회와…. 현대는 아무래도 제가 알던 세상에서 너무 멀리 떠나온 것 같습니다. 어쩌다 어느 우주 한가운데로 뚝 떨어져 헤매는 SF의 허망한 오딧세이(Odysseia) 신세가 되어버린 듯도.

그러나 다행히 이번에 역사와 숨겨진 숨결을 읽어낼 수 있는 오브제(objet)를 찾아낼 수 있었습니다. 며칠 전 아이들을 가르치는데 교과서에 옛날 노래가 나오더군요. 1930년대 초반에 만들어져 유행했던 「그리운 강남」. 가곡으로, 유행가로, 그리고 동요로…, 다양한 모습으로 자리매김한 옛노래면서도 4~50대 이후 세대들이 어릴 때 많이 불렀던 노래입니다. 어쩌면 그런 노래가 교과서에!

그리운 강남(江南)

辭 : 김석송(金石松)

曲 : 안기영(安基永)

唱 : 윤건영(尹鍵榮), 왕수복(王壽福), 김용환(金龍煥)

음반 : 1934년 컬럼비아 레코드(Columbia Records)

1. 정 이월 다 가고 삼월이라네/강남 갔던 제비가 돌아오며는
   이 땅에도 또 다시 봄이 온다네.
   아리랑 아리랑 아라리요/아리랑 강남에 어서 가세.

2. 하늘이 푸르면 나가 일하고/별 아래 모이면 노래 부르니
   이 나라 이름이 강남이라네.
   아리랑 아리랑 아라리요/아리랑 강남에 어서 가세.

우리 음악 초창기 제국주의 일본이 만든 〈성우회(星友會)〉라는 어용(御用) 동요단체가 최초로 취입한 노래입니다. 본래 8절까지 있는데 위에서는 지웠습니다.

본명이 '김형원(金炯元)'인 석송은 동아일보 창간 멤버로 6·25 때 납북되어 현재까지 생사(生死)가 불명입니다. 당시 '홍난파(洪蘭坡)', '현제명(玄濟明)' 등 정통 순수 음악가들과 어깨를 나란히 한 시인 및 작곡가이자 성악가인 팔방미인 '안기영(安基永)'이 우리 민요 「아리랑」을 원용(援用)하여 만들었다고 하고, 왕수복(王壽福)은 소설가 이효석(李孝石)의 연인이었지만 그가 죽자 보성전문대학 교수로 있던 '김광진(金光鎭)'과 결혼했습니다. 북한의 김일성에게서 팔순(八旬) 잔치상을 받은 이야기는 유명하지요. 그런데 거기에 유명한 여류시인 '노천명(盧天命)'과도 얽혀 그들의 삼각관계가 남북한에서 한동안 세간의 주목을 받기도 했습니다. 또한 월북(越北)하

여 북한에서 공훈배우(功勳俳優)라는 최고의 훈장을 받은 초창기 테너 '윤건영(尹建榮)'은 그 당시에 보기 드물게 정식으로 성악을 공부한 사람이며, '김용환(金龍煥)'은 한국 가요의 전설 「눈물 젖은 두만강」을 부른 가수 '김정구(金貞九)'의 이복형(異腹兄)으로 당대 가요계의 대부(代父)로까지 불린 사람이어서 초창기 문학과 성악, 유행가요의 스타 세 사람과 관련된 중요한 노래입니다. 하긴 그땐 아직 노래가 여러 의미와 장르로 분화되기 전이었지만.

무엇보다 선율, 박자 등이 아이들이 쉽게 따라 부를 수 있는 동요적 요소가 많아 제가 직접 본 바로는 50년 중반부터 60년대까지 여자 아이들이 고무줄놀이를 할 때 많이 부른 기억이 남아있군요. 고무줄을 끊고 용용 놀리며 도망가던 개구쟁이 기억도.

이 노래는 가수 '장사익(張思翼)'이 서울 아시안게임 때 불러 많이 알려졌다고 알고 있습니다만 곡조를 달리하였고, 가사도 조금 틀리게 하여 불렀다고 하더군요.

과연 낡은 시간 속에 박제된 이 노래가 우리 아이들 입에서 불려지는 게 가당키나 하겠습니까? 그저 신기할 따름입니다. 문득 역사가 살아 파노라마처럼 펼쳐지고, 거친 음영(陰影)의 흑백화면 속에서 아이들이 이 노래를 부르며 고무줄놀이를 하는 3D 영상이 순식간에 달려오는 것 같군요.

연전에 본 『쥬만지-Jumanji』나, 『박물관은 살아있다-Night at the Museum』 같은 영화들도 그런 코드(Code)들을 가지고 만들어진 것을 보면 역사가 마냥 현대에 패배되어 함부로 폐기되고 있는 것만은 아니구나 란 안도가 들기도 합니다.

현대의 화려한 컬러와 액션이 아닌 낡은 흑백화면 속에서 펼쳐지는 영화 「사랑방 손님과 어머니」에서 이루어질 수 없는 사랑의 서정시(敍情詩)를, 지금도 노래방에서 신나는 트로트로 불려지는 백난아(白蘭兒)의 유행가 「찔레꽃」이 사실은 붉은 황혼 속에서 눈물짓는 슬픈 허수아비-정신대(挺身隊) 여인들을 위한 레퀴엠(Requiem-진혼곡)인 것을 현대가, 아니 우리 반 아이들이 눈치챌 수 있으면, 그렇게 자랐으면 좋겠습니다. 역사가 온전히 사라지지 않고 영속된다는 것은 존재의 근원(根源)을 찾는 의미를 가지고 있다는 뜻이니까요. 즉물(卽物)과 부박(浮薄)의 화려한 껍데기를 벗어던지고 세상의 이면에 숨어 있는 깊은 뜻을 찾아낼 수 있다면 그 어떤 종교보다도 더 스스로의 정신을 구원할 수 있을 것입니다.

참, 그 역사를 잇던 가닥의 한 분이었던 가수 겸 작곡가 반야월(半夜月-가수명은 진방남-秦芳男) 선생이 얼마 전에 돌아가셨습니다. 제가 예전에 옛 가요에 대한 평론, 아니아니 수상(隨想)을 조금 썼던 관계로 몇 년 전 서울에서 만났을 때 건장(健壯)하다고 말씀드렸더니 "사람들이 원하면 백 살까지 살아주지"라며 웃던 모습이 훤한데 백수(白壽)에 가까운 연세에. 과연 역사는 그렇게 형편없이 묻혀지는 걸까요? 즉물과 부박은 〈눈물젖은 두만강〉을 이미 폐기처리하지나 않았는지!

⇒ 〈그리운 강남〉에 대한 해석을 글로 표현한 적이 있습니다. 일종의 독립가(獨

立歌)의 의미를 가지고 있는. 학부모님들께 게시할 성격이 아니어서 죄송합니다.

> 덧붙이는 글

1. 석송 김형원은 83년 82세의 고령으로 사망했음을 확인했습니다.

2. 2021년 10월에 작은 방 책장을 정리하다 앞에 언급한 노천명(盧天命)이 단기 4292년(서기 1959년) 한림사(翰林社)에서 발간한 시집 「사슴의 노래」를 발견했습니다. 국판 126쪽으로 그의 조카가 노천명 사후에 펴낸 참으로 귀한 시집이군요.

제(10)주 학습지도 계획안

(2012년 4월 30일 ~ 5월 4일)   4학년 2반

어느 분의 전화를 받았습니다. 선생님에게서 이런 글을 받아보기는 처음인데 참 신선하고 좋다고. 그런데 A4 용지 양면으로 한두 장 되다 보니 집중해서 읽기가 좀 힘들다고 하는군요. 제가 부담을 드리지 않겠다고 했지만 받아보시는 학부모님들은 선생님 글이라선지 아마 집중해서 모두 읽으려고 하시는 것 같은데 그게 꽤 부담스러울 것 같다는 생각이 들기도 하군요. 몇 분은 좋은 시도며 읽으면서 많은 생각을 하게 된다는, 예전 청춘 시기에 가졌던 낭만과 열정을 되돌아보는 기회여서 머리가 끄덕여진다라고도.

어쩌면 교직의 마무리라는, 한 개인으로서는 대(對)사회적 몸짓의 마침표를 찍는 시점에서 스스로를 돌아보고, 그 속에서 세상의 여러 부면(部面)들과 만나는 개인의 내면을 확인하고 싶은 생각이 강했던 모양입니다. 그렇더라도 정제(精製)되지 못한 개인의 생각이 강하게 드러나는 이런 난삽(難澁)한 글을 학교에서 부모님들에게 보낸다는 것 자체가 알맞은, 아니 옳지 못하다 싶기도 하지만.

생각해봤는데 의견을 주신 어느 학부모님의 말씀처럼 학교 홈페이지 저희 반 게시판에 올리는 것이 좋겠다는 생각이 드는군요. 그러면 번거롭게 프린트 과정을 거치지 않아 좋고, 학부모님도 주별로 필요한 정보를 얻기 위해 여분의 잡설(雜說)을 대하는 부담도 적을 것 같기도. 우선은 다음

주부터 그렇게 해볼 생각입니다. 또 다른 의견이 나오면 그때 봐서. 아무래도 제 글이 건방으로 비쳐지는 부분이 꽤 있을 수도 있겠는데 그래서 반성할 부분도 분명 있고, 쓰지 말라고 하면 그렇게 할 생각입니다. 다만 저번 주에서 언급했듯 꼭꼭 가라앉아 있는 제 내면의 풍경을 풀어보고 싶다는 오래된 욕망이 그렇게 잠재되어 있음을 부정하지는 못하겠습니다. 우선은 좋은 의미로 봐주시기를 바랄 뿐입니다. 어쩌면 이런 글을 매주 읽어보는 특별한 경험으로 생각해줬으면 합니다.

아 참! 제 이름을 보고 저를 《부산○○대학교》의 유명한 영어 교수님으로 착각하는 분도 계신데 원! 말단 공무원으로 존재하는 초등교사가 대학 강단을 함께 넘나들 수 있겠습니까? 제 영어는 고등학교 수준에도 못 미쳐 괜히 얼굴이 화끈거리는군요. 하긴 그분은 희한하게도 저하고 성과 이름이 똑 같아(한자는 아마 다를 거라고 생각합니다만.) 그럴 만도 하지요. 그분은 저보다 연배가 꽤 젊은 패기만만한 신진 학자로 알고 있습니다. 모르긴 해도 그 계통으로는 학계에서 이미 인정받는 쟁쟁한 분인데 절 영광스럽게도! 신기한 일은 예전 학교에서 그분의 자제를 한때 가르친 적이 있는 것 같다는 생각도. 뭐 담임으로서가 아니라 옆 반 학생으로 교환 수업 비슷한. 어쨌든 저로선 영광입니다. 우와, 교수님이라니!

화려(華麗)와 침묵(沈默)

≡ 어린이날은 공휴일로 국악, 논술, 종이공예, 돌봄교실 등 〈학교 속 토요스쿨〉을 운영하지 않습니다. 또한 4일(금)은 어린이날을 맞아 기념으로 간단한 달리기와 게임 등을 할 예정입니다. 체육복을 준비해옵니다.

이번 4월 중간시험을 치른 결과 아이들 성적이 대체로 무난한 편이었습니다. ○○이와 △△이, □□는 예상대로 좋은 성적을 냈고, 몇몇 아이들도 평균적인 자기 성적을 낸 것 같습니다. 또 예상 밖으로 어느 과목에서 좋은 성적을 내기도. 하지만 더 많은 아이들은 전과목에서, 혹은 몇몇 과목에서 기대에 미치지 못하는 성적을 받았다는 생각도 드는군요. 장난꾸러기에다 큰소리만 뻥뻥 치더니 이 녀석들을 어디! 후후!

미국 무성영화(無聲映畫) 시절은 세계의 최강국으로 부상하던 미국의 역동적(力動的)인 조류를 타고 화려하게 발전하던 시대였습니다. 당대의 배우는 스타로 대중의 열광을 먹고 사는 영웅들이었지요. 할리우드(Hollywood)는 미국 영화의 메카(Mecca)로 화려한 영웅들의 전설을 세상에 마음껏 쏟아내던 영상시대(映像時代)의 아이콘으로 자리 잡았습니다.

그러나 동시에 새롭게 나타나는 배우들이 있으면 사라지는 낡은 영웅들도 있기 마련이지요. 『바람과 함께 사라지다-Gone with the Wind』의 '클라크 게이블(Clark Gable)', 『뜨거운 것이 좋아-Some Like It Hot』의 '마릴린 몬로', 『황금광 시대-The Gold Rush』의 '찰리 채플린(Charles

Chaplin)'…. 그들은 영상이라는 판타지(Fantasia)의 무지개를 타고 아메리카의 꿈을 사람들 가슴에 너울거리게 했습니다.

그러나 그 이면엔 당연히 자신의 시대가 저물어가는 걸 좀체 받아들이지 못하는 안타까움을 소재로 한 영화들도 만들어졌습니다. '로버트 알드리치(Robert Aldrich)' 감독의 62년 작 『베이비 제인에게 무슨 일이-What Ever Happened to Baby Jane?』란 영화가 그런 화려와 유폐(幽閉) 속에서 점점 파멸해가는 모습을 보여 주었다고 알고 있습니다만, 그런 내용의 영화 중 백미(白眉)로 50년 '빌리 와일더(Billy Wilder)' 감독이 연출한 『선셋대로(Sunset Boulevard)』란 영화가 있습니다. 선셋대로는 할리우드를 상징하는 유명한 비버리 힐즈(Beverly Hills) 근처에 있는 큰길 이름이라고 하더군요. 여기를 중심으로 할리우드가 발전했다고 알고 있습니다. 그러나 'Sunset'이란 단어 자체가 일몰(日沒), 해넘이의 뜻을 가지고 있는 걸 보면 밝고 활기찬 내용보다 사라져가는 우울한 의미를 복합적으로 드러내고 있다는 생각이 드는군요. 제 생각으론 그 영화는 범죄라든가 음모, 폭력 등 어두운 분위기의 영화를 뜻하는 〈필름 느와르-Film Noir〉의 고전 명작으로 불러도 손색이 없다는 생각입니다.

전세기(前世紀)의 발뒤꿈치인 1899년 태어났던 왕년의 명배우 '글로리아 스완슨-Gloria Swanson'이 연기한 〈노마 데스몬드〉는 무성영화 시절의 화려한 대배우였지만 자신의 시대가 썰물처럼 빠져나가는 걸 받아들이지 못합니다. 아무도 찾지 않는 자신의 낡은 성(城)에서 화려했던 추억의 환영(幻影)과 망상(妄想), 집착(執着)과 광기(狂氣)로 살아가지요.

어느 날 우연히 자신의 성을 찾아든 시나리오 작가 〈조셉 길리스〉를 만나 새롭게 영화를 시작하려고 하지만 그가 자신에게서 벗어나려고 하자 그를 죽이고, 터지는 기자들의 플래시 속에서 마치 자신의 시나리오 〈살로메〉를 실제 찍는 것으로 착각하고는 도도한 배우처럼 2층 회랑 계단을 천천히 내려오는 장면이 압권(壓卷)이었습니다. 그녀가 필사적으로 쫓았던 허황된 시간의 꿈이 온몸을 감싼 우울한 함정 속에서 현실과 교차 되는 망상의 디테일이 압도적인 블랙 코미디(black comedy)의 우울한 고전이 아닐까 싶은. (제가 그녀의 또 다른 영화인 31년 작 『무분별한 처사-indiscreet』도 소장하고 있습니다. 20세기 초기의 흐릿한 흑백영화를. 제가 아는 한 우리나라에서 19세기 배우인 그녀가 출연한 영화를 소장하고 있는 사람을 보기 힘들지 않을까 하는 자랑, 아니 건방도.)

어떤 분이 제게 가는 세월에 대한 아쉬움을 이야기하더군요. 세모(歲暮)가 되면 확실히 그런 아쉬움이 진하게 옭아매는 것 같습니다. 어쩌면 아무렇게나 떠나보낸 세월에 대한 우울한 이미지와, 한 조각도 되지 못하는 미래에 기대 살아야 하는 절망과….
 그분의 말을 듣고 저는 역동 우탁(易東 禹倬)의 탄로가(嘆老歌)가 생각났습니다.

  一手杖執又一手荊棘握(한 손에 막대 들고 또 한 손에 가시 들고)
  老道荊棘防來白髮杖打(늙는 길 가시 막고 오는 백발(白髮) 막대 치랴터니)
  白髮自先知近來道(백발이 제 몬져 알고 즈럼길로 오더라)

 우탁은 1300년대 전반에 살았던 사람인데 저와 성(姓)이 같은, 먼 할아버지벌인가 합니다만 어쨌든 이젠 제가 그 노래를 부를 차례인가요?

아주 오래 전에 부산 출신 소설가(아마 유익서(劉翼叙)?)의 단편 하나를 읽은 기억이 납니다. 제목이 「종이비행기」인 걸로 기억합니다만. 주인공은 선셋대로의 주인공 노마처럼 예전 은막을 주름잡던 히로인 출신이었지만 지금은 세월과 함께 잊혀진.

그녀는 현재의 유폐(幽閉)된 추락을 받아들이지 못하고 다만 화려했던 추억만을 반추(反芻)하며 살아갑니다. 기나긴 기다림의 끝에 나타난다는 파랑새를 간절히, 간절히 기다렸지만, 그러나 그 전에 고절(孤切)과 절망이 그녀를 거의 짓이겨 놓게 되고. 그에 따라 정신이 이상하게 변질되고, 판단은 왜곡되는 상황 속에서 언제부턴가 아파트 창문을 통해 크고 작은 종이비행기를 날리기 시작합니다. 마치 세상에 자신이 살아있음을 알리기라도 하듯.

그렇게 유폐된 생활을 하던 어느 날 자기도 모르게 가스 밸브를 열어놓고 칙칙거리는 죽음의 소리를 들으며 마지막 비행기를 날립니다. 아파트 건물 사이로 날아가는 비행기를 한참 쳐다보다 문을 닫는….

종이비행기는 개인이 아니라 우리 개개인들 모두 젊은 날의 굿바이였으며, 연대기적(年代記的)인 한 시대의 종언(終焉)에 대한 부고장(訃告帳)이었습니다.

70년대에 유행했던 노래 「봄비」를 아십니까? 흑인보다 더한 흑인의 영혼을 지녔다는 한국 소울 음악(soul music)의 대부로 불리던 슬픈 영혼의

가수 '박인수(朴仁樹)'의 노래였지요.

> 이슬비 나리는 길을 걸으며
> 봄비에 젖어서 길을 걸으며
> 나 혼자 쓸쓸히 빗방울 소리에
> 마음을 달래도 외로운 가슴을 달랠 길 없네
> 한없이 적시는 내 눈 위에는
> 빗방울 떨어져 눈물이 되었나
> 한없이 흐르네....
> ...

그가 영혼을 쥐어짜는 거칠고 투박한 3단 고음으로 절규하듯 부른 봄비는 국내 대중음악사의 전설로 남아있습니다. 지금도 마니아가 형성되어 활동하고 있을 정도지요. 아마 우리 학부모님들도 대부분 자신 있게 흥얼거릴 수 있을 것으로 압니다.

그렇지요. 언제까지나 젊은 감수성으로 존재할 것 같았던 박인수!
그런데 몇 년 전 그 박인수가 경기 고양시에 있는 노인요양시설〈행복의 집〉에서 벌써 7년째 암과 치매로 투병하고 있다고 하는 기사를 읽은 기억이 나는군요. 암과 치매는 돌이킬 수 없는 병이고, 그래서 이제 재기는커녕 종이비행기의 주인공처럼 쓸쓸한 말년을 보내다 사라질 수밖에 없을. 파킨슨(Parkinson)병까지 겹쳐 몸마저 떨고 있다는 그! 그토록 시대의 외로움에 눈물을 흘리던 영원한 보헤미안(Bohemian)이 육체와 정신의 감옥 속에서 자신의 모든 것들을 함께 유폐시키고 사라질 운명이라니!

그는 비운(悲運)의 뮤지션(musician)이었지요. 북한이 고향으로 한국전쟁 중 남쪽으로 피란을 내려와 어머니와 함께 살다 7살이 되던 해에 전북 정읍역 부근에서 길을 잃고 졸지에 고아가 되었다고 합니다. 미국에 입양되었다가 귀국했으나 어디에도 소속될 수 없었습니다. 미 8군에서 노래를 시작했지만 두 차례의 결혼 실패와 대마초 사건 등으로 일선에서 물러나게 됩니다. 딸은 미국에 있고, 아들은 일본에서 음악 활동을 한다고 하지만 아버지를 찾지 않는다고 하더군요.

월요일 신문에서 그 박인수가 KBS 아침 다큐 〈인간극장〉에 출연한다는 기사를 봤습니다. 수업 시작 전이어서 볼 수 있었습니다.
TV 속에서는 중늙은이가 어눌한 말로 〈봄비〉를 불렀습니다. 꾸부정한 몸에 노래도 제대로 부르지 못하는 노인-, 바로 박인수였지요. 영락없는 시중의 보통 노인 모습이었지만 몇 년 전 다 죽어간다던 때보다는 그래도 좋아진 모습이어서 안심이 되더군요. 아들도 찾아오고, 췌장암과 저혈당은 거의 완치되었다고 합니다. 그러나 단기 기억상실과 당뇨로 완연한 병자의 모습은 그대로였습니다. 기초생활수급자가 되어 11년째 어렵게 살아간다고 하던데, 그 행색에서 전성기의 흔적을 찾는 건 애초에 불가능했습니다. 의사 앞의 그는 무력했고, 아직도 찾아주는 사람들에게서 겨우 추억을 먹고 사는 모습이었습니다.

그에게서는 삶의 수수께끼가 낙인(烙印)되어 있었습니다. 20년이라는 시간 속에 〈화려와 침묵〉이라는 중의(重意)가. 그 낙인은 인생이 아름답게만 구성되어 있지 않고, 결국 마멸의 올가미에 매여 있음을 각성시켜주는군요. 현재를 사는 사람들은 미래를 마냥 아름다운 꿈의 몫으로만 남겨두려고 하지만 어제의 강물에 두 번 다시 발을 담글 수 없다며 만물은 유전

(流轉)한다고 한 '헤라클레이토스(Heraclitos)'의 '판타 레이(Panta rhei-모든 것은 흐른다)'를 떠올린다면 여전히 올가미가 목에 매여 있음을 새삼 깨닫게 됩니다. 그림자처럼 침묵의 중의(重義)와, 고절(枯折)의 절망과, 유폐의 추락이.

박인수의 목에는 은색 목걸이가 걸려있다고 했습니다. 한사코 잃어버리지 않으려고 했다던데 마지막 남겨둔 꿈의 한 자락은 아닌지, 어쩌면 침묵과 고절과 유폐를 탈출하려던 종이비행기인지도!

우리 아이들에게 절대 잊지 않아야 할 인생의 비밀을 가르쳐줘야겠군요. 인생은 〈화려〉로서가 아니라 〈멸망〉으로 존재한다는 걸. 그래서 그만큼 인생이 귀중하고, 허비해서는 안된다는. 이번 시험에 좋은 성적을 얻지 못한 아이들은 자신을 돌아보고, 바라는 인생을 구현하기 위해서 새로운 각오를 하였으면 좋겠습니다.

저번 주에 이어서 이번에도 음악과 그로 인한 삶의 의미와 관련된 이야기를 했군요. 이미 흘러가버린 노래와 그 주인공들을. 모두들 삶의 뒤란으로 마지막 종이비행기를 날리고, 그리고 문을 닫아버렸습니다.

제(11)주 학습지도 계획안

(2012년 5월 7일 ~ 5월 11일)　　　　　　　　　　　　　　4학년 2반

열린 사회의 적들

≡ 5월은 가정의 달이군요. 5, 6학년 수학여행이 있고, 어린이날, 어버이날, 스승의 날 등으로 들뜨는 계절입니다. 아이를 위해 즐거운 시간들을 가졌으면 합니다.

예전에 오스트리아의 철학자로서 '칼 포퍼-Karl Popper'란 사람이 있었습니다. 그가 쓴 책 중에서 가장 유명한 책이 바로 『열린 사회와 그 적들(The Open Society and Its Enemies)』입니다. 우리나라 상황과도 관련하여 한동안 독서 시장에 열풍을 일으킨.

그는 자유 민주주의의 신봉자였습니다. 모든 개인의 삶은 지고지순하며, 자유롭고 평등하다는. 인간은 그 어떤 정신으로도, 설혹 그게 절대적인 신성(神性)이라 하더라도 함부로 개인들을 파괴할 수 없다고 했습니다. 그래서 국가나 사회 체제 전체가 유기적으로 〈열린 상태〉로 존재해야 하는데 현대의 상황은 그렇게 한가하지 않다고 생각했습니다. 많은 모순들이 그런 열린 세상을 파괴하는 적들로 둘러싸고 있다고 판단한 거지요

과연 20세기 전반기는 나치나 공산주의, 매몰(埋沒)된 역사주의나 편협한 종교 등등이 사람들을 파괴하는 참혹한 세상이었습니다. 1, 2차 세계대전이 일어났고, 〈홀로코스트-Holocaust〉라는 광풍이 불기도 했습니

다. 현대에도 그런 세상의 모순은 종교로, 자연재해로, 정체(政體)로, 또는 과학과 자본주의… 그렇게 인간에 대한 비정(非情)한 공격을 계속하고 있습니다. 그야말로 인간은 삶의 주인이 되지 못한 채 소모품으로 격하되었고, 세상은 〈닫힌 사회〉로 패권경쟁에 광분하고 있었습니다. 절대 권력을 휘둘렀던 왕조 시대에 못지않은, 인간의 가치가 함부로 훼손되던 시대였습니다.

그때와 비교하면 지금 시대는 분명 정치나 종교 등등의 모순들이 힘을 잃은, 대체로 차분하고 안정적인 시기가 아닌가 합니다. 민주주의가 지구상 전체에 당연하게 받아들여지고, 사람들을 억압하는 모든 체제와 사상과 종교와 권력 등이 20세기 전반기의 광풍 같은 에너지를 얻지 못하고 일부에서나 겨우 미미하게 존재하고 있다고 생각할 정도지요. 그야말로 인본주의가 최고선(最高善)으로 세상을 지배하며 인간들 사이의 모든 가능성은 열려 있는 시대인 것 같습니다. 축복받은 세기가 아닐 수 없습니다.

하지만 우리가 외면할 수 없는 사실이 있는데 '찰스 다윈(Charles Darwin)'의 〈진화론(進化論)〉이 계속 진행되고 있다면 미래는 과연 어떻게 변해갈까요? 예전 초기 우주전쟁류의 책이나 영화들에서 볼 수 있었던 문어 닮은 사람? 흉측한 모습으로 인간을 살육하는 프레데터(predator) 전사(戰士)? 기계에 육체를 짜깁기한 안드로이드(Android)? 아니 의식과 가치와 판단 자체가 우리와 다른?

아주 오래전 MBC 텔레비전에서 『인류, 그 이후-After man』란 가상(假想) 다큐를 본 적이 있습니다. 그 프로에서 미래는 인류까지 포함하여 생물들이 제각각의 진화법칙에 따라 다양하고 기괴한 모습으로 존재하고 있었습니다. 동식물이 결합된 형태는 물론 사람마저도 인격이나 제도, 환경 등이 극단적으로 진화해 도저히 현실의 인간과 연결되지 않았습니다. 즉 사람과 다른 동물, 또는 생명 일반과 구별이 없어지는 세상이었습니다. 연전에 화제가 됐던 『터미네이터-The Terminator』나 『스타워즈-Star Wars』 등은 물론 근래 히트한 『아바타-Avatar』 같은 영화들도 그런 인간의 진화와 변모를 본능적으로 예측하고 그 비극을 극복하기 위한 반사(反射)로 제작된 게 아닌가 하는 생각도 들더군요. 물론 다른 이미지도 포함하고 있지만 말입니다.

그렇지요. 진화론의 진정한 가치는 〈과거에서 현재로의 변화〉가 아니라 앞으로 변하게 될 〈미래에의 예측〉을 가능케 한 점에 있습니다. 몸과 함께 인간의 정신과 지구 자체까지 변해갈 수 있다는. 과연 그 진화의 끝은 어떤 모습을 하고 있을까요?

솔직히 말한다면 결국 모든 진화의 끝은 〈종말(終末)〉로 치달을 거라는 생각이 강합니다. 〈시작〉이 우주의 창조와 그 속에서의 탄생이라면 그 연속(連續)의 끝은 결국 달려올 테니까요. 우리가 상상할 수 없는 시간이라 하더라도. 오히려 우주라는 거시(巨視)로 볼 때 겨우 몇 초에 불과한 인류가, 외람된 말이지만 신의 능력에 버금갈 정도로 엄청난 과학의 바탕과 정신의 형이상학(形而上學)을 쌓아온 인류로서도 수백억 년 항구(恒久)히 존재해 온 우주의 다이내믹을 감당할 수 없습니다. 지구는 우주의 한 구석에서 먼지처럼 떠돌다 태양계나, 또는 은하계의 분열과 포말 속에서 흔적도 없이 사라질 수밖에 없지요. 하긴 우주에서 통용되는 〈무한-無限〉이란 패러독스(paradox)의 개념에 한순간으로 존재하는 인간을 대입한다는 자체가 난센스에 가깝지만.

　슈퍼맨은 인간의 〈자만(自慢)〉이 만들어낸 것이 아니라 오히려 그런 〈자학(自虐)〉이 만들어낸 역설이라는 생각이 강합니다. 지구가 한 점 블랙홀 속으로 빠져들듯 진화의 종착역은 역(逆)유토피아로 갈 수밖에 없는.

　이야기가 너무 비약해버렸는데 그런저런 것도 포함하여 현재, 아니 닥쳐올 미래의 모습까지도 찬란히 꽃피고 있는 축복받은 〈열린 사회〉를 파괴시키려고 할 것입니다. 어쩌면 불온한 〈닫힌 사회〉가 교묘한 변신술로 모습을 감추고 현대에 숨어 있음을 눈치채시는 분들도 있을 겁니다.

　그 옛날 생물은 생존을 위해 엄청나게 정교한 육체를 진화시켜왔습니다. 세포 수준의 화학적 존재에서 단단한 척추와 팔다리로 육지로 진출했지요. 공룡처럼 대체로 거대한 몸집으로 변모시키는 파충류의 전성시대가 있었지만 그게 오히려 진화의 적으로 작용하여 대부분 멸망의 길로 달려갔고, 소형(小形)과 변온(變溫)으로 무장한 새로운 종들이 〈열린〉 세상을 번성시켰습니다. 발톱, 이빨 등 다른 모든 것을 포기하고 오직 달리기로만 진화한 치타의 무시무시한 질주, 칠흑 같은 어둠 속에서도 초음파로 그물망을 피해 날아가는 박쥐, 진흙 속에 숨은 물고기를 탐지해내는 레이더를 장착한 톱상어, 엄청난 추위와 희박한 공기를 견뎌내고 히말라야 고산(高山)을 건너고 대륙을 가로지르는 나비와 기러기, 침묵의 어둠과 거대한 압력, 뜨거운 열수(熱水)를 내뿜는 심해(深海)에서 살아가는 물고기…. 그야말로 진화의 끝까지 달려간 생물들입니다.

　인간도 자연의 악조건을 흠뻑 온몸의 진화로 이겨냈습니다. 직립을 견녀내는 다리와 조작(操作)기능으로 충만한 손, 두뇌와 구강(口腔)을 확장하여 사고와 언어라는 신의 영역까지 달려간 정신-, 인간은 스스로를 초월한 위대한 존재입니다. 개인들마다 자세히 살펴보면 우주의 극한까지 진화한 놀라운 적응과 진화와 의지의 산물이지요. 제아무리 못생기고, 정신 능력이 떨어지고, 부상으로 완전하지 못한 몸으로 존재한다고 하더라도 존재 자체만으로도 우주적 신비로 가득 찬 생물(?)입니다. 그렇게 별 볼 일 없고, 불완전한 몸속에도 정교한 관절과 근육과 신경이 슈퍼컴퓨터 몇백 개보다 더 뛰어난 능력을 발휘하고, IQ가 낮다고 하더라도 그 정신에서 발현(發現)되는 에너지는 지상의 모든 동물들을 합한 것보다 더 역동적(力動的)인 시냅시스(synapsis-신경계)를 번쩍이고 있습니다.

아하, 서론이 길어졌습니다. 이미 눈치 채셨겠지만 이제 오늘의 주제를 말씀드릴 차례군요.

우리 아이들! 아직 어리지만 알고 보면 그렇게 우주적 황홀함으로 존재하는 미래의 주인공들입니다. 태어난 아이를 처음 만나보는 부모님은 아마 그런 신비를 잘 알겠지요. 그 아이들이 살아가야 할 미래는 개인들마다 꿈과 희망, 행복과 도전, 성취와 완성으로 가득해야겠습니다.

그러나 칼 포퍼(Karl Popper)가 갈파(喝破)한 우리들 21세기 〈열린〉 세상을 위협하는 〈닫혀있는 적〉들은 도처에 널려있습니다. 교묘하게 변신한 달콤한 미각(味覺)의 모습으로, 안락과 편리를 보장하는 도구로, 진정(眞情)보다 적절히 보여주는 가면으로, 노작(勞作)보다 짐짓 근엄하게 꾸미는 포즈로, 사유(思惟)보다 간편한 감각을 인식의 방법으로…. 인간 진화의 물줄기를 돌리는 적들은 훨씬 빨리 지상을 장악하고 있습니다. 우리 아이들마저도 달콤에 취해 비만으로 뒤뚱거리고, 100미터를 달리지 못하는 안락에 물든 체질로 헉헉거리고, 책보다 드라마와 노래로 채운 얇은 감각으로 판단하고⋯. 진정이 사라진 찰나적인 가벼움과, 사려 깊은 배려보다 자신의 이익과, 사랑보다 죽고살기로 경쟁하는 억척으로, 그러면서도 자신을 깨닫지 못하는 로봇 같은 존재로 황홀한 개인을 추락시키고 있습니다. 어른들도 경쟁적으로 아이들과 함께 TV 드라마를 보며 정신을 닫아버리는 걸 보면 안타깝기도 합니다.

도처에 농담으로 점철된 연예(演藝)가, 파시즘처럼 일방으로 치닫는 스포츠가, 마약처럼 일상으로 함부로 쳐들어오는 섹스가, 효용 가치가 변질되어 자체발광으로 번쩍이는 자동차가 〈뛰어난 개인〉들을 내부에서 파괴시키고 있습니다. 모두들 스스로 〈닫힌 세상〉으로, 도축장에 끌려가는 소처럼 영문도 모르고 진화의 〈종말〉로 달려갑니다. 아이들도 덩달아.

그런 면으로 보면 칼 포퍼나 '토마스 모어(Thomas More)' 등의 유토피아 학자들이 믿은 낙관주의는 절망의 전주곡에 다름 아닌.

앞으로 현대의 닫힌 사회에 대해, 그에 따라 부나비처럼 출렁이며 흘러가는 대중의 맨얼굴에 대해 좀 더 깊은 천착(穿鑿)을 이야기하고 싶군요.

제(12)주 학습지도 계획안

(2012년 5월 14일 ~ 5월 18일)   4학년 2반

아인슈타인의 에너지

저번 주는 〈존재〉와 그 〈양식〉에 대해 간단히 이야기해봤습니다. 인간은 진화와 함께 아마도 우주적 황홀을 일으킬 정도로 뛰어난 능력을 가지게 되었으며, 그래서 그 능력을 사회라는 현실에서 폭발적으로 구현(具現)해야 할 필연으로 존재해야 한다는. 그러나 여러 가지 형상을 한 〈적〉들이 그런 개인을 형편없이 퇴화시키는 역리로 작용하고 있다는 이야기를 했습니다. 진화는 그 적들로 인해 퇴화를 예비하고 있다는.

그런데 가만 생각해보니 너무 과도한 시간대의 진폭을 압축하여 말하다보니 현실감으로 다가오는 체감도 떨어지고, 그래서 한꺼번에 느껴지는 적절함이 많이 부족하지 않았나 싶습니다. 더불어 진실로 우리 아이들을 포함한 모든 개인들에게 잔혹할 정도로 드러나는 적의(敵意)들을 미처 경각하지 못하고 있는 세태가 안타깝기도.

저번에 희랍의 '헤라클레이토스'에 대해 잠깐 언급한 적이 있는데 그가 말한 대로 과연 영원한 것은 없다고 생각되는군요. 오늘의 환희(歡喜)는 내

일의 쓸쓸함으로, 지금의 황금으로 채운 잔은 미래의 오수(汚水)가 되어 지하를 흐를 것이 틀림없을. 하물며 인간의 일생도 끊임없는 변화로 직조(織造)되어 있고, 그 습속에서 만들어진 온갖 사회 규범 같은 것들도 당연히 흐트러지게 됩니다.

우리나라, 아니 대부분의 지구촌이 국가 정체성(政體性)으로 확립하고 있는 민주주의 자체도 가만 보면 그 출발의 선에서 많이 변질되고 있음을 알 수 있습니다. 신자유주의의 효용성이 강조되다 보니 빈부가 확대되고, 유리(遊離)된 제도가 순진한 법치를 깔아뭉개고, 다원화(多元化)된 이념과 가치, 범죄와 폭력이 〈민주〉를 비웃으며 활개를 치고 있습니다. 그만큼 법과 제도도 세목화(細目化), 유목화(有目化)로 과거의 시간을 딛고 반작용으로 진화되고 있습니다. 영원은 이룰 수 없는 헛된 꿈처럼 미망(迷妄)에 가득 찬 자위가 아닌가 합니다.

'헤겔(Georg Wilhelm Friedrich Hegel)'의 변증법(辨證法)이 방대(厖大)하다고 느끼는 이유는 그런 변화의 다양성을 내포하고 있다는 의미로서일 겁니다. 오늘날 지구촌은 다양한 현상들로 소용돌이치고 있어 변증도 그렇게 정신없을 정도입니다. 사상은 넘실대고, 오늘의 가치는 수정, 변화를 거듭하며 분화되고 있습니다. 어제의 예의는 용도폐기 되고, 섣부른 구호는 이쪽저쪽에서 바람에 비명을 지르는 플래카드처럼 요란스럽고, 벌거벗은 욕망은 낯 뜨겁게 대중에게서 넘실대고 있습니다.

그러나 그런 정(正)과 반(反)들은 풍성한 듯 보이지만 정작 바람직한 합(合)은 이루어지지 않고 있습니다. 아니, 도처에 엉터리 합이 가득합니다.

합일되지 못한 예술은 천박한 기교로 덧칠하고도 고고한 표정을 짓고 있으며, 철학은 언제부터인지 슬그머니 상식(常識)에게 자리를 내주고 행방불명이 되었지요. 학문은 소리 한번 지르지 못하고 연구실 깊숙이 유폐되어 있습니다. 너도 나도 부르짖는 얄팍한 대중론이 거대 담론(巨大 談論)의 가면을 쓰고 시대를 장악하고 있습니다. 이 글도 역시 그런 면으로 떡칠하고 있습니다만.

왜 그렇게 변증법은 절름발이처럼 뒤뚱거리게 되었을까요? 손쉽게 영원한 것은 없다는 이유로 쉽게 판단해버려도 될까요?

예전 우리 윗대의 양식 있는 사람들은 그 해설로 〈실존주의(實存主義)〉를 제시한 적도 있습니다. 산업화, 공업화에 따라 그 부속품으로 추락한 인간의 왜소함이 정당한 존재를 자신할 수 없어지고, 그래서 지금 이 현실에 당당하게, 실제적으로 존재(實存)하지 못하게 되었다고. 기계 앞에서 아무런 존재감도 없는 현대인! 값싼 노동력 조금으로도 함부로 자존(自存)할 수 없는 쓸모없는 인간 가치! 과연 실존의 부재가 일방적인 반(反)의 항목을 과도하게 상승시켜 올바른 합(合)으로 이끌어내지 못하는 것 같기도 합니다.

역사 이전 시대의 〈4대 발명·발견〉을 들어본 적이 있으신지요? 그렇습니다. 사람들에 따라 몇 가지 다르게 이야기를 하기도 하는데 대체로 다음과 같이 정의하더군요. 〈불〉의 발견으로 동굴에서 벗어날 수 있었고, 〈직립(直立)〉으로 적이나 먹이의 발견이 용이해졌고, 탁 트인 들판에서 전달수단으로서 〈언어〉가 발달하게 되었으며, 〈바퀴〉의 발명으로 종족 간의 문화 전파가 용이하게 되었다는 의견이 있습니다. 불의 발견은 무리의 결속을 다져 지상의 통치자가 되게 했으며, 직립은 우리의 생각을 그만큼 높다란 시선으로 향하게 했으며, 언어는 삶의 시선을 타자와의 상관(相關) 속에서 이루어지게 하여 하늘과 대등한 관계로 존재하게 했으며, 바퀴는 비로소 인간이 스스로 운명의 주인공이 될 수 있도록 시간과 장소의 축지법을 알려주었습니다. '장 자크 아노(Jean Jacques Annaud)' 감독의 다큐 시네(documentary cinema)인 『불을 찾아서-Quest For Fire』는 그런 인간의 기나긴 여정을 생생하게 보여주었습니다.

또한 그 못지않게 역사 시대에도 4대 발명·발견이 있다고 하더군요. 『진화론(進化論)』으로 인간이 독립선언서를 당당히 신(神)에게 건넬 수 있게 되었고, 『꿈의 해석』으로 인간 내면에 잠재된 욕망의 심리학을 헤아리게 되었고, 『중력론(重力論)』으로 우주의 구조와 지구의 변방론(邊方論)을 이해하게 되었다고도 합니다. 모두 빼어난 통찰로 응시하지 못하면 완성할 수 없는 역동적(力動的)인 발견들입니다.

그러나 제 생각에는 그 모든 발명, 발견을 합친 것보다 더욱 뛰어난 발견이 있다고 생각하는데, 바로 '앨버트 아인슈타인(Albert Einstein)'의 〈상대성 원리〉입니다. 그 유명한 방정식 〈$E=MC^2$〉으로 대표되는. 에너지와 질량, 빛의 속도와의 상관 속에서 그는 인류 역사상 가장 역동적인 통찰을 보여줍니다.

그런데 그 방정식을 원자폭탄과 관련하여 〈에너지(energy)〉 쪽으로만 이해하는 경향이 있던데 오늘날 그의 에너지는 물리라는 한계를 뛰어넘어 사상, 기술, 예술, 정신, 오락 등등 인간의 습속에서 전개되는 모든 현상들을 설명할 수 있는 〈보편적 명제(命題)〉로 확산되고 있더군요. 예를 들면 과도한 부(富)의 집중은 높은 에너지를 가지고 있다는 뜻이지요. 차를 타고 간다면 걷는 것보다 고에너지를 소비하며, 한 끼 식사가 비싸다면 그 역시 에너지를 많이 소비하는 행위가 됩니다. 높은 곳에 있는 꽃병이 떨어져 깨어지는 건 낮은 곳의 꽃병이 떨어져 깨어지는 것보다 훨씬 고에너지를 소유하고 있기 때문에 더욱 파괴적입니다.

이렇게 아인슈타인의 공식은 물리라는 한계를 뛰어넘어 정신에까지 파급되고 있습니다. 일개 수학적 공식이 철학, 사회학에서도 통용될 수 있다는 통찰은 혁명적 인식이 아닐 수 없습니다. 독재(獨裁)는 높아지는 에너지의 증대(增大)로 필연적인 혁명으로 무너지게 되어 있고, 그래서 획득한 민주주의 또한 합일(合一)되지 않는 중구난방(衆口難防)과 사회적 피로 등으로 점점 엔트로피(entropy-무질서의 정도)가 증대되어 내부, 또는 외부의 적들에 의해 무너지게 되지요. 향락의 끝까지 달려간 호화로운 〈팍스 로마나-Pax Romana〉가 그 대표적 예일 겁니다. 그리고 보니 상대성은 영원에 대한 자연, 또는 섭리나 신의 잔인한 원죄로 예비 되어 있는 것 같습니다.

오늘날 과전(過電)된 인류의 에너지는 칼 포퍼의 적이 되어 도리어 인류를 위협하며 다가오고 있습니다. 저번 뉴스에서 봤는데 오래되어 산패(酸敗)된 기름으로 고기를 튀기는 장면이 뉴스에 나오더군요. 그걸 먹고 우리 아이들의 비만과 허약은 무서운 속도로 자라나고 있습니다. 아무리 독서를 강조하고 상을 줘도 책은 쳐다보지도 않고 TV에만 집중합니다. 아이들의 대화에서 축구와 야구 선수, 가수와 배우 등 연예인들 이름은 줄줄 외면서도 과학자, 훌륭한 문화인 하나 제대로 언급하는 아이가 없습니다. 하물며 역사 속에 잠기든 인물들과 그들이 엮어내던 정신들이야 말할 필요도 없지요. 화석이 되어, 그것도 지하 감옥에서 어둠에 잠겨들 뿐입니다.

〈몸짱〉이란 유행어를 들먹이면서도 운동장 한 바퀴를 돌게 하면 그야말로 커다란 고난처럼 끙끙거립니다. 어린이날 받은 변변찮은 학용품은 그날 당장 함부로 버려지고, 생각은 쥐꼬리만큼 자신을 벗어나지 않으며, 매일 만나는 친구에 대한 애정은 눈을 씻고 봐도 찾을 수 없습니다.

한때 독서에 빠져 온갖 환상과 상상을 떠돌며 황홀해한 적이 있지만 요즘 아이들은 도대체 드라마 내용은 줄줄 외면서도 책을 5분 이상 제대로 읽을 수 없고, 게임은 반대로 몇 시간이나 거뜬히 집중합니다.

아인슈타인의 에너지는 떨어져 깨어진 꽃병이 제자리로 돌아가 되살아나지 않게 합니다. 마찬가지로 지나간 시간은 절대 되돌릴 수 없습니다. 현재의 에너지 상태가 아이들의 미래를 결정합니다. 부모님의 역할이 소중하고, 그래서 아이들을 고(高)에너지의 〈적〉들로부터 벗어나게 해야 합니다.

엉터리 이념, 삶의 태도, 편리… 등등이 세상을 휩쓸고 있군요. 정교한 과학의 눈으로 보면 얼마나 단선적(單線的)인 고집(energy)들이 세상을 점령하고 있는지….

이번 주는 제가 건방진 부분들이 많았군요. 장 자크 아노, **헤라클레이토스**, 그리고 **헤겔**이니 뭐니 하며 제법 아는 체한. 사실은 전혀 모르고 있으면서도 말입니다. 가소로운 일이 아닐 수 없습니다. 아마도 그런 식의 글이 계속될 것 같은 예감인데 그저…. 아무튼 참으로 죄송합니다!

제(13)주 학습지도 계획안

(2012년 5월 21일 ~ 5월 25일)　　　　　　　　　　　　　　4학년 2반

내부의 적들

≡ 이번 주 23일(수)에는 동래 아이스링크에 가서 스케이트 체험 공부를 합니다. 우리 부산에서는 쉽게 접할 수 없는 기회라서인지 아이들도 무척 좋아하는군요. 사람은 이질 문화에 대한 관심과, 때론 실제 겪어보고 싶은 본능이 있는 것 같습니다. 오늘날 번성하는 여행, 체험 문화가 특별한 의미를 가지는 것도 그런 것과 무관하지 않는 것 같기도.

※ 준비물-장갑, 긴 바지, 긴 소매옷, 음료. 기타.
※ 체험학습비-5,700원입니다. 돌아와서 학교에서 급식합니다.

그러고 보니 문화는 다양하고 현란한 모습으로 지구상에서 펼쳐지고 있습니다. 극지(極地)의 에스키모들은 추위라는 날씨에 맞춰 나름대로 살아가는 양식을 발달시켜왔지요. 〈개썰매〉라든가 〈고래잡이〉 등은 엄청나고 역동적(力動的)인 문화의 형식을 내포하고 있어 지금도 장엄한 다큐의 소재로 방송되고 있습니다.

열대 사막 민족은 〈히잡-Hijab〉과 베일로 온몸을 휘감는 엄격한 이슬람(Islam) 문화의 한 전형을 보여주지요. 대작(大作) 영화를 많이 만들어 경(卿)이란 존칭을 받는 영국의 '데이비드 린(David Lean)' 감독이 만든 묵직한(?) 영화 『아라비아의 로렌스-Lawrence of Arabia』는 그런 민족의 풍습

과 문화를 잘 보여주고 있었습니다. 계율(戒律)을 벗어나는 행동을 하면 죽음이 내려지는. 음식에 대한 엄격은 거의 신이 선언한 계율인 것 같을 정도로. 그 밖에 초원의 유목민 생활이나 독수리를 이용한 사냥, 아마존 원시부족의 다양한 장신구, 카누 타기 등도 각자의 환경에 맞게 발달한 문화의 형태들입니다. 사람들은 그런 이질 문화들을 보고 겪으며 인류라는 거대한 존재의 과거와 미래를 아우르는 문화의 원형(原型)을 찾고 싶은 건지도 모르겠습니다. '제임스 조지 프레이저(Sir James George Frazer)'가 주술(呪術)과 신화(神話) 탐구를 통해 인간 정신의 본성에 다가가려고 한 거나, '클로드 레비스트로스(Claude Lévi-Strauss)'가 아마존 원시탐구에서 구조주의(構造主義-Structuralism) 철학의 논리를 확립했다는 이야기 등도 다 그런 인류 초기 문화의 오리진(origin-原型)을 향한 본능이 작동했기 때문인 것 같다는 생각이 들기도 합니다.

(저는 한때 독서 시장에 열풍을 몰고 왔던 구조주의, 그러나 아직 그 본질에 제대로 접근해보지 못했습니다. 레비스트로스의 『슬픈 열대(熱帶)』는 제 서가에 있지만 프레이저의 저서인 『황금의 가지-The Golden Bough』는 예전 책들을 정리할 때 빠트렸는지 보이지 않아 한겨레출판사본을 구입했지만 900쪽이나 되는 무게를 감당하지 못해 책장 구석에서 내내 잠자고 있는. 그저 해설만으로. 아이고!)

그 다양한 문화의 최전선이 바로 축제(Festival)지요. 고양(高揚)된 정신이 함부로 문화 속으로 찾아들어갈 수 있는 축제에서 사람들은 미지의 세상을 확인하고, 즐거운 동참(同參)에서 존재라는 전리품을 획득하는 게 아닌가 싶은 생각도. 다시 말하면 인류는 문화라는 매개물을 통해 정신이라는 형이상학을 쌓아올리는. 축제는 현대 문명사회가 마련한 잃어버린 본능에의 희구(希求)라는 제 어쭙잖은 생각이 어쩐지 타당한 것 같기도. 어쩌면 우리들 삶은 그런 축제를 통해 유전처럼 전해오는 건 아닌지.

언젠가 어느 다큐에서 원시 부족사회의 모습을 봤습니다. 그들의 축제 중에 부족의 규범, 또는 예의를 어긴 사람들에게 잔혹한 테러를 가하는 장면이 있더군요. 처녀를 훔친다던가, 족장을 무시했다던가, 먹이를 혼자 차지했다던가…. 그런 원시 부족에게도 나름의 규범과 예절이 존재했습니다. 다양한 개인들이 모이다보니 쉽게 따라가지 못하는 사람들도 있고, 일탈과 반항도 있는 것 같습니다. 아마도 부족의 항상적(恒常的)인 영속성을 이어가기 위해서 어쩔 수 없는 제재가 필요했겠지요. 어쩌면 정률(正律) 사회를 유지시켜나가는 그 가장 큰 적은 그런 〈내부의 적〉들일지도 모릅니다. 그 양상은 긍정적인 부분도, 부정적인 부분도 있습니다. 어쩌면 부정적인 부분들이 부족의 발달을 가져오기도 할 수 있겠지만. 오늘은 그 견고한 조직 중에서 현대 사회에 대해 일정 부분 상징적인 의미를 나타내는 부분을 이야기하고 싶군요.

> 장면 하나

차를 타고 왕복 2차선을 주행하고 있는데 뒤에서 빵빵 소리가 들립니다. 크고 고급스런 승용차가 바짝 뒤따라오며 아마도 빨리 비키라는 듯. 마치 밀어붙일 듯한 기세로 달려듭니다. 마주 오는 차 때문에 추월하지도 못하는데 작은 소형차가 앞을 가로막고 천천히 가니까 아마도 답답했던 모양입니다. 빵 빵 빠아아앙!

> 장면 둘

여학생들이 하교한다고 버스 정류장까지 도로가 북적이는군요. 대부분의 아이들이 단정한 차림인데 몇몇 학생들은 복장이 이상합니다. 허벅지 위까지 드러나는 착 달라붙는 짧은 치마와 과도(過度)한 화장…. 맥도날드 가게 2층 창에 앉아 있는 여학생들의 치마가 바짝 당겨져 아슬아슬한 모습이 지나가는 사람들의 시선을 끄는 데도 정작 여학생들은 아무렇지도 않습니다. 〈배움〉과 〈육체〉의 공존이란 장면에서 긍정보다는 아무래도 부정적이어서 혼란스럽고 불안하기도 하는군요. 하긴 어디서 들었는데 나이 든 2~30대 이상 여성들의 노출은 역겹고, 10대의 노출이 가장 아름답다며 더욱 많이 노출해야한다고 주장하는 어느 문화비평가의 글을 보기도 했지만.

> 장면 셋

    선생님들 배구 경기가 열리고 있군요. 한 팀은 잘하는 사람은 없는데 열심히 움직이고, 상대 팀은 공격수 홀로 실력이 뛰어납니다. 그런데 그 공격수는 장난처럼 배구를 하는군요. 그냥 실력대로 하면 되는데도 누가 봐도 멋있는 폼으로 공을 때리다 네트에 걸리거나…. 자기 편이 공 처리를 잘못 했을 때 노골적으로 기분 나쁜 표정과 몸짓을 짓습니다. 결과는 상대 편의 승리.

    우리가 일상에서 자주 만나는 그런 아무렇지도 않은 소소한 장면들, 그런 것 중 몇 개의 예를 들었지만 우리는 그런 장면들에서 불편함을 느낍니다. 꼭 고답적인 전통적 가치가 아니더라도 분명 어떤 부분에서 감정을 건드리는.

    첫째, 자본을 물신화(物神化)한 현대의 천박함이 생각납니다. 현대는 제 아무리 고고(孤高)한 정신을 가진 현자(賢者)라 하더라도 좋은 차와 집, 명품으로 치장한 〈세련〉에 형편없이 패배합니다. 달빛 가까운 산 중턱 낡고 허름한 주택에서 오순도순 가족이 모여 행복한 저녁을 먹을 때 그들은 화려한 식당에서 고급 음식과 와인을 곁들이며 우아한 대화를 나눕니다. 앞을 가로막은 소형차에 거뜬히 도시를 먹여 살릴 만한 두뇌로 번쩍이는 연구소 직원이 운전하고 있다고 하더라도 아예 무시할 뿐이지요. 도대체 고급차 앞에 얼쩡거리는 작은 차가 얄미워 죽을 지경입니다. 물신이 아닌 정신은 그야말로 쓰레기 취급을 받을 뿐.

둘째, 모든 가치를 즉물(卽物)에 대입하여 고귀한 정신을 함부로 깔아뭉개는 야만(野蠻)이 시대의 주류로 자리 잡았습니다. 실력은 본능에 비한다면 아무것도 아닙니다. 학생이라 하더라도 본능은 마음껏 펼쳐 보일 수 있고, 그걸로 대접받아 마땅합니다. 육체의 성숙과 제도와의 어긋남은 숨김보다 펼침의 본능을 더욱 추력(推力)시키니까요. 공부는 당장의 육체에 비하면 고려 대상이 전혀 아닙니다. 그 아이들의 즉물은 숭배받아 마땅합니다. 그러나 대신 마음이 쓰러진 고목 위에서 피어나는 곰팡이처럼 무겁게 다가오는 건 어쩔 수 없군요.

셋째, 기능과 능력이 그 무엇보다 가치판단의 척도가 되는 모습입니다. 마라톤 모임에서는 기록이 빠른 사람이, 배구장에서는 배구를 잘하는 사람이 최고선(最高善)입니다. 현재 이 사회에는 이름을 최고선으로 여기는 사람들이 각계각층에 널리 퍼져있습니다. 그런 사람들은 자신의 생각이 가장 정의롭고 슬기로우며 정당하다고 생각하여 언제나 판단의 주체가 되려고 합니다. 기능과 능력이 떨어지는 사람은 존재 자체가 차등 인생으로 규정되곤 하지요. 멋진 차를 타고 유명 식당에서 화려한 음식을 나누는 사람들에게는 변두리에서 가족이 맛있는 수박 한 조각 나눠 먹으며 정겨운 이야기를 나누는 정경(情景)이 징그러운 천민, 노예들의 풍경으로 매김 되고 있을 뿐입니다.

그렇군요. 〈자본〉과 〈즉물〉과 〈기능〉은 현대에 와서 생존의 우월한 유전자로 발현되는 하나의 문화 코드로 자리 잡았기 때문에 무어라 하기가 그렇군요. 가치론적으로는 아무런 잘못이 없는 것 같습니다. 비록 감성적으로는 맞지 않는다 하더라도 압도적인 생활에 닿아있기 때문에.

하지만 우리들 고답적인 감성으로는 예의(禮儀)-, 그렇습니다. 자본과 즉물과 기능주의란 〈내부의 적〉이 예의의 추락을 부추기고 있군요. 도처에서 예의는 사라지고, 이기심이 판을 칩니다. 자본으로 인성을 윽박지르고, 즉물로 감각을 강요하고, 기능으로 인간 서열을 매기고…. 예의가 사라지고 조급(躁急)이 쓰나미처럼 인간의 문명을 깔아뭉개는 이 천박한 세상에서 우리 아이들마저 물들어버릴까 염려스럽습니다. 선생님께 인사를, 친구에게 미소를, 교실을 깨끗이, 도서실을 드나드는…. 그런 문명을 받치는 기초 증표(證票)들이 아무런 가치도 획득하지 못한 채 죽어버리고, 대신 힘과 교만과 재주와 상품으로 가득 차버린 교실은.

예전 자본이 크게 영향을 미치지 못하던 시절에는 인간의 마음이 눈처럼 순수했습니다. 부모와 자식의 사랑과 효도는 목숨을 바쳐서라도 지키려고 했고, 사람들 사이에는 상대의 마음을 먼저 헤아리고 배려(配慮)하는 깊은 심성이 아름다왔습니다. 한 조각 아름다운 문장(文章)에서 인생의 지혜를, 낡은 담벼락 수수한 기왓장에서 은근하고 아름다운 조형미(造形美)를, 학교 도서관의 낡은 동화책 속 이야기에서 세상으로 출발하던 청운(靑雲)의 꿈을, 지게꾼의 이마를 흐르는 땀방울에서 삶의 진지함을, 연인들의 가슴 설레는 대화에서 단아(端雅)한 사랑의 환희를, 흑백이 교차하는 흐릿한 은막(銀幕)에서 어쩔 수 없이 헤어지는 연인의 가슴 뭉클한 이야기에서 운명의 아픔을….

그렇군요. 다 사라지고 몽땅 죽어버린 것 같습니다. 마음 뿐만 아니라 주체인 인간마저 달라져버렸습니다. 감동은 사라지고, 속 깊은 배려는 바보스러워졌군요. 단아한 여인의 미소는 두텁게 칠한 원색의 화장에 깔려 쳐다볼 수 없는 외계인처럼 낯설어졌고, 육질(肉質)의 돌격으로 아름다운 정신은 죽어버렸고, 흑백화면 속 애틋한 연인들의 플라토닉(platonic)은 선명한 컬러의 화면과 요란스런 옷, 덧없는 대화 속에 추방되었고, 황혼을 바라보며 떠올리던 수많은 생각들은 선명하고 화려한 입체의 발광 다이오드(發光 diode)로 무장한 선전 헤드라이트에 깔려 익사한 것 같습니다.

새삼스레 〈지하철 막말녀〉처럼 인간에 대한 예의가 사라져버린 〈내부의 적〉들이 어둡게 가슴을 채우고 있군요.

제(14)주 학습지도 계획안

(2012년 5월 28일 ~ 6월 1일)　　　　　　　　　　　　　　　　　　4학년 2반

일차원적 인간

　　저는 아침에 일찍 출근하는 편입니다. 늦을까 싶어 급하게 출근하느니 일찍 출근해 아무도 없는 교실에서 차를 마시며 느긋하게 하루의 일과 준비를 하는 게 습관이 되었지요. 그런데 버스를 타려고 내려가다 보면 중간에 여러 가지 가게들이 있는데 골목 입구에 인테리어(interior) 가게가 있어 새벽부터 인부들이 공사 준비를 한다고 모여 커피와 담배를 나누며 담소를 하는 모습을 자주 볼 수 있습니다. 파이프와 알미늄 판재, 커다란 플라스틱 통과, 때에 따라 시멘트 포대 등등을 옮긴다고 바쁘지요. 물론 수건을 두른 작업복 차림의 여자들도 있습니다. 아마도 곧 작업 차량을 타고 일터로 갈 테지요. 두터운 작업복을 걸친 그들의 어깨는 묵직하고, 얼굴 가득 피곤이 묻어납니다. 그렇지만 오늘도 힘들게 일을 해야만 아이의 학비와 아픈 부모님의 병원비, 저녁 한 끼 식사비라도 마련할 수 있기 때문에 결연히 커피잔을 놓고 일어섭니다.

　　그렇지요! 그 사람들이 하는 일이 우리나라 대부분의 사람들이 하는 일입니다. 조금 일의 모습이 다르고, 환경과 사정이 제각각입니다만 결국 너나없이 그렇게 고단한 하루하루를 엮어내고 있습니다. 그들은 우리들의

이웃이고, 동료이고, 아이들의 부모입니다. 그분들의 노고에 경의(敬意)를 표합니다.

저 자신도 충무동 남항 등대가 있는 바닷가 출신이어서 한때 바다로 나가 고기잡이 일을 하기도 했고, 집안을 위해 여러 가지로 돈을 벌기도 했습니다. 겨우 산업화가 시작될 무렵이었지만 아직 1차 산업 위주의 평면적 사회구조여서 앞뒷집 모두가 단순 노동(?)의 수준에 머물러 있던 시절이었습니다. 그 시절 사라호 태풍으로 바닷가 집은 물론 땅덩어리까지 모조리 휩쓸려가 어린 저에게도 파괴된 동네에 망연(茫然)해했던 기억이 새삼스럽습니다.

그 무렵 저희 동네랄 수 있는, 천마산 아래 남부민동과 바닷가 남항 쪽인 충무동에서 대학에 간다는 건 웬만해선 언감생심(焉敢生心)이었습니다. 모두 겨우 중학교나 고등학교를 나와 작은 가게에 들어가 허드렛일을 하거나, 아니면 공장에 들어가 숙식 수준의 박봉에 시달리면서도 기술을 배워 꼭 기술자가 되겠다고 열망할 뿐이었지요. 어쩌면 바다라는 본원적(本源的)인, 그러나 상쾌한 현대와 미스매치(mismatch) 될 수밖에 없는 뒤안길에서 버림받은 자의 초상처럼 비릿한 바다 냄새를 세포 하나하나마다 새겨놓은 듯, 그래서 마치 운명처럼 여기고 밝고 정교한 현대로 나갈 생각을 일찌감치 접었던 것 같습니다. 몇 번 설레는 뱃고동처럼 스스로를 반란해볼 생각을 했고, 그쪽으로 가보기도 했지만, 그러나 압도적으로 드리워진 등대의 초상에 짓눌려 결국 꼬리를 내리고 돌아와 고깃배를 타는 뱃놈(?)이 되었습니다. 그저 어머니를 모시고 살 생각뿐이었습니다. 대학은 아마도 남부민동 아래, 윗동네 합쳐 부잣집 아들과 딸 한두 명만 들어갈 수 있는 특별한 축복이었거든요.

그 당시 우리 동네에서 가장 권위(?)가 높았던 유치원집(그 집 마나님이 예전 그런 일을 했다든가? 아들이 부산 MBC의 사장이었다고 알려졌습니다. 그러나 그 집 아들 형제들의 삶의 부침은 파도에 휩쓸리는 등대만큼이나 운명적인데 아마 기회가 되면 그런 이야기들도 들려드리고 싶군요. 모두 등대라는 변두리 회색 풍경 속에서 속절없이 무너져 간) 빼고는 동네 형이나 누나들도 다 고만고만한 중, 고졸 수준에서 가업을 잇거나 배를 타거나, 아니면 공장으로 갔습니다. 대학을 나오면 마치 장원급제라도 한 듯 굉장한 일이었습니다. 대학은 우리처럼 단순 노동이 아닌, 상류사회(?)로 갈 수 있었던 보증수표였고, 그건 우리 동네와는 관련 없는, 그만큼 단순하고, 어리석고, 활력 없고, 하향평준화된 죽은 사회였습니다.

하지만 지금은 너나없이 대학을 가는 사회가 되었습니다. 학력이 인플레 되어 식당 배달원도 대학 출신이고, 신축건물에서 벽지를 바르는 도배장이도 대학을 나왔습니다. 고졸 이하는 눈을 씻고 찾아봐도 없을 정도지요. 조선 시대부터 이어져온 선택된 사람만 가던 〈大學〉은 그야말로 너도나도 가는 〈小學〉이 되어버렸습니다. 학교는 물론 사회와 기업, 정부와 국민의 의식은 시대를 훌쩍 건너뛰어 선진국이라고 자부할 정도가 되었고, 저 같은 사람의 의식은 속도전에서 까마득히 뒤처진 듯한 생각이 드는군요.

분명 엄청나게 문명이 발달했고, 물자는 풍부해졌으며, 여가도 많아졌습니다. 여행과 명품과 고급 아파트와…. 소비가 미덕(美德)인 시대가 되었습니다. 모두들 공장에서 찍어낸 고급 상품 하나씩 지금 받아 그걸로 치장하고, 달려가고, 먹고, 즐깁니다. 〈저축은 국력〉이란 표어는 이 소비시대에선 미덕이 아닌 악덕(惡德)으로 판정받고 아주 오래전에 슬그머니 사라져버렸습니다.

'허버트 마르쿠제(Herbert Marcuse)'는 그런 자본주의의 본질을 꿰뚫어 본 사람 중의 하나입니다. 사람들은 쇼윈도의 화려한 조명 아래 자본과 기술이 만들어낸 현란한 상품이 자신의 존재를 정당화해줄 수 있다고 믿고 기꺼이 그 상품과 계약을 맺고 노예로 전락(轉落)해버렸다고 했습니다. 고급차를 소비하는 상류사회의 일원이 되는 걸 오히려 명예롭게 생각하게 되지요. 〈소비〉와 〈차별〉은 자신의 정체성(正體性)을 드러내주고, 타자와의 관계를 설정해줍니다. 하지만 시장과 소비에 길들여져 자신을 잃어버린 단세포(單細胞)는 자신이 무엇으로부터 억압을 당하는지조차도 모른 채 오히려 자유로운 존재로 착각하고 향락만 쫓는 불나비로 표상되고 있습니다. 어디선가 쳐다보며 미소 짓는 〈빅브라더-Big Brother〉가 우리들 삶의 표상을 허깨비로 파먹고 있음을 눈치 채지 못하고 오늘도 내일도 멋진 포즈를 짓고 있습니다. 종내에는 산업사회, 자본주의가 짜깁기한 실험실에서 실컷 이용하고 버리는 도구에 지나지 않는, 지극히 단순하고 불쌍한 일차원적인 포로들-, 그런 현대인의 초상을 마르쿠제는 『일차원적 인간(一次元的 人間)』에서 신랄하게 비판했습니다.

그런데 실제 현실은 거기서 더 나아가버렸습니다. 언제부턴가 살기가 참 퍽퍽해졌습니다. 마음대로 나와 관계를 맺던 상품들이 더 이상 나와 계약을 맺길 거부하기 시작했지요. 계속 계약하려면 엄청나게 많은 댓가를 지불하라며 더 이상 상대하지 않겠다고 합니다.

어느 논문에서 읽었는데 신자유주의는 1차원적인 인간을 또 한 번 무자비하게 비틀어버립니다. 거대자본이 공룡처럼 시장을 틀어쥐고 공격적 권력을 휘두릅니다. 힘없는 작은 기업이나 노동자는 도산(倒産)과 저임금,

실업으로 고통을 당하게 되지요. 다국적기업은 값싼 농산물로 우리 농업 기반을 함부로 잠식하고, 삶의 뿌리였던 고향 집을 허물고 거기에 생산기지를 지어 지역 경제를 파탄 냅니다. 그렇게 모두들 고향의 추억과 이별하고 오히려 그 기지촌(基地村)에 빌붙어 살아보려고 하지만 고용은 불안해지고, 신규채용은 줄어들고, 임시직 증가로 빈부격차가 더욱 벌어지지요. 이미 다국적기업이나 금융 엘리트들만 살판났습니다. 전체 인구의 1%에 지나지 않는 부자가 전체 주식의 절반 이상을 차지하고 있으며, 모든 국가 자산을 상위 5%가 소유하는 자본의 기형적이고 무자비한 성장으로 지금 일반 사람들의 퍽퍽한 생활을 가져왔습니다.

작년 미국 뉴욕에서 열기를 뿜었던 〈월가를 점령하라-Occupy Wall Street〉는 시위는 그런 신자유주의에 대한 〈인간의 공격〉이었습니다. 신선한 충격이었지요. 인간을 가르고, 부가 한쪽으로 편중되고, 실업과 저임금으로 생활을 매몰시키고…. 그런 부조리에 대한 인간의 한계와 억압은 어쩌면 앞으로 더욱 거세게 닥칠 것으로 생각됩니다. 이렇게 생활이 계속 퍽퍽해진다면.

연봉이 몇억(사람들이 대체로 그 수준까지는 이해해주더군요)을 넘어 몇십, 몇백억이란 건 실제 그 사람의 뚜렷한 업적 때문으로 몇천억을 벌었다 하더라도 무척 거부감이 듭니다. 물론 자본과 국가, 그리고 세상과의 균형에 따라 부의 향배(向背)가 달라지고, 그에 따라 천문학적인 부의 집중이 될 수도 있겠지만, 세상의 기본적인 운영에서 벗어나는 과도한 독점은 아무래도 인정하기가 쉽지 않습니다. 기업은 그 기저(基底)를 이루고 있는 수많은 기본적 바탕과 조건 속에서 운영되고 있습니다. 즉 정부의 강력한 산업 발전 드라이브(Drive)와 금융 지원, 서민 또는 중산층 등의 구성원이 밑

바닥에서 노동을 하고 소비해줬기 때문에 자본이 축적되고 사업이 발전할 수 있지요. 자본주의는 직선(直線)이란 개개인의 일차원에서 영위되는 등식이 아니라 거미줄처럼 기저를 이루는 평면들의 교집합(交集合)과 입체들의 방정식(方程式)에서 벌어지고 있습니다. 자본주의는 그 틀 속에서 존재할 수밖에 없고, 그들의 부는 국민들이 진정한 주인입니다. 그런데도 마치 자기들 스스로가 만들고 노력하여 자본을 축적한 것처럼 몽땅 독차지하려고 하지요. 지금의 산업 구조 속에서는 정당한 균형과 분배의 법칙이 제대로 작동되지 않고 있습니다. 어쩌면 자본의 욕망이 과도하게 상승하여 폭력적인 부의 집중을 이끌어 세상을 유린하고 있는 건 아닌지.

그런 천민(賤民) 자본주의는 어쩌면 본능에 충실한 욕망일 수도 있습니다. 상식과 규칙, 양심과 정의는 무시되고 어쨌든 자본으로 삶의 틀을 견고하게 유지시키려는. 지금도 자주 벌어지는 상류층의 돈과 관련된 일탈은 천민을 추월한 〈범죄적〉 자본주의에 틀림없습니다. 일반인들로선 2~3천만 원 연봉에 비해 좋게 봐도 5~10억 이상의 연봉은 범죄가 아니면 성립될 수 없다는 판단에 쉽게 편들게 됩니다. 인간에 대한 애정은 그 무엇보다 우선이 되어야 하니까요. 그러나 우리나라에 그렇게 생각하는 사람이 과연 있기나 할까요? 정글 같은 세상에서 내가 노력하여 벌어들이는데 왜 시비를 거느냐? 여긴 엄연히 자유민주주의 세상이지 공산주의가 아니지 않느냐고 콧방귀도 뀌지 않습니다.

그럴까요? 역사는 〈무산자(無産者)〉와 〈유산자(有産者)〉의 싸움이라는 말에 동의합니다. 아니 꼭 싸움이라는 자극적인 말은 좀 어폐가 있지만 대체적으로 인정합니다. 화려한 성(城)처럼 당당한 저택들(너무 수준 낮은 제 눈으로 본다면 30평대 이상은 모두 그렇게 생각되더군요.) 아래 초라한 성냥곽 같은 집에서 제대로 먹지 못하고, 예쁜 옷을 입지 못하고, 치료를 받지 못하고…, 그래서 각각의 원초적 개인들이 받아들여야 하는 실망과 고통, 그리고 분노와 저항은 필연 사회적 문제가 되어 우리들 삶을 불안정으로 몰아갈 겁니다. 〈디폴트(default)〉라고 했지요? 어쩌면 아르헨티나를 위시한 남미의 많은 국가들이나 유럽의 그리스처럼 국가부도가 닥쳐올지도 모르지요. 뭐, 우리나라도 이미 IMF로 많은 기업들이 무너지고, 사람들은 쫓겨나 거리를 방황하기도 했으니까 면역력은 있는 것 같습니다만.

〈혁명은 피를 먹고 자란다〉는 말이 비수처럼 들려오는 지금 시대에 자본주의는 파이(pie)를 늘리는 것 못지않게 부(富)의 적절한 분배에 좀 더 세심한 신경을 쏟아야 할 겁니다. 선진 국가의 가장 큰 덕성은 의심의 여지없이 〈적절한 분배〉가 아닐까 싶군요. 정치, 사회, 문화 모든 영역에서 이 의미는 논쟁의 핵심으로 자리 잡아야 할 겁니다.

유한양행(柳韓洋行)의 창업자 유일한(柳一韓) 박사는 그런 덕성(德性)을 가진 진정한 기업인이라는 생각이 강합니다. 그분으로 인해 기업은 사회를 위해 존재하는 〈도구〉라는 인식이 퍼지게 되었지요. 도로를 만들 때 흔쾌히 땅을 내놓았고, 벌어들인 재산을 종업원들에게 나눠주었습니다. 자식들은 능력이 있어도 회사에 관여하지 못하게 했고, 그리고 그분의 따님은 남은 재산을 기업과 사회에 환원했습니다. 우리에게도 이렇도록 아름다운 기업인의 표상이 있다는 건 국가의 품격을 높이는 장려한 표상이 아닐 수 없습니다. 존경해마지않는 가문(家門)!

그렇군요. 생생하게 기억나는 얼굴, 아니 이름이. 부산에선 누구나 아는 〈바보 의사 장기려(張起呂)!〉 저는 생전에 딱 두 번 만나뵀습니다. 초량 KBS 건물 건너편 작은 건물에 있던 청십자(靑十字)병원에서 치료를 받을 때(일요일이라서 모든 병원이 문을 닫았는데 홀로 진료를 하며, 그것도 당시 아무렇게나 낡은 옷을 입은 제 행색(?)을 보고 무료로), 그리고 송도 복음병원 복도에서 뵙고 인사를 할 때. 1·4 후퇴 때 가족을 북에 두고 아들 한 명과 함께 월남하여 모두 모두 어려웠던 시절 사람들의 아픈 몸과 마음을 달래준 하느님 같은 손길을 가진 분이었습니다. 〈과잉 진료〉가 판치고, 국가 검진을 받는데도 교묘하게 유도하여 다른 몸의 불편을 과장시켜 엄청나게 비싼 진료비를 갈취하는 쓰레기들이 넘치는 이 시대에 그는 하느님이 보낸 영웅이었습니다. 그의 아들도 아버지를 본받아 의사생활을 하는 것으로 알고 있습니다. 한국의 〈슈바이처(Albert Schweitzer)〉로 불린 건 한국의 자존심을 세계에 드날린 자존심이 아닐 수 없습니다.

사방 100리에 굶어 죽는 사람이 없게 하라는 경주 최(崔)부잣집! 재물은 분뇨(糞尿-똥)와 같아 한곳에 모아 두면 악취가 나 견딜 수 없지만, 골고루 사방에 흩뿌리면 거름이 된다는 가르침을 가훈으로 남겼지요. 며느리는 3년 동안 무명옷을 입어야 하고, 자손의 벼슬은 진사(進士)를 넘지 않아야 하며, 재산은 만석을 넘지 못하게 하여 모두 사람들에게 돌아가게 했으며, 후손들은 전 재산을 대학설립에 증여하여 스스로는 가난하게 살아온. 그래서 구한말(舊韓末) 굶주린 백성들이 도적 떼로 변해 부잣집들을 무차별 약탈할 때도 오히려 이웃들이 나서서 지켜주었다는 전설 같은 이야기가!

아아! 눈물이 나는군요. 모두 그들의 헌신과 희생의 철학을 이어받아 만고에 전해주어야 할!

그에 비해 일자리 창출(創出) 기여도가 크지 않은 금융인이 한 해 수십

억 원을 벌고, '빌 게이츠(Bill Gates)'나 '스티브 잡스(Steve Jobs)' 같은 혁신가(革新家)도 아닌 기업 최고경영진이 직원의 200배 이상의 연봉을 받고 있다는 저번 주 뉴스는 '강제(强制)로라도 소득의 재분배가 이루어져야 하지 않겠는가'라는 반발을 일으키게도 합니다. 고급 레스토랑에서 황금으로 도배한 음식을 즐기고, 주말에는 골프장에서 멋진 옷과 포즈로 라운딩(rounding)을 하고, 휴가 때는 해외 고급 휴양지에서 품위 있는 문화생활을 하는 소 쿨(So Cool-멋진?)한 라이프스타일 뒤에는 암흑 같은 지하에서 땀범벅이 되어 땅을 파는 노동자들이 있습니다.

그런 관점에서 마르크스(Karl Marx)의 〈자본론(Das Kapital)〉은 그 자본의 천박을 뛰어넘어 형이상학적인 관점을 폭발시킨 위대한 깨달음이 아닐 수 없습니다. 비록 자본주의가 훈련시킨 일차원적인 이성이 압도적으로 현실을 장악하여 그 생명이 거의 꺼져버렸지만.

근래 케이블 TV를 켜면 엄청나게 많은 대부업체들 선전이 노골적입니다. 모두 다 번드레하고, 그럴 듯한 영상으로 사람들을 유혹하지만, 사실 화면 이면에 숨겨진 내용들은 비정(非情)한 사업일 뿐입니다. 잘못 연체라도 되면 엄청난 이자를 물어야 하는 고리대금의 발톱을 감춘.

그렇지만 1, 2차 은행권을 이용할 수 없는 금융약자들로선 그런 대부업에 손을 벌리지 않을 수도 없지요. 자녀 학자금을, 가게 물건값을, 주택전세대출금을…. 그만큼 우리 살이가 퍽퍽해졌다는 이야기입니다.

이런 시대에 우리 부모님들은 어떻게 살고 계시는지요? 혹 소비가 미덕이라는 자본의 달콤한 속삭임에 세뇌되어 오늘도 팍팍 시장을 섭렵하며 물건들을 함부로 사들이는 건 아닌지? 코앞에 닥친 미래를 대비해 먼저 부모님들부터 희생해야 합니다. 독하게 벌고 악착같이 저축해야 합니다.

대신 아이들에게 투자하십시오. 돈 씀씀이를 정해 그에 맞춰 지출하고, 그리고 사랑해주시기를. 아이들 마음에 원망이 자라지 않도록 해주시길 바랍니다. 그러지 못하면 인생이 느낄 수 있는 아름다움들을 느낄 수 없게 되고 오히려 허덕이게 됩니다. 잘 사는 집 아이에 대해 가난한 집 아이들은 일찍 희망을 포기하고 좌절해버리거나, 반대로 그 나이에 자본이 만든 계급과, 그리고 자신이 하층 계급에 속한다는 사실에 치유할 수 없을 정도로 분노를 키우는 아이들이 있습니다. 그 아이들의 생활은 무너지고, 작은(?) 폭력을 끊임없이 저지릅니다. 아이들에게 일찌감치 저축의 덕목을 가르쳐주고 이런 퍽퍽해진 세상을 살아나갈 수 있는 안목을 길러줘야 할 것입니다. 일차원에 머물 수밖에 없지만, 그러나 영혼이라도 자유를 찾아 새로운 길을 찾아 떠날 수 있도록.

여러 가지로 힘들고, 그래서 죄송합니다!

해마다 5월이 되면 길거리에 연등(燃燈)이 걸리더니 올해도 어김없이 석탄일(釋誕日)이 다가왔군요. 올해는 유난히 휴일과 명절이 겹치는 날이 많았는데 이번 석탄일은 다행히 월요일이어서 오랜만에 연휴를 즐길 수 있게 되었습니다. 일상을 벗어나 좋은 곳으로 가서 아이와 진지한 대화를 많이 해주시기를 바랍니다.

부처님의 광명과 자비가 가득하기를! 그래서 하루만이라도 집 걱정, 자녀 걱정, 세금 걱정…, 눈물 없는 세상을 조금이나마 살으시기를!

결연히 커피잔을 놓고 일어서는 공사 인부-, 아니 부모님들의 고군분투에 찬사를 보냅니다.

제(15)주 학습지도 계획안

(2012년 6월 4일 ~ 6월 8일)　　　　　　　　　　　　　　　　4학년 2반

≡ 6월 6일 수요일이 57회 현충일이군요. 나라를 위해 목숨을 바친 순국선열과 호국영령에게 추모와 숭고의 뜻을 기리고, 태극기를 통해 국민의 단결 및 나라 사랑의 마음을 드높이고자 태극기 달기 운동을 전개하고 있습니다. 첨부한 홍보 자료를 보시고 아침 일찍 조기를 게양하였으면 합니다. 나라를 위해 돌아가신 분들의 명복을 빕니다!
시간 07 : 00 ~ 24 : 00

벌써 5월을 마무리했군요. 개구쟁이들과 울고 웃으며 바삐 보냈는데 세월은 그런 분주 뒤에서 제멋대로…. 얼마 전에 벚꽃이 봄을 알리자마자 순식간에 우수수 떨어지더니 학교 옆 오르막길의 불타는 듯한 화려한 영산홍(映山紅)들도 그렇게 낙화! 그런데 이젠 5월의 아카시아 꽃마저도 흔적도 없이 사라져버렸습니다. 우수수 떨어지는 화려는 미래의 조락(凋落)에 대한 가르침이라는 생각도 드는군요.

　오늘 졸업사진을 찍었는데 제 얼굴이 얼마나 늙고 추한지… 젊을 때는 귀공자(?) 소리도 들었는데. 계절은, 아니 시간은 홀로 가지 않고 싶다는 우리네 인생도 꼭 함께 데리고 가야 직성이 풀리는 것 같습니다. 우리야 속절없이 우탁(禹倬)의 탄로가(歎老歌)나 읊조리며 끌려가는 수밖에.

큰바위 얼굴

 현대의 문명이 복잡하고 정교한 메커니즘(mechanism)으로 구현되면서 사람들은 실존적 존재라기보다는 구조화된 조직의 한 분자식(分子式)으로 존재하지 않겠는가 하는 생각이 문득문득 드는군요. 가정에선 이름보다는 누구 엄마로 불리고, 회사에서는 박과장으로, 심지어 식당에선 아줌마나 웨이터로. 한 개인이 그 자체의 존잿값으로 실존할 수 없는, 비인간적인 풍경이 아닐 수 없습니다. 알고 보면 우리 모두는 사람들 〈**내면의 풍경**〉과 〈**꿈의 값어치**〉를 알아낼 수 없는 무력한 존재일 뿐입니다.

 예전 TV에서 우연히 『왓 위민 완트-What Women Want』란 영화를 본 적이 있습니다. 그날따라 다른 일이 없어 무료하게 있다가 마침 EBS 교육방송에서 방영하는 영화를 봤는데 주인공은 우연한 사고로 사람들이 마음속으로 생각하는 모든 것을 읽어낼 수 있게 되지요. 인간의 본성과 관련하여 그 욕망의 문법을 생생하게 드러낸 영화였습니다.
 주인공(멜 깁슨 扮)은 목욕탕 감전 사고로 사람들 마음을 읽어낼 수 있게 됩니다. 회사에서 평생 관심조차 주지 않았던 여자 급사 아이의 〈살기 힘들어 죽고 싶어 하는〉 속마음을 읽어낼 수 있기도. 나중 회사에 자기의 상사로 스카웃되어 온 여자 헬렌 헌트(Helen Hunt)의 마음을 읽어내고 재빨리 그녀의 아이디어를 먼저 자기 것으로 만들어 큰 성과를 얻지만 대신 그때마다 기회를 놓치게 되는 상사는 결국 회사를 떠나게 되지요. 우여곡절 끝에 결국 독심술 능력을 밝히고 결혼까지 하게 되는 상쾌한 로맨틱 코미디(?)의 전형을 보여준 작품이었습니다. 제겐 아마도 단단한 구조로 강화

되어온 비인간적인 세상에서 타인과의 교류에 대한 방법론을 제시한 영화로 비쳐지기도. 바로 나 〈밖에〉 존재하는 작은 것들에 대한 배려!

우리 사회는 어느새 많은 것들을 잃어버리거나 퇴화시켜버렸습니다. 이해보다는 아집(我執)을, 이성보다는 감정을, 작은 것보다는 큰 것을, 타인보다는 자기를 선택하고 대신 섬세한 것들을 버렸지요. 그 결과 세상은 급해지고, 과격해지고, 찰나적이며, 위악적(僞惡的)으로 변모하고 있습니다. 인간의 속 깊은 전통은 마뜩잖은 것이 되어버렸고, 변방으로 밀려나버렸습니다. 이런 시대에 급사 아이의 삶도 분명 존재하는데 우리들 모두 돌아보지 않습니다. 중증장애의 손녀를 돌보며 고단한 삶을 살고 있는 우리네 할아버지의 수고를 읽어내지 못하고 그저 귀찮은 영감으로만 여기고, 아들을 서울대학교에 당당히 합격시킨 어머니의 장한 모성을 읽지 못하고 그저 식당 아줌마로만 바라보는….

'나다니엘 호오손(Nathaniel Hawthorne)'의 정교한 단편 『큰바위 얼굴-The Great Stone Face』은 그런 점에서 많은 것을 생각하게 하는 소설이었습니다. 현대인은 소통과 배려라는 인생의 커다란 덕목을 잃어버린 것 같습니다. 남의 수고를 눈치채지 못하고 그저 잘난 체하는 미숙함이 가득합니다. 삶의 여울목을 거쳐 가는 평범한 사람들인 엄마, 박과장, 아줌마, 웨이터 등등의 사람들이 바로 우리 사회를 거뜬히 떠받치는 기본임을, 그래서 그들이 바로 얼굴 없는 〈큰바위 얼굴〉로 자리 잡고 있음을 깨닫지 못하는. 삶의 표상을 잃어버리고 대중화된 악착같은 가치로만 이해하는 우리들 외눈박이 이기(利己)들만 어지럽게 널려있을 뿐입니다. 배려는 나와 타인의 존잿값을 획득하게 하는 이 시대의 참된 가치라는 생각이 강하게 드는군요. 그 급사 아이의 SOS를 읽어낼 수 있는….

3월부터 지금까지 학교 일이 홍수 같습니다. 이제나 조금 안정되나 싶으면 또 엉뚱한 일들이 닥쳐오고… 문명이 발달하면 꼭 그만큼의 다른 일들이 우리를 잠시도 가만두지 않습니다. 인생의 총량은 외면하거나 거부한다고 감(減)해지는 건 아니고 언제나 같음을.

　사실 주안을 짤 시간도 빠듯하군요. 배구철이어서 학교대항 배구도 해야 하고(제가 한국 아마추어 배구연맹 심판 출신이어서 자주 초청? 받기도), 육상부 아이들을 뽑아 운동장에서 지도도 하고, 가뜩이나 작은 학교여서 젊은 선생님들에게 피해를 주기 싫어 이런저런 연수(硏修)도 신청해야 하고, 학교를 대표하여 연구 과제를 맡아달라고 하면 어쩌 그것도 수락해야 하지 않을까 하고.

　그렇지요. 늙은 저에게 사실 연구 점수(?)는 필요하지 않습니다. 무슨 관리자로 나갈 생각도 없고, 아니, 올해가 제 교직 생활의 마지막이며, 그래서 대강 충실히(?) 하면 되는데 연구 과제를 붙들고 씨름할 시간도 없습니다. 뭐 늙다리 선생이 되어 〈능력이 없어서, 대강 학교생활을 하다 퇴직하려고〉한다면 할 말 없지만 말입니다.

　그러나 정말로 학교 사정으로 저 같은 늙다리도 필요하다면 퇴직을 앞두고도 얼마든지 추진할 수 있습니다. 전 아직 가르침의 현장에서 뒤로 처지고 싶은 생각이 조금도 없습니다. 십여 년 전 금정구 ○○초등학교에 있을 때 시(市)지정 학교 연구 대표를 강제로(?) 맡아 유공(有功) 교원으로 뽑히기도 했거든요. 저는 적절한 계획을 세워 추진하면 그리 어렵다고 생각하지 않았는데 다른 선생님들은 여러 가지로 부담이 많았던 모양입니다.

　당시 교장선생님이 퇴임하는 해여서 그 추진도 맡아 1인 2역으로 정말 바쁘게 지냈습니다. 조금 의견이 달라 다투기도 하던 사이였지만 그래서라도 퇴임식만은 제가 맡아 추진해드리는 것이 옳다 싶어 시나리오를 치밀하게 꾸며 편안히 떠나도록 해드렸습니다. 마치고 가족들이 저에게 감사의 인사를 하여주셔서 마지막 마무리를 참 잘했다고 생각합니다. 그 퇴임식 시나리오는 지금도 가지고 있지요. 그러나 그 유공 표창장을 안겨준 연구자료는 언제부턴가 보이지 않아 조금 아쉽기는 합니다. 당시 쓰던 일기책에 두 가지 모두 언급되어 있긴 하지만.

그보다는 훨씬 뒤 시골의 작은 학교에 근무하며 학교에 배정된 연구 과제 신청 2개를 추진할 선생님이 없어 골머리를 앓을 때 제가 맡아 추진한 기억이 선명히 납니다. 가뜩이나 작은 학교여서 모두 서너 가지 업무를 함께 맡고 있는데, 제가 여러 학교를 거쳤지만 아이들과 학교 환경이 마음에 쏙 들어 1년 유임(留任)을 하면서까지 새벽에 출근하여 아이들과 재미있는 생활을 하고 있는데 학교평가가 낮게 나오면 그야말로 자존심 상하는 일이었습니다. 그래서 저와 동갑(同甲)인 교장선생님의 권유로(저에 대한 이야기를 들었다면서) 나이 많은 제가 받아들여 고심 끝에 「1학교 1인성교육」, 「NIE(신문활용교육)를 통한 통합적인 사고력 신장」이라는 2가지 주제를 잡아 일년을 정말 바쁘게 보냈습니다. 세상에 한 개의 주제로 추진해도 충분한데 이왕 할 생각이라면 늙어 능력이 없다는 인식을 불식(拂拭)시킬 좋은 기회로 여기고 학교에서 숙식하면서까지 과제를 추진했습니다.

마지막 선생님들의 독회에서 〈1학교〉는 당장 학교 현실에서 필요한 논문으로 평균 이상의 수준으로 평가받았고, 〈NIE〉는 색다른 주제였던지 일상에서 아이들이 쉽게 만나는 장면들에서 사고력과 함께 배려, 인식의 폭을 넓혀주었다는 칭찬을 받아 아마도 교육청 심사에서 최우수상(?)을 받지 않을까라는 생각도 해봤습니다. 제 생각에도 교육청에서 보내온 연구집은 물론 지금껏 연구 분야의 그 많은 논문들을 다 뒤져봐도 이 보고서는 최고의 수준이 아닌가 생각할 정도로 제 자존심을 한껏 떨친! 그 때문인지 학교의 체면(?)도 지켰고, 나중 역시 제게 아무 필요도 없는 교육청 표창장은 물론 교육청 포상금(?)까지 두둑이 받아 기장 횟집촌으로 나가 거나한 잔치를 열고, 고생했다며 후에 교장선생님의 의견으로 전체 선생님들이 제주도로 여행을 다녀오기도 했습니다. 제 교직 말년의 분주는 스스로도 만족하는 인생의 절정(?)으로 여겨질 정도였습니다.(그 보고서들은 관련 자료들과 함께 아직도 제 학교 파일에 저장되어 있습니다. 관심도 없는 표창장은 벌써 전에 사라져버렸지만!)

오늘은 타인에 대한 겸손과 헌신에 대한 모습을 이야기해보고 싶었는데 엉뚱하게 제 자랑만 늘어놓아 낯이 간지럽군요. 주관은 언제나 숨겨두어야 할 덕목인데도. 죄송합니다. 아무튼 우리 학교 선생님들은 교육청에서도 인정해주는 쟁쟁한 선생님들이 많은데 퇴직할 선생이 억지로 맡아 추진하긴 좀 그렇군요. 장학사나 교감, 교장 등의 관리자로 나가기 위해선 아무래도 연구 점수가 필요할 테니 젊고 능력 있는 선생님이 맡아야 한다는 생각입니다. 저는? 후후, 쉴 때는 쉬어야 후회하지 않는다!

아무튼 우리들 개인은 자신 밖에 있는 다양한 삶의 모습들을 이해하고 받아들일 수 있는 섬세한 마음을 가져야겠습니다. 현충일을 맞아 나라를 위해 자신의 목숨을 바친 선열에게 추모와 숭고의 마음을 가지고, 세상의 모든 급사(?)분들의 수고에도 감사를 드리고 정당한 대접을 하여 자존심을 되찾을 수 있으면! 그게 이 시대 가장 필요한 큰바위 얼굴의 덕목이 아닐까 하는 생각입니다.

> 덧붙이는 글

아, 21년 10월 책장을 정리하는데 전세계약서라든가 마라톤 기록증 등을 모아 놓은 파일철에서 표창장 하나를 찾았습니다. 해운대교육청 제2143호로 위에 인용한 「NIE(신문활용교육)을 통한 통합적인 사고력 신장」에 대한 표창장이었습니다. 까맣게 잊고 있었는데 이게 파일철 안에서 여태 숨어있었군요.

〈선생님은 투철한 교직관과 사명감으로 2008년도 해운대 교육발전을 위해 기여한 공이 크므로 이에 표창합니다. 2008년 12월 31일 부산광역시 해운대교육청 교육장 ○○○〉

여자 급사아이처럼 속마음을 들킨 것 같아 부끄럽기 그지없는데 왜 이게 스파이(?)처럼 여태 숨어있었는지! 신기하다는 생각이 들지만 어쩐지 반가운 옛친구를 만났다는 생각으로 버리기가 조금 주저스럽기도 하군요!

| 제(16)주 학습지도 계획안 |

(2012년 6월 11일 ~ 6월 15일)　　　　　　　　　　　　　　　　4학년 2반

대중의 권력, 또는 탐욕

언젠가 제가 유일하게 드나드는 클럽 게시판에 올렸던 글이 생각나는군요. 우리들 보통 사람 사이에서도 무심하게 자행되는 권력의 보편적 모습에 대한.

- 아침 출근하며 골목길을 지나가는데 마침 손수레를 끌고 폐휴지를 모으는 할아버지를 봤습니다. 요즘 그런 노인들이 꽤 많지요? 제법 많이 박스를 모은 것 같지만 그래 봐야 아이들 과자값도 되지 못할. 박스의 양에 비해 형편없는 실용값어치가 어쩌면 서글프기까지 했습니다. 내 부모였다면 과연 그런 돈을 위해 새벽부터 이렇게 돌아다니도록 그냥 둘 수 있었을까 생각하며.

그런데 마침 주택 대문이 열리더니 젊은 남자가 두 손으로 커다란 박스 한 묶음을 가지고 나오더군요. 저렇게 자기 아버지 같은 사람에게 주려고 며칠 전부터 모았을 게 틀림없을 박스 꾸러미를 보니 마음이 흐뭇해졌습니다. 제 아쉬움을 대신 갚아주려는 젊은 사람!

그런데 가만 보니 박스뿐만 아니라 한눈에 봐도 페인트가 묻어 버려야 할 옷 묶음과 페인트 통, 부러져 쓸 수 없는 우산도 쑤셔 넣더군요. 자기

수레라도 되는 듯. 갑자기 힘이 빠지는 걸 느꼈습니다. 거미줄처럼 견고한 〈권력(權力)〉이 거기 서서 할아버지와 나를 빤히 쳐다보는. 절 보더니 어깨를 추스르더군요. 왜? 무슨 일인데? 마치 아무 일도 아니라는 듯.

갑자기 가슴이 아릿해지며….
노인에게 물었습니다. 폐우산과 스티로폼도 수거하느냐고. 그랬더니 잠시 절 쳐다보더니 혼잣말처럼 툭 내뱉고 고개를 저었습니다.
'무슨…. 나중 버릴 거요.'
즉각적으로 생각나는 게 권력의 속성이 무심(無心)과 관성(慣性)에 있음을. 강한 자는 시혜(施惠)의 논리로 스스로를 합리화하게 되고, 그런 후 정의(正義)로 포장하여 계속 되풀이하게 되는. 생활 속 작은 곳에서도 권력이 고개를 내밀고 으스대는.

하긴 우리는 일상에서 마구 권력을 휘두르면서도 의식하지 못합니다. 지하철에서 젊은 사람이 자리를 비켜주지 않는다고 함부로 욕하거나, 아파트 정문을 지키는 나이 든 경비 아저씨에게 하인처럼 쉽게 물건을 나르게 하기도. 모두 핑계를 대거나, 더 나아가 〈당연으로 포장한 권력〉을 행사하기까지 하지요. 하지만 내 잘난 정의로운 당연 뒤에는 폐휴지를 줍는 노인처럼 힘든 사람들이 가득합니다.

도저히 갚을 길 없는 채무로 아파트 베란다에서 뛰어내릴까 망설이는 눈 그늘 깊은 여인이 보이는군요. 영구임대 아파트에서 코흘리개 과자값에 불과한 관리비도 내지 못해 퇴거 통고를 받고 우울해하는 몸이 부은 영감님의 한숨 소리도 들리고, 팔리지 않는 싸구려 양말을 좌판에 던져둔 채 소주병을 기울이며 지나간 날에 허망해하는 주름 깊은 중년 남자도, 청운의 꿈을 안고 시골에서 올라왔지만 전락(轉落)의 굴레에 꿰여 뒷골목 허름한 여인숙에서 남자들에게 짓밟히고 받은 쥐꼬리만한 돈으로 산 쓴 소주를 마시며 손을 흔들어주던 고향 어머니 생각에 문득 엎드려 오열하는 처녀, 손님들에게 고급 갈비를 구워주면서도 정작 먹고 싶어 하는 딸아이는 먹일 수 없어 아픈 마음으로 달래야 하는 종업원 아주머니의 거친 손도 생생히 떠오릅니다. 퇴락한 뒷골목 바람이 휩쓸고 지나가는 빈집 같은 방안에서 인생을 압축한 파노라마로 환각을 보며 배설해대는 종이 같은 늙은이는 아예 아무도 쳐다보지 않는….

인생은 자명합니다. 개아(個我)와 고독(孤獨), 무위(無爲)와 소멸(消滅)은 인간의 피할 수 없는 운명이지요. 그 본질 앞에 이념과 철학, 부(富)와 명예, 가치와 미(美)는 아무런 의미가 없습니다. 개체의 종말은 온전히 절대적(絶對的)이기 때문에.

우산을 리어카에 쑤셔 넣던 젊은 남자는 그런 인생의 운명 따위는 관심도 없습니다. 시혜만큼 다른 모든 것을 당당한 권력으로 바꿔버리면 편하거든요. 어쩌면 권력은 탐욕의 다른 모습일지도 모르겠습니다.

영국의 근대 정치철학자로 『리바이어던-Leviathan』이란 책을 지은 '토마스 홉스(Thomas Hobbes)'는 그 책의 표지 주인공 갑옷 속에 무수히 많은 깨알 같은 해골들을 섬뜩하게 새겨넣어 세상의 본질을 〈만인의 만인에 대한 투쟁〉이라고 은근하게, 아니 강력하게 설파(說破)했습니다. 그래선지 〈사람은 사람에게 있어 늑대다〉라는 비슷한 경구도 남겼는데 인간에게 주어진 어쩔 수 없는 본질에 대한 가장 슬픈 이야기를 분명하게 드러낸 것 같습니다. 세계 내(內)에 존재하는 사람들이 서로를 감싸주지 못하고 늑대처럼 타인을 공격하는, 그래서 삶을 파괴하려는.

인간은 어디에서, 누구에게서 위로를 받아야 할까요?

미치광이 철학자 '니체(Friedrich Wilhelm Nietzsche)'는 권력을 주체적이거나 자발적인 의지로서가 아니라 〈맹목(盲目)과 무의식에 심어진 유전자〉 같은 것이라고 했습니다. 반대로 생(生)의 철학자 '쇼펜하우어(Arthur Schopenhauer)'는 〈투쟁하고 창조하는 생명력〉이 발현된 것으로 해석했지요. 그러니까 니체는 삶을 유기체의 작동방식을 빌어 유물론적(唯物論的)으로 해석했다고 할 수 있고, 쇼펜하우어는 반대로 유심론적(有心論的)으로 해석했다고 해도 크게 무리가 없는. 하긴 같은 듯, 다른 듯도 합니다만. 그러나 어쨌든 권력이 진리와 정의를 규정해버리는군요. 힘 있는 자가 정의롭다는.

권력의 주체가 누군지에 대해 곰곰 생각해봤습니다. 예전에는 군주와 벼슬아치들이 권력과 정의, 진리를 독점했습니다. 백성과 국민, 시민과 대중은 그저 그들이 만들어놓은 규범과 범주에 맹목으로 따르기만 하면 됐지요. 그들은 아무런 힘이 없는, 불쌍한 꼭두각시였습니다. 하지만 현대는 거꾸로 말과 행동이 무성해진 국민과 시민의 몫으로 권력이 이동했음을 확인할 수 있습니다. 정부 시책이 조금만 불만스러워도 들고 일어나 사회적인 이슈가 되곤 합니다. 정부는 별로 힘도 써보지 못하고 그저 무마하기 급급하고. 시민사회에서는 〈대중〉이 권력의 주체로 떠올랐습니다.

대중은 개개로 존재하면서도 동시에 무수한 개체들의 집단으로 존재합니다. 나와 우리 모두를 아우르는. 그래서 민주(民主)라는 말이 만들어진 것 같습니다. 대한민국 헌법 제1조에서부터 우리나라는 〈민주공화국〉이며 〈주권은 국민에게 있고, 모든 권력은 국민으로부터 나온다〉고 정의되어 있습니다. 여기서 〈국민〉은 자본주의 사회로 분화 발전된 지금의 현상 속에서 〈대중〉으로 바꾸어도 크게 달라지지 않습니다. 그 대중은 시혜와 함께 책임마저 타인에게 전가(轉嫁)해버립니다.

연전에 쌀 직불금(直拂金) 문제가 화제가 된 적이 있었지요. 농사를 짓지 않으면서도 짓는 것처럼 조작하여 직불금을 몰래 받아먹은. 농민에게 돌아가야 할 몫을 가로채서 사회의 공분을 샀습니다. 나랏돈은 보는 사람이 임자라는.

이번에 광우병 소동으로 미국산 소를 취급하는 가게와 식당 등이 큰 타격을 입자 국내산 한우로 속여 판매하다 적발되었다는 기사도 화제가 되었습니다. 생존이 절대인 상황에서 어쩔 수 없이 저지른 일이라 하더라도 말입니다.

며칠 전 신문에 허위로 입·퇴원 확인서를 꾸며 2억여 원의 보험금을 타 낸 혐의로 보험설계사인 김모씨 등 이십여 명을 불구속 입건했다는 기사가 났습니다. 의사도 보험설계사도 모두 짜고 국가나 회삿돈을 가로챈 고스톱판이었습니다. 마치 눈먼 돈은 먼저 차지하는 게 장땡이라는 듯.

겉으론 자녀에게 순박한 웃음을 짓는 회사 사장님이었지만 실제론 베트남 노동자의 봉급을 주기는커녕 오히려 일을 못한다며 삽으로 등판을 내리쳤던 사람 이야기도.

그 사람들은 특별한 사람이 아닌 보편적인 우리들 옆집 사람이었습니다. 가슴에는 〈대중〉이란 이름표를 달고, 그러나 실제론 아무도 건드릴 수 없는 막강한 힘으로 무장한 대중의 안전판 속에서 부정한 자본의 축적을 너도나도 경쟁적으로 벌였습니다.

모두 다 대중이란 존귀한 이름들 밑에 숨어버린 〈악마 같은 개인〉들입니다. 누군가 그런 개인에게 충고랍시고 함부로 말했다가는 사회의 근저(根底)를 이루는 건강한 대중을 매도하는 아주 악질적인 사람이라고 욕이나 테러를 하고, 그리고 뒤로는 또다시 태연히 자본을 축적하는 대중의 가면 뒤로 숨어버립니다. 오늘날 〈대중〉은 함부로 사용할 수 없는 특권적 언어가 되어버렸고. 사회의 건강 지표는 그야말로 심각한 수준으로 떨어져 버렸습니다. 어느 시대를 막론하고 대중은 그렇게 인간사의 주체, 정의가 되어 세상을 표상하는 모양입니다.

악마에게 영혼을 팔아서라도 젊음으로 돌아가고픈 욕망을 드러낸 '괴테(Goethe)'의 소설 『파우스트-Faust』가 생각납니다. 아니 그보다는 '오스카 와일드(Oscar Wilde)'의 『도리안 그레이의 초상(肖像)-The Picture of Dorian Gray』이 대중의 가면 뒤에서 어른거리는군요. 워낙 유명한 소설이어서 몇 번이나 영화화되기도 했는데 흑백 45년作이 토키(talkie)의 오리지널 버전으로 가장 유명합니다.

주인공인 미남 청년 '도리안(Dorian)'은 젊음은 한순간에 지나지 않고 순식간에 늙어버린다는 생각으로 화가(畫家) '버질 홀워드(Basil Hallward)'에게 부탁하여 자신의 초상화를 그려달라고 하지요. 그런데 자신의 초상화에서 영원한 젊음과 절대적인 미(美)를 발견하고 영원히 사라지지 않는 미는 자신이 소유하고, 대신 초상화가 가는 세월을 살아주기를 바랍니다.

그래서 마음 놓고 쾌락과 망각과 범죄의 세월을 보내면서도 아름다운 미(美)의 신 '아도니스(Adonis)'의 모습을 잃지 않게 되었지만 대신 그 죗값으로 초상화가 점점 〈추악한〉 악마의 모습으로 변해갑니다. 종국(終局)에는 화가를 살해하고 자신의 초상화를 칼로 찢어버리고 자신도 죽음을 맞이하는. 오스카 와일드 자신도 비극적인, 비참한 삶을 살았지만 그래선지 소설 속에 주술과 마법, 악마와의 계약, 도플갱어(doppelganger-죽음 직전에 나타난다는 영혼) 같은 요소들로 현대인의 초상에 대한 알레고리(allegory), 상징적인 의미가 강하게 담긴 소설이었습니다. '루이스 스티븐슨(Louis Stevenson)'의 『지킬박사와 하이드-Dr. Jekyll and Mr. Hyde』도 그런 대중의 양면적인 모습을 뚜렷이 드러냈지요.

오늘날 일부 대중들의 영혼이 흉측한 초상화처럼 변한 것은 그런 도리안이 대중이란 가면을 쓰고 숨어 있음을 말해주는 것이 아닌가 합니다. 이성과 합리와 양심을 개인의 영화와, 부와, 건강과, 가족이라는 이기주의로 팔아버리는. 이성은 몰락하고, 감성은 폐허로 변한 도리안 그레이 같은 괴물이 오늘날 대중의 진정한 모습으로 어른거리는 것 같습니다. (감히 대중을 기만하는 건방으로 테러나 당하지 않을까 싶군요).

그러나 개인에 기초한 대중은 겸허해지지 않는 이상 필경 스스로를 옭아매는 오랏줄로 돌아오게 될 겁니다. 나와 너, 우리와 시민 대중들은 개개인으로서 뛰어난 능력과 따뜻한 감성과, 건전한 정신을 소유하고 있지만, 그러나 대중 속에 안주하면서 가족을 위한다는 핑계로, 국가와 민족을 위해, 나의 성공을 위해서 모두 무심(無心)과 관성(慣性)의 가면 뒤에서 도리안의 초상을 하나씩 숨겨두고 있는 한은.

박스와 함께 폐우산을 수레에 쑤셔 넣는 당당한 사람을 보면서 요즘 그런 초상을 지닌 아이들이 학교에서도 보이더군요. 의도된 생각은 아니더라도 두뇌로, 생김새로, 공부로, 운동으로, 힘으로…. 그런 허상으로 건강한 교우(交友)의 틀을 깨뜨리고, 학급의 질서를 무너뜨리기도. 어린아이들이지만 그런 사회의 부정직(不正直)을 배워서 남들에게 전파하고 있습니다.

권력이 올바른 정의가 되기 위해서는 언제나 절제(節制)와 균형(均衡)이 필요할 것 같습니다. 삼권분립(三權分立)이라든지 의회민주주의 등등의 정체도 다 그런 절제와 균형을 잡기 위해서지요. 그러고 보면 대중은 본래부터 그렇게 하도록 유전자에 새겨져 있는가요? 저도 대중의 자격으로 때론 아이들에게 그렇게 합리화시킨 권력을 많이 드러내기도 하여 죄송한 마음입니다.

이번 추석에는 우리 아이들, 부모님들 모두 보름달처럼 가득한 웃음으로 지내시기를 바랍니다.

⇒ 아, 그리고 위의 글은 물론 포괄적인 이야기일 뿐 특정 사안에 대한 지적으로 받아들이지 않았으면 합니다. 〈절망을 뛰어넘으려는 기교(技巧)〉가 추석을 맞아 슬픈 눈망울들에게도 적용되었으면 하는 제 공상적(空想的) 낭만일 뿐이지요. 아니, 값싼 감상인가?

제(17)주 학습지도 계획안

(2012년 6월 18일 ~ 6월 22일)   4학년 2반

도량형과 독심술

저번 주에 〈권력적인 대중〉의 허상에 대한 이야기를 해봤는데 이왕이면 허무주의(虛無主義)에 대한 이야기도.

1. 인생은 〈꿈의 공장〉이란 말이 있습니다. 누구나 꿈을 가지고 있으며, 그 꿈의 완성을 위해 살아간다는 뜻이겠지요. 대통령이나 장군에서부터 아인슈타인(Albert Einstein) 같은 과학자, 톨스토이(Tolstoy), 피카소(Pablo Picasso), 모차르트(Wolfgang Amadeus Mozart) 같은 예술가는 물론 조그만 회사 사장, 미스 코리아, 현모양처 등의 소박한 꿈도 있을 겁니다. 저도 어릴 때는 미술가를 꿈꾸기도 했고, 평범한 회사원이 되어 홀어머니 모시고 알콩달콩 살아가는 꿈을 꾸기도 했습니다.

하지만 인생은 가역(可易)-, 갖가지 삶의 고비를 넘기며 대부분 파편화한 꿈의 형해(形骸)에 가슴 아파하면서 무너져 내리지요. 화려한 박수와 환호만 보고 그 뒤에 숨겨진 땀과 고통을 보지 못해, 혹은 운명의 여신이 잘못 내민 손에 혹해 기이한 나락으로 떨어져서, 아니면 보잘 것 없는 재능과 열정인 줄 모르고 차마 도달할 수 없는 먼 곳을 쳐다본 값으로….

그래서 대개는 일상을 살아가는 〈대중〉이란 이름을 달고 오늘도, 내일도 마취된 듯 흘려보내게 됩니다. 가끔 비상한 열정으로 돌아보기도 하지만 이미 지나간 퍼레이드(parade)에 손을 흔드는 자신을 발견하고는 회한의 술잔을 기울이기도. 누군가가 말했다지요? 〈청춘은 영탄법(詠嘆法)으로 가고, 과거는 과장법(誇張法)으로 남는다.〉라던가? 아니, 제가 만든 것도 같은? 수수께끼 같은 무수한 시간의 터널을 지나며 우리는 그렇게 아쉬운, 그러나 아름다운 영탄(詠嘆)을 과장시키며 현실로 돌아오곤 합니다.

하지만 비록 세상을 뒤흔드는 영웅과 전설적인 인물은 되지 못했지만, 그러나 우리들 대중에게 주어진 생명의 몫이 그렇게 되어있다면 그 속에서 일부러라도 위로를 만들어야 하지 않을까요? 다행히 우리들의 미래는 지나간 꿈 못지않게 얼마나 기이(奇異)한 것들이 마련되어 있는지! 뮤지컬 영화의 명작 『사운드 오브 뮤직-The Sound of Music』에서 '마리아'가 두 번이나 말했습니다. 〈**신(神)은 한쪽 문을 닫으면 또 다른 쪽 문을 열어준다**〉고. 영화에서는 〈사랑〉의 문이었지만 우리들 현실에서의 문은 아마도 〈자녀〉가 아닐까요? 역시도 부모의 삶을 뛰어넘을 수 없더라도 우리는 세세연년(世世年年) 항상적(恒常的)으로 자녀를 통한 삶의 완성을 꿈꿉니다. 내 자녀는 내 유전자를 잇는 꿈입니다. 나와 꿈이 다를 수 있겠지만, 결국 세대가 계속 이어지다보면 언젠가는 〈평균적〉인 우리들의 꿈으로 완성되고, 그렇게 세상을 향한 섭리의 길을 걸어갑니다.

혹 압니까? 희망을 잃은 사람들의 수호신(守護神)이라는 성 '유다(Judah)'가 오늘 밤 여러분의 집 문을 두드릴지···.

2. 그러나 성 유다가 문을 두드리며 환히 웃는다고 하더라도, 그리고

인생이 기이한 가역(可逆)으로 되어있다 하더라도 온전히 긍정으로만 작용하지 않습니다. 〈아이러니(irony)〉나 〈패러독스(paradox)〉 같은 말들은 차라리 인생의 부정적 경향 쪽에 닿아있습니다. 자녀의 성공을 담보하는 건 아니란 말이지요. 그저 출발의 기회를 같이한다는 것뿐, 이후의 모든 인생은 그 어떤 경우라 하더라도 전적으로 자녀의 몫입니다. 치열한 세상, 생존만으로도 벅찬데 꿈의 완성은 얼마나 그 가치에 근접한 노력과 열정을 바쳤는가에 달렸습니다. 안타깝지만 부모가 대신해줄 수 있는 몫은 별로 없습니다.

그러나 부모의 몫-, 또한 분명히 있습니다. 〈꿈의 자리〉를 떠나 〈현재의 자리〉가 왜 나에게 배당되어있는지 알고 있기 때문이지요. 지피지기(知彼知己)를 체득하고 있기 때문에 자녀에게 해줄 수 있는 방법을 알고 있습니다. 어떻게 보면 부모의 몫은 무한대일 수도 있습니다. 뭐라고요? 재산, 명예, 학문…이 있다고요? 그렇지만 자만하지 마십시오. 그런 것은 오히려 자녀의 앞을 가로막는 **바리툼의 절벽**(? 예전 어디선가 보고 기억 속에 곱게 저장해놓았는데 지금 이 단어를 아무리 찾아봐도 없군요. 무슨 요술, 아니 사기를 당한 것 같기도 한! 만약 어느 누가 바리툼이란 단어를 만들어 널리 퍼지게 한다면 그야말로 대대대~환영입니다)이 되어 추락하게 하는 이유가 되기도 하니까요.

마법 같은 속임수들이 물 만난 세균처럼 세상을 가득 채운 오늘날 자녀에게 진실로 필요한 것을 가르쳐야 합니다. 섬뜩할 정도로 빛나는 정신이 아닌 시류에 따른 어설픈 가치들은 자녀를 외눈박이 바보로 만듭니다. 만고불변의 정의만 하더라도 대개는 맹신으로 변하기 쉽습니다. 정의는 이현령비현령(耳懸鈴鼻懸鈴)처럼 사용하는 사람들의 편의에 따라 얼마든지 바뀔 수 있지요. 단발령(斷髮令)에 반대해 목숨을 끊은 정의는 당대 항일(抗日)의 관념 모드에서는 정의였지만 오늘날 보편적인 정의는커녕 오히려 이상한 착각을 일으키게 하는 몬도가네(Mondo Cane)로 보이기도 하니까요.

이 세상에서 정말로 가치 있는 것은 《과학》과 《철학》-, 딱 두 가지뿐입니다. 과학은 우주 전체 운행의 기본이면서도 세상을 휩쓰는 어쭙잖은 신념과, 정의로 포장된 미신과, 개인에 기초한 오류를 단번에 체포해 가두어 버리는 신의 도량형(度量衡)이며, 철학은 과학이 해석하지 못하는 세상 속 사람들의 삶의 현상을 명징(明澄)하게 해석하는 신의 독심술(讀心術)입니다. 하긴 문명의 출발 무렵에 같은 뿌리에서 갈라져 나온 학문이긴 합니다만.

아마도 그 가장 최전선의 사람이 '레오나르도 다빈치(Leonardo da Vinci)'가 될 수 있겠군요. 그는 아직도 그 진면목이 확실히 드러나지 않은 역사상 가장 경이로운 천재이며 세상의 표상(表象)을 15세기 그의 시대에 이미 완성했습니다. 그리이스·로마 시대의 학문과 문화 이후 미망(迷妄)의 유령이 두터운 커튼처럼 시대를 내리누르던 중세(中世)의 어둠을 떨치고 최초로 인간 이성과 감성의 파노라마를 열어젖힌 선각자였습니다. 오늘날 인류의 삶은 어쩌면 그의 도량형과 독심술에서부터 출발했다고 할 수 있을 정도입니다. 물리학이나 의학, 공학, 천문학 등의 자연과학적인 도량형은 인체비례도나 해부도, 비행기와 다리 등의 설계도, 용수철을 이용한 수송수단, 거대 석궁(石弓) 등등 정교한 물리학과 천문학 등에까지 넘나들어 그 시대로선 상상도 할 수 없는, 어쩌면 SF적인 기괴하고 놀라운 첨단 과학의 모습으로 나타나서 중세의 어둠을 폭파하고도 남을 정도로 대단했습니다. 그 앞의 생에 아무도 그렇게 생각하지 않았으며, 생각만으로도 도대체 불경하기 그지없는. 신(神)들이 세상을 지배하던 중세에 하늘을 나는 비행기와 기관(機關)에 의해 달리는 자동차라니! 그의 인체 해부도는 그전까지 종교적으로 인체를 해부할 수 없도록 금기시되어 있어 무지로 인한 엉터리 치료 때문에 죽는 사람이 흔했는데 그가 인체를 열어젖힌 후 비로소 과학적으로 치료하려는 환경이 조성될 수 있었습니다. 현재도 기능을 정확히 이해하지 못할 만큼 난해한 게 뇌 부분인데 그의 뇌 해부도는 정교하게 묘사되어 두뇌 각 부분의 신비를 이해할 수 있는 선도적 역할을 했습니다. 그 시대 사람의 뇌를 꺼내면 무조건 사형시키던 미개(未開)의 압제에 과감히 도전한. 흔히 사람들이 그에 필적할 만한 인물로 우주의 얼개를 열어젖힌 지동설(地動說)의 아버지 '코페르니쿠스(Nicolaus Copernicus)'뿐이라고 했습니다. 아마 그의 도량형으로 견줄 만한 인물로 찬양한 거겠지요. 그러나 다빈치는 사실 코페르니쿠스보다도 30년 전에 이미 지동설에 대한 연구를 남겼음을 상기하면 그의 과학적 능력에 감탄하지 않을 수 없습니다. 제가 볼 땐 신의 도량형을 인간에게 이식(移植)하여 중세에서 현대로 이어지는 삶의 운영체제(運營體制)를 확립한 사람이 바로 그였습니다. 오늘날 그의 선각(先覺)은 당연한 보편으로 자리 잡고 인간의 무대를 구현하는 기본 프로그램으로 작동하고 있습니다.

어쩌면 폭발적인 그의 삶을 좀 더 알고 싶어 살펴봤습니다. '프로이트(Sigmund Freud)'는 이렇게 말했다고 합니다. 《다른 사람들 모두 다 잠든 시대에 그 홀로 깨어나 세기의 어둠을 걷어낸 초인》이라고. 사람들은 흔히 『모나리자』가 표상하는 모호한 미소를 신비화라는 다소 단순한 의미로, 아름다움의 표상으로만 찬양하는 것 같은데 그의 삶의 자세나 감성을 음미해보면 그저 그림이 아니라 사실은 과학과 철학(그 시절은 두 학문이 명확히 분리되어 있었다기보다는 세상을 이해하는 방식이란 의미에서)의 두 명제를 표상하고 있는 게 아닌가 싶기도 하군요. 물론 제 생각이 옳다는 건 당연히, 당연히 아닌데 모나리자의 얼굴을 자세히 보면 윤곽선을 일부러 모호하게 표현한 것 같기도 하더군요. 눈가와 입가에도 음영을 집어넣어 경계를 희석시켜서 신비한 시선의 초점을 강조하고 있지요. 그의 빛나는 정신을 생각한다면 세상의 모든 이치와 가치, 정의와 신념, 종교와 학문, 성공과 죽음, 그리고 인간의 오묘함과 옹졸까지도 굽어보며 은근화법(慇懃話法)으로 가르치는 게 아닌가 하는 생각이 언젠가 문득 들었습니다. 과장된 생각은 분명한데 제가 그를 워낙 뛰어난 인물로 생각하다 보니 어느덧 그렇게 생각을 굳혀온 건 아닌지. 그래서 중세의 억압적인 어둠을 몽땅 걷어내기라도 하듯, 아니 아름다움이 그 자체로 끝나지 않고 역설(逆說)을 이끌고 시대를 앞서가는 상징의 표상으로까지 확장된다고 믿고 싶군요.

아마도 그런 의미에서 사람들의 그에 대한 칭송은 끝이 없을 정도더군요. 르네상스 시대의 전기(傳記) 작가 '조르주 바사리(Giorgio Vasari)'는(그 시절과 관련된 이야기들에서 그의 이름이 가끔 보이더군요.) 그를 〈지상의 모든 것을 탐구해낸 그에게 천상의 아름다움까지도 알려주기 위해 천국에서 우리에게 보낸 신과 같은 사람〉이라는 거의 교조적(敎條的)일 정도로 최상의 찬사를 했고, 다빈치의 후계자로 알려진 '멜치(Francesco Melzi)'는 〈그는 우리들에게 초월적 존재의 진정한 인간상을 대변하고 있다〉고 말하기도. 그의 진면목이 모두 드러나는 날 우리는 역사상 최고의 위인을 만나는 감격을 만날 수 있으리라 생각합니다. 신이 있어 단 한 명의 인간만이 그 옆에 앉을 수 있게 한다면 다빈치 홀로 만장일치로 그 자리에 앉을 수 있는. 〈별을 붙잡고 있는 사람은 결코 넘어지지 않는다〉라는 그의 말은 세상의 허상 건너편을 항상 응시하고 자신을 발전시키면 결코 죽지 않는다는 교훈인 것 같습니다.

하지만 현대는 그가 가르쳐준 정교한 도량형과 삶에 대한 원대한 독심술에는 관심도 없이 기껏 왜소한 개인에서 출발한 엉터리 신념과 제조(製造)된 정의와 값싼 미신과 미개한 오류, 그리고 단세포적인 현상만을 진리인 양 자녀에게 물려주고 있습니다. 다음에 기회가 되면 그런 왜소한 개인들의 단세포를 이야기하고 싶습니다만.

3. 그렇군요. 과학과 철학뿐만 아니라 종교(宗教)도 있다고 하셨습니까? 종교는 그 세상을 가까이하지 않는 사람에게는 그저 하나의 이야기, 전설이나 신화로 흘려들을 뿐이지만 믿는 사람에게는 그야말로 〈절대〉지요. 그 개인에게는 어느 것보다 우선하는. 원시 시대, 또는 어느 영화에서처럼 사람의 목숨을 신에게 바치는 의식은 절대적인 〈믿음〉과 〈폭력〉의 양면성을 잘 말해주고 있습니다. 믿음은 폭력이란 희생 위에 세워진 또 다른 기념탑이지요. 종교는 지구라는 〈티끌〉 속에서 먼지처럼 꿈틀대는 인간의 가여운 원망(遠望)이 꿈꾼 백일몽, 아니 허상(虛像)이 아닐 수 없습니다. 아니아니 누군가가 만들어낸 잘 짜여진 각본(脚本)이라고 할 수 있겠군요. 어쩌면 꼬리에 꼬리를 물고 도는 인간이라는 한계를 극복하기 위한 위로(慰勞)인지도 모르겠습니다.

그러니까 종교는 현실 속 개개인들의 믿음 그 자체로 두는 것이 좋겠습니다. 이성과 논리의 세상에 종교적 잣대를 전면적으로 들이대는 것은 그 절대성을 세상의 풍습과 도량(度量)의 인력 안으로 추락시켜버리는 자기 함정이 되어버릴 수도 있습니다. 가끔 종교의 신념으로 현실을 해석하려는 경향도 있지만, 그리고 그 승리와 패배의 신화를 초월(超越)의 이상으로 삼아 믿음의 절대선(絶代善)으로 새기기도 하지만 인간의 삶은 그런 것도 포함하여 좀 더 거대한 양상으로 존재하는 흐름인 것 같습니다. 한 정신으로 세상을 묶어버릴 수 없는. 어쩌면 종교는 삶의 근원을 살펴보려는 거대한 본능인지도 모르겠습니다. 불교 경전(經典)이나 이슬람의 코란(Qur'an), 기독교의 성경(Bible) 등은 그런 삶의 욕망이 덧입혀진 저작들은 아닌지. 그와 관련하여 좀 더 깊은 성찰을 하고 싶어 '리처드 도킨스(Richard Dawkins)'의 두툼한 책 『만들어진 신-The God Delusion』도 구입했습니다. 함께 읽으며 각자 비교해보시기를 권합니다마는, 물론 저도 아직 제대로, 아니, 끝까지 읽어보진 못했습니다.

정밀한 과학과 현상의 뒤편을 꿰뚫어 보려는 철학의 눈으로 보면 현재의 이 세상은 그야말로 엉터리 무당의 한판 신명굿에 다름 아닙니다. 교묘한 선동(煽動) 언어가 진실의 이름을 달고 소리 높이는가 하면, 마비된 이성에 의지한 세속적 염치가 임금님의 옷처럼 엉뚱하게 절대선처럼 횡행하고 있습니다. 도처에서 얄팍한 정신들이 정의의 침을 튀기며 큰소리를 지르고, 거기에 열광하는 단세포들이 천박함을 고귀함이라고 양적으로 우격다짐하는 양화(量化)의 지배시대가 유령처럼 우리 사회를 화석화시켜버렸다는 생각입니다. 현대 문명이 베푸는 시혜에 취해 너도나도 물신화(物神化)되는 줄도 모르고 눈만 뜨면 온통 세상을 가득 채운 패션이, S라인이, 연예가, 해외여행이, 맛있는 음식이, 신형 자동차가, 벌거벗은 레이싱걸이, 열광하는 스포츠가… 압도적인 양적 팽창으로 대중을 추락시키고, 마법에 걸린 듯 너도나도 그 대열로 달려들게 합니다. 양화의 아이콘들은 그야말로 가여운 인간들이 마법처럼 모시는, 미개한 종족의 해골신에 다름 아닌데도.

오늘날 개인들로서는 모두 우주의 섭리를 알아챌 정도로 뛰어나지만 대중이란 세상의 무대로 인입(引入) 되면 마취된 듯 깊이 사유(思惟)하지 않습니다. 대중은 가장 〈反철학적〉입니다. 덕지덕지 달라붙은 무리들의 계산과 무지와 광기와 마취에 취해 너도나도 악화(惡貨)를 양화(良貨)인 양 악다구니로 뿜어낼 뿐이지요. 그야말로 보잘것없는 〈개인〉을 절대화하고 〈타인〉의 절대는 철저히 무시하는 이 거대한 오류! 〈유레카(eureka)〉란 말로 현세에서 가장 유명해진 '아르키메데스(Archimedes)'는 땅에 원과 도형을 그려놓고 여러 가지 연구를 하고 있었는데 자신의 원을 밟는 로마 병사에게 비켜달라는 말을 했다가 그 병사의 칼에 맞아 죽었다는 이야기가 전해집니다. 보잘것없는 세속의 권력이 현대 수학의 출발을 알린 만고(萬古)의 수학자를 죽이다니…. 그 병사는 인류의 물줄기를 돌린 최상의 양화를 죽인 〈대중의 표본〉으로서 역사상 가장 추악한(?) 악화로 남은 〈허무주의의 원본(原本)〉입니다. 우리는 그런 악화의 복제본은 아닌지?

철학이 빈곤하여 더없이 〈유치찬란〉해진 이 대중사회의 허무주의-, 미래 대한민국의 영광을 짊어져야 할 아이들만은 현상의 건너편을 볼 수 있는 입체적 눈을 길러줘야 할 겁니다. 대중의 자리를 떠나 선각자로서 〈현상〉과 〈유행〉과 〈계산〉과 〈안일〉이 아닌, 〈성찰과 논리〉, 〈본질과 직관〉의 습관을. 『율리시즈-Ulysses』의 외눈박이 거인으로서는 인생을 하루살이로 소비시키게 합니다. 허덕이는 하루살이 대중으로 산다면 그저 단순한 생물적 연속에 다름아닙니다. 〈나〉는 없어져도 아무런 의미가 없다는 건 근본적인 허무주의로 귀결되지요. 대중의 허무주의를 극복할 수 있는 부모의 몫은 아마도 거기서 찾아야 할 것 같습니다.

※ 쓰다 보니 저도 모르게 점차 우리들 현재의 모습에 대한 성찰, 그리고 반성을 진술하고 있군요. 슬픈 일이지만 우리는 그런 우리의 모습을 잘 각성하지 못하

고 있다는 염려가 자꾸 드러납니다. 우리는 덕지덕지 붙어 좀체 떨어지지 않는 악화들에 각성은커녕 일률적인 환호를 보내고 있으니까요. 불편한 각성이겠지만 우리는 정말로 유치찬란(幼稚燦爛)해진 대중으로 존재해야만 하는 걸까요?

더하여 어쨰 〈학교에서 부치는 편지〉란 의미에서 보면 과장과 과시가 앞서는 듯도 합니다만 그래도 이런 점들을 앞으로 좀 더 되돌아보고 싶군요.

> # 제(18)주 학습지도 계획안

(2012년 6월 25일 ~ 6월 29일)   4학년 2반

만들어가는 진실

저번 주 선생님들과 등산을 갔습니다. 뭐 거창하게 산을 오른 건 아니고 그저 가볍게 뒷산을 오른 수준이지요. 마치고 선생님들과 중국집에서 고량주를 마셨는데 꽤 취했습니다. 술이야 마시면 취할 수밖에 없는데 다행히 저는 주정을 부리진 않습니다만 가끔 기억이 끊어지는 때가 있습니다. 분명히 집까지 오긴 하는데 나중 보면 지갑이나 열쇠를 잃어버리거나 하지요. 그런데 휴대폰이 없더군요. 집안 구석구석을 뒤져봤지만 보이지 않았습니다. 불편하긴 한데 세상과의 소통을 닫아버리니까 어쩐지 머리가 맑아지는 느낌도 들더군요. 세상의 악다구니에서 벗어난 듯. 그렇게 살 수 있다면 참 좋겠지만 그게 불가능하다는 걸 잘 압니다. 현대의 직업인이 휴대폰 없이 살긴 어렵겠지요. 아마도 곧.

저는 스포츠와 몇 가지 연결점을 가지고 있습니다. 프로가 아닌 그저 〈체육〉 수준이었지만.

바닷가 동네에 살았던 덕분에 벌써 대여섯 살부터 수영을 자연스럽게

배웠습니다. 국민학교 5학년 때부터 함께 창단된 수영부에 강제(?)로 들어 엄청 물살을 갈랐습니다. 당시 저희 학교는 수영 명문교라는 인식이 심어져서 수영으로 최고의 이름을 떨치던 ○○ 중학교에서 부감(副監)선생님이 찾아오기도 한 기억이 나는군요.

지금은 매립하여 한참 육지 안쪽으로 변했지만 남항 등대 밖 옛 해양고등학교 해변의 〈도꾸라미〉라고 부르는 자그만 돌섬에서 출발해 송도 입구 송림공원을 지나고(그 반원형의 바다는 벌써 전에 매립하여 육지로 변해버린), 해변 앞 다이빙대보다 훨씬 먼 바다를 가로질러 지금은 안남공원이 들어선 건너편 혈청소까지 대략 3㎞를 넘는 거리를 토, 일요일에 한두 번씩 왕복했지요. 지금 보면 육지와 멀리 떨어진 바다 한가운데에서 송림공원과 다이빙대와 해변 모래사장, 그리고 송도에서 가장 높은 건물인 제2 사장(沙場)의 유명한 만리장(萬里莊) 호텔과(가본 지 오래되어 아직 있는지는 모르겠군요. 아련한 추억의 이름!) 그 주변의 높다란 건물들을 보는 이상한, 아니 섬뜩하고 아찔한! 아시아의 물개 조오련(趙五連) 선수가 부산과 대마도를 횡단할 때 배가 단단한 그물망을 끌고, 조오련 선수는 그 위에서 수영을 했을 정도로 먼바다는 실제 무척 위험할 수도 있었지만, 그때만 해도 아직 사회 체제가 어수룩한 시대라서 그런지 중학생 또래가 바다 한가운데를 헤엄쳐도 누가 간섭하지 않을 때였습니다. 하긴 당시의 수영귀신(?)들은 어렵지 않게 바다 한가운데로 나가 헤엄치기도 했고, 기막히게 수영 부감선생님도 좁은 수영장에선 쉽지 않은 장거리 훈련을 위해 시킬 정도였으니까요. 중학생 때지만 제 또래 몇몇은 남항을 외부 바다로부터 보호하는 남부민동 등대와 영도 등대 사이를 흐르는 빠른 물살을 헤치고 건너가 영도 영선동 근처와 태종대 사이 해안에서 꽤 많은 해삼과 돌멍게, 전복, 소라. 문어 등을 잡기도 했습니다. 그쪽은 항내로 들어오지 못하는 원양어선 같은 커다란 배들이 점점이 묘박(錨泊)하고 있을 뿐 사람이 살지 않는 한적한 곳이었고, 외해와 연결되어 해산물들을 더 많이, 보다 쉽게 잡을 수 있었거든요. 지금 보면 오히려 굉장히 웃기는 그림이 떠올라 미소로 돌아볼 수 있는데 무슨 파리 상류층 부인들의, 또는 영화 『마이 페어 레이디-My Fair Lady』에 나오는 '오드리 헵번(Audrey Hepburn)'의 커다란 모자처럼 옷가지와 신발을 보자기로 싸서 머리 위에 묶어 등대 사이를 헤엄쳐 영도까지 갔습니다. 목이 뻣뻣하게 굳어 좀 아프기도 했지만. 지금이라면? 아마도 큰일 났다고 사이렌을 울리며 해안 경비정이 들이닥쳐 잡혀갈. (제 큰누님도 어렵지 않게 영도와 남부민동 등대를 오가곤 했습니다.) 아무튼 잡은 해산물을 자갈치 시장에서 팔거나 상점에 떠넘겨 꽤 많은 용돈을 벌기도 했습니다.

그 당시 항내(港內)엔 사람과 짐을 싣고 운행하는 도선(渡船)이 2개 있었는데 남포동 자갈치시장에서 영도 대평동을 운행하는(그러니까 영도다리를 통하지 않고 바로 영도로 직행하는) 도선이 있었고, 자갈치 시장에서 남항을 가로질러 등대와 가까운 해변가 선착장까지(저희 집이 선착장 바로 옆에 껌딱지처럼 붙어 있었습니다.) 항내를 운행하는 〈제 2대성호〉라는 도선이 있었는데 그걸 타고 돌아오기도 했습니다. 기관장 겸해 허드렛일까지 하던 작은 형 때문에 공짜로 탈 수 있었지요. 승객이 쉽게 오르내릴 수 있도록 일반 배 앞부분을 옆에서 칼로 잘라낸 듯, 앞에서 보면 〈T〉자처럼 생겼는데 이젠 누렇게 변한 커다란 그 배 사진을 아직 가지고 있습니다. 지금 무슨 〈부산의 그 시절 추억전〉 같은 사진전시회가 열리면 틀림없이 대상을 차지할 정도로 화제가 되지 않을까 싶을 정도로 한 시대를 대표하는 사진과 풍경입니다.

아무튼 국민학교 땐 평영, 배영, 자유형, 심지어 접영 등등을 가리지 않고(당시엔 선수가 부족하기도 해서 혼자서 종목 불문하고 출전했습니다.) 출전한 각종 대회에서 꽤 많이 우승했고, 부산에서 수영하면 당연히 최고였던 〈大新중학교〉에서 절 스카우트(?)하려고 학교로, 집으로 선생님들이 찾아오기도 했습니다. 입시를 치러 영남 지역에서 알아주는(?) 중학교에 진학했지만, 덕분에 공부한다고 연습을 거의 하지 않았으나 덜컥 부산 수영 대표로 뽑혀 광주 전국체전(?)엔가 나간다고 했는데 무슨 이유인가로 대회 참가 자체가 취소되기도 했습니다. 그러니까 수영은 중학 1학년까진 전문 선수 노릇을 했고, 초창기 역사였지만 공식 대회에도 참가한 셈이군요. 그때 같이 수영하던 여자 선수들-대부분 등대 출신들인 제 또래의 여학생들이지만 다른 학교 여학생들에게는 제가 다니는 중학교가 부산과 경남에선 워낙 명문(名門)이어선지 (동복 소매 끝부분을 쌍백선(雙白線)으로 장식했고, 하복은 대부분 학교가 검은 모자에 파란 반소매 상의, 그리고 쑥색 긴바지였지만 저희 학교는 교모를 하얀 천으로 덮어 감쌌고, 하얀 반소매 상의에다 아마 전국적으로도 유일했을 진파랑색 반바지인. 특히 그 학교에서 수영선수는 저 혼자뿐이어서) **야릇한 유혹의 시선**(?)도 꽤 받는데 공부한다고 연습을 흐지부지했습니다. 당시 대신동 사거리에 〈부산여고〉가 있어 그 누님들 몇이 저를 〈X동생〉 삼으려고 수영 연습을 끝낸 저를 기다렸다 맛있는 찐빵이나 단팥죽을 사줘서 호강한 기억은 지금도 빙그레 미소를 떠올리게 하는군요. 특히 반바지 위 수영으로 단련된 제 다리가 늘씬하고 예쁘다며 모두 까르르 웃어서 얼굴이 홍당무가 되기도 했습니다.

아무튼 그 당시의 선후배 늘씬한 남녀 동료들은 이미 전설에서도 비껴가 할아버지, 할머니가 됐고(같은 동네 출신 남녀 수영선수 중엔 교통사고로 벌써 전에 유명을 달리 한 안타까운 경우도), 까마득한 후배인 마린 보이(marine boy) '박태환(朴泰桓?)'은 아예 우리들 시대가 있었는지조차도 모르는. 이제 와

선 그야말로 호랑이 담배 먹던 시절 이야기군요.(좀 자랑을 한 것 같아 죄송합니다.)

참, 여담입니다만 수영 이야기를 하다 보니 생각나는 장면이 있는데 중학교 1~2학년 무렵인가 구덕운동장 야외 수영장에서 훈련하다 풀장 옆 넓은 풀밭에서 기타 연습을 하는 '최홍기'의 반주에 따라 노랠 부르던 낭만적인 풍경도 생각나는군요. 나중 그야말로 엄청난 대스타가 되는 '나훈아(羅勳兒)'인데 아직 가요계에 데뷔하기 전이어서 부산에 있을 때였습니다. 저보다 한두 살인가 위였던 것 같은데 그냥 서로 말을 놓았습니다. 제가 다니는 중학교가 그 당시 영남지역에선 워낙 알아주는(?) 학교여서 좀 건방졌는지도 모르겠습니다만. 아무튼 두어 번의 워낙 짧은 만남이었고, 너무 오래되어 저도 그 친구에 대한 기억이 잘 나질 않는데, 그래선지 처음엔 그가 홍기란 걸 전혀 몰랐지만 한참 뒤 유명해진 나훈아가 그였다는 걸 문득 깨닫고 고개를 끄덕인 기억이 나는군요. 슈퍼스타인 그가 40년을 훌쩍 건너뛴 그 시절 기억이나마 해줄는지. 한때 바람처럼 잠시 만난…. 아마 추억의 그림자로 새겨져 있을 거라는 생각은 듭니다만 물론 까마득한 기억 한 조각 앞세워 일부러 만날 생각은 전혀 없습니다.

또 덧붙여 말하자면 우리들 시대 최고의 여배우는 '김지미(金芝美)'였습니다. '최은희(崔銀姬)', '엄앵란(嚴鶯蘭)', '조미령(趙美鈴)' 등은 이미 우리 세대와는 나이 차가 너무 많은 부모, 혹은 이모뻘이었지요. '윤정희(尹靜嬉)'나 '문희(文姬)', '남정임(南貞妊)' 트로이카는 누나뻘인데 만만해선지 크게 선망(羨望)으로 다가오지는 않았습니다. 그 중간쯤에 있던 김지미(金芝美)는 〈아름다운 악녀(惡女)〉로 불렸던 '최지희(崔智姬)'와 함께 10살

쯤 위로서 인형처럼 깜찍한 미녀에다 가장 강렬한 아우라(aura)를 자랑하는 마스크(mask-얼굴)로 〈김지미 앞에 미녀 없고, 뒤에도 없다〉고 할 정도여서 감히 쳐다보지도 못할 정도로 화려했던, 당대 최고의 여배우였습니다. 아마 우리나라에서는 세기의 미녀로 일컬어지는 '엘리자베드 테일러(Elizabeth Taylor)'에 버금갈 정도로.

그런데 나중 나훈아와 함께 산다는 소식을 들었을 땐 놀라기도 했지만 감히 쳐다보지도 못하고 마음속의 연인(?)으로만 간직했던 대배우가 '신성일(申星一)' 이전 5~60년대 노래와 은막(銀幕)의 스타로 청춘의 표상(表象)으로까지 상징되던 '최무룡(崔戊龍)'과 함께 살다 헌신짝처럼 차버리고 어린(?) 나훈아와 같이 산다는 데에 어떤 씁쓸한 배신감, 또는 질투(?) 같은 걸 느끼기도 했습니다. 우리 시대 구원의 여신(久遠의 女神)이었던 김지미가 홍기와 엮이다니! 그래선지 불나비처럼 사뿐사뿐 날아다니는 김지미를 그저 흔한 여배우의 하나로 여신의 자리에서 끌어내려버렸고, 더 이상 그가 출연한 영화들을 보지도 않았고, 어쩌면 좀 더 끈적끈적했을(?) 상상까지도. 연예(演藝)는 세상에 비해 좀 더 스스럼없고 자유스러워서 그런가요?

아무튼 그가 노랠 무척 잘 부른, 아마도 〈가요황제 '남인수(南仁樹)'〉이후 가장 많은 히트곡의 가수로 생각합니다만, 물론 얼굴론 아직도 제가 윗길이라고 자신하고 있습니다, 이젠 볼품 없이 삭았지만 말입니다. 후후!

참, 그 넓은 구덕수영장에선 〈미스부산(釜山) 선발대회〉 등등의 여러 가지 야외 행사도 가끔 열리곤 했는데 아득한 옛날, 귀신이 데려갔는지 흔적도 없이 사라져버렸고 지금은 그 옆에 현대식 건물의 실내수영장이 들어섰다고 합니다. 고등학교 땐 그 앞 지금 구덕 터널 근처에 있던, 나무로 만든 길을 따라 한 바퀴 돌던 저수지도 도무지 기억조차 믿을 수 없도록 주택가로 변해버렸고, 그 언덕길을 헐레벌떡 교화(校靴-일명 똥구두로 불린 낡은 군용 워커)를 신고 동아대를 지나 학교까지 내달렸는데 지각했다며 교문 바로 밑 공터에서 벌서던 추억, 점심시간 학교 뒤 구봉산 자락에서 친구들과 호기심으로 담배를 피우다 연기를 보고 달려온 선생님을 피해 초량 부산중학교까지 산을 넘어 도망쳐서 정학(停學)을 당할 뻔한 추억도!

성장해서는 검도와 배구, 테니스, 그리고 마라톤을 했습니다. 검도는 대신동에 있는 도청 상무관(道廳 尙武館)에서 두어 달 잠시 배웠고, 테니스는 10년 남짓 쳐서 상위권이랄 수 있는 은배조(銀盃組)에서 경기했습니다. 금배조에 들기 위해 무척 노력했지만 선수 출신이 아닌, 그것도 레슨 한번 받아보지 못한 아마추어의 한계에다 어깨와 무릎에 심각한 이상이 와서 십여 년 전 그만뒀습니다. 지금도 대회라면 일부러 구경 가기도 하지만 '로저 페더러(Roger Federer)', '짐 쿠리어(Jim Courier)'와 '마이클 창(Michael Chang)', '피트 샘프라스(Pete Sampras)' 선수들이 사인했던 〈윌슨 프로스태프〉니 〈프린스 그라파이트〉 등등의 라켓만 남아 지금은 신발장에 박혀있는 신셉니다. 텐션(tension)이 늘어나 제대로 쳐지지도 않을.

마라톤은 4~5년 전 시골학교에 있을 때부터 막연히 혼자 시작했는데 제 삶 속을 차지하고 있는 검은 함정 같은 어둠을 걷어내기라도 하듯 부산에서 학교까지의 먼 거리를 달려서 출퇴근하기도 할 정도로 열심히 달려 풀코스를 3시간 10분대의 기록으로 달리기도 했습니다. 2시간 30분 안쪽의 기록이라면 아마추어로선 최상위급 선수 수준이라고 할 수 있는데 환갑이 가까운 늙은 나이에다가 테니스를 하면서부터 무릎과 발목이 좀 아팠는데도 무리하게 달려선지 근래 왼 발목 쪽이 꽤 아팠는데 저번에 특수

반 선생님의 요청으로 아이들과 학교 뒤 윤산을 탐험하다 2미터가량의 절벽에서 떨어진 이후 인대가 일부 찢어졌다는 진단을 받아 아마도 곧 수술해야 할 것 같습니다. 그러면 마라톤도 그만둬야 하는지, 한참 기록이 좋아지고 있는데…. 아쉽습니다.

배구는 오랜 학교생활 동안 수요일 직원체육 시간에 선생님들과 어울려 아마추어 수준에서 많이 했지만(다른 곳도 아마 비슷하리라 생각하지만 부산지역은 <敎總-교원단체총연합회> 주최의 대회가 해마다 봄에 열려 지역별 남녀 배구대회를 하여 우승팀을 가리는 행사가 있습니다.) 역시 무릎 때문에 평범한 실력에 머물렀습니다. 가끔 잘할 때도 있지만 컨디션이 나쁠 땐 제가 생각해도 정말 한심할 정도여서 심리적으로 위축되기도 합니다. 학교나 클럽의 팀 사정으로 번갈아 센터를 보기도 하지만 주로 맨 뒷자리 공이 가장 잘 오지 않는 곳에서 어슬렁거리는 형편입니다.

그보다는 가장 높은 <A급 심판·기술지도 자격증>까지 따고, 순전히 나이로 지역의 한 배구 단체 회장과 고문을 맡고, 그리고 전국대회에 심판으로 많이 참가했습니다. 물론 나이가 엄청(?) 많은 데다 공무원 신분이라 프로나 실업 쪽으로 나가지 않고(나갈 수도, 나가고싶지도 않지만), 근래 무척 활발히 벌어지는 9인제 연맹의 아마추어 대회인데 그것도 이제 공직을 은퇴할 때가 가깝고, 젊은이들 세계에 지난 세대가 끼어 같이 뛴다는 게 스스로도 불편해 교편을 마무리하면 바로 그만두려고 생각하고 있습니다. 6개월 전인 작년 11월 <제4회 합천군수배 전국 남녀 배구대회>를 마지막으로 더 이상 심판석에 올라가지 않았습니다. 같이 활동하던 후배 심판들이 제 마지막 은퇴 경기를 준비하고 있다고 하던데 6개월 호루라기를 불지 않아선지 벌써 어색한 느낌입니다.

생각하면 참 재미있었던 세월이었습니다. 충주나 밀양, 용인, 순천, 문경 등 전국을 오가며 호루라기 속에서 여러 사람들과 우정을 나눴던 기억은 영원히 잊지 못할 겁니다. 합천 강변과 광안리, 진하해수욕장에서 비치발리볼 심판을 보던 추억도, 부산 구덕과 사직, 기장 체육관, 시 체육회관, 각 지역 학교 체육관을 돌아다니며 엮은 우정의 호루라기 소리도 모두 젊은 날(?)의 낭만으로 남았습니다. 아, 그러니까 곧 그만두면 테니스 라켓처럼 열 몇 개의 때 묻은 호루라기와 낡은 심판복만 남겠군요. 어쩌면 삶의 한 포즈로서 주체적으로 참여하고, 그리고 마지막까지 붙들고 있던 실존(實存)의 한 표상이 아니었나 싶은. (그러나 그 표상마저도 퇴직을 하고 일 년, 이 년… 지나면 차츰 기력 잃은 노인처럼 변해버린 저와는 아무 관련 없는 세상의 분주(奔走)로 남겨지겠군요.)

많은 추억이 쌓여있는데 그중에서 우리 삶을 되돌아볼 수 있는 시사(示唆)를 주는 〈심판 후기〉 하나를 올려봅니다. 어쩌면 진실이란 무엇고, 우리 삶에서 어떤 양상으로 스쳐 지나는지를 돌아볼 수 있는 기회가 아닐까 합니다.

작년 6월 충주에서 개최된 〈15회(?) 경기일보 전국 남여 9인제 배구대회〉 때였습니다. 겨울과 봄 동안 대회가 없어 굶주렸던지 전국에서 백 개 가까운 팀이 참가해 이틀 후끈 달아올랐지요. 기록까지 심판만 50여 명이었고, 체육관도 대여섯 곳을 넘었습니다. 전날 전야제에 국회의원들도 오고, 생활체육계의 높은 분들, 현재 프로배구 중계에서 볼 수 있는 관계자는 물론 전, 현직 감독과 선수들도 많이 와서 성대하게 열렸습니다. 개막식 당일 단상과 플로어(floor)가 가득 메워질 정도였지요.

저는 베테랑답게 제법 심판을 잘 본다는 엉터리 소문으로 명문 클럽이 참가해 승부가 가장 치열한 〈중년 남자부〉에 배정받았습니다. 저와 잘 아는 사람 좋은 사무국장이 특별히 잘 부탁한다는 말과 함께. 저와 번갈아 주심석에 오를 젊은 남자 심판 1명, 선심과 기록으로 여자 심판 3명, 계 5명이 참가했습니다.

〈첨부〉

고독한 숙명-심판(審判)의 자세

지친다. 몸과 마음이 한꺼번에 휘날린다. 아침에 아무 것도 모르는 3반 선생님이 내 얼굴을 보더니 갑자기 괜찮으냐며 묻는다. 내 정신과 육체가 겉도는 모양이다.

하나가 마무리되면 남는 건 전설 같은 이야기들뿐이다. 때로는 승리의 무용담으로, 때로는 패배의 빌미로 무언가를 화제로 만들어 온갖 분칠을 다 한다. 만약 심판이 화제의 주인공이라면 그는 피에로(pierrot)가 되어 화제 속에서 온통 춤춘다. 절벽에 세워놓고 등 떠밀어 죽이기까지 한다. 바닥에 깔려 깨진 사금파리처럼 짓밟힌다. 현자(賢者) '솔론(Solon)'도 일이 끝난 후에는 덕담이나 하는 법이라고 했는데…. 선수는 강자의 위치에서 마음껏 무용담을 피력하고 져야 할 책무는 전가(轉嫁)된다.

> 화제 하나

첫째 날 예선부터 분위기가 이상하다. 실력이 비슷비슷한 팀들이어선지 신경전부터 치열하다. 아침이라 그런지 아직 추운데 열풍기(熱風機)를 켜달라, 체육관 구석에 있는 농구 골대가 코트와 너무 가깝다, 〈스타-Star 볼〉 말고 〈미카사-Mikasa볼〉은 없느냐, 시간이 지났는데 왜 아직 경기를 시작하지 않느냐… 등등 별것도 아닌데 자꾸 심판진에 항의가 들어온다. 과감하게 보자고 우리끼리 마음을 다잡았다.

첫째 날, 경기는 무난하게 진행되어 결국 실력이 가장 좋았던 A, B 두 팀이 결승전에 진출했다. 둘째 날 메인 경기장인 용인 실내체육관에서 3, 4위전을 하고 드디어 많은 사람들의 주시 속에 대망의 결승전!
선임(選任)인 내가 주심으로 심판대에 올랐다. 젊은 심판이 아주 잘해서 내가 부심을 볼 테니 주심을 보라고 양보해줬는데 부담스러웠던지 먼저 3, 4위전으로 끝냈다. 어쩌면 시비가 벌어지면 나잇값으로 밀어붙일 수 있다는 의미도 있겠지. 부심과 선심들에게 모두 정신을 바짝 차려 집중하자고 했다.

전날 예선 때의 모습 그대로 두 팀은 실력이 막상막하였다. 서로 레프트와 라이트가 팽팽하다. 중앙 속공과 시간차 공격도 프로 못잖을 정도로 빠르고 정확하다. 전체적인 스케일만 조금 작지 움직임은 프로나 마찬가지였다. 게다가 오늘 B팀은 A팀보다 좀 더 큰 190㎝ 거구의 강력한 레프트 공격까지 장착했다. 어제는 출전하지 않았는데 아마 결승전을 위한 작전이 아닌가 싶었다. 신경을 곤두세워 호루라기를 불었다. 결국 예선과 마찬가지로 팽팽한 경기가 펼쳐져 듀스 끝에 B팀이 첫 세트를 가져갔다.

둘째 세트 중에 사단(事端)이 벌어졌다. 조금씩 점수를 뒤지기 시작하자 A팀 감독이 갑자기 B팀에 〈선수 출신〉이 있다고 항의하고 선수들을 불러들였다. 대회 전에 이미 주민등록증으로 배구협회에 선수 출신으로 등록

되어 있는지 확인했고, 오늘도 본인 확인으로 손목에 도장까지 찍어줬었다. 그리고 이미 전국적으로 유명한 팀들은 서로를 잘 알고, 누가 선수 출신인지도 알고 있다. 지목받은 190㎝ 거구는 다른 선수들보다 확실히 실력이 좋았지만, 그 세계에 별로 알려지지 않아서 그런 모양이다. 어제 예선에선 아무도 항의하지 않았다.

우리가 다시 확인했지만 문제없었다. 그러나 A팀은 끝까지 걸고 넘어갔다. 사실 초중등 시절 선수 생활을 했지만 등록되지 않은 경우도 가끔 있다. 어쩌면 선수였는데 다른 사람 이름으로 출전하기도 한다. 내 생각으로는 시합 전에 불리할 경우 상대 선수를 지목해 항의하기로 미리 작전을 짜놓았던 것 같다. 그게 과연 정당한 작전이랄 수 있는지. 나중 들었지만 A팀의 승부욕은 전국적으로 이미 꽤 알려져 있었다. 얼핏 사무국장의 〈잘 부탁한다〉란 말이 떠올랐다. 그랬던가?

지목받은 B팀 선수와 팀원들도 강력히 항의한다. 해당 선수는 울기까지 했다. 분위기가 험악했다. 상금이 꽤 커서 그런가? 자존심 싸움이다. 아무리 살펴봐도 문제점을 찾을 수 없었다. 주장을 불러 1분 안에 코트에 나오지 않으면 기권으로 처리하겠다고 경고까지 하고 나서도 한참 지나서야 겨우 속개됐다.
그러나 B팀 분위기는 이미 급전직하(急轉直下)-, 분노는 스스로를 옭아맸다. 2, 3세트를 형편없이 내줬다. A팀 우승! B팀은 눈물을 흘리고 A팀은 환호했다. 시상식 때 B팀은 모두 가버리고 주장만 참석했다.
그래, 이름을 속인 선수 출신일 수도 있다. 주전이 아닌 후보였더라도 아마추어에선 얼마든지 위협적일 수 있으니까. 그렇다면 B팀은 뻔뻔하게 규칙을 어긴 것이 된다. 반대로 선수 출신이 아니라면 A팀은 고의로 상대

편을 흔들어 승리한 셈이다. 가끔 엉뚱하게 항의해 상대의 전력을 흔드는 경우가 있기 때문이다. 전국대회의 승부욕은 마치 전쟁터 같다.

우리가 흔히 말하는 진실은 믿을 게 못된다. 어느 한쪽의 진실은 〈전면적(全面的)인 진실〉이 되지 못한다. 그만큼의 눈물로 상대의 진실이 등가(等價)로 존재하기 때문이다. 내가 굳게 믿는 진실이 사실은 남의 눈물을 담보로 한 위장된 진실임을. 어쩌면 절대적으로 따로 존재하는 것이 아니라 〈만들어나가는 것〉이 오히려 정직한 진실의 모습이라고 할 수 있겠다. 성숙한 사람들은 절도(節度)와 고려(考慮)와 배려(配慮)를 통한 진실의 가치를 만들어나간다. 진실을 말했다지만 상처받은 한 팀의 진실은 누가 보상해줄 것인가? 눈물을 흘리게 만든 그 진실이 과연 진실 그대로 남을 수 있겠는가? 인간은 과연 가슴 속에 내재(內在)된 또 다른 진실까지 헤아려줄 수 없는 존재인가?

화제 둘

그 밖에 이번 5번의 주심 중 한 경기에서 두 번의 애매한 판정이 있지 않았나 자평한다. 그건 어떤 대회에서나 있을 수 있는 일이다. 프로 경기에서도 판정에 따른 말썽은 비일비재(非一非再)하다. 그럴 경우 당자들을 부르거나 선심과 부심을 불러 상황에 따라 합의판정을 하지만 당자가 끝까지 인정하지 않을 경우는 어쩔 수 없고, 또 그렇다고 무조건 판정을 뒤집을 수는 없다. 슬로비디오 화면이 있는 것도 아니고.

첫날 애매한 판정이 벌어진 예선전은 내 잘못이 크다. 주심으로서 최고의 덕목은 어쨌든 게임을 잘 진행 시키는 것이기 때문이다. 만약 내가 오심(誤審)을 했다면 그걸로 상처받은 사람들에게 무조건 죄송한 일이다. 마지막 3세트 격전에서 오심은 치명적이 될 수 있으니까. 하지만 만약 내 판단이 옳았다면 지금도 당당하다. 오심 여부는 당자만이 알 일이지만 내 눈에는 분명 네트 위에 순간적으로 멈춘 공을 서로 밀어 넘기며 네트 상단을 살짝 스치는 것으로 느꼈기 때문이다. 어쩌면 심판은 그런 경우 소리까지 들을 수 있을 때도 있다. 항의가 들어왔지만 부심(副審)과 선심(線審)들도 재빨리 터치 시그널을 하여 받아들이지 않았다. 물론 선수가 느끼지 못할 때도 있지만, 그러나 워낙 끈질기게 항의하여 딜레이(Delay-지연)로 경고와 벌칙을 주겠다고 하고서도 몇 분 더 있다가 경기가 속개되었다. 그런데 정말로 보기 어려운 경우지만 같은 팀에서 두 번이나 똑같은 상황이 연출되어 이번에도 점수를 얻었다고 서둘러 환호하는 팀에게 강심장이 아니면 또다시 반칙 판정으로 찬물을 끼얹기 어려울 수도 있다. 하지만 역시 이번에도 네트터치로 시그널을 넣었다. 어쩌면 환호로 심판에게 무언(無言)의 강요를 줘서 기왕(旣往)으로 굳히는 경우도 비일비재(非一非再)하기 때문이다. 슬로비디오가 있는 것도 아니라선지 9인제나 생활체육 쪽이 프로배구보다 더욱 항의가 많은 편이다. 선수가 짐짓 거짓말하는 경우 미세하게나마 눈치챌 수 있는 경우도 있지만 확인할 순 없는 일이다.

그러나 어쨌든 무엇보다 선수의 진실은 주심인 내가 책임져주어야 한다고 생각한다. 심판의 진실은 이 경우 접어두고 터치하지 않았다는 상대의 진실을 먼저 생각해주는 게 정당하다. 그러나…. 그렇게 되면 결국 상대팀과 심판까지 모두 허위(虛僞)에 빠져버린다. 경기 자체가 의미가 없어진다는 말이다. 나로선 절대 물러설 수 있는 상황이 아니었다. 부심과 선심들을 불러 의견을 모은 후 3분 안에 몰수패를 주겠다고 주의를 주고나서도 한참 지나 겨우 속개할 수 있었다. 그쪽 벤치와 응원석에서 듣기 거북한 소리가 들렸지만 들은 체도 하지 않았다.

어쩌면 심판이란 행위는 선수들과 진실을 담보로 한 놀음과 다름없다. 모두 다 그 놀음을 숙명으로 여기고 휘슬을 불 수밖에 없다.

그 진실을 망가뜨리려는 사람들은 분명 있다. 그들은 자신의 진실이란 명목 아래 집요하게 심판의 진실을 무너뜨리려고 한다. 오심을 명목으로 다른 모든 진실마저 독차지하려고 한다. 오직 승리만을 위해선 심판을 타자(他者)로 만들어 희생시켜도 좋다고 생각한다. 그리스 신화 속 '프로쿠스테스(Prokustes)'는 자기 침대에 대한 신념과 자부심으로 사람들의 키가 침대보다 작거나 크면 잡아 늘이거나 발을 잘라버린다. 가치, 신조, 이념이나 호불호 등은 상대성과 소통의 균형이 없으면 종종 아집과 불합리의 함정에 빠져버린다. 속 깊은 사람들은 타인에 대한 배려로 진실의 균형을 맞춰나간다. 그런데… 그들에게 진실이란 그저 맘대로 바꾸어도 좋을 수사학에 지나지 않을 뿐이다.

그러나 심판은 그런 정신들과 싸워야 한다. 비록 욕을 먹더라도 코트 위의 한 편은 모두 다 자기들 편의 가공(加工)된 이익(?)만을 위한 집단이란 개념을 항상 가지고 굳세게 맞서 싸워야 한다. 슬로비디오라도 있어 자신의 진실이 사실이 아니라고 나타난다면 그땐 어떻게 할 것인지 궁금하다. 물론 오심을 한 심판에게도 해당되는 말이지만.

심판은 오래 할수록 〈고독이라는 그림자에 묻히고, 곁엔 아무도 없이 혼자만 남는다〉고 한다, 배구뿐만이 아닌 모든 종목에서 칭찬은 사라지고 나쁜 기억 속에서만 존재할 수밖에 없는 이름표가 심판이 아닐까? 어쩌면 삶의 전면, 세상의 표상(表相)을 상징하는 건 아닌지! 모두들 가공의 공동선을 가정해놓고도 사실은 개개의 이익을 분식(粉飾)하기 위해 타인에게 모든 책임을 덮어씌우는.

지친다. 솔직히 이틀 연속 10여 게임의 틈바구니에서 쉴 틈 없이 심판을 본다고 다들 지쳤다. 시간의 틈새에서 어지럽게 흩날리는 그림들에 눈을 모으고 송곳처럼 지켜본다고 눈이 침침하다. 모두들 곤욕을 치렀고, 파김치가 될 수밖에 없다. 새삼 내 나이를 알았는데 그게 점점 무리라는 걸. 이미 내 나이에 아직도 네트 앞에서 심판을 보는 미련한 사람은 아무도 없다는!

심판을 본지도 어느덧 10년을 훌쩍 넘겼다. 대개 평탄한 과정을 밟아온 것 같다. 물론 자잘한 문제들도 있었지만 그런 게 없다고 하는 건 거짓말이다. 인생은 완벽으로 엮이지 않기 때문이다. 체육관이 없어 운동장 모랫바닥에 기둥을 세워 배구 하던 시절인 98년 〈부산교총(敎總) 배구〉 동래지역 남자 결승 동래초등 대 부곡초등전에서 기록적인 점수인 〈59대 57〉까지 가면서 서로가 애매한 인(in), 아웃(out) 판정 하나하나에 항의하던 경우와 어제의 네트터치 문제 2개가 특별히 신경 쓰이는 오심 논란에 휩싸였다. 그러나 오심이라 하더라도 지금 그 경우가 닥친다면, 그리고 분명히 그렇게 판단이 든다면 다시 똑같은 판정을 내릴 것이다. 좋은 게 좋다면 나도 얼마든지 피할 수 있지만 심판의 자세를 회피할 생각은 없다.

지난 10년 동안 알게 모르게 쌓였던 오심들을 그래도 따라준 선수와 감독들에게 미안하다. 고개를 숙이고 사과하고 싶다. 또한 게임 전체를 보고 심판과 함께 좀 더 〈큰 진실〉을 만들어준 사람들을 존경한다. 그들은 내 마음속에 진정한 친구로 맺어져 있다. 배구라기보다 멋있는 인생의 얼굴로.

하지만 심판들도 잘 알고 있다. 어느 팀의 누가 어떻다는 걸. 습관적인 몇몇 혐의자(?)들이 있는데 정말 밉다. 그들은 심판을 교묘히 이용하는 사람들이다. 그들의 정의는 자기 팀으로만 향해 있고, 내 나름의 점수로 따지면 겨우 20점대의 점수를 받을 수밖에 없다. 이번 대회에서도 역시 심판 나름으로 말하라면 그런 팀이 한 팀 있었고, 심판과 함께 〈경기〉라는 목적을 완성해나가는 깨물 정도로 사랑스런 팀이 남녀 각 한 팀씩 있었음을 고백한다.

본부에서 가장 신경 쓰이는 중년부를 그런대로 무난히 마쳤다며 사무국장이 날 심판상 대상자로 올렸다고 한다. 하긴 메인 게임(main game)으로 주경기장에서 회장을 비롯한 관계자와 관중들 모두 지켜보는 가운데 결승전을 치렀고, 그리고 당연히 나잇값으로 정했겠지만 나야 다른 대회에서 이미 받기도 해서 잘 도와준 젊은 친구에게 양보하겠다고 했다. 그러나 곧 연맹 회장님에 의해 이름이 불리고 체육관을 가득 채운 선수와 관계자들의 박수가 쏟아진다. 상패를 들고 단상을 내려올 때 사회를 보던 사무국장이 싱긋 웃으며 고개를 끄덕였다. 나도 손을 잡고 일부러 크게 흔들어 주었다. 그의 우정 어린 흉계(凶計?)를 나무라듯.

2달 가까이 강행군이다. 내가 처리해야 할 일들이 많이 밀렸다. 이번 주는 정말 쉬고 싶다.

지내놓고 보니 참 즐거웠던 추억이군요. 이젠 하고 싶어도 후배들에게 맡기고 떠난 신세라서 언감생심(焉敢生心)입니다. 가방에 남아있는 대여섯 개의 호루라기와 여름, 겨울 심판복 두 벌만이 지난 영광의 시절을 되돌아보게 하는. 그저 평범한 시간들이었지만 그래도 삶에서 하나쯤 주체가 되어 사회적 포즈를 가까이 한 기억으로 미소를 떠올리게 하는군요. 우리 아이들도 자신이 주체가 되어 앞날을 향해 나아가는 그런 추억 하나쯤은 가슴에 새겨주면 좋겠습니다. 그리고 어딜 가나 진정을 다해 최선을 다한다면 아마도 인생의 진실과 보람을 얻을 수 있을 거라고 생각합니다.

그런데 글을 쓰다 보니 문득 어떤 영화가 생각나는군요. 미남 스타 '알랭 들롱(Alain Delon)'이 출연한 프랑스 영화 『암흑가의 두 사람-Two Men In Town』! 죄를 뉘우치고 열심히 살아보려고 했으나 정의와 진실이란 간판을 단 법의 집요한 폭력으로 속절없이 길로틴(guillotine)의 제물이 되어버린. 심판과 선수 누가 정의롭고 진실한지는 모르지만 그건 인간이 스스로를 배반하기 위해 쉽게 소비할 수 있도록 가공된 제품은 아닌지!

제(19)주 학습지도 계획안

(2012년 7월 2일 ~ 7월 6일)   4학년 2반

문화 생태계의 미로(迷路)

　벌써 학기말 성취도 평가가 다가왔군요. 이번 주 목요일이니까 미리 계획을 세워 공부하라고 했지만 어쩨 그렇게 신경 써서 공부한 녀석들이 적은 것 같군요. 남은 날이라도 열심히 해야겠습니다.

　지난 16일 사직 아시아드 경기장에서 〈제1회 초·중학생 육상 챌린지 대회〉가 열렸습니다. 선수가 아닌 일반 학생을 대상으로 각 종목의 유망주를 선발하기 위한, 아이들로서는 그야말로 도전해볼 만한 대회였습니다. 저희 학교처럼 작은 학교에서는 참가 자체가 힘들지만, 그렇다고 아이들에게 새로운 세상을 경험하고 도전할 수 있는 기회 자체가 없다는 건 어쩐지 자존심이 상하는 일이었습니다. 기회는 모든 인간에게 주어진 권리이며, 경험은 인류의 진보를 가져온 가장 강력한 무기이자 자존심입니다. 이미 그런 대회가 있다는 지역 교육청의 계획도 알았고, 그 전 더 젊을 때부터 그런 대회에 참여한 경험도 꽤 있어 참가신청을 했습니다.

　3년 전 시골 학교에 있을 때 그 지역에선 해마다 〈기장군 초등학교 어

린이 축구대회〉가 열렸습니다. 〈고리 원자력 발전소〉가 있어 지역 주민에 대한 여러 가지 배려나 화합의 장이 많이 있었던 걸로 알고 있습니다. 학교 운동장 개선, 과학실험 기구 구입, 체험 문화 행사, 지역 특성에 맞는 축제 등등 다양한 분야에서 지역 주민과 밀착된 행정이 펼쳐져서 아이들에게도 많은 기회가 주어졌습니다. 축구대회도 그런 일환(一環)으로 열렸지요. 특히 그쪽 지역에선 발전소에서 만든 큰 공설운동장도 있고, 대부분 학교마다 축구부가 있어 봄에 치열한 대회가 열리곤 했습니다. 저희 학교는 해운대교육청 소속으로 되어있지만 산 너머, 또 너머 엉뚱하게 경남 덕계의 다른 교육청에 혹처럼 외따로 떨어져 있어 그런 대회 자체에 접근해보지 않았습니다. 그래서 이번 기회에 아이들 축제에 동참해보자 싶어 제가 담임을 맡고 있는 6학년(그래봐야 겨우 남녀 34명 한 반이 전부인)과 일부 뛰어난 5학년 선수를 선발해 한 달 가까이 오후 내내 훈련을 시켰습니다. 시골 고즈넉한 학교에서 별달리 운동거리도 없어 몇몇 아이들 스스로 학교 마치고 맨땅 운동장에서 축구를 하곤 해서 저도 가끔 녀석들과 어울려 〈2 : 2〉 또는 〈3 : 3〉 축구를 했기 때문에 이야길 했더니 이구동성(異口同聲)으로 꼭 참가하고 싶다고 해서 근 한 달 동안 치열한(?) 훈련을 했습니다. 저와 동갑(同甲)인 여교장선생님이 제가 축구를 열심히 가르치는 모습을 봐왔던 때문인지 무조건 원하는 대로 하라고 하고, 그리고 어머니회를 통해 대규모 응원단까지 조직했습니다. 학교로 치면 근래 가장 큰 행사였습니다. 지역 3개 마을 유지들은 물론 어머니회, 동창회, 제가 가끔 〈어르신 노래교실〉이란 강좌로 찾아가 노래에 얽힌 옛날이야기를 섞어 신나게 불렀던 경로당 할머니 할아버지들까지 응원에 나섰습니다.

경기가 시작되자 제 걱정과 달리 아이들은 쫄지(?) 않고 물 만난 고기처럼 오히려 경기를 압도할 정도였습니다. 점수를 얻을 때마다 눈물이 날 정도였고, 동네 사람들의 북과 꽹과리, 장구 소리가 요란했습니다. 생각 지도 못한 학교에서 연전연승하니 다른 학교 감독들이-그쪽 지역은 경쟁이 치열해선지 모두 진짜 감독(?)을 두었습니다만-혀를 내두르더군요. '김승진', '황복원', '최재혁' 등등 모두 악착같이 잘했지만 특히 중학생 덩치에 달리기, 태권도, 씨름 등 모든 운동에서 뛰어난 능력을 지닌 '이윤준'이란 학생이 전방에서 전광석화 같은 골을 연달아 넣어 분위기를 이끌며 승승장구하여 결승에 진출할 수 있었습니다. 말 그대로 윤준이 곁에 달려온 아이들은 거의 〈팅겨져〉나갔습니다. 덕분에 다른 아이들도 쉽게 골을 넣을 수 있었지요. 그러나 결승에서 못잖은 실력을 지닌 전년도 우승팀과 치열한 공방 끝에 연장 후반에 골을 내줘 1 : 0으로 패해 아쉽게 준우승으로 만족해야 했습니다. 게임을 거듭할수록 전문적인 체력훈련 부족이 드러나며 막판에 밀린 게 패인이었지요. 땀과 함께 눈물이 그렁그렁한 아이들을 달래(저도 눈물을 흘렸지만) 같이 온 선생님들과 운영위원장 등 지역 관계자, 학부모님들에게 인사를 했더니 요란한 박수와 함께 아이들 한명 한명의 이름을 연호(連呼)하여주셔서 비로소 얼굴에 웃음기가 돌더군요. 윤준이는 최다골상과 최우수선수상을 받아 각 팀 감독들의 주목을 받았지요. 학부모님들이 챙겨온 푸짐한 음식을 먹으며 모두 즐거워했던 기억은 제 교직 생활에서 최고의 영광이라고 생각합니다. 아이들에게 그런 낯설고 새로운 문화에 대한 기억은 성인이 되어서도 추억의 그림으로, 도전의 의지로 새겨졌으리라 생각합니다.

참가를 결정하고 3~6학년 아이들을 선발, 한 달 보름 남짓 주로 아침과 주말에 훈련하였습니다. 아이들도 꽤나 고생했고, 전문가는 아니지만 저도 나름으로 열심히 가르쳤습니다. 하지만 여러 가지로 어려움이 많았는데 축구나 야구 같은 구기 종목은 훈련의 효과가 그런대로 나타나는 편이고, 무엇보다 재미가 있어 너도나도 하려고 하지만 육상은 발전이 더디고, 힘들어서 집중력 있는 훈련이 어려웠습니다. 더욱이 작은 학교다보니 육상을 하려는 아이들 자체가 부족했고, 기껏 훈련했는데 힘들다며 빠져나가거나, 하는 둥 마는 둥 도망 다녀 제대로 배턴을 주고받으며 연습한 날이 적었습니다. 그래서 참가를 포기한 종목도 많았습니다만 그런 걸 감안(勘案)하고라도 그런대로 재미있게 훈련한 것 같기도 하군요. 일상에서 쉽게 접할 수 없는 새로운 세상을 만나 마음의 폭이 1mm(밀리미터)라도 넓어지기를 바라는 마음도, 그리고 아이들의 땀과 가쁜 호흡은 세상을 향한 몸짓으로 기억될 것으로.

아무튼 아이들을 데리고 운동장으로 갔습니다. 한 두어 명 뛰어난 아이들도 있었고, 그들 모두에게 자신을 주체적으로 드러낼 수 있는, 그리고 세상을 향해 나름의 생각과 행동을 할 수 있다는 자신감을 심어주는 게 좋겠다고 생각했습니다. 언제나 변두리 환경의 위축된 상상력으로는 삶을 긍정적으로 살 수 없겠다는 나름의 우울한 생각도. 어쩌면 육상은 자신의 존재를 돌아보고 삶의 다양성을 문신(文身)처럼 유전자에 새겨 세상과 마주할 수 있는 긍정과 자신감이라는 덕목을 획득할 수 있는 매개일지도. 기록으로 봐선 아마 두어 종목에서는 결선까지 가서 좋은 성적을 거두지 않을까라며 은근히 기대한 것도 사실입니다. 그리되면 우리 학교로서는 성공적이란 생각을 했습니다. 250여 개를 넘는 학교 중에서 겨우 4~50여 학교만 참가했고, 우리 학교처럼 변두리 작은 학교에서는 참가 자체가 매우 희귀한 경우에 비하면 말입니다.

하지만 그런 제 순진한 생각은 경기장에 도착할 때부터 빗나가고 말았습니다. 주차장에는 수많은 고급차들로 북적였고, 경기장에는 각 학교에서 만든 알록달록한 플래카드들로 울긋불긋했습니다. 학부모들은 스탠드에 진을 치고 학교와 아이들 이름을 불렀고, 멋진 유니폼, 유명(有名) 신발을 신은 아이들이 세련된 모습으로 지나다녀 기껏 체육 시간에 입는 간이 유니폼을 입은 자신들과 비교하며 부러워했습니다. 아니, 미리 압도되어 버린 듯 연신 두리번거리기 바빴지요. 겨우 아이들에게 최선을 다하면 그 자체가 가치 있는 일이며, 도전의 경험은 앞으로 세상을 살며 좋은 추억과 자신감을 얻을 수 있을 거라고 격려를 해줬습니다. 손을 모아 파이팅을 하고 각 종목별로 아이들을 데려다주었습니다.

그러나 경기가 시작되자 예선부터 계속 중하위권으로 밀려나고, 믿었던 아이들도 3~5등으로 예선탈락을 거듭했습니다. 몇몇은 기록으로는 충분히 결선에 나갈 수 있지만 조별 등위로 선수를 뽑았기 때문에 3위, 또는 종목에 따라 2위로 들어와도 어쩔 수 없이 탈락을 거듭했습니다.

저 혼자 인솔했기 때문에 프로그램에 맞춰 아이들을 종목별로 일일이 데려다주고, 또 응원도 하기 위해 그 넓은 운동장을 바삐 뛰어다녔습니다. 그래선지 기막힌 일이지만 당연히 다음 주자(走者) 자리에 있어야 할 아이가 없어져서 실컷 뛰어온 아이가 배턴을 주지 못하고 두리번거리다 실격 당하는 황당한 일도 벌어지고, 잘 달리다가도 꼭 한두 명씩 실력이 떨어지는 아이들 순번에서 등위가 밀리기도 하고…. 여자 800미터 한 종목에서 결선까지 진출하여 그나마 다행이었습니다. 결국 참가에 의의를 두고 자위할 수밖에 없었지요.

안면 있는 여러 선생님들을 만났는데 일부 몇몇 육상 중심지 학교에서 챌린지 대회 명칭이 무색하게 선수급 아이들을 출전시켜 상위 입상을 휩쓰는 걸 보고 모두 씁쓸해했습니다. 일부러 등록을 하지 않고는 실제로는 선수로 육성한 아이들이 많았는데 그래서 입상을 독식하는 일이 예전부터 비일비재(非一非再)한데 그러지 못하는 학교는 들러리밖에 되지 않는다며 자조를 했습니다. 어쩌다 아주 뛰어난 아이 한두 명만이 겨우 입상할 수 있다며. 또한 그런 현상을 잘 사는 동네와 못사는 동네의 차이로 해석하기도. 옛날과 달리 잘사는 집 아이가 학원을 다니며 공부도 잘하고, 운동도 체계적인 연습을 할 수 있지만 못살면 아예 아무것도 할 수 없다는 현실론을. 저는 〈1회 챌린지 대회〉로 알고 있었는데 사실은 명칭만 다를 뿐 이전부터 비슷한 대회가 계속되었다는. 그러고 보니 예전부터 아이들을 데리고 여러 이름의 대회에 참가해왔지만 언제나 입상은 어려웠습니다.

문득…, 그렇지요. 《文化》!
저는 이번 대회에서 우리 아이들의 부진이 문화의 이질감 때문이었음을 새삼 느꼈습니다. 압도적인 낯선 문화에 대한 무지와 이질에 위축되어 자신의 능력을 제대로 펼쳐보지 못했음을. 소위 처음 서울 구경 온 촌놈이 바로 저와 학생들이었습니다.

인간의 두뇌는 타고나는 본능적인 기제(機制)뿐만 아니라 보고 듣고 느낀 모든 것들이 기록되는 아주 효율적인 드라이브(Drive)입니다. 숟가락을 들어 밥을 먹는 법이라든가, 신랑 신부가 결혼식장에서 맹서(盟誓)를 하고 새로운 삶을 위한 신혼여행을 간다든가, 부모님이 돌아가시면 정성을 다해 장례를 치른다든가 하는 모든 당연한 것들은 사실 기시(旣視) 문화의 기호로 저장된 것들이지요. 예를 들면 수저 문화에 익숙한 우리들은 동남아 사람들의 수식(手食)에서 무언가 불편함을 느낍니다. 문화의 양식이 다르기 때문입니다. 어딘가 불결하다거나, 편리한 이기(利器)를 사용하지 못하는 후진 등등. 결혼이나 장례 등의 관혼상제(冠婚喪祭) 같은 문화들이 아직 강력하게 우리 사회의 가치규범으로 자리잡고 있는 것 등도 고정된 문화의 양식으로 새겨져 있다는 의미입니다. 우리에게는 두뇌와 유전자에 기록된 문화와 다른 것들에 낯섦과 당혹, 또는 놀람과 선망(羨望) 등의 반응을 하도록 되어있습니다. 오랜 진화를 거치면서도 개개의 생물적 존재를 지켜내기 위한 그런 문화의 양식을 지문처럼 남겨두었습니다.

그렇지만…! 저는 알 것 다 아는 성인이지만 아직까지도 현대가 만들어낸 많은 양식적인 문화에 대한 적응을 잘 하지 못합니다. 예전 우리들 피곤한 삶의 기억들을 문화 코드(Code)로 강하게 새겨놓았기 때문인지 남들은 쉽게 받아들이고 동화되어 체화(體化)시키는 현대의 문화에 무척 낯설어합니다.

얼마 전 출근할 때 골목 담벼락에 꽤 큰 가방이 버려져 있더군요. 엉덩이까지 닿는. 옅은 파랑색의 금속성 몸통이어서 매우 고급스러웠습니다. 손잡이가 길게 달렸고, 반대쪽 바닥에는 작은 바퀴가 달려있어 손으로 잡아끌고 갈 수 있는-, 소위 말하는 여행용 철제(?) 가방이었습니다. 일상에서 꽤 자주 봐왔던 가방이지만 실제로는 저와 상관없이 멀리 존재하기만 했던. 버스를 타고 가면서 그런 가방을 전부터 봐왔는데도 스스로가 좀 촌스럽다는 생각이 들어 조금 생각하다 보니 아파트 창문과 관련하여 뭐 〈슬라이딩 도어〉라는 말이 퍼뜩 떠오르는데 〈슬라이딩 손잡이〉쯤으로 말해도 되지 않을까요? 그런 가방을 생각해본 적도 없지만 어째 들은 것 같기도. 그러자 갑자기 부산대학교 근처에 〈샘소나이트〉라는 큰 가방가게가 있으며, 그런 가방을 〈캐리어(Carrier)〉라고 한다는 걸 이미 알고 있음을. 생활 속 수많은 가방들하고는 달리 여러 가지 부속품들이 많이 달려있고, 바퀴까지 있으며, 또 알루미늄 케이스가 굉장히 고급스러운(?) 것 같아서 값도 많이 나갈 것 같다고 생각되는 가방이었습니다. 하지만 저에게 별달리 사용될 기회도 없었고, 그래서 괜히 살 필요도 없어 여태 관심조차도 가져보지 않았지요. 도대체 가방에 바퀴가 있다는 사실이 의아했습니다, 아니 그 사실이 주는 의미가 지금 와서 생각하니 굉장히 창피하다는 느낌이 들어 아예 생각 자체도 한 적 없는. 아마도 여행이 보편화 되면서 그런 가방들이 생겨나지 않았을까 싶기도.

그런데 저녁 퇴근하면서 그 가방이 그대로 있는 걸 봤습니다. 얼핏 살펴봤더니 한쪽 바퀴 연결 부위 플라스틱(?)이 조금 부러진 것 같고, 그 위 몸체에 서너 줄로 긁힌 자국이 보였지만 수리하면 될 정도여서 저런 고급스런 건 대번에 누군가가 가져갈 줄로 알았는데…. 순간 깨달았습니다. 이미 그런 여행용 가방은 일반적인 용품이 되었으며, 누구나 다 한두 개쯤 가지고 있음을. 무심히 지나쳤지만 이미 생활 속에서 너도나도 모두 당연한 물품으로 사용하고 있음을. 역이나 공항엘 가면 모두 예전부터 사용해 온 것처럼 당당하고 우아한 걸음으로 캐리어를 굴리고 있음을. 너무나 당연한 숟가락처럼 현대인의 사고에 익숙한 문화의 전형(典型)으로 자리 잡고 있음을. 그리고 저에게는 설렘과 기대와 흥분으로 다가오는 것들이 세상에서는 이미 심드렁한 보편(普遍)으로 굳어버린 것을…. 그런데도 캐리어라는 세련된 용품과 그걸 사용하는 사람들의 보편적 행동 양식이 저에게는 아직도 까마득히 먼. 제가 혹 지진아(遲進兒)는 아닌지요?

문화 생태계의 미로(迷路)

지금도 저는 설이나 추석이면 새벽에 일어나 동네 공중목욕탕에 가서 목욕을 합니다. 사우나가(얼마 전까지 사우나가 목욕탕과 다른 점이 무언지 잘 몰랐습니다. 실체보다 낯선 <사우나>란 이름이 먼저 달려왔기 때문인지도. 문화는 그렇게 먼저 이름으로 치고 들어와 머리를 점령하는 모양입니다만 아무튼 저 나름으로 이해는 하고 있는데 지금도 애매한, 아니 심리적 저항도 일정 부분 있는 것 같은) **보편**이 되고, 현대적인 아파트 생활을 하면서도 이 행동은 계속되고 있습니다. 그 옛날 수증기 피어나는 둥그런 욕탕과 그 바로 옆에서 옆집 아저씨와 아들이 벌거벗고 때를 미는 풍경은 5~60년대 어려웠던 시절 세상과 소통하던 공간이었지요. 그 공간에서는 모든 사람과 풍경과 대화들을 문화의 동류항(同類項)으로 공유하여 내면에 깊게 각인하였습니다. 가끔 아이들이 떠들어 시끄럽다든가, 그리고 어른들이 야단치는 것도 다 그런 동네의 익숙한 공간에서 발산하는 심리학이 틀림없을 겁니다.

그러나 현재처럼 턱없이 넓은 옷장과 잔뜩 쌓인 수건과 비누의 물량들, 그리고 열탕과 온탕, 냉탕도 모자라 쑥탕에다 원적외선, 한증탕과 폭포수까지 있는 수영장 크기의 사우나에서 훨씬 세련되고 살찐 낯선 사람들이 풍겨내는 양식이 영 맘에 들지 않더군요. 비누로 모든 세척(洗滌)을 다 해결하는 저로선 샴푸에다 린스까지 왜 필요한지 이해하지 못합니다. 머릿결에 영양을 줘서 부드럽게 해주고 미용에 좋다고 하는 걸로 알고 있는데 전 며칠 감지 않아 뻑뻑해진 머리도 비누 하나면 아주 깔끔하게, 산뜻하게, 부드러워지는데 수수께끼가 아닐 수 없습니다. 실제 샴푸와 린스를 일부러 사용해보기도 했지만 그렇게 차이를 느낄 수 없더군요. 머리칼이 여자에 비해 짧아서 그런가요? 어쩌면 사람들이 자본주의의 특징인 과장과 선동, 마취에 길들여져 그렇게 세밀하게 생각하게 된 부분도 있지 않을까 의심스럽긴 하지만. 비록 위생적이지 못하지만 예전 동네목욕탕의 정겨운 우리들 문화를….

세련된 실내 장식의 카페보다 6~70년대 화장 짙은 레지가 화로에 석탄을 갈아 넣던 꾀죄죄한 다방이(근데 사실 부끄러운 고백이지만 전 여태 카페가 다방보다는 좀 더 고급한? 아니 다른 종류의 유흥장인 줄로만 안. 오히려 예전 도심지에 있었던 끽다점(喫茶店)이 더 고급스러웠으리란 생각도?), 화려한 컬러의 화면에서 잘 생기고 세련된 옷을 입은 배우들의 감각적인 연기를 보는 것보다 흐릿한 흑백화면 속에서 울고 웃던 주인공들의 애환이 짙게 밴 흘러간 영화에서, 화려한 무대복과 변화무쌍한 춤과 속도감 있는 사설(辭說) 같은 가사로 열창하는 아이돌(idol)의 축제장 속에서 꽝꽝 울리는 노래보다 비록 울고 웃는 청승맞은 감상일변도(感傷一邊倒) 일지라도 마음속 깊이 배어 있는 애환을 온전히 흔들어버리는 흘러간 유행가에서, 번쩍이는 성능에 잘 빠진 화려한 차보다는 털털거리는 버스가, 어울리지 않는 화장과 몸의 굴곡을 그대로 드러낸 현대의 세련되고 화려한 컬러가 돋보이는 교복의 여학생보다 쌍갈래 머리, 세일러(sailor)에 시집을 읽던 파리한 여학생이….

저는 비록 퇴영적인 편식으로 매도될 수 있는 시효(時效) 지난 문화생태계에 머물고 있지만 모든 것을 손쉽게 문화지도에 새겨놓고는 또 어느새 새로운 코드에 열광하는 현대의 〈과속 문화〉는 정말 적응하기 힘듭니다.

현대의 과학 문명은 거칠 것 없다는 듯, 모든 것을 해결해줄 것처럼 발전하고 있습니다. 우리는 그 문명의 화려한 조명 아래서 하늘거리는 열대어처럼 한가로이 즐기면 되지요. 여유와 안온과 자족과…. 그러나 사실로 말한다면 그런 건 아주 짧은 꿈에 불과할 뿐 삶의 양상은 역시 예전과 조금도 다름없습니다. 미국의 문화인류학자인 '마빈 해리스(Marvin Harris)'는 시대와 관계없이 **〈무지와 갈등, 공포 같은 의식의 멍에는 결코 벗어날 수 없는 인간의 조건〉**으로 결박 지어져 있다고 했지요. 그리고 전쟁이나 고문, 기아, 남녀차별, 착취 같은 비문화적인 양상들은 현대 문명에서 사라져버린 것이 아니라 더욱 교묘한 모습과 방법으로 되풀이되고 있다고.

현대 자본주의의 화려한 불꽃 뒤에는 이런 부정적이고 비문화적인 카테고리들이 심각하게 깔려있습니다. 생활의 변두리로 내몰리는 대중은 강자의 식민지가 되어 개밥 주듯 던져주는 먹이에 머릴 박고 달려들 수밖에 없습니다. 그들의 아이를 훌륭히 교육시킨다거나, 특기를 살려줄 그 어떤 행위도 할 수 없습니다. 아이들은 커서도 비정규직이나 현장근무, 파트 타임(part time) 노동자로 전락하여 그저 하루하루 살아가기 바쁠 뿐입니다. 문화는 자본의 향락에 아부하며 그에 맞춰 고급화되었습니다. 노동하는 대중에게 현대의 문화는 쳐다볼 수 없는 신선놀음으로 변했다고 할 수 있겠군요. 오페라 한번 구경하려면 한 달 용돈이 몽땅 들어가는데 문화라니! 가당치도 않지요. (다음에 기회가 되면 현대 문화의 속성에 대해 좀 더 깊이 살펴볼까 싶기도 합니다).

우리 아이들이 이번 대회에서 실수하거나 예상만큼 입상하지 못한 것은 개인의 책임이나 기량의 차이도 있겠지만 그보다는 고급문화의 신선(神仙)놀음에 더 익숙하지 못한 탓이었습니다. 그리고 커다란 스타디움에서 자신이 달려야 할 길을 잃고 실격당한 것은 그런 자본주의가 만든 위계(位階) 문화생태의 미로에서 속절없이 방황하는 대중을 상징하는 건 아닌지! 어쩌면 이미 익숙해진 캐리어에서도, 요즘 부쩍 투명하고 커다란 플라스틱 컵에 빨대를 꽂고 무슨 〈헤즐럿〉이니 〈카푸치노〉니 하는 이름(?)의 들고 다니는 음료 같은 문화가 유행한다고 알고 있는데 그런 생활 속 자그마한 기미(幾微)에서도. 저와 아이들은 그렇게 당연하게 다가오는 것들에서마저도 추방된. 어쩌면 공룡처럼 무성해진 자본주의의 우아(優雅?)한 문화 생태계에서 영 맥을 추지 못하는 미개인(未開人)의 미로 놀이인지도.

그럼에도 열심히 달린 우리 아이들! 아아, 정말 자랑스럽습니다. 등외로 밀려 씩씩거리는 그 아이들에게 간절히 바라는 건 자본주의의 냉정한, 아니 무참한 폭력을 이겨내고 풍성한 문화의 시혜를! 좌절하지 않고 굳세게 문화생태계의 벽을 깨부수고 자신의 능력을 마음껏 펼치기를! 돌아와 학교 밑 시장에서 겨우 칼국수와 밀면을 먹으면서도 웃고 떠드는 이 순박한 마음에 삶의 정당(正堂)과 영광이 함께 했으면! 그래서 변두리 삶의 두터운 껍질을 뚫고 당당한 주체로서 세상을 향해 포효할 수 있으면…. 아아, 하늘이 세련(?)되지 못한 이 순박한 아이들을 외면하지 않기를!

제(20)주 학습지도 계획안

(2012년 7월 9일 ~ 7월 13일)　　　　　　　　　　　　4학년 2반

스마트폰 홀릭 중후군

저번에 등산을 마치고 술에 취해 휴대폰을 분실했다는 이야기를 드렸습니다. 벌써 2주가 훌쩍 지났군요. 휴대폰이 없다 보니 꼭 필요한 연결이 되지 않아 불편한 점도 있었지만 눈 찔끔 감고 지내니 또 그렇게 편할 수가 없었습니다. 마침 다리도 아파 이리저리 얽힌 인연들에게서 스스로 행방불명을 작정했더니 예전에 잃어버린 듯한 익숙한 내면의 세상을 되찾은 것 같아 오랜만에 만족을 실컷 누렸습니다. 화려한 문명이 딱히 좋은 것만은 아님을 실감하기도.

세상과의 단절! 휴대폰이라는 세상과의 연결 수단을 통해 알게 모르게 스스로를 얼마나 세상의 잡스럽고 시끄러운 글과 그림, 소리들에 마취되어 살았는가 하는 자각이 새삼스러웠습니다. 너, 나 없이 악다구니에 다름없는 저마다 질러대는 잘난 소리들, 논리들, 행위들…. 아마도 '루소(Jean-Jacques Rousseau)'가 번잡한 문명과 쏟아지는 독설(毒舌)들에 실망하여 스스로를 **'만장일치로 추방된 고독한 단독자'**로 여기고 자연으로 돌아가 10번에 이르는 『고독한 산책자의 몽상(Les Rêveries du Promeneur Solitaire)』속

에서 자신의 모습을 회상하고 철학적 성찰로 빠져든 기분을 충분히 이해할 것 같았습니다. 아, 그렇군요. 하버드 대학 출신인 '헨리 데이비드 소로우(Henry David Thoreau)'가 미국 동부 매사추세츠 주에 있는 월든 호숫가에 오두막을 지어놓고 문명에 의지하지 않고 자연을 만끽하며 사는 마음을 적은 『월든-Walden』의 주인공이나 된 것처럼. 특히 소로우의 월든은 이런 의미에서 현대인의 화려한, 그러나 알고 보면 과장과 엄살과 잡스러운 문명의 야만스러운 소란에 빠져 익사 직전에 틀림없을 우리들 삶에 충격적인 메시지와 함께 그만큼의 함의(含意)를 각성시키고 있다고 생각합니다. 대자연 예찬과 문명 세상에 대한 비판, 그리고 자급자족… 아마도 번쩍이는 정신의 정화(精華)를 맛볼 수도. 이젠 내용을 다 잊어버렸는데 이 기회에 책장에 있는 책을 다시 읽어봐야겠습니다.

1. 낯선 세상 속으로

그러나 그런 건 제 마음일 뿐 현실적으로 교사라는 직업인으로선 어쨌든 외부와 연결이 필요했습니다. 개인의 내밀한 아집(我執)을 내세워 정밀한 메커니즘으로 돌아가는 현실의 직장과 상관(相關)을 끊어버린다는 건 가당치도 않지요. 아이들과의 소통 도구로서도, 업무로서의 관련으로도…. 하여 휴대폰을 구입하기 위해 부산대학교 근처로 갔습니다.

제가 처음 휴대폰을 접한 건 99년 무렵이었습니다. 그 전까지 집전화만 알았고, 동료 교사가 〈삐삐-무선호출기?〉를 선물하여 몇 번 사용해봤지만 제가 그리 사교적이 아니어서 별로 사용할 일이 없다고 생각해 나중

학교 뒤 계곡에 버렸습니다. 그러니까 휴대폰은 저로선 최초로 빨리 접한 현대문명의 최전선이었습니다. 가늘고 짧은 안테나가 달렸고, 얇은 플립형(flip形) 덮개를 열어 통화할 수 있는 최신형이어서 아주 잠깐이었지만 부러움을 받기도 했습니다.(서랍 속에 아직 있습니다. 제 아이들의 조그만 증명사진이 투명한 덮개에 붙어있는). 그 무렵 선생님들 몇이 함께 구입한 묵직한 최신형 후지쓰 노트북으로(하드가 기껏 30GB에 불과했지만 그래도 당시엔 엄청났던) 한글 윈도 2.5 문서도 작성하던 때라 그때의 저는 첨단은 아니었지만 꽤 현대적인 수준은 될 수 있었다고 생각됩니다.

그때 통신회사가 〈LG텔레콤〉이었습니다. 그 후로도 저는 계속 LG 번호를 사용하였습니다. 스마트폰 시대가 됐지만 분실이나 고장으로 교환해야 할 때도 계속 일반 휴대전화인 피처폰(Feature Phone)?, 폴더폰(folder phone)?을 사용하였습니다.

아무튼 부산대학교는 오랜만이었습니다. 버스로 지나치거나 볼 일이 있어 몇 번 가보긴 했지만. 그래서 이미 잘 알고 있는 곳이지만 그날따라 새삼 그곳의 분위기가 너무 달랐습니다. 온통 상가로 줄지은 길을 따라 사람들이 홍수처럼 길을 메웠습니다. 전부 활기찬 젊은이들뿐이었습니다. 그 분위기를 모르는 바는 아니었지만 그들은 제가 모르는 패션과, 대화와, 먹거리와, 행동으로 스스럼없이 거리를 활보했습니다. 저보다 나이가 많은 사람을 발견할 수 없었습니다. 그래선지 자꾸 위축되더군요. 바로 앞의 여대생은 무척이나 짧은 핫팬츠에 한쪽 어깨에 걸쳐 반대쪽 팔꿈치로 흘러내리는 옷을 입고 남자 친구의 손을 잡고 신나게 이야기를 나누며 걸어갔습니다. 싱싱한 젊음이 부럽긴 했지만 괜히 시선을 두기 민망했지요. 사람들은 넘쳤고, 거리는 활기차고, 가게들은 화려했습니다. 모두들 제가 익숙하게 알던 것보다 한 치수 더 많이 드러냈고, 더 짙은 화장을 했으며, 탱

탱한 핏(Fit)으로 몸매가 그대로 드러나는 옷을 입었습니다. 아, 그러니까 말도 외국어처럼 잘 알아듣기 힘들다는 생각이 문득 들더군요. 갑자기 그들은 『스타워즈-Star Wars』 속 어느 행성의 다른 종족처럼 보였으며, 그곳은 그 종족들의 해방구(解放區)였습니다. 거기다 모두 하나씩 배당받은 것처럼 손에 상큼한 스마트폰을 들고 열심히 들여다보고 있었지요. 솔직히 저와 다른 문화를 만나 제 의식 구조가 이상하게 변형되는 것 같아 겁이 나기도 했습니다. 어쩌면 50년대 시대를 선도하며 첨단 감성을 내뿜던 낭만적인 모더니스트(modernist) 시인이 엉뚱하게 현대 도회로 잘못 접핑해 난감해하는 기분이 그러지 않을까 싶은 생각이 얼핏.

2. 대중문화의 확산과 추락

어쨌든 LG 유플러스 대리점으로 갔습니다. 직원에게 휴대폰을 분실하여 새로 구입하려 한다고 말했지요. 그러니까 깔끔한 스마트폰들을 가리키며 어느 것을 원하느냐고 말했습니다. 스마트폰이 아니라 폴더폰이라고 하니까 절 쳐다보더군요. 참 이상했습니다. 폴더폰이 첨단을 달리던 때가 바로 엊그젠데 벌써 까마득한 시간의 건너편으로 물러나고 그 자리를 스마트폰이 순식간에 채워 세상을 완전히 점령해버리다니! 물론 당연히 그런 걸 알고는 있었지만 저에게 실제적인 관련으로 간섭하니까 마치 시간이 어긋난 『이상한 나라의 앨리스-Alice's In Wonderland』처럼 제가 이상해진 건지 세상이 비정상인지 혼란스러웠습니다. 저번에 말씀드린 문화와 가치의 이질이었습니다.

개인의 가치나 의미는 제각각 다릅니다. 다양은 인류를 떠받치는 중력입니다. 지금 현실에서도 사라져가는 종족들의 언어를 보존하기 위해 밀림의 원시 부족을 탐험하는 언어학자가 있고, 세상을 버리고 산속에서 정치(精緻)한 기운과 원시의 자연과 마음의 정화(淨化)를 탐구해나가는 방외지사(方外志士)도 있으며, 노래가 좋아 멀쩡한 직업을 내팽개치고 지하실에서 제각각의 악기로 연주에 몰두하는 예인(藝人)들도. 전에 어디선가 들었는데 PC 통신 시대의 〈천리안(千里眼)〉이나 〈하이텔(Hi-tel)〉 등의 파란 화면과 울긋불긋한 글자, 그리고 삐~ 하는 소리를 못 잊어 아직도 이용하는 사람들이 많다는 이야기도.

그러나….

세상은 〈일률(一律)〉과 〈단편(斷片)〉으로 이해되는 협수룩한 곳이 아니지요. 문명과 문화는 그 가치만큼 세상의 묵직한 표상(表象)들로 채워져 있습니다. 마치 천년 동안 지구를 떠받치고 있다는 듯. 인간들 사이를 굳건하게 연결시켜놓았다는 듯. 그런데도 대체적인 지금의 세상은 시도 때도 없이 스마트폰을 조작하는 〈스마트폰 홀릭 증후군(holic 症候群)〉이라고 할 만큼 가볍고 시끄러운 일률로 변해버렸습니다. 제가 모르는 사람들은 물론 아는 사람들도, 심지어 제 아이들까지도 모두 스마트폰에 중독된 게 틀림없는 것 같습니다. 지금에 이르러선 밀림의 언어학자도, 산속의 방외인(方外人)도, 악기 연주자도…. 모두 사라져버렸습니다. 제가 너무 단순하고 과장된 시야로 보는 경향이 없지 않습니다만 세상은 너도나도 스마트폰으로 게임, 채팅, 음악 감상, 메신저, 동영상이나 방송 시청에 몰두하는 일상의 평범한(?) 사람들로 가득 채워졌습니다. 그런 것들은 그저 일상을 향유(享有)하려는 편리와 오락 수준에 머물 뿐 인간의 정신을 탐험하고, 자신과 인류의 발전을 위한 도전의 삶과는 아무 관련이 없습니다. 그런 것은 보편(普遍)이란 관점에선 아무 문제가 없는 듯하지만 보편의 대중화는 대체로 인간의 상승적(上昇的) 정신을 끌어내리는 악덕(惡德)으로 고정된다는 문제점이 있습니다. 탐구하는 정신을 마모(磨耗)시키고, 사려 깊은 신중함을 뻔뻔하게 내던지게 하고, 주변에 신경을 끊어버리고, 판단과 비판의 정밀한 저울질을 내팽개쳐버립니다. 수단이 비전이나 목적을 앞지르고 나서서 행세하는 것은 폭력에 다름 아닙니다. 기막히게도 어느 종교에서는 스마트폰이나 컴퓨터 등은 악령(惡靈)이 침투하는 통로라고 이야기하며 제 생각을 은근히 응원(?)하기도 하더군요. 〈악령의 간계를 능히 대적하기 위해 하느님의 전신갑주(全身甲冑)를 입으라〉, 〈예수 이름으로 악령을 물리쳐라〉…. 제겐 스마트하다는 이유로 스마트폰으로 완전무장한 제조된 안드로이드(Android) 인간들로, 아니 마취된 좀비(zombie-살아있는 시체)들이 침투하여 온통 와글거리는 세상으로 변해버린 것 같군요. 자신의 존재 자체를 끄나풀로 삼은.

대중문화는 소비지향적입니다. 소비의 지향점은 개인에게로 통합됩니다. 세상을 위해 아무것도 하는 것이 없습니다. 오늘날 대중은 있어도, 없어도 아무 문제가 없는 똑같은 존재로 추락하고 말았습니다. 그 찬란한 정신을 가진 개개인들의 허망한 인플레(inflation)! 현대인은 인류역사상 가장 첨단 문화를 향유 하는, 그러면서도 가장 저급한 문화의 희롱에 빠져 포위되어버렸습니다. 개인은 사라지고, 똑같은 모습의 대중이 제각기 하나씩 지급받은 스마트폰으로 타인과 연결하여 자신의 존재를 확인하려는 가여운, 아니 일률적인 놀이에 푹 빠져 마냥 시간을 소비하는 비극적 시대입니다.

(하지만…. 돼지털(?)은 아날로그에 판판이 깨질 수밖에 없을 거라는 생각이 갑자기 드는 건 스스로에 대한 위안으로는 아닌지! 결국 삶은 육체를 매개로 다른 존재와 교류하며 현실을 축조(築造)해나가고 있으니까요. 죽음마저도 그렇게 아날로그의 영역에서 이

루어지지요. 제아무리 디지털의 천국으로 도망가더라도 아날로그는 단 하나의 예외도 없이 체포해서 죽음으로 인도할 뿐입니다.)

방학이 가까운지 할 일이 참 많군요. 매일 집으로 일거리를 가져와서 처리하다 보니 시간 내기가 여간 어렵지 않습니다. 이번 주는 그래서 제대로 생각을 나타내지 못한 듯하지만 다음에 현대인의 스마트폰 문화의 의미와 우려되는 문제들을 좀 더 치열하게 해석해보고 싶기도 합니다.

| 제(21)주 학습지도 계획안 |

(2012년 7월 16일 ~ 7월 19일)   4학년 2반

스마트폰의 식민성(植民性)

   학습지도안 곳곳에 빈자리가 생기는 걸 보니 벌써 방학이 다가왔군요. 아이들이 그토록 바라던…. 억압과 부담은 한계치가 있고, 그 임계점 근처에서 방학이란 해방구(解放區)가 존재합니다. 아이들은 그 해방구를 바라보며 시간을, 자신을, 생각을 억압, 혹은 단련시켜왔습니다.

   목요일 종업식을 하고 금요일부터 여름방학이 시작됩니다. 그동안 짧은 시간이었지만 그래도 가만 보면 세대를 넘어 아버지와 자식처럼 교감하는 부분들이 상당했다는 착각도 해봅니다. 때론 엄격하게, 매정하게 자기들이 바라는 바들을 따라주지 않고 반대로 강하게 끌어가기도 했습니다. 4학년이란 성장 과정에서 개인들로서는 귀하고, 뛰어나고, 착한 아이들이지만 반과 학교라는 집단 속에서 벌어지는 많은 상황 속에서 아이들은 전혀 다른 존재로 다가오며, 갖가지 문제들을 일으키고 있기 때문이지요. 아마 자녀 2명만 함께 키워도 부모님 골머리가 아픈 경우를 생각한다면….

   어쨌든 학부모님께 감사드립니다. 귀한 자녀를 제게 믿고 맡겨주셔서. 아이들이 반응하는 다양한 학교생활 소식을 접하면서 부모님 시선으로는 일부 아쉬웠던 점들도 있었으리라 생각합니다. 저도 모르게 아이의 마음에

상처를 줬다든지, 또는 과할 정도로 학업을 이끌어 부담을 지웠다든지….

하지만 삶이란 건 개인이 전부 감당할 수 없는, 아니 결코 완벽할 수 없는 신기루 같은 것이지요. 단선적(單線的)인 듯한 장면들에도 섬세하게 지켜봐야 할 여러 요인들이 복합적으로 얽혀있기도 합니다. 저의 호의가 다르게, 또는 아이들의 마음을 미처 알아채지 못하는. 그렇게 제가 전지(全知)는커녕 작은 것들에서마저 시선이 닿지 못하는 맹점이 있음을 잘 알고 있습니다. 그렇군요. 갑자기 생각나는데 제 양쪽 눈 망막에 아주 작은 맹점(盲點)이 3개 있어 눈알을 움직일 때마다 깨알 같은 검은 비행접시가 삼각형 대형을 유지하며 떠다닙니다. 그걸 따라 시선을 돌리다 보면 삼각형에 코를 꿰여 끌려다니는 것 같아 눈을 감아버리기도 하지요. 물론 의식적으로 느낄 때만 보입니다만. 우리는 그렇게 자신의 맹점을 인식하지 못하고 잘난 듯 살아가는, 그렇게 인간은 신의 혜안을 가지지 못한 원죄의 미개함으로 존재하는 듯합니다. 1학기 동안 그런 점들을 좋게 봐주시고, 넓은 마음으로 이해해주셔서 정말 고마웠습니다. 특별히 저에게 바랐던 부분들이 완전히 채워지지 않았다던가, 또는 상처 주는 말과 행동으로 마음 아파하는 분들은 없는가도 생각해봤고, 사회적 합의는 없지만, 교육이라는 권력으로 아이들을 억압했던 일들에 자주 뉘우치면서도 그저 저를 믿어주시는 고마운 마음들에….

하지만 그게 현시점에서 대안(代案) 없는 〈교육〉이라는 확신을 계속 가질 수 있다면 2학기에도 그렇게 이끌 생각입니다. 아이들이 내가 아닌 다른 사람들을 생각하고, 어울려 살아가야 하는 태도를 기르고, 헌신과 배려가 왜 필요한지 깨닫고, 무엇보다 세상에 나가 〈생각이 깊은 멋진 시민〉으로 인정받을 수 있다면 말입니다.

(그런데 솔직히 아이들과 장난치며 농땡이 친 기억만 먼저 떠올라서 죄송합니다. 교육

은 학업성적이 중요하고 그 시스템에서 보면 저는 중간 이하에 틀림없을. 학교 뒤뜰에서 방울토마토를 키우며 자연에 대한 경이(驚異)와 경의(敬意)를, 윤산의 구석구석을 탐험하다 숨겨진 물웅덩이에서 올챙이와 도룡뇽과 송사리를 잡으며 자연과의 교감을, 졸졸 시냇물이 흐르는 산속 냇가에서 아기 손가락처럼 쑥쑥 자라는 산미나리를, 옥수수와 참외를 가꾸는 할아버지 할머니에게서 삶의 보편적인 모습을, 수영강에서 온천천으로 한 바퀴 돌며 우리를 둘러싼 자연의 변화무쌍한 순환을…! 어쩌면 그런 농땡이들이 아이들 심성에 더욱 큰 울림으로 다가오고, 또는 스스로에 대한 위로가 될 수 있다고 하더라도.)

이번 방학 동안 우리 학생들이 부쩍 성숙했으면 합니다. 그리고 가정에 행복이 가득하기를….

(저번 주에 대중의 일률적인 추락에 대해 이야기해봤습니다. 방학이라는 단절을 헤아려 그에 맞춰 글을 써야 한다고 생각했지만 뭐, 꼭 그렇게만 되지는 않더군요. 2학기에 어떻게 될지 모르지만 우선 앞에서 언급했던 스마트폰에 대한 의미를 좀 더 짚어보고 싶군요).

3. 좀비의 시대

《Smart》란 말의 사전적 의미는 뭘까요? 그렇지요. 스마트는 〈똑똑한, 영리한, 현명한, 멋진〉 등의 의미를 나타내는 형용사(形容詞)라고 알고 있습니다. 대체로 뒤에 이어지는 말의 성질, 상태를 나타내는 말로 〈평범한, 어수룩한, 부족한, 보통〉 등의 말과 대척점의 뜻을 가지고 있는 말인 듯합니다. 복장이나 외모가 세련되고 멋질 때, 혹은 너무 규격적인 생각이나 우울하고 회의적인 마음 등에 비해 깔끔하고 재치 있는 말이나 생각을 표현할 때도 사용되는 말이라고 생각합니다.

과연 현대인의 삶은 예전에 비하면 엄청나게 스마트해졌습니다. 예전처럼 게임기가 없어도 지하철에서 얼마든지 혼자만의 게임을 할 수 있으며, 카카오나 트위터, SNS, 페이스북 등을 통해 엄청나게 많은 사람들과 시국(時局)이나 연예, 스포츠에 관한 대화를 나눌 수 있으며, '소녀시대'의 노래를 언제든지 들을 수 있고, 〈아메리카 퍼니스트 홈비디오(America's Funniest Home Videos)〉나 신기한 장면 같은 재미나는 동영상도 마음껏 볼 수 있고, 실시간 방송도 집이 아닌 밖에서 시청할 수 있는 걸로 알고 있습니다. 좋아하는 가수, 배우의 공연이나 드라마, 야구 중계도 마음만 먹으면 손안에서 언제든 불러내 볼 수 있고, 집이나 직장에서도 주식이나 금융거래도 어렵잖게 하고, 공연 티켓을 예매하거나, 얼굴도 모르는 낯선 사람과 만남을 생략한 채 채팅(Chatting)을 할 수도 있고…. 그야말로 스마트폰은 내 손안에서 온갖 마법을 부릴 수 있는, 현대 문명이 만든 새로운 문화의 양식이자 표준이 되어버렸습니다. 인쇄술의 발명 이후 아마도 가장 혁신적인 소통의 인터페이스(Interface)가 아닌가 싶을 정도로. 만약 스마트폰이 없다면 불안, 초조, 금단, 강박 등의 증상은 물론, 사용하지 않을 때에도 하고 있는 듯한 환상적 느낌을 받고, 일상생활에 장애를 겪기도 하는 등의 중독증상을 보이기도 한다는군요.

이전의 문화적 경험은 〈현장성〉, 〈개별성〉을 그 특징으로 하고 있습니다. 필요한 문화의 현장에 가서 직접 듣거나 보거나 대화를 나누었습니다. 또는 문화회관에서 연주하는 세계적 필하모닉의 연주도, 세계 미술계의 거장전(巨匠展)도 모두 개별적으로 일일이 찾아가서 관람해야 했지요. 일부러 몸을 움직여 노력하지 않으면 문화의 혜택을 받을 수 없었습니다. 하지만 스마트폰은 현장을 일일이 찾아가는 대신 반대로 손안으로 불러올 수 있을 정도로 〈접근성〉이 용이하고, 한꺼번에 여러 관심 분야를 동시에 체험할 수 있는 〈통합성-멀티플레이〉도 가능한 걸로 알고 있습니다. 위에 든 예들도 저는 실제로는 하나도 모르는 기능들이지만 (알려고 하면 저도 어렵지 않게 조작할 수는 있는가요?) 더 많은 엄청난 용도들이 많이 있는 줄 압니다. 과연 현대인은 한시도 손에서 떼지 못할 정도로 스마트폰에 중독됐다고 할 수 있을 것 같군요. 역사상 접촉, 접근성이란 면에서 가장 최적화된 문명의 이기라고 할 수 있겠군요.

그러나… 그런 모습이 표상하는 〈Smart Life〉가 과연 정말로 똑똑한, 영리한, 현명한, 멋진 인생일까요? 영상으로 수다를 나누고, 트위터나 카카오톡으로 내 생각을 표현하고, 그 자리에서 쉽게 사진이나 동영상이란 데이터(?)를 만들고, 버스에서 스포츠 중계를 보고, 손안에서 게임을 하고, 걸그룹의 현란한 춤과 노래를 눈앞에서 보고…. 과연 그렇게 사는 모습이 정말 스마트한 생활일까요?

물론 편하긴 합니다. 아닌 게 아니라 모든 걸 내 손안에서 해결하니까 무척 편하고 신기하군요. 요즘 버스나 지하철을 타면 한두 명 빼곤 대부분이 머리를 숙이고 스마트폰을 들여다보던데 마치 그러지 않으면 현대에서 탈락한다는 듯 그렇게 고개를 숙이고 열심히 들여다보고 있군요. 과연 평균적으로 똑똑하고 상쾌한 삶의 태도가 여실한 것 같습니다. 그런데… 그런데, 그런 〈수단〉으로서의 생활이 〈삶의 목적〉이나 〈가치〉와도 연결되고 있을까요?

그렇지요. 스마트폰은 삶의 유용이나 편리에는 엄청난 도움을 주긴 합니다만 목적이나 가치와는 아무런 관련이 없는 게 틀림없는 것 같습니다. 돈이 그렇게 삶의 목적이나 가치와는 아무 관련 없는, 단지 수단으로서의 효용에 지나지 않는 것처럼 스마트폰의 기능들은 우리들 인생의 보람이라든가, 성취, 자아의 발전, 정의의 실현, 사회에의 헌신… 등의 가치론적 면에서는 별로 도움을 주지 않는 것 같군요. 그저 편리하다는 것뿐, 인생의 꿈을 이루게 해준다거나 정신의 확산, 비판적 논리의 함양 따위와는 별개일 뿐입니다. 오히려 개인의 발전을 가로막고 퇴화시키는 사기범일 뿐이지요. 〈smart〉라니! 당치도 않습니다. 텔레비전을 바보상자라 하듯 〈바보폰-fool Phone〉이란 명칭으로 불러야겠다는 생각입니다.

아하! 시력이나 청력에 장애가 있는 사람들을 위해 〈수퍼 아이(super eye)〉의 기능을 가진, 또는 소리를 전자신호로 바꾸어 뇌에 전달해 들을 수 있게 하는 기능을 가진 스마트폰이 미래에 등장할 수 있다는 기사를 얼핏 읽은 것 같은데 이 경우는 그야말로 인생을 스마트하게 해주는 멋진 예외가 되겠군요. 제가 잘 모르는 다양한 기능들은 그런 마법으로 인생을 도와주리라 생각합니다. 그러나….

어쩌면 스마트폰은 피상(皮相)으로 바라본 세상의 표상(表象)이 아닐까요? 허깨비 같은 편리를 향한 원망(願望)을 일목요연하게 인덱스(index)한. 아니, 더 나아가 〈주체적인 정신〉은 사라지고 오직 무의식적인 〈스마트〉한 행동으로만 존재하는 〈좀비(zombie)〉를 상징하는 건 아닌지?

그렇군요. 대중은 스마트라는 위장(僞裝)의 이면에서 춤추는 편리라는 자동벨트를 타고 문명의 빅브라더(Big Brother)가 던져주는 선물의 노예가 되어 좀비처럼 정신의 식민문화(植民文化)에 체포되어버린 것 같습니다. '안데르센(Andersen)'의 원작 동화를 원용(援用)하여 '마이클 포웰(Michael Powell)과 에메릭 프레스버거(Emeric Pressburger)가 공동 감독한 뛰어난 걸작영화 『분홍신-The Red Shoes』에서 프리마 발레리나(prima ballerina)인 '모이라 쉬러(moira shearer)가 열연한 주인공 '비키'는 분홍신을 신고 춤을 추지만 떠나는 연인을 보고도 분홍신의 마법으로 춤을 멈출 수 없어 결국 극장 테라스까지 가서 달리는 열차에 투신해버립니다. 연인에게 분홍신을 벗겨달라는 마지막 말을 남기고 숨을 거두는. 제겐 네모난 화면을 끊임없이 쳐다보는 대중은 분홍신을 신은 발레리나처럼 주체할 수 없는 욕망으로 가득한 몬도가네(mondo cane)로만 보이는군요. 모든 것을 손안으로 끌어들여 함부로 난도질하는, 과장되고 억압된 형태의 고착(固着)된 문화에 끌려다니는, 대가는 없이 쉽게 결과를 좌르르~ 토해내는. 그렇군요. 무조건적인 편리는 삶에서 악덕이 될 수도 있음을. 어쩌면 춤을 멈출 수 없어 열차에 투신해 죽어야만 하는. 아니 이미 죽어서 유령이 된 '아카키 아카키예비치(Akaky Akakievich)'조차 이 사람 저 사람 사이를 날아다니며 『외투-Shinel』 대신 스마트폰을 잠시잠시 훔쳐보는! 우리 모두는 소유와 편리와 행복과 집착과… 외투가 아닌 피상(皮相)을 찾아다니는 맹목적인 유령으로 변신한 건 아닌지? 정말로 '도스토예프스키(Dostoevsky)'의 말처럼 우리 모두는 '고골(Nikolai Vasil'evich Gogol)'의 외투 자락에서 슬금슬금 자라난 〈좀비〉는 아닌지? 역사상 처음으로 좀비 전성시대를 경험하고 있는 건 아닌지!

4. 철학자의 삶에서 비춰본 스마트폰의 본질

독일의 대철학자 '임마누엘 칸트(Immanuel Kant)'는 접근성과 유용성을 철저히 배격했습니다. 그에게서 유용성은 스마트폰처럼 그저 편리하다는 의미일 뿐 정신은 철저히 스스로의 엄격에 가두어버렸습니다. 학부모님들도 알다시피 한줄 긋기 수학 문제로 유명한 '쾨니히스베르그'에서 태어나 그곳에서 한 발짝도 벗어나지 않았다고 합니다. 평생을 독신(獨身)의 틀 속에 가두었으며, 강의와 사유에만 전념하며 청교도적인 순결한 생활을 지켜나갔습니다. 산책과 식사, 독서, 저술의 시간을 평생 일분일초도 틀리지 않도록 〈압도적〉으로 수행해 나왔다는 유명한 이야기는 일체의 허위를 배격하고 스스로를 완벽한 삶의 표상으로 만들고 싶은 〈이성(理性)의 의지〉였습니다. 사람들이 칸트의 산책을 보고 시간을 알 수 있다고 할 정도로. 친구도, 대화도, 여행도, 미식(美食)도, 재화도…. 사람들의 일상을 이루어 주는 삶의 기호들은 그에게는 아무런 관심도 없는, 오직 외연(外延)의 껍데기일 뿐이었습니다. 다만 인간의 이성에만 생각을 주고 짝사랑했을 뿐입니다. 그렇지요. 그 거대한 삶의 진지(眞摯)!

천금(千金)을, 명예를, 청춘을, 불사(不死)를 준다고 해도 현대인은 절대 따라 하지 못하는 신(神)적인 엄숙주의를 실천했습니다. 미래의 그 어떤 사람도 따를 수 없는. 아마도 그래서 그가 역사상 가장 뛰어난 〈이성의 아버지〉가 되지 않았나 생각합니다.

순수이성비판(純粹理性批判), 실천이성비판(實踐理性批判), 판단력비판(判斷力批判)…. 3대 이성비판은 그래서 인간을 한 걸음 신(神)의 계단에 인도한 그 시대의 위대한 저작(著作)이 아닐 수 없습니다.

(저는 아직 칸트를 제대로, 아니 전혀 읽어보지 못했습니다. 전공학자라면 모를까 현대를 사는 상식인으로는 쉽게 접근하기 어렵더군요. 지금도 제 책장을 지키고 있는, 제각각 500페이지를 훌쩍 넘는 거대한(?) 책을 평생 쳐다만 보고 살았습니다. 젊은 한때 맘먹고 덤벼들었다가 결국 밑줄이나 몇 번 긋다 모두 중간에 포기한. 언젠가 칸트만은 제대로 이해하고 죽어야겠다는 생각은 하지만 과연. 깜박깜박 이미 퇴화되고 있는 제 전두엽으로는 어림도 없을 것 같습니다. 아마도 어정쩡하게 몇 번이나 포기했던 제가 알고 있는 <이성(理性)>의 초입에서 또다시 도돌이 되는. 어쩌면 간단한 해설서 수준에서 머물며 만족할 게 틀림없을 듯. 절대 알 수 없을 것 같은 이성과 정교한 논리와 그 확장되는 파급과….)

역사상 가장 적은 에너지로 가장 역동적인 반작용을 이끌어낸 엄청난 효율성의 본보기가 아닐 수 없습니다. 오늘날 무한정 에너지를 소비하면서도 인류를 위한 헌신에는 전혀 관심도 없는 인색한 대중에 비한다면.

그런 칸트에게 현대의 스마트한 삶이 과연 가당키나 할까요? 트위터나 SNS, 페이스북, 카카오톡 등으로 〈수다〉를 떠는 건 상상도 할 수 없을 정도로 메스꺼움을 유발하는 시정의 가벼움이며, 게임은 인생을 망치는 시간의 함정입니다. 열광하는 춤과 노래는 시뻘건 불길에 날아드는 부나비의 맹목이고, 일상으로 환호받는 스포츠는 앰풀(ampule) 주사 하나로 중독되는 강력한 마약일 뿐입니다. 경쟁하듯 달리는 잘 빠진 자동차는 저주받은 유물론의 폐허에 버려진 녹슨 쇳덩이의 가식(假飾)된 모습과 같고, 일상으로 굳어진 해외여행은 어쭙잖은 식견(識見)의 과대망상으로, 으리으리한 저택은 귀뚜라미 슬피 우는 망해버린 왕조의 무너진 옛 성터일 터, 하물며 명예와 부와 연예와 사교와…. 스마트하고 샤프(sharp)한 현대의 모든 삶의 양식은 그야말로 약장수의 사기극에 다름 아닙니다. 현대는 그런 외연만 화려해졌지 본질은 오히려 극성스런 외연에 사기당해 죽어버린 좀비의 시대가 분명합니다. 거울을 보고 〈스마트〉하다고 스스로 최면에 빠지는 자신이 사실은 좀비임을 깨닫지 못하는-, 현대에 새롭게 탄생된 비극적인 신화(神話)가 틀림없는 듯!

상승적 가치를 이끌어주는 내용은 눈을 씻고 찾아봐도 없고(그저 몇몇 내용들로만 판단한 제 좁은 생각이지만) 오직 소비적 행태로만 무한 활용되는, 거의 농담 따먹기에 다름 아닌 정제되지 못한 생각들, 알고 보면 모두 시끄러운 수다, 정신 수준을 의심할 정도의 잡스런 빈정거림, 비꼼, 욕설, 자랑-, 제 생각을 과격한 주장이라고 할 수도 있겠지만 스마트한 삶의 모습이 사실은 형편없는 허깨비놀음에 다름 없음을 다음에 다시 이야기하겠습니다. 제가 맡은 아이들은 어른들의 잘못된 허깨비놀음에만 빠지지 않고 진정한 구도(求道)의 삶도 찾아낼 수 있는 균형을 키워나갈 수 있기를 바라는 마음뿐입니다만 과연!

(그러나…, 그럼에도 불구하고 스마트폰은 인간이 어쩔 수 없이 선택해야 하는 삶의 양식으로 굳어지리라는 쓰나미 같은 아쉬움은 어쩔 수 없군요. 인간은 개인으로 세상과 소통하며, 그 통로로 <메일>이나 <쪽지> 등은 물론 스마트폰의 등장으로 신경 다발 같은 SNS라는 아주 적절한 양식을 등에 업고 시냅시스(synapsis)를 주고 받으며 세상을 향한 개인의 작은 소리, 주장, 취향 등을 무한정 쏟아낼 수 있게 되었으니까요. 주체(主體)는 휘발되고 소문만으로 존재하는. 새로운, 거대한 문화는 대중이 선택해버리면 그 순간부터 당연(當然)과 실상(實狀)과 표상(表象), 그리고 정의(正義)가 되어버리지요. 모든 삶의 양상이 그렇게 결정론으로 진화(?)되어버리는. 과연 미래의 인간형은 어떤 모습으로 존재할까요? <생각>은 다운(Download)받아 저장해놓고 필요할 때만 클릭하여 사용하고, <쾌락>에 최적화된 일상에서 존재하는 제2, 또는 3의 인간형은?)

스마트폰은 인간의 삶을 아주 편리하게, 그러나 가장 비참하게 타락시킨 현대의 새로운, 아니 가장 무시무시한 흉기가 되어버렸습니다. 진짜 〈나〉는 사라지고 보여주기 위한 가짜 〈나〉로 존재하는 좀비! 세상을 향해 무조건 침을 질질 흘리게 만든 스마트폰을 지급받는 순간 우리는 좀비 생산지에서 새롭게 탄생한! 영화 『AI』에서 낡은 로봇은 물리적으로 해체되지만 우리는 이미 해체되어 허깨비처럼 왁자지껄한 유령으로 북적거리는!

| 제(22)주 학습지도 계획안 |

(2012년 8월 20일 ~ 8월 24일)   4학년 2반

배반의 세월

안녕하세요? 방학 동안 별고 없으셨는지요? 하긴 생각하면 꽤 긴 시간인데 여러 가지 일들이 없을 리야 없겠지요. 우리들 인생이 맞이해야 하는 그런 자잘한 일상들이 우리 아이들 머릿속에 한 겹씩 지층을 만들며 삶의 민낯을 새겨주었을 겁니다. 그런 개인의 역사들이 지층을 만들며 우리들 현실을 쌓아 올리는가 봅니다.

아시는 분들도 있겠지만 방학 중 저는 매일 학교에 가서 여러 아이들과 신나게 놀았습니다. 방학 중 개설하는 각종 교실이 신나게 펼쳐지며, 거의 대부분의 학생들이 참여하니까 모두 만날 수 있었습니다. 다른 학교처럼 아이들과 떨어지는 적막(寂寞)한 방학이 아니라 언제나 아이들로 북적거리는 활기찬 학교라서 얼마나 신나는지 모릅니다. 하긴 화분들과 햄스터, 물고기들을 돌보기 위해서라도 출근해야 했지만. 아이들에게만 맡기면 탈이 나기 쉽거든요.

그런데 아이들이 방학인데도 꽤 많이 학교에 나오는 건 아마도 자신을 외로움에서 건져내고 싶은 무의식에서 출발하고 있는 건 아닌지. 부모님

이 일하러 나간 집에서 비몽사몽 정신을 놓고 있다 학교로 가면 삶의 현장이 눈앞으로 가득 달려옵니다. 저 자신도 신명 나는 국악교실에서 아이들과 함께 엉성한 폼으로 장구를 치며 춤을 추기도 했고, 다양한 활동과 병행하는 독서교실에서 독서와 갖가지 놀이, 고학년 아이들을 불러 모아 축구시합을 하며 자주 얼음과자를 사주기도 했습니다. 심심해지면 1~6학년 아무나 모아 야외 탐험으로 학교 뒷산 구석구석을 돌아다니기도. 거미줄 같은 좁은 길을 탐험하듯 아이들과 깔깔 웃으며 도롱뇽, 메뚜기, 거머리, 올챙이 등과 만나 반가운 인사를 했습니다. 저번 시골 학교에서의 기억과 겹치며, 아마도 어릴 때의 기억은 평생을 빙그레 미소 짓게 할 게 틀림없을 것 같습니다. 자주 돌봄교실에서 아이들과 함께 놀이도 하고, 밥, 과자를 나눠먹기도 했습니다. 오후 심심할 때 아이들과 복도에서 햄스터 달리기 경주를 하며 〈햄순이, 햄돌이 이겨라!〉 손뼉을 치며 응원을, 아니 사실은 학대(?)를 했고, 자주 칠교놀이. 비석치기. 제기차기. 윷놀이, 씨름을 하며 즐겁게 하하호호 웃는 시간들을 제각각 새겨놓기도 했습니다. 아이들은 제기를 대개 한두 번밖에 차지 못하더군요. 몇몇은 다섯 번쯤 손이 오그라드는 폼(?)으로 아슬아슬하게 찼지만 제가 100번 넘어 차니까 하나하나 점점 크게 숫자를 세며 환호하더군요. 제기는 균형을 잡아 다리 안쪽에서 직각으로 차올리면 계속 그 자리에서 찰 수 있음을 모르니까 신기하게 생각하겠지요. 경험과 세월이 흘러야 모든 것은 요령을 체득하고 잘 제어할 수 있음을.

그렇지요. 시대를 잃어버리고 아직 방송실 책장을 가득 채우고 있는 낡은 비디오 테이프를 강당으로 가져와 제법 정교한 구성을 한 도미노(Domino) 놀이도 했습니다. 바빴는지 생각보다 아이들이 적게 참여했지만 어쨌든 처음에 가벼운 마음으로 덤벼들던 녀석들을 쳐다보며 좀 고생해보란 생각으로 음흉한(?) 미소를 지었습니다. 당장 다 쌓을 것처럼 덤벼들다 조금만 잘못 움직여도 다다다다닥~ 금새 무너지는 걸 보며 네가 엉덩이를 잘못 움직여서 그랬느니, 네가 너무 가까이 놓아서 그랬느니 하며 씩씩 서로 다투는 녀석도 있었지만 나중엔 좀 더 진지한 자세로 하나하나 정교하게 잘 쌓더군요. 열심히 잘 쌓아 이번엔 성공이라며 자신만만해하더니 결국 또 다시 와르르 무너지는 걸 보며 우는 여학생도. 그렇게 고생하다 3일 쯤 지날 즈음 완성할 수 있었습니다. 처음 한 가닥이 두 갈래로 나누어지다 다시 네 갈래로 나누어지며 인형을 떨어뜨리거나 풍선 날리기, 대야의 배를 출렁거리게 하고는 다시 도로 두 가닥으로 합쳐지다 마지막 도미노가 초인종을 울리는. 크게 놀라울 정도는 아닌, 그저 백 개씩 몇 줄로 쌓은 정도지만 생각보다 고생을 좀 했던 때문인지 모두 박수를 치며 즐거워했습니다. 어쩌면 고생했던 생각으로 눈물을 흘리는. 수박 파티를 열며 아이들에게 물었더니 자꾸 쓰러져 그만두고 싶을 정도로 힘들었다며 결국 모두가 힘을 합쳐 쌓아야 성공할 수 있다는 교훈을 얻었다고 하더군요. 아이들이 개인보다 전체가 협동해야 어려운 일을 헤쳐나갈 수 있다는 사실을 깨달은 것만으로도 좋은 경험이었고, 친구들과의 속 깊은 정을 나눌 수 있었던 점은 특별한 기억으로 남을 겁니다.

그렇게, 그렇게 여름의 분주로 가득했던 방학도 벌써 지나가버렸습니다. 세상에서 가장 냉정한 건 《시간》이 틀림없을 것 같군요. 현실을 사는 우리는 시간의 그네를 타고 도미노처럼 묘기를 부리며 살아가기 바빠 그 흐름을 느낄 때가 적지만 방학이라든지 10대, 청춘 시절, 60년대 등등 한 묶음의 시간을 떠나보내고 나면 언제나 순식간에 지나쳐버린 것처럼 생각합니다. 육체로 존재하는 인간에게 시간은 아무런 미련도 없습니다. 젊음과 청춘과 정열은 도미노처럼 무너져 추하게 남겨진 시간의 흉터로, 너덜

너덜한 주름과 식물 같은 굳은 마음으로 변신해버리지요. 시간은 모든 것들을 자신 속에 가두고 관찰하는 견고한 독재자이자 역사상 가장 형이상학인 철학의 알파(alpha)와 오메가(omega)입니다.

그리스 철학은 인간의 지성으로 이해할 수 없는 시간이란 괴물에 대해 일찍 관심을 가지고 나름으로 천착해나갔습니다. 거북이와 화살의 한계성을 이야기한 그 유명한 〈제논의 역설(Zeno's Paradox)〉이나 〈모든 갈가마귀는 검은색이다〉, 또는 〈모든 크레타인은 거짓말쟁이다〉, 그리고 장자(莊子)의 〈나비 꿈〉 등등도 포함한 다양한 패러독스, 또는 〈거짓말쟁이의 역설(逆說)〉, 〈통 속의 뇌〉 이야기들도 결국은 시간의 철학적, 마법적 측면을 바탕에 깔고 있습니다. 아무리 시간을 잘게 분해해도, 이어 붙여도 결국 시간은 저 홀로 고고하게 흐르는 것을. 그 속에서는 꼬리를 물고 도는 뱀처럼 자가당착(自家撞着), 또는 이율배반(二律背反)에 빠질 수밖에 없음을. 인간 이성의 한계를 시험하려는!

아인슈타인 이후 최고의 지성으로 불리는 '스티븐 호킹(Stephen Hawking)'은 그의 저서 〈시간(時間)의 역사〉에서 시간의 독재성(獨裁性)을 쉽게 풀어냈습니다. 날아가는 화살처럼 그 무엇으로도 정지시킬 수 없고 무조건 일방으로만 흐르는. 조금 전 책상 위 화사한 꽃으로 가득 채워진 꽃병을 잘못 만져 바닥으로 떨어져 산산조각으로 부서져 버리면 그 시간은 겨우 1초에 지나지 않더라도 이미 거스를 수 없는 함정 같은 무(無)로 떠내려 가버린다고 했습니다. 우리를 포함한 자연의 모든 것은 절벽 같은 시간의 단면(斷面)에서 날카롭게 잘리는 무, 배추처럼 이미 시간의 건너편으로 낙하하는 점핑을 계속하는 숙명의 원죄를 짊어지고 있습니다. 제가 생각하기에도 인간은 시간의 오랏줄에 묶여 과거로, 과거로…. 무한한 굴레로 연쇄된 시간의 벽에 희미하게 비치는 그림자의 원죄를 맞아야 하는 불쌍한 존재입니다. 그 그림자는 〈삶〉의 조각들이 되겠지요. 인간은 그래서 현재가 가장 중요하고, 그렇게 주어진 존재의 의미를 찾아내야 하는 운명적인(?) 책임이 있다고 생각합니다.

건방진 생각이지만 그래도 감히 말해볼까요? 시간 속 인간의 존재성을? 생명의 가장 기본적인 모습은 〈플랑크톤(plankton)〉 수준이라고 할 수 있을 겁니다. 그 자체로 증식(增殖)할 수 있는. 물론 그보다 아래 수준의 바이러스 등등도 있지만. 바닷물이 붉게 물든다거나 고기들이 한꺼번에 죽어버리는 현상이 생기는 건 플랑크톤이 무한 번식되어 산소를 몽땅 빨아들이기 때문이라더군요. 나중에는 플랑크톤 자체도 산소가 없어 죽어버려 바닷물도 그 시체들의 분해로 붉게(?) 보입니다. 그런 속에서 플랑크톤 하나에 무슨 의미가 있을까요? 집단이란 이름의 멸망 속에서? 지구 역사에서 개체들이 얼마나 많이 포말처럼 나타났다 사라졌을지. 지구를 비켜 저 위에서 본다면 그 속에서 울고 웃는 인간은 개개의 플랑크톤일 뿐입니다. 문명이란 이름의 흥망성쇠는 그저 바람처럼 덧없이 사라지며, 그런 과정 자체가 인간의 존재성을 표상합니다. 인간이 무슨 생각과 행동을 하던 시간은 상관하지 않습니다. 시간과 존재와의 상관을 이해하든 말든, 그가 나폴레옹(Napoleon)이든 플라톤(Plato), 아인슈타인(Einstein)이든 닥쳐오는 시간의 순서대로 먹어버리지요. 그게 존재성의 본질이고 그 감옥은 벗어날 수 없는 〈자연의 법칙〉입니다. 개개의 이름은 한낱 백일몽(白日夢)처럼 의미 없는, 그저 숨쉬기처럼 사치한 연명술에 다름아닙니다.

우리 아이들에게 시간은 좌표로 인식되지 못하고 잘려진 평면의 한 점 도미노로 존재합니다. 그 도미노는 무한하지요. 그래서 어느 도미노 하나,

개개의 도미노들은 의미가 없어져버립니다. 시간의 진폭(振幅)을 느낄 수 있는 〈그때〉는 의미 없는 도미노처럼 사라져버리는. 그래서 지금 스스로 각성하고 있는 현재만으로, 연속되는 현재만으로 존재합니다. 지금보다 앞의 시간들은 잘 각성 되지 않습니다. 그러나 어른은 예전의 한순간에서 다른 한순간까지의 편차(偏差)를 각성할 수 있습니다. 사진을 보며 추억에 젖어들기도 하지요. 그래서 시간의 진폭이 가늠되고, 흘러간 시간들에 강한 애착과 함께 현재가 더욱 중요함을 알아챌 수 있습니다. 아마도 이 아이들이 중고등학교에 들어갈 즈음이면 겨우 시간의 꼬리를 조금 잡고 그 속에 똬리를 틀고 있는 시간의 올가미를 느끼겠지요. 인간은 언제나 나이보다 철이 늦게 드는 모양입니다.

⇒ 방학 전인 21주에 스마트폰의 접근성과 유용성이 가지고 있는 의미에 대해 써봤는데 시간 계산을 잘못한 이유를 포함해서 여러 가지 문제로 2학기로 넘어와 버렸군요. 늦었지만 계속하겠습니다. 죄송!

5. 의고(擬古)의 시선

결국 스마트폰에 정복당한 시장의 논리는 피처폰을 구석으로 내몰았습니다. 그날 몇 군데 찾아다녔지만 끝내 피처폰을 구하지 못했습니다. 겨우 몇 개 있다는 말을 들었지만 엉뚱하게도 기기값이 10~40만원이라고 해서 입을 딱 벌리고 나올 수밖에 없었습니다. 최신 스마트폰은 기기값은 0원이라던데.

그런데 사실 돈은 크게 중요하지 않습니다. 문제는 기기가 변경되면 통신회사를 옮겨야 하고, 번호도 변경해야 한다는.

저번 주에 말씀드렸듯 저는 휴대폰의 출발을 〈LG 텔레콤〉에서 시작했습니다. 근 10년 동안 기기는 몇 번 바뀌었지만 통신회사는 변하지 않았습니다. 물론 기기도 처음 LG전자 제품에서 지금까지 일관되게 LG전자 휴대폰을 사용했습니다. 일부러 그렇게 고르고 찾은 건 아니지만 우연찮게 그렇게 되어버렸지요. 어떤 물건이 있으면 오래 사용하는 버릇이 있고, 그걸 의식하기 시작하다 보니까 지금에 와선 제 편리를 위해 휴대폰과 통신회사를 바꾸고 싶은 마음도 없어졌습니다. 아니, 앞과 뒤의 관련이 없어진다는 인과율(因果律)의 탈선이 짧게 떠올려졌을지도 모르겠습니다. 또는 광고의 무차별적인 주장과 선동에 더욱 많은 적개심으로 꿈쩍하지 않으려는 심리의 저변도 있을 수 있고, 그래 봐야 그거나 이거나 별다르지 않다는 생각도. 그보다 어쩌면 칸트의 신념까지는 아니라 하더라도 문화를 대하는 나름의 일관된 율(律)을 지켜나가고 싶은.

남들은 다들 잘도 번호를 바꾸고 기변도(한참 무슨 새로운 말인가 헤맸는데 단순히 <기기변경(機器變更)>을 줄인 말이었군요) 하던데, 그래서 아무런 아쉬움도 없이 새로운 세상에 적응하고 신나게 살던데 전 익숙한, 세상과 저에게 연결된 단 하나의 통로를 쉽게 지워버리고 새로운 세상과의 소통을 반갑게 만들어나간다는 것이 도통 끌리지 않았습니다. 달라져버린 세상에서 내팽개친 지난 시간은 없었다는 듯 반짝반짝 깜찍한 얼굴로. 어떤 생물적 연결도 아니고 기껏 물리적인 소통기구에 지나지 않을 뿐인데…. 아마도 쉽게, 스스로 패배(?) 되지 않으려는 잠재된 의지는 아니었는지!

이런 의고(擬古) 성향은 현대를 살아가는 방식에서 많은 부조화를 일으킵니다. 대개 사람들은 연예에 열광하더군요. 무슨 드라마 주인공의 반항적인 표정이 실감난다든지, 어느 가수의 노래가 감미롭고 가슴을 쥐어짜는 듯한 절절한 감정을 환기시킨다든지, 어떤 개그의 유행어가 기발하고 참신하다든지…. 저로서는 전혀 관심도 없고, 누가 누군지도 모르는 인물들과 내용들이어서 대화에 끼어들기가 참 힘이 듭니다. 그냥 그대로 받아들이고 즐기기만 하면 되는데도 말입니다. 그저 흠흠 고개를 끄덕이며….

제가 세상을 살아오며 보고 듣고 느껴왔던 모든 것들은 제 마음의 텃밭에 제각각 자리 잡고 심어져있습니다. 그리고 때때로 마음 속에서 영사(映寫)되는 화면처럼 가끔 저를 잡고 많은 이야기들을 들려주며 끊임없이 각성시키기도 하지요. 어린 시절 등대에서 차가운 바람에 휩쓸린 파도와 함께 울려오던 음울한 해명(陰鬱한 海鳴)의 이미지에서부터 송도 입구 아리랑 고개 절벽에서 떨어져 자살한 동네 형의 검푸른 피가 굳은 얼굴, 세일러(sailor)의 예쁜 여학생과 송도해수욕장 송림을 걸으며 플라토닉(platonic)에 취해 밤새 편지를 쓰던 그날 밤, 철원 철책선(鐵柵線) 근처 야산에서 며칠 혹한기 훈련을 할 때 손을 호호 불며 내려다보던 그 아침의 빛나던 눈밭, 야간 새마을학교에서 학생들을 가르치고 밤늦게 선생님들과 포장마차에서 술을 마시다 술잔 속에서 문득 어두운 그림자처럼 다가와 빤히 쳐다보던 청춘의 고독, 술집에서 술에 취해 서럽게 울던 젊은 색시의 눈물에서 운명처럼 느꼈던 서글픈 애수(哀愁)…. 그렇게 그 그림들은 시도 때도 없이 불쑥 나타나선 발그레한 미소로, 안타까운 울음으로, 어둠에 잠긴 고독으로, 설레는 사랑으로, 이해할 수 없는 생명의 수수께끼로…, 여러 가지 모습으로 되살아나곤 합니다. 저는 그 그림의 각 항(項)들을 이리저리 옮기며 알 수 없는 방정식 속에 겹쳐진 시간의 얼굴들을 뚜렷이 떠올리곤 합니다. 그러면 인생의 비밀이 그 문을 열어젖히듯 좌항(左項)에 있던 화려(華麗)가 시간의 우항(右項)으로 이항되며 섬돌 위의 깨어진 사금파리로 변하는 비밀을, 그래서 세상의 모든 현재가 특별하지 않은 부질없는 꿈임을 잘 이해하고 있습니다.

저번 10주에 한국 소울(soul) 음악의 대부였던 가수 '박인수(朴仁樹)'에 대해 이야기했었지요? 그의 불행한 가족사와 삶의 아픔을. 그러나 불행은 그 혼자만의 이야기는 아니었습니다. 「노란 샤스의 사나이」로 한국은 물론 동남아까지 점령하며 60년대를 그 최전선에서 화려하게 열어젖혔던 열정의 가희(歌姬) '한명숙(韓明淑)'이 엊그제 세상의 변두리에서 겨우 기초생활수급자 신세가 되어 근근이 연명하고 있다는 신문 기사는 그들에게 드리워진 시간의 마법을 잘 보여주고 있습니다. 전에 〈KBS 가요무대〉에서 하얀 야회복을 입고 열창하던 화려한 모습이 문득 떠오르는군요. 떠나간 연인의 결혼식장에 남몰래 가서 아픈 사랑의 추억으로 애달파하는 '펫 페이지-Patti page' 원곡의 번안곡 『Waltz of tears-눈물의 왈츠』를 역설적으로 허스키한 묵직한 소리로 열창하던 화려의 아이콘이었던 그녀도 결국 시간의 마법에 휘둘려 화려와 이별한 신세가 되었군요.

    슬픈 가슴 안고 나는 갔었지요
    그대 결혼식에
    들려오는 올겐 그 소리에
    그만 나는 슬피 울었소...

아마도 그 마법은 오래지 않아 한명숙의 마지막을 보여주곤 시간의 우항(右項)에서 희미한 그림자의 파노라마로 걸어둘 겁니다. 아무도 실체를 모른 채 허공을 떠도는 이름만으로. 현재를 마구 섭렵하고 있는 '소녀시대'의 화려는 그런 감수성으로 존재하는 저에게는 철없는 당대인의 자가

당착이 아닐 수 없습니다. 아마도 오래지 않아 풍풍한 '아줌마시대'의 대표주자가 되어 추억이나 팔아먹을. '장동건(張東健)'이 현재 대중의 전면에서 주인공으로 활약하지만, 그러나 그보다 더욱 화려한 전설을 만들며 한 세상을 휘어잡았던 청춘의 표상 '최무룡(崔戊龍)'도 이미 망각의 우항으로 떠내려 가버렸습니다. 아니, 그의 배턴을 이어받은 맨발의 청춘 '신성일(申星-)'은 물론 최무룡의 아들 '최민수'도 아마 곧 그렇게?

모든 당대인은 현실이라는 존재의 올가미를 벗어날 수 없습니다. 육체와 감각과 사고의 근거로 압도되기 때문에 그에 의지하고 받아들이고 순응할 수밖에 없지만, 그러나 미래의 조락(凋落)과 망각이 너무나 빨리 현실 위에 덧씌워질 걸 잘 아는 저에게는 그저 가소로울 뿐입니다. 소녀시대도 장동건도. 이제 와서는 전령(傳令)에 지나지 않는 최무룡과 한명숙처럼 그들도 곧 그렇게 시간의 마법에 형편없이 떠내려가야 하는, 기껏 그림자에 지나지 않습니다. 그런 제가 무작정 현대만을 보며 열광한다는 건 가당치도 않지요. 세상의 아버지, 할머니들이 소녀시대의 춤에 열광할 수 없다는 건 그런 시간의 축약(縮約)을 느낄 수 있는 곳까지 달려온 사람이 되었기 때문이고, 이는 곧 의고(擬古)의 시선으로 세상을 조망하게 된다는 뜻입니다.

시간의 강을 건너지 않은, 그래서 미래의 겸손을 생각할 필요가 없는 현대의 화려한 식욕은 저에겐 아무런 의미도 없습니다. 스마트폰의 왕성한 식욕은 폴더폰의 그때 화려를 돌아보지 않습니다. 의고(擬古)의 세상을 견뎌내야 하는 폴더폰은 한때 어깨에 힘을 잔뜩 주고 사람들의 총애를 한 몸에 받아들였지만 이젠 함부로 취급되고 사라져도 아무런 억울함을 하소연할 수 없게 되었습니다. 지금은 〈주인공〉과 〈화려〉와 〈본문〉이 판을 치는 세상이고, 그에 관심 없는 저는 장동건과 소녀시대 대신 최무룡과 한명

숙을, 화려함 대신 그들의 죽음과 고절(孤節)을, 관심을 마냥 잡아두는 본문 대신 구석에 있는 각주(脚註)처럼 남겨져 전해오는 이야기들이나 잡고 인생을 곱씹을 수밖에 없습니다. 인생을 달관했는가요? 아니면 착각하고 있는가요? 제가?

6. 세상의 소통, 그리고 배반

부산대를 다녀온 후 짐짓 세상과의 통로를 벗어던지고 내면과 만나는 호사를 실컷 즐기고는 있었지만 사실 마음이 편치만은 않았습니다. 직장과 사회, 그리고 가족과의 연결이 끊어져버리니까 마치 무인도에 표류하여 살아가는 '로빈슨 크루소(Robinson Crusoe)'가 된 듯한 생각도 들었습니다. 어쩌면 이대로 죽어버린다면 몇 달 만에 발견될 수도 있겠다는 끔찍한 생각이.

어쨌든 세상과의 연결통로를 만들어야 했습니다. 체육 시간에 다친 아픈 발목을 치료하기 위해 자주 다니는 사직동 정형외과에 가서 물리치료를 받고 나오는데 꽤 큰 휴대폰 매장이 보였습니다. 혹시….

들어갔더니 마침 전면부 중앙에 둥그런 액정 시계가 있는 꽤 낯익은 휴대폰이 있었습니다. 다행히 LG전자 휴대폰이었습니다.

직원에게 물어보니 며칠 내로 구할 수 있다고 하더군요. 기기값도 4만원인데 4개월 분납으로 할 수 있고, 가장 값싼 요금제도 가능하고, 이전 번호를 사용할 수 있다는 설명에 갑자기 횡재(橫財)를 했다는 생각까지 들 정도였습니다. 하지만 통신사를 SK텔레콤으로 이동해야 하는 문제가 있었지요. 갑자기 가슴이 아릿해졌습니다. 더 이상 찾아다니기 힘들고, 정구할 수 없다면 번호이동도 할 수밖에 없지 않겠는가라는 무언의 타협이 한 가닥 떠올랐기 때문이지요. 덧붙여 익숙했던 통로와의 이별도. 결국은 저도 시간의 줄 위에서 어릿광대로 춤을 춰야 하는.

몇 번 이야기를 하다 지친 탓인지 그 자리에서 계약하고 말았습니다. 스마트폰이 아닌, 피처폰을 구했고, 번호도 지켜냈지만 LG텔레콤과는 의리(義理)를 지키지 못했지요. 뭐 의리라니까 스스로도 이상하고, 또 그쪽에서는 제 이 엉뚱한 고집을 알지 못하고, 그래서 고마워하지도 않을 텐데 혼자서 짝사랑처럼…. 〈나는 나의 법을 만들고, 그에 따라서 살겠다〉는 칸트(Immanuel Kant)류의 신념도 와르르 무너지고 말았습니다. 세월의 틈새에서 배반(背叛)이 빼꼼 고개를 내밀고 비웃고 있었습니다. 그러나 밖으로 나와 비 온 뒤의 강렬한 햇빛을 받으니 방금 그런 생각은 금세 요술처럼 사라져버렸습니다. 번쩍이며 손바닥에 착 감기던 그 휴대폰이 자꾸 눈에 떠올랐습니다. 사람은 참 간사하더군요. 신념이란 마음만 달리 먹으면 단번에.

체코 프라하 출신의 유대인 작가 '프란츠 카프카(Franz Kafka)'의 작품 중 『변신(變身)』이란, 세상에서 다시없을 기괴한 소설이 있더군요. 아마도 '고골(Nikoai Gogol)'의 『외투』보다 더욱! 아버지와 어머니, 그리고 누이동생으로 된 가족의 경제와 빚더미를 책임지는 피곤한 가장(家長)인 '그레고르 잠자(Gregor Samsa)'가 어느 날 불안한 꿈에서 깨어났을 때 침대 속에서 한 마리 커다랗고 흉측한 벌레로 변했다는 이야깁니다. 수많은 발로 바닥과 벽과 천장을 돌아다니는. 그래도 가족은 그가 잠자 임을 알아채고 이번에는 반대로 자신들이 돌봐주지만 결국 지쳐버린 가족들이 사과를 던져 잠자를 죽이고, 그리고 남은 가족끼리 오랜만에 〈햇빛 비치는 거리〉로 즐거운 소풍을 가면서 끝납니다.

 (사람들은 그 작품을 실존으로, 소외로, 조직, 자본의…. 그렇지요. 하지만 저 개인으로서는 인간 심리 근저에 미리 프로그래밍된-, 비온 뒤의 햇빛처럼 시간의 단속(斷續)으로 더 강하게 느껴지더군요. 전과 후! 그 확연한 운명처럼 갈리는. 그렇게 비평문을 한번 써보고 싶군요. 시간 속에서 벌레보다 못하게 파멸해가는 인간의 조건을. 아니 물체가 <사르르> 변신하다 결국 해체되는 꿈에서도 불가해한 생각을. 그래선지 사실 카프카는 아직 아무도 그 세상을 정확히 파악해내지 못한 난공불락(難攻不落)의 작가가 아닌가 싶군요. 어둠 속에서 커다란 눈을 뜨고 침묵의 내면으로 가라앉으며 의식마저도, 아니 육체마저도 기괴하게 변형되고 해체되는 견고한 유형(流刑)의 이미지가 떠오르는. 그의 삶 자체가 현대적 삶의 메커니즘에 염색된 정신으로는 이해가 불가능하지 않을까란 생각도. 모두 그의 세상 입구에서 이러쿵저러쿵 소란스럽기만 하는. 어쩌면 카프카는 그런 사람들을 바라보며 저승에서 고개를 젓고 있는지도 모릅니다.)

 아마 제 마음도 그런 가족들의 마음이 아니었을까요? 저를 옭아매던 의고(擬古)의 벌레를 과감히 내던지고 세상 속으로 즐겁게 소풍을 나서는. 그게 과연 모든 의미들을 수렴하고 해결하는 방식인지는 자신할 수 없지만.

7. 압도적인 스마트폰

 폴더폰이 첨단을 달리던 때가 바로 엊그제였습니다. 그런데 어느새 스마트폰이 세상을 완전히 바꾸어놓았습니다. 재작년 '장동건'의 〈언제 어디서나 막힘없이 콸콸콸 3G 스마트폰을 쓰세요〉라는 CF 소리가 요란했는데 불과 2년도 되지 않아 모두 스마트폰 세상으로 변해버렸습니다. 인터넷보다 스마트폰 중독자가 많아지고, 그 중 80% 이상이 10대, 20대라고 합니다. 아직 자신을 조정하는 힘이 부족한 젊은이들이 자기 과시, 체면 차리기, 인정받고 싶은 심리의 측면으로 첨단 스마트 기기를 사용하려는 경향이 많아지고, 이젠 모임과 대화보다 스마트폰으로 채팅하는 것이 훨씬 편해졌다는군요. 고개를 숙여 손에 쥔 스마트폰을 보다가 〈거북목증후군〉이나, 터치만으로 스마트폰을 사용해 손목과 손가락에 스트레스를 줘 〈손목터널증후군〉을 호소하는 젊은이들이 병원을 찾는다는 소식도.

얼마 전까지 피처폰을 가진 게 자랑이던 아이들도 이젠 스마트폰이 아니면 버리고 찾아가지 않는다고 합니다. 교무실 한쪽에 있는 분실함에는 방금 구입한 제 휴대폰보다 더 멋진, 뭐 얼마 전까지 프리미엄(premium)급이라고 한참 날리던(?) 휴대폰 몇 개가 일년 내내 그대로 있습니다. 얼마 전까지 그걸 가지는 게 꿈이었는데 말입니다. 꿈은, 아니 시간은 황금을 쓰레기로 만들어 가볍게 밀어내버리는 변신술(變身術)의 달인인 것 같군요. 그걸 볼 때마다 시간의 마법이, 인생의 한 고비가 똬리를 틀고 혓바닥을 날름거리고 있음을 알아채고 고개를 돌려버리곤 했지요. 어쩌면 우리들 삶도 그렇게 빛나는 가치들을 내팽개치고 '잠자'처럼 변신에 변신을 거듭하다 사라져버리는 건 아닐지? 문명과 문화는 그 속에 숨겨둔 달콤한 마약처럼 우리를 허망한 벌레로 만들어버린다는 의심을 떨쳐버릴 수 없습니다. 꿈을 깨면 이미 모든 것이 환상처럼 사라져버리는.

사려 깊은 훈육은커녕 자식조차 이길 수 없어진 시대의 맹목으로 교실은 오늘도 손가락 돌리는 소리가 가득합니다. 그 아이들이 휴대폰 문화의 본질을 이해하고 세상을 향해 달려갈 날이 과연 다가오기나 할까요?

이상 새 휴대폰 구입기였습니다. 스마트폰이 나타내는 문화적 기호들은 다음에 기회가 되면 좀 더 깊숙한 사회학적 시점으로 파헤쳐보고 싶군요.

> 덧붙이는 글

 2021년도 벌써 두 달이나 지나고 있는 봄에도 그 휴대폰은 아직 굳건하게 제 자리를 지키고 있습니다. 뒤쪽 덮개가 행방불명되어 드러난 배터리를 실 몇 가닥으로 묶고, 금테 도금도 벗겨지고, 무엇보다 배터리 지속 시간이 짧아져 매일 밤마다 충전해야 하지만.

 아이고, 제가 생각해도 참 피곤하게 살고 있군요!

| 제(23)주 학습지도 계획안 |

(2012년 8월 27일 ~ 8월 31일)　　　　　　　　　　　　　　　　4학년 2반

성냥팔이 소녀의 죽음

　사람들은 참으로 똑똑한 존재입니다. 세상 모두를 보더라도 사람만큼 객관(客觀)을 인지하고, 주변 상황에 능동적으로 대처하고, 지적인 창조성을 발휘할 수 있는 존재는 없습니다. 아니, 우주 전체를 조감하더라도 아마 찾기 힘든, 신(神)적인 생물, 아니 기적의 존재가 아닐 수 없습니다.

　전에 무슨 다큐에서 봤는데 남미 어느 부족은 집 부엌에서 다람쥐보다 조금 더 큰 크기의 설치류 동물(기니피그라던가?)을 수십 마리 기르고 있더군요. 그런데 그중 한 마리를 그 자리에서 도축하여 요리를 하는데도 다른 놈들은 파르르 떠는 동료의 죽음을 인지조차 하지 못하고 오히려 친구의 벌거벗은 핏빛 몸뚱이를 혀로 핥으며 주인 옆을 태평스레 돌아다니더군요. 논리적인 사고 자체가 없고 다만 자신에게 닥치는 위험한 고통 자체를 피하려는 본능으로만 존재하는.

　그에 비하면 사람은 상황과 그 전후 사정까지 헤아려 자신을 유리하게 위치하려는 조망(眺望)을 쉽게, 끊임없이 이어갑니다. 아마도 슈퍼컴퓨터 몇백대로도 불가능한 일을 일개 생명체가 쉽게 발휘하고, 또 다른 사람들은 그게 당연하다는 듯 자기도 고차원적인 〈슈퍼(Super) 행동〉을 스스럼없

이 펼쳐 보입니다. 우리들이 아무렇지도 않은 듯, 각성 자체도 하지 않는 생각과 행동들이 사실은 우주적 기적인데도 말입니다.

더욱 현대인은 그런 생물학적인 인간의 한계마저 뛰어넘으려고 하지요. 자동차는 우리 몸이 감당할 수 없는 번개 같은 속도를 소유할 수 있게 했고, 비행기는 사람을 기적처럼 하늘을 지배하게 하여 신의 영역까지 넘보게 했으며, 컴퓨터는 세상의 모든 것을 손안으로 불러들여 세상을 촘촘한 거미줄처럼 구성시켰습니다. 물론 제 전성시대(?)는 컴퓨터가 없던 시대라서 새롭게 적응하려고 꽤 고생한 기억이 생생합니다만. 세상일에서 서툰데다 이미 굳어버린 두뇌로는 도스(DOS)로 일일이 프로그램을 짜는(?) 게 너무 힘들어 포기해버렸지요. 뒤에 윈도우가 등장하면서 선생님들이 일제 후지쓰 노트북을 단체로 살 때 얼떨결에 같이 사서 컴퓨터의 기능을 이해하고, 학교 일에 사용할 수 있었습니다만, 아직도 제게는 디지털이 아날로그 세상보다 친숙하진 않군요.

그러나 우주를 조망하고, 삶을 눈앞으로 불러와 주르륵 펼치는 요술을 부리는(?) 현대인은 얼핏 신적인 존재에 가까워지는 것 같지만, 사실로 말한다면 한 치도 나아가지 못하고 있습니다. 우리는 우리를 둘러싸고 있는 세상 속에서도 일부 영역에서만 신처럼 존재하지만 모든 외연(外延)과는 전혀 상관없는, 아메바 수준에서 스멀거릴 뿐입니다. 다층으로 겹친 우주, 아니 지구 속에서 우리 자체는 기니피그와 다름없는 생명의 한 유형일 뿐 그 껍데기를 절대 벗어나지 못하고 있습니다. 이성과 상상력과 실제성과… 그리고 그것들을 포괄하여 지구를 마음대로 섭렵(涉獵)하는 기적 같은 존재지만 그러나 결국 자신 속에 갇혀 있는. 인간의 생명은 우주에서는 아무렇지도 않게 소비되고 사라질 뿐입니다.

너무 절망적인가요? 염세에 찌든? 하지만 그건 아닐 겁니다. 본질적으로는 낙관에 치우친, 인위적인 생각에 머물지 않겠다는 엄연한 자연과 과학적인 운행에 바탕을 두겠다는 진지함입니다. 우리는 신적인 존재이면서도 형편없는 존재거든요.

그렇지요. 사람들의 의식은 일상 속에서 전지(全知)는커녕 많은 부분들에서 제대로 각성(覺醒)하지 못한다는 생각입니다. 번듯하게 맡은 일을 처리하고, 양식적인 규범에 정교하게 대응(對應)하고, 사람들 생각의 흐름과 정확하게 일치시켜 합일(合一)하고, 특정 부분에서 세련된 감성으로 사람들에게 찬사를 받기도. 그러나 그게 사실은 현실 의식의 하나일 뿐 대부분의 경우 자신을 둘러싼 외연(外緣)이 각성 되지 않는 것 같습니다. 정신분석학의 주요 대상인 〈무의식(無意識)〉이란 말도 그런 무각성 상태의 다른 말을 어느 정도 뜻하는 게 틀림없습니다. 일종의 〈무의식의 커튼〉이 우리들 삶을 두텁게 가로막고 희롱하고 있다고 할 수도 있겠군요. 그런 면으로 우리는 역시 기니피그와 다름없는!

예를 들면 우주를 조망하는 원대한 시선의 인간이면서도 의식 자체는 현재 자신과 분리되지 못하고 현장성(現場性)에 철저히 갇혀 있습니다. 지금 제가 밥 먹는 순간의 의식 밖에는 수많은 또 다른 현장(現場)들이 화려하게 둘러싸고 있습니다. 어느 범죄의 현장에서 긴장된 시선으로 두리번거리는 강도의 현실은 밥 먹는 제겐 없는 거나 마찬가지의 현장입니다. 거꾸로 결혼식장에서 행복한 미소를 짓는 신랑신부에게도 어느 곳에서 밥 먹고 있는 저의 존재는 각성 되지 않지요. 만약 특별한 경우 의식적인 각성은 할 수 있겠지만 가까이서 볼 수 있는 현장성은 없습니다. 만화영화 주인공인 '머털이'가 요술을 부려 자신을 수백, 수천으로 만들어도 겨우 수백, 수천에 불과할 뿐 세상의 모든 현장으로 접근할 수 없습니다. 〈태평양 밑바닥의 펄〉과 〈히말라야 고산의 고사목(枯死木)〉은 무시무시한 〈압력〉과 〈작렬하는 강풍의 회오리〉를 흠뻑 견뎌내는 장한(?) 모습으로 강렬한 〈현존재(現存在)〉를 자랑(?)하지만 그러나 나와 관련없는 단지 그곳의 그림일 뿐입니다. 신에게 우리는 기니피그나 다름없습니다.

왜 그렇게 똑똑한 사람들이 모든 걸 한꺼번에 각성하지 못하는 걸까요? 다시 말하면 인식의 동시다중(同時多重)은 왜 불가능할까요? 신은 모든 것의 현장을 동시에 모두 각성하고 지켜보고 있는데…. 하느님에게 세상은, 아니 온 우주마저도 모든 것의 원인이자 결과로서 자신의 속에서 운행되고 있다고 사람들이 믿고 있는데 인간은? 예를 들면-, 제 생각으로는 최고의 동화작가에 틀림없을 '안데르센(Andersen)'의 그 유명한 동화 『성냥팔이 소녀』에서 크리스마스 때 어느 집 가족들이 식탁에 둘러앉아 맛있는 음식을 먹고 가족들에게 선물을 나눠줄 때 창 바깥에서는 추위에 벌벌 떨며 성냥으로 언 발을 녹이는 소녀가 안을 들여다보며 부러워하고 있는. 그 가족들은 겨우 창밖에 지나지 않는 가까운 현장에서 성냥으로 손발을 녹이는 눈물겨운 그림이 함께 하고 있다는 각성을 하지 못했습니다. 아니 할 수 없었지요. 성냥팔이 소녀는 결국 얼어 죽었습니다. 그게, 겨우 집안과 밖에 지나지 않는 가까운 장면이 인간에겐 그렇게 어려운 각성이었을까요? 즐거운 식탁과 함께 창문 바깥에서 추위에 오들오들 떠는 소녀를 우주를 정복할 정도로 뛰어난 이성과 형이상학을 발휘하는 두뇌로서도? 차원이 다르면 인식, 각성은 요술처럼 사라지는가요? 읽으면서도 눈물이 앞을 가로막는군요!

그렇습니다. 성냥팔이 소녀를 죽인 건 다중(多重)이란 불가능한 무의식 때문이었습니다. 아니, 신(神)의 냉정 때문인가요?

현실은 다양한 장면들로 구성되어 있습니다. 그러나 의식은 외곬입니다. 사람이 어느 순간 모든 것을 한꺼번에 다 각성할 수는 없습니다. 인간이 보편적인 세상의 장면과 의식들을 한꺼번에 같이 각성할 수 있다면 두뇌가 감당할 수 없는 엄청난 신호들로 뇌 자체가 파괴되어버릴 겁니다. 육백만 불의 사나이처럼 슈퍼 아이, 또는 귀, 달리기… 그런 슈퍼맨이라도 각성은 각각의 현장성에 조금도 다가갈 수 없습니다. 그저 한참 뒤늦은 〈의식〉일 뿐이지요. 인간이 의식과 행위를 하려면 모든 것을 제어하고 외연의 질서에 집중해야 일관된 공정(工程)같이 현실을 감당할 수 있습니다. 그것도 단 한 장면만의 각성일 뿐. 아마도 인간이 두뇌의 일정 부분만 이용하는 이유도 그래서일지도 모릅니다. 뇌 영역을 다 활용한다면 엄청나게 많은 것들을 초능력자처럼 할 수 있을지 모르지만 대신 뇌는 터져버릴지도. 영화 『레인 맨-Rain Man』에서 '더스틴 호프만(Dustin Hoffman)'이 비상한 기억력을 보인 것은 일반인보다 훨씬 집중된 두뇌 영역을 사용할 수 있어서라고 하더라도, 대신 자폐증은 그런 다중에 따른 각성 때문에 뇌 회로의 정체(停滯)로 인한 증상이란 엉뚱한 생각이 들기도 하더군요. 엑스타시(Ecstasy)란 말도 다른 모든 것은 사라지고 황홀한 순간의 감각만 남아 자기 스스로마저 유폐시키는 특별한 예가 되겠군요. 성냥팔이 소녀는 사람들의 그런 선택된 의식 밖으로 유폐되어 버렸습니다.

예전에 저는 과학자나 신학자처럼 제법 그런 의식의 각성이 한계를 가지는 이유를 알고 싶어 최면처럼 스스로를 중심으로 주변 모든 환경의 의미를 동시에 떠올린다고 일부러 그런 비슷한 훈련을 해본 적이 있습니다. 말하자면 신(神)이 되려고 흉내 낸. 현재 내가 밥을 먹고 있는 집 바깥 왼쪽 하늘 위에는 종달새가 날고 있다, 창문 밖으로 늙수그레한 어느 남자가

리어카를 끌고 있으며, 부엌 구석 거미줄에는 살기 위해 버둥대는 나방 한 마리가 몸부림을 치고 있고, 건너편 산 위에는 비행기가 날아가고, 깊은 산속 절벽에 솟은 소나무 가지 잎 하나가 바람에 사르르 나부끼고…. 하늘에서 한꺼번에 다 쳐다보듯 그렇게 다양한 장면들을 동시(同時)에 현현(顯現) 시킨다고 최면술사처럼 제법 신중하게 인식의 다중 연습을 해봤습니다. 지금 생각해봐도 제 의식에 〈밥〉과 함께 〈종달새〉, 〈리어카〉와 〈나방〉과 〈비행기〉와 〈소나무〉란 제각각의 환경을 한꺼번에 영사(映射)한다고 끙끙댄 건 두말할 것도 없이 전능한 〈신의 섭리〉를 체득해보겠다는 엉뚱한 고집이 아닐 수 없군요. 다만 제각각의 환경은 다양한 층위(層位)로 존재하고, 그 각각의 층위에는 제각각의 움직임들이 한없이 영속되고 있음을 대신 느꼈습니다. 타자(他者)로 구성된 존재들의 층위를 이해하기 위해 책을 읽기도 하고, 사색에 빠져보기도 하고…. 덕분에 세상을 보는 기반을 타자들을 종합하는 인식(認識)의 확장에서 찾을 수 있었고, 그리고 그 범위를 조금은 넓히지 않았나 하는 엉뚱한 자부심도.

그러나 아무리 그래도 타자들의 현장을 일일이 각성할 수 없다는 것은 변함없는 그대로입니다. 우리의 인식이나 감각은 단 하나의 현장성을 떠날 수 없습니다. 지금 연인과 데이트를 하며 충만한 행복에 빠져있을 때 어느 곳에서 어머니의 죽음에 몸부림치는 안타까움은 있음 자체도 무시되지요. 흔들리는 버스에서 소매치기가 제 주머니에서 돈을 꺼내고 있어도 모르고 옆 동료와 천연덕스럽게 이야기를 나누는…. 타자는 무수하며 제각각은 현장성에 투철하게 갇혀 있지만 우리가 눈앞으로 데리고 올 수는 없습니다. 우주의 모든 정신은 현실에 기반을 두고 있고 다른 현실은 제각각의 현장성 속에 체포되어 꼼짝 못하고 갇혀 있을 뿐입니다. 내가 있는 바로 이곳만 각성할 수 있지요. 사랑의 상실에 절망해 자살하는 순간에도 세상은 제각각 희로애락(喜怒哀樂)의 현장성으로 존재합니다.

　또한 각각의 현장도 고정된 것이 아니라 시간의 날갯짓에 따라 자꾸 변화, 간섭합니다. 예를 들면 나비효과-butterfly effect! 분명히 풀밭을 나르는 나비의 날갯짓은 지금 내 눈앞에서 현현(顯現)하기 때문에 각성할 수 있지만 그 날갯짓은 공기의 미세한 변화…, 장소의 변화…, 시간의 변화…, 변화와 변화들을 불러와 무수한 장면들로 분화합니다. 그 날갯짓이 나중 깊은 산 절벽에 비틀려 자란 소나무를 휘저어 가지를 부러뜨릴 수도 있습니다. 그 나무를 캐어 아궁이에 불쏘시개로 써서 안방에 누운 아픈 아이를 따뜻하게 하여 살려낼 수도 있습니다. 독수리가 그 따뜻한 상승기류를 타고 나르며 다람쥐를 잡고, 그 힘에 의해 흙과 나뭇잎이 밀려 흐트러집니다. 각각의 변화들은 또 다른 변화들을 현란하게 만들어냅니다. '에드워드 노턴 로렌즈(Edward Norton Lorenz)'란 사람이 이야기했다는 〈나비효과〉는 결국 《원인은 결과가 되고, 또 그 결과들도 각각의 원인이 되는 순환(循環)의 구조》로 엮이는 걸 말하는 건 아닌지! 나비의 날갯짓이란 아주 작은 한 가지 현실에서 출발해 모든 세상은 변화되고 있습니다. 어쩌면 〈손오공〉이나 〈슈퍼맨〉, 또는 만화영화 주인공 〈머털이〉가 여러 명으로 분화(分化)되는 건 그런 나비효과에 대해 무력하게 현실에 얽매인 인간의 원망(願望)을 에둘러 표현한 건지도 모르겠습니다.

　어린아이는 그렇게 불어오는 꽃냄새를 맡을 수 있고, 공기 속 냄새로 퍼져 꽃을 따먹는 초식동물의 성장으로 무한정 변화합니다. 모든 것은 《계속되는 원인이고 결과》입니다. 그로 인해 벌어지는 우주적인 엄청난 변화들을 예측할 수 없기 때문에 개개의 각성은 아무런 의미가 없어집니다. 어떤 전자(電子)나 원자(原子)의 정확한 모습(像)이나 위치는 광원(빛)이 오히려 더 긴 파장(波長)이기 때문에 그 충돌로 인해 알아내기가 불가능하다는(스스로도 뭔 말?) '하이젠베르크(Werner Karl Heisenberg)'의 〈불확정성의 원리-Uncertainty Principle〉가 가지는 의미는 원자 같은 작은 세상에서만 통용되는 게 아니라 세상의 다양한 현상들 속으로 의미를 확산시키며 결과적으로 변화의 인과 속에서 무한정 순환된다는 걸 가리키는 게 아닌가 생각되는군요. 어쩌면 나의 존재는 중생대 공룡이 사냥하며 내닫는 발길에 차인 돌멩이 하나의 〈구름〉과 연결된다고 해도 무리하다고 할 수 없는. 지구상 모든 사람들도 제각각의 구름으로 존재하는. 그렇게 자연은 필연성에 근거를 둔다며 아인슈타인의 유명한 말 〈신(神)은 주사위 놀이를 하지 않는다〉의 의미도 일정 부분 그런 경향에 대한 반응이 아닌가 싶기도 하군요. 사람들은 억겁처럼 변화한 인과(因果)의 주사위를 알 수 없습니다. 인간은커녕 신도 알 수 없는. 만약 신이 인간과 지구와 우주를 창조했다면 그건 이미 자신의 영역을 벗어나 제멋대로 운행되는 골치 아픈 사생아임이 틀림없을 겁니다. 인간 세상으로 좁혀 봐도 특히나 부정적인 경향을 내포한 변화라면, 그래서 사람들은 더욱 일부러 외면하고픈 무의식이 차단하지 않나 싶습니다. 성냥팔이 소녀는 〈무의식〉이란 당당한(?) 외면에 죽음을 맞았습니다.

이번에 제가 여름 감기를 심하게 앓았습니다. 올해 여름은 폭염이 유난스러웠지요. 폭염에 대한 교육용 동영상도 봤고, 여름이면 올해 또 고생하겠구나란 의식이 있었는데도 불구하고 제 일상에서 절대로 예측할 수 없었던, 일부러 외면하고 싶었던 감기라는 날갯짓이 그렇게 각성 밖 무의식에서 제멋대로 발현되다니! 어쩌면 그런 무의식에 대한 경고인지도 모르겠습니다만.

제가 세 들어 살고있는 집은 작고 간편해서 여름엔 선풍기로 지냅니다. 낮에도 계속 켜놓아야 하고, 밤에는 발치 쪽 먼 곳에 약하게 회전시켜놓고 잤습니다.

그런데 어느 날 아침 일어나니 아래 입이 돌아가더군요. 입이 돌아가니 머리가 어깨 위에 바르게 자리 잡지 못해 목 근육이 찢어질 듯 아팠습니다. 목젖이 가렵고, 소리가 잘 나지 않으며, 노란 가래가 쉼 없이 흘러나왔습니다. 병원엘 갔더니 의사 선생님이 대번에 '선풍길 켜고 잤지요?'라고 묻더군요. 의사에게서는 그만큼 폭염이란 보편적인 날갯짓에서 감기라는 〈양식화(樣式化)〉된 나비효과를 쉽게 연결 짓는데 왜 저는 전혀 관련조차 지어보지 못했을까요? 그 논리적 연결성을 그런대로 이해하면서도. 전문가가 아니라서? 아니면 이미 더위에 지쳐서?

아무튼 3~4일 열심히 약을 먹고 선풍기를 끊어버렸습니다. 그런데 그때부터 살이 무섭게 빠지기 시작했습니다. 놀랍게도 하루에 1kg가량 뭉텅뭉텅 잘라내듯 근육이 줄어들더니 불과 열흘 만에 몸무게가 9~10kg이나 빠졌습니다. 제가 평소 운동을 꽤 해서 표준체중에 가까운 67~8kg대를 계속 유지했는데 놀랍게도 58kg대까지 순식간에 빠졌습니다. 예전 살 빼려고 고생할 때를 생각하면 웃어야 할지! 누워서 20kg의 바벨 역기를 2천 번 이상 들 수 있는 제가? 팔굽혀펴기도 50번을 어렵지 않게 할 정도로 제법 빵빵했던 가슴 근육은 형편없이 줄어들었고, 팔다리가 젓가락처럼 가늘어지며 그 속 뼈마디가 피부 위로 드러났습니다. 과장하자면 마치 수용소에서 죽기 직전에 구출된 유대인들의 뼈만 남은 사진에서처럼. 제 몸이 그렇게 변한다는 게 어쩌면 그렇게 신기한지!

허리와 뱃살이 빠지니까 바지 둘레가 커져서 허리띠 끝까지 조여도 엉덩이까지 내려와서 신발 끈으로 매고, 덕분에 기장도 길어져 시골 농부처럼 바짓단을 두 겹이나 접어 올려야 할 정도였습니다. 알맞던 셔츠는 반팔이 긴팔처럼 축 처져 아이가 어른 옷을 입은 것 같더군요. 커져버린 옷들을 내버려야 하나 싶은 생각까지 했습니다. 나중 우리 학교 여선생님들이 절 보더니 부럽다고 하더군요. 아무래도 몸매에 민감한 여선생님이라선지 죽어도 빠지지 않는 살들이 저절로 그렇게 빠지니까 자기들도 아파봤으면 하는. 전 실컷 고생을 하고있는데도.

안경도 내려앉더군요. 그러니까 초점이 맞지 않아 시야가 희미해져서 자꾸 눈 주위를 긴장시킨 탓으로 눈알과 머리가 떨어져나갈 듯 아팠습니다. 안경 가운데 브릿지(bridge)에 반창고를 두툼하게 말아 붙여 일부러 안경을 위로 밀어 올리니까 불편하지만 조금 환해졌습니다. 아직도 그렇게 지내고 있지요.

그리고 드러난 뼈마디 때문에 앉거나 누우면 푹신한 곳에서도 결려서 10분 이상을 그대로 있을 수가 없었습니다. 게다가 좌우의 균형이 달라져선지 걸을 때 한쪽 발뒤축이 자꾸 반대쪽 발 안쪽 복숭아뼈를 스쳐서 피가 났습니다. 참 걷는 게 이렇게 힘들다니!

자주 팔다리에 마비가 오고, 특히 칫솔질을 할 때 엄지가 오그라들어 손가락을 편다고 고생했습니다. 힘이 없고 하늘이 노랗더군요. 세상에, 폭염의 날갯짓 하나로 이렇게 〈엄청난〉 고통이 달려오다니! 변화는 생활 속에서 똑똑하게 발현되고 있었습니다.

사람들은 창밖 성냥팔이 소녀를 인식하지 못합니다. 폭염이 살을 잘라내듯 녹인다는 것은 무의식에 잠겨있어서 절대로 그렇게 각성할 수 없습니다. 의사는 전공 분야에서 기계적 인과의 법칙으로 사는 사람이라서 그렇게 연결할 수 있겠지만. 만약 뛰어난 정신이 있어 그 비슷한 층위들을 잠깐 떠올려볼 수 있겠지만 계속 '앤디 워홀(Andy Warhol)'의 '마릴린 몬로

(Marilyn Monroe)'일러스트레이션(illustration)처럼 멀티 화면으로, 파노라마로 동시에 각성할 순 없습니다. 어쩔 수 없는 인간, 아니 존재자들의 한계가 되겠지요. 저로선 한때나마 그런 신의 섭리까지 헤아려보려고 했는데…. 그로 인한 아쉬운(?) 자학으로 망연할 뿐이었습니다.

뒤늦게 다른 외연들이 떠올랐습니다. 교실의 화분과 물고기와 햄스터들! 그냥 두면 죽을 게 틀림없을.

방학 내내 학교에 갔습니다. 커다란 어항의 물은 전날의 폭염으로 겨울에 세수를 해도 좋을 정도로 따뜻했고, 햄스터들은 배를 하늘로 향하고 가쁜 숨을 몰아쉬었습니다. 화분들도 말랐습니다. 매일 교무실 냉동실에 얼려둔 두어 개의 페트병 물로 어항 수온을 낮췄고, 햄스터들은 목욕을 시키고, 얼음과 사료를 듬뿍 주었습니다. 제가 변화의 날갯짓 일부나마 각성해서 목숨을 이어갈 수 있었지 만약 저의 아픈 각성에만 갇혀 있었더라면 물고기와 햄스터는 성냥팔이 소녀처럼 벌써 죽어 신기루처럼 사라져버렸을 겁니다. 나비의 날갯짓을 예측할 수 없었던 죗값으로 말입니다.

그러나 그토록 정성을 다해 키웠지만 결국 피라미와 버들붕어 3마리, 금붕어 2마리, 햄스터 2마리, 그리고 우렁이와 갓 깨어난 쌀알 크기의 새끼들 모두 성냥팔이 소녀처럼 죽었습니다. 날갯짓 속의 현실들을 외면하지 않으려고 했지만 완벽한 전능이 될 수 없었던 〈현실에 갇힌 존재〉 때문이었습니다.

아이들과 함께 물고기와 햄스터를 화단 옆에 묻어주었습니다. 복도에서 햄돌이, 햄순이 달리기 시합도 하며 정이 듬뿍 들었던 녀석들인데…. 화분도 누렇게 시들어버려 이번에 개학과 함께 몇 개만 남기고 정리해버렸습니다. 어제 아이들이 고기 몇 마리를 가져와 평화롭게 지느러미를 흐느적거리는 게 제법 보기 좋습니다. 오늘 아침까지도 더운 어항 물을 갈아

주었는데 비가 와서 내일은 그러지 않았으면 좋겠습니다. 곧 수영천 상류 계곡에 아이들과 가서 피라미나 민물새우, 다슬기 등을 채집하여 활기찬 (?) 어항을 만들 생각입니다.

　지금은 기침은 가라앉았고, 몸무게는 3~4㎏가량 늘었습니다. 당기면 아직 피부가 죽 늘어나다 스멀스멀 줄어드는데 전처럼 탄탄해지려면 좀 더 많이 먹고 운동도 해야겠습니다.

　세상에 실체를 가진 〈존재〉는 액체처럼 이곳저곳 가득 널려있습니다. 아니 무한하다고 하겠습니다. 그리고 또 그 옆의 현장들은 서로 겹쳐 연쇄되고 있으며, 또한 시시각각으로 변하고 있습니다. 그러나 우리는 단 하나의 현장 속에서 한순간만, 단 하나의 〈존재〉들만 만나며 살아갑니다. 그것은 어쩔 수 없는 우주의 본질입니다. 1초에 수십, 수백, 수천억의 계산을 할 수 있다는 슈퍼컴퓨터 수천 개로도 모든 변화에 대응할 수 없습니다. 다시 말하지만 신(神)도 그 모든 변화에 완벽히 대응할 수 없습니다. 자신을 떠받드는 사람들에게 위신을 보이려고 변화를 모두 제어하려고 하다간 머리가 돌아버릴 겁니다.

　보잘것없는 인간이지만, 그러나 그렇다고 변화의 장면들을 외면한다면 세상의 온기는 사라지고 종내에는 자신에게도 세상이 떠날 겁니다. 성냥팔이 소녀들은 모두 다 죽고, 햄스터와 물고기, 화분들 모두 사라질 겁니다. 그러나 조금만 날갯짓을 예측하고 주변의 존재들을 껴안으려는 생각을 가지면 몇 가지 따뜻한 온기를 주변에 퍼뜨릴 수 있지 않을까요? 한계속을 사는 인간이지만 그래도 우리는 자신의 주변을 자꾸 각성하려는 태도를 의식적으로 가지고 노력해야 할 겁니다. 그게 우리들 인간의 조건과 한계를 뛰어넘어 또 다른 값어치를 획득하고, 인간으로서의 완성에 더욱 다가가는 방정식이 아닌가 생각되는군요. 어쨌든 그런저런 것들을 모르고 한가로이 먹이를 먹는 햄스터가 귀여워서 일부러 둥근 놀이기구를 뱅뱅 돌리는 장난을 치니까 어리둥절해하는 표정이 우습기도 합니다.

그러나…, 그러나 사실 성냥팔이 소녀는 그저 아이들이 읽는 동화로서만은 아니었다는 사실이 문득 떠오르는군요. 안데르센이 살던 19세기는 과학과 자본이 극도로 발달하면서 빈부가 극명히 나누어지고, 그리고 일반 대중의 삶은 비참하기 그지없었습니다. 그의 부모는 가난한 구두수선공이었고, 어머니는 남의 집살이를 할 정도여서 거의 문맹에 가까운 부모들로서는 그에게 원하는 만큼 도와줄 수도 없었지요. 초등학교마저도 그만두고 공장에서 일을 해야 할 정도로. 그런 환경 속에서 그는 아이들에게 들려주는 아름답거나 슬픈 이야기들로서가 아니라 불행한 소외 계층을 따뜻이 보듬고 동시에 자본의 비정(非情)에 대해 서슴없이 비판적 시선을 키웠습니다. 그 자신이 자신의 동화에 대해 어린이를 위한 이야기로서보다는 〈어른들과 세상을 향한 비판〉이라고 말할 정도였습니다. 그는 일찍부터 19세기가 가지는 여러 가지 모순들을 직접 겪으며 그런 비판적 시선을 키워왔습니다. 《백조 왕자》, 《미운 오리 새끼》, 《성냥팔이 소녀》 등에서처럼 사회에 뿌리를 내리지 못하는 당대 민중들의 고난을 동화라는 형식에 입혀 토해냈지요. 그가 살던 19세기 서구사회는 허구의 세상이며, 성냥팔이 소녀의 고난은 이미 지상이 아니라 〈천국〉에서만 가능하다는 절망과 비판을 그처럼 슬픈 이야기 속에 깔아놓았습니다. 그는 동화라는 소프트(soft?)한 장치 속에 근대 서구 사회에 대한 〈허구〉와 〈패배〉라는 음울한 이미지를 강력하게 담아냈습니다. 그런 시선에서 보면 그의 말처럼 동화를 그저 아이들이 읽는 이야기라고만 할 수는 없을 것 같은. 그래선지 당대 아메리카 최고의 관능적인 여배우 '리타 헤이워드(Rita Hayworth)'(『쇼생크 탈출-The Shawshank Redemption』에서 감옥에 걸려있던 핀업(Pin-up) 포스터의 늘씬한 여배우) 주연의 『길다-Gilda』, 나중 동화(童話)처럼 진짜 모나코의 왕비가 되는 '그레이스 켈리(Grace Kelly)' 주연의 『백조-The Swan』, 그리고 미남 스타 '록 허드슨(Rock Hudson)'의 『무기여 잘있거라-A Farewell to Arms』 등등의 유명 영화를 만든 '찰스 뷔더(Charles vidor)' 감독이 『한스 크리스티안 안데르센-Hans Christian Andersen』이란 실명(實名)의 발레 영화를 만든 것도 다 그런 사회비판적인 시선을 은연중에 깨달았기 때문일 겁니다.(위의 영화들 모두 제가 소장하고 있습니다. 깔끔한 화면으로.)

그런데…, 사실로 말하자면 성냥팔이 소녀 이야기는 동화로서가 아니라 〈실제 사건〉이었다고 합니다. 안데르센이 차가운 섣달그믐에 직장인 극장에 출근할 때 극장 앞에서 한 소녀가 추운 날씨에 얼어 죽어있었습니다. 그 소녀의 손엔 타다 남은 성냥개비가 꼭 쥐어져 있었다고도. 모여든 사람들이 혀를 차며 안타까워했는데 안데르센도 눈물을 참으며 그날 극장에서 단번에 한편의 동화를 써내려갔습니다. 성냥팔이 소녀의 혼을 달래기라도 하듯 〈환상〉과 〈구원〉의 나라를. 성냥불로 손발을 녹이는 소녀에게 따뜻한 〈난로〉와 칠면조로 만든 〈음식〉과 〈할머니〉가 찾아와 이야기를 나누었다는 마지막 장면은 19세기를 살았던 안데르센의 소녀를 향한 눈물겨운 위로의 장치로서는 아니었는지!

우리 아이들은 2학기를 맞아 좀 더 성숙해진 것 같습니다. 차분하고 자기 할 일을 스스로 잘 하는 것 같아 흐뭇합니다. 미리 청소 준비로 종이를 줍기도 하고, 장난감을 혼자가 아니라 같이 가지고 놉니다. 주변을 껴안고 이해하고 있다는 의미지요. 이런 착한 아이들이 그런 인생의 다양한 국면들을 이해하고, 창 밖 성냥팔이 소녀들을 생각해주는 따뜻한 각성의 꽃을 좀 더 피웠으면 좋겠습니다. 세상에서 가장 부조리한 것은 우리 주변에 성냥팔이 소녀가 가득 널려있다는 점입니다.

제(24)주 학습지도 계획안

(2012년 9월 3일 ~ 9월 7일)   4학년 2반

실존과 해체, 제망매가(祭亡妹歌)

　방학 때 제가 몹시 아팠다는 말을 저번 주에 말씀드렸습니다. 한창 아플 땐 마치 죽을 것 같았습니다. 내일 아침에 일어나지 못하면 어쩌나 싶은 걱정이 덜컥 들기도. 가뜩이나 가족이 해체되고, 사회적인 관계와 네트워크가 깨어지는 모래알 사회에서 무연사(無緣死)니 고독사(孤獨死)니 하는 말들이 무지막지하게 떠올랐습니다.

　엄마도 없이 혼자 키운 아이들은 서울의 대학으로, 그리고 자아를 찾는다며 해외로. 제가 그렇게 불길한 말들을 떠올린 것도 무리는 아니었습니다.

　그래서 얼마 전까지 함께 살았던 작은 누님에게 전화를 했습니다. 내일 아침에 전화를 해달라고. 하지만 새벽같이 일어난 아침 내내 전화는 없었습니다. 제 걱정의 뜻을 이해하지 못한 듯했습니다. 죽음은 그렇게 쉬운 일상이 아닌 모양입니다.

　만약 제가 아침에 죽었다면 당분간 아무도 제 죽음을 눈치채지 못할 겁니다. 당장 사람들과의 연결과 소통이 없었으니까요. 어쩌면 부패하는 냄새로 세상에 고지하였을…. 그게 하루가 될지, 한 달이 될지. 참으로 끔찍한 일이 아닐 수 없습니다.

요즘은 사후 유품과 주변 정리, 화장 등을 전문으로 하는 〈특수청소업〉이란 명칭으로 한 생명의 마지막을 담보로 하는 직업이 흥성한다는 소리도 들리더군요. 예전 장의사가 미처 감당하지 못하는 고독한 개인들의 주검을 전문으로 처리하는. 그만큼 가족도, 지인도 없이 고독하게 세상과 이별하는 개인들이 많다는 뜻일 겁니다.

우리들이 미처 각성하지 못하는 일상의 뒤편에서 죽음은 항시 벌어지고 있었습니다. 새삼스레 그런 비밀스런 제의(祭儀)를 눈치챌 수 있다면 생을 입체적으로 파악할 수 있지 않을까요?

그 아픔의 시초는 방학 동안 있었던 작은 형의 죽음이었습니다. 어쩌면 제가 아팠던 건 형의 죽음과 그 과정에서 받아들인 여러 가지 몸과 마음의 고통 때문은 아니었는지.

새벽에 작은 누님에게서 전화가 왔습니다. 조금 전에 형이 돌아가셨다고. 결국 조마조마하며 일부러 마음속 깊이 숨겨뒀던 말이 현실로서 눈앞에 다가왔습니다.

우리 형제는 5남매로서 두 살 터울입니다. 큰 형이 막내인 저보다 11살, 이번에 돌아가신 작은 형이 9살, 그리고 큰 누님, 작은 누님이 그렇게 터울입니다. 제 바로 위에 3살 터울 막내 누님이 있었지만 아주 어릴 때 디프테리아에 걸려 죽었기 때문에 지금 작은 누님과는 5살 차입니다.

큰 형도 그랬지만 작은 형도 못잖게 머리가 비상했습니다. 가난한 집안이었기 때문에 자신은 상급학교로 진학하지 못하면서도 누군가의 대리(代理)로 중입 시험을 쳐서 합격시키고 돈을 받아 어머니에게 드렸다는 이야기는 등대 동네에서는 공공연한 비밀이었지요.

어릴 때부터 공장을 다니며 가족을 돌보거나, 등대에서 자갈치까지 운행하는 도선(渡船)의 기관장 일을 하다 입대해 장기하사관으로 근무하며 결혼했습니다. 그러다 월남전에 자원하여 냉장고와 텔레비전 등을 몇 보따리 가져오기도 했습니다. 사실 크고 반짝이는 그것들을 처음 보며 저도 형을 따라 월남전에 참전하기 위해 지원하려고 했는데 거의 마지막 기회를 놓치는 바람에 결과적으로 무사히(?) 제대한 셈입니다만, 아무튼 집안을 돌보려고 월남전까지 자원한 형의 마음은 집념에 가까울 정도여서 저절로 고개가 숙여질 정도였습니다.

오랫동안 고생도 하고, 그런대로 살림도 일궜는데 10년 전후로 자주 몸이 아프더군요. 나중 고엽제(枯葉劑)로 인한 증상으로 밝혀졌지만 크게 개의(介意)할 정도는 아니라고 생각했는데 점점 증상이 심해져 걱정스러웠습니다. 보훈병원에서 계속 치료를 받았는데 2~3년 전부터 호흡곤란으로 움직이기 힘들어졌습니다. 학교 옆 등산로 입구에 〈고엽제 전우회〉라는 컨테이너로 만든 가건물이 있는데 가끔 그곳에 와서 저와 식사를 함께 하기도 했지만 병세가 심해지면서부터 발걸음을 끊었습니다. 올해 들어 증세가 더욱 심해져 해를 넘기기 어렵겠다 싶었는데 한 달 전부터는 겨우 숨만 그르렁거리고 몸은 움직이지 못했습니다. 다행히 저는 며칠 전 찾아보고 마지막을 예감할 수 있었지요.

그런데 형의 죽음을 마음속에 새겨놓았지만 실제 소식으로 듣고 보니 무척 낯설었습니다. 죽음은 폭군처럼 절대적 힘으로 다가왔기 때문에 마음 한쪽으로는 거기서 탈출하려는 본능이 작동한 건지도 모르겠습니다만. 어쩌면 젊었던(?) 우리 가족에게 닥친 첫 비극이어선지 실감으로 느껴지지 않은, 멀게만 느껴졌던 죽음이 드디어 우리들에게도?

새벽이었기 때문에 형제들도 장례식장에 모여 형수와 조카들과 함께 장례준비를 했습니다. 음식을 차리고, 영정 사진을 준비하고, 입관을 하고, 들어오는 화환을 진열하고, 손님을 맞고···.

 장례는 꽤 호상이었습니다. 조카와 사위가 꽤 폼나는(?) 직장을 다녀선지 화환이 즐비했고, 다음 날까지 사람들이 끊임없이 찾아왔습니다. 손님을 맞기 위해 우리 형제들은 아예 자리를 비켜주고 밖에서 서성거릴 정도였지요. 교통사고로 가장이 죽었다는 옆 빈소는 화환과 손님들이 띄엄띄엄했습니다.

 장례 내내 조카들은 무척 섧게 울더군요. 아버지를 생각하는 마음이 지극한 듯했습니다. 하지만 우리 형제들은 오히려 덤덤했지요. 형이지만 우린 직계인 조카들에 비해 한 자리 먼 핏줄로 존재했고, 세상을 살아오며 세파에 깎여버린 감정의 가장자리 때문이었습니다.

 그런 중에도 손자들은 어른 흉내 내며 울기도 했지만 대체로 장난치며 놀기도 했습니다. 어른들의 곰삭은 감정이 아닌 의식(儀式)으로서의 낯선 행사가 아이들에게 깊숙이 다가올 리 없을 테니까요. 더구나 오랜만에 만난 또래의 순진한 사촌끼리니까 그럴 만도 했습니다. 나중 화장할 때 부모 따라 잠시 울기도 했지만.

 장례를 마치고 집으로 돌아왔을 때 비로소 가족의 의미와 죽음에 대한 회한 같은 것들이 밀려왔습니다. 얼마 전 지인의 노모가 돌아가셔서 찾아갔던 생각도.

 그 장례는 80대 후반의 호상이어선지 유족들도 크게 슬퍼하는 것 같지 않고, 줄지어 선 화환들과 많은 사람들로 활기찬(?) 장례식장이었습니다. 저도 아는 사람들과 만나 오랜만에 반갑게 인사하고 술도 한잔하며 웃기도 했습니다.

 돌아오며 과연 내가 죽으면 세상은 어떤 식으로 반응할지, 혹 저를 아는 사람이 있어 마음에서 비워내는 방법을 어떤 식으로 진행할지···. 하긴 전 죽음에 이르면 가능하면, 아니 확실히 일러서 집에서 조용히 자식들이 지켜보는 가운데 숨을 거둘 생각입니다. 울지 못하게 하고, 조용히 태어났듯 아무에게도 알리지 말고, 그리고 영락공원에 연락하여 〈다음날〉 곧바로 화장해 고향인 충무동 등대 앞 바다에 뿌리라고 단단히 일러둘 생각도. 스스로 알고 찾아오는 사람이 있으면 어쩔 수 없이 맞아야겠지만. 아무튼 지금은 잃어버린 곳이지만 무엇보다 제가 태어난 곳에서 흔적도 없이 사라질 수 있도록 미리 단단히 강조해 둘 생각입니다. 죽음만은 마지막까지 지켜야 할 저의 자존심으로 남겨둘까 합니다.

문득 가장행렬(假裝行列)! 그렇지요. 모인 사람들도, 과시하는 화환들도 모두 다 가장행렬이 아닐까요? 냉정하게 말하면 육체를 가진 한 생명의 종말이며, 그러면서도 워낙 흔한 다반사일 뿐인데 그렇게 꾸미고, 일부러 과장하여 웃고 떠들고. 그리고는 혈육들에게서마저 떠나고…. 아마 부재(不在)의 슬픔을 그렇게 가장행렬이란 축제를 통해 풀어내는지도 모릅니다. 소월(素月)의 시 「진달래꽃」처럼 역설적인 애이불비(哀而不悲-슬프지만 드러내지 않는)의 모습으로서는 아닌지. 그렇더라도 사열하듯 줄지어 선 화환들은 생각만 해도 끔찍하군요.

인생의 조합은 참으로 느슨합니다. 꽉 짜인 틀로 이루어진 것 같지만 외피만 그런 골조로 이루어져 있을 뿐 개아(個我)는 근본적으로 고독하며, 아무도 돌아보지 않습니다. 그렇게 역사의 수많은 무명(無名)씨들은 외피 밖 심연의 허무 속으로 제각각 떠났을 뿐입니다. 전 별로 관심이 없어 잘 알지도 못하지만 연전에 왁자하게 떠들었던 '최진실'의 죽음도 따지고 보면 그런 우리들 허무의 잠금장치로 존재하고 있음을 알 수 있지요. 실체가 아닌, 소문과 가상의 공간에서 존재하는 그녀를 우리들 허무한 개아는 모두의 여왕으로 모시고, 그래서 우리들 인생의 느슨한 조합을 한 가지로 묶어내려는. 최진실은 그런 우리들 마음을 소통시킬 수 있는 만능열쇠였습니다. 아직도 그의 이야기를 하는 사람들이 있는 것도 다 그런.

어쩌면 죽음은 아주 작은 우리들 세계와 이별하고, 저 먼 영원의 침묵 속으로 사라지는 공포(恐怖)일지도 모릅니다. 기나긴 시간 속 혈연의 족보에 짧은 그림자로 남겨지는. 고대 족장(族長)의 고인돌이나, 잉카 제국(Inka Empire)의 거대 무덤, 이집트 파라오(Pharaoh)의 피라밋(pyramid), 진시황의 병마용(兵馬俑) 등도 그런 망각의 공포를 불식하기 위한 신전일 수도 있겠군요. 그런 점에서 웅장하게 보이는 겉모습으로는 성공했지만 역시나 우리들 개인과 아무 관련 없는 조형물로서 그저 객관화된 형식으로 존재할 뿐입니다. 오히려 영원(永遠)이란 시간에 포박당한 고독한 꼭두각시에 다름없습니다. 존재할 당대의 화려와 그 이후가 완벽히 차단된.

그리고 가족이란 인연! 사라지고, 시작되고, 또다시 속절없이 사라지는 한없는 되풀이 속에서 가족은 형편없이 패배할 겁니다. 우리 형제 시대의 가족은 우리 형제가 죽음으로써 차츰 사라져버리고, 조카들은 또 자기들의 가정을 키워오며 우리와 어느 순간 연(緣)이 끊어지고, 또 저희 형제끼리도 제각각의 삶 속에서 우리처럼 사라지고…. 결국 가족은 해체와 낯선 결성(結成)의 고리에서 실체 없는 속임수 희롱을 일삼을 겁니다. 누가 까마득한 저를 기억하겠습니까. 우리가 애써 가문(家門)이라든가 몇 대조 선조(先祖) 등을 떠올리는 건 혈맥(血脈)의 미로 속에서 헝클어진 인연의 맥을 이어보려는 부질없는 노력에 다름 아닌. 하긴 민족이나 국가라는 틀 속에서는 희석된 국민이란 이름으로 뭉뚱그려지겠지만.

아아, 그래서 더욱 안타까운! 그렇게 해체되어야 하는…. 그게 존재의 문법이고 벗어날 수 없는 인과(因果)임에야. 그 인과 어느 어름에서 형은 존재하는지? 우리들 모두는 또 어디쯤의 고리에서 그렇게?

<祭亡妹歌>

生死路隱(죽고 사는 길)

此矣有阿米次肹伊遣(예 있으매 저히고)

吾隱去內如辭叱都(나는 간다 말도)

毛如云遣去內尼叱古(못다하고 가는가)

於內秋察早隱風未(어느 가을 이른 바람에)

此矣彼矣浮良落尸葉如(이에 저에 떨어질 잎다이)

等隱枝良出古(한 가지에 나고)

去奴隱處毛冬乎丁(가는 곳 모르누나)

阿也彌陀刹良逢乎吾(아으, 미타찰에서 만날 나는)

道修良待是古如(도 닦아 기다리리다)

제망매가는 신라 경덕왕 때의 승려 월명사(月明師)가 한자를 빌어 와 우리말을 대신 표현한 서정시의 하나라고 하더군요. 이런 시를 '향가(鄕歌), 또는 '향찰(鄕札)이란 명칭으로 부른다고 알고 있습니다. 그는 이 시에서 실존에 대한 간절한 원망을 〈한 가지에 나고〉로 표현했지요. 그러나 형제로 태어났지만 〈이에 저에〉로 그렇게 또 제각각 떠나는 아픔을 안타까워 합니다. 하지만 처참하군요. 〈가는 곳 모르누나〉라며 존재의 아픔을 또 다시 산산이 가르고, 부수고, 내던져 실존을 부재시키는. 월명사는 우리 역사에서 삶의 본질과 그에 깃든 의미에 대한 질문을 최초로 던진 〈實存主義

者〉였습니다.

　제망매가, -이 경우는 〈祭亡兄歌〉가 되겠지만-는 우리 다섯 형제의 가슴 아픈 첫 이별가입니다. 저 전후(戰後)의 피폐를 작은 골방에서 이불 하나로 체온을 나누며 견뎌낸, 우리들 눈물겹도록 아름답던 전성시대는 이제 저 먼 메아리로 사라져야 하는! 그렇게 가족은 결성되고, 그 죗값은 필연 해체의 무한 함정으로.

　생사는 〈예 있으매〉인가요? 그래서 한 가지에서 난 실존들이 형편없는 낙엽으로 사라지는 절대고독의 심연이 우리들 삶의 진정인가요?

　아아, 월명사여!
　영원으로 떠나 적멸(寂滅)로 사라지는 우리네 인생은 어떻게 위로를 받아야 하나? 당신처럼 도(道) 닦으면 영원히 함께할 수 있으려나.

제(25)주 학습지도 계획안

(2012년 9월 10일 ~ 9월 14일)　　　　　　　　　　　　4학년 2반

너무 많은 것들

너무 많은 공장/음식/철학/주장....
하지만 너무나 부족한 공간/너무 부족한 나무

....

너무 많은 컴퓨터/가전제품....
회색 슬레이트 지붕들 아래/너무 많은 커피

....

너무 많은 종교/양복/서류/잡지....
지하철에 탄 너무 많은/피곤한 얼굴들
하지만 너무나 부족한 사과나무/잣나무....

....

너무 많은 돈/금속물질/비만/헛소리....
하지만 너무나 부족한 침묵

문득 '알렌 긴즈버그(Allen Ginsberg)'라는 시인이 생각난다. 검은 수염을 길게 길러 마치 도인(道人)처럼 보였던. 50년대 말과 60년대 초에 주로 활동했지만 우리들 6~70년대에 매력적인 이름으로 들어본 기억이. 2차 대전 전후 황폐한 현실에 대한 절망과 고독, 그리고 반동과 자유로운 영혼에 관한 이야기를 했다는 아련한 기억도.

......
우리 시대 훌륭한 정신들이 광증으로 파멸하는 걸 보았노라
벌거벗은 히스테리로 아사하고
분노의 폭발을 찾아 새벽의 흑인거리를 배회했노라
......?

무슨 뜻인지 몰랐지만 56년에 발표했다는 『아우성』이란 싯귀를 고등학교 때 '문관호'란 짝지에게 들려줬더니 문예부에 가입하라고 하던 생각이 나는군요.
아무튼 '백남준(白南準)'의 비디오 아트(video art) 『굿모닝 미스터 오웰(Good Morning Mr. Orwell)』에서 짧지만 강렬했던 모습도. 그동안 잊고 있었는데 새삼스레 찾아봤다.

전후 50년대 자유와 민주주의의 수호신으로 등장한 미국은 꿈과 자본, 낙관과 번영으로 그 파워를 떨치며 세계의 경찰로 등극했다. 그야말로 로

마에 필적할 만큼 세계를 제패한 최강의 국가였다. 그러나 그 이면 그늘에서는 독버섯처럼 돋아나는 동서냉전의 불안과 그에 따른 마녀사냥식 메카시즘(McCarthyism)의 광풍과 인종차별, 빈부와 경찰력의 억압이 사회적 문제로 부상하면서 점차 그 위선과 침묵을 비웃는 일련의 움직임이 나타나기 시작했는데 문학과 예술 분야에서 이른바 〈비트 제네레이션-Beat Generation〉이라는 움직임이 사람들에게 영향을 주기 시작했다. 〈비트〉라는 말은 지극히 피로하고 환멸적(幻滅的)인 상태라는 이미지를 띠고 있다고 일고 있는데, 그들은 주류 문화에 대한 거부, 영적 체험의 찬양, 성의 개방, 허무를 향한 동경, 오리엔탈적 신비주의, 개인의 해방 등을 주창했고, 규율과 도덕적 전통과 가치에 적대적(敵對的)으로 빈정거리는 태도를 보임으로써 젊은이들의 열광적인 환영을 받을 수 있었다. 언더그라운드(underground) 가수의 출발을 알린 '밥 딜런(Bob Dylan)'과 '존 바에즈(Joan Baez)'가 등장하여 시대의 긴장을 노래로 표출하며 저항의 표상으로 자리 잡았고, '잭 케루악(Jack Kerouac)'이 소설 『길 위에서』로(예전엔 한자로 <路上에서>라는 말로 통용됐습니다만) 젊은이들의 각광을 받았고, 알렌 긴즈버그(Allen Ginsberg)가 통렬한 소리로 위의 아우성 같은 경향파적(傾向派的)인 시들을 낭독하면 피로와 환멸에 찌든 사람들이 환호와 눈물로 화답했다. 무지개처럼 화려했던 아메리칸 드림의 내부로부터 반항의 불길이 폭발하며 한 시대를 광풍처럼 휩쓸기 시작했다. 어떤 낙관이나 적극성, 합리화와 체계화를 모조리 거부하는 무정부주의적인 해방구가 세계의 심장 미국의 한가운데에 심어졌다.

그리고 보니 젊은 날 보았던 영화 『졸업-The Graduate』에서 명문대 출신인 '더스틴 호프만(Dustin Hoffman)'이 미래의 꿈을 잃고 방황과 고통의 일탈을 보인 것은 그런 비트닉의 한 전형이 분명했으며, 『포레스트 검프-Forrest Gump』에서 검프가 사랑하는 '제니'가 음울한 반항과 일탈의 집단으로 빠져들며 술집에서 나체로 통기타 연주를 한 것도 그런 절망의 한 행동이었으며, 그리고 『이지 라이더-Easy Rider』에서 히피 청년들이 정체성을 찾아 전국을 떠돌다 비루(鄙陋)한 옹고집에 사로잡힌 사람들이 쏜 총에 맞아 길 위에서 허무하게 죽는 장면은 그 종말의 비극임이 분명하다. 그러나 비트는 한 시대를 뛰어넘어 오늘의 우리들 마음에도 잠재되어 면면히 흐르고 있으며, 그들의 고통과 방황과 우수는 5~60년대 젊은 날의 상흔처럼 선명히 새겨져 있다. 어쩌면 나도 그런 망령에 짓눌려 세상을 떠돈 건 아닌지.

이 글은 짧은 행과 단정한 형태가 확연히 드러나는 그의 『너무 많은 것들』이라는 시(詩)인데 게시하며 길어서 축약했지만 당대 미국의 혼돈과 무질서의 상황을 암시하는 의미는 달라지지 않는다. 뿌리 깊은 인종차별과 메카시(McCarthy) 선풍에서 연유한 폐쇄적인 시야와 불구화(不具化)된 의식, 그리고 〈정부가 지껄이고 통제하는 매스미디어를 통해 선전되는 졸악(拙惡)한 시대〉의 희생자로서 그는 이렇게 반항을 했다.

가만히 음미하면 이 시에서 드러나는 〈많은 것〉들은 현대에서 더욱 가속도로 넘쳐난다는 생각이다. 어린 시절 밤하늘에 쏟아질 듯 반짝이던 은하수의 별빛들 따라 너울거렸던 아름다운 꿈은 도시에 들어찬 스카이라인의 날 선 예각(銳角)이 잘라먹어버렸고, 정겨운 사람들이 오가며 평화롭던 기억 한 움큼 새겨놓던 길거리는 강철과 시멘트의 효율적인 도시 생태계가 비정하게 가로막고…. 그 내장에서 함부로 배설되는 커피와 서류와 양복과 컴퓨터와 비만…. 그런 화려와 비인간성이 혼재하는 문명의 아이콘들, 피곤한 인간 정신의 갖가지 몽타주(montage)들, 너도나도 넘치게 쏟아내는 사회적인 포즈…. 어쩌면 더욱 많은 것들로 둘러싸여 있기도. 현대는 홍수처럼 넘쳐나는 그런 과잉으로 불안이 증폭되고, 헛소리가 함부로 횡행하고, 비상식적인 도착(倒錯)이 일상이 되고, 첨단과 정의로 위장한 퍼포먼스가 소비되고 있다. 그래서 필요한 공간이 부족해지고, 나무들이 자라지 못하고, 얌전한 침묵은 암살당하고…. 도처에서 넘치고, 바쁘고, 시끄럽고, 그래서 피곤한….

나 역시 그런저런 여러 가지로 피곤한 하루여서 학교를 마치고 집에 와서 일찍 저녁밥을 먹었다. 빨리 자고 싶은 마음뿐이었다. 그동안 잠시 뉴스를 보려고 오랜만에 TV를 켰는데 웬 오락 프로의 시끄러운 소리들만 가득 쏟아진다. 그 많은 채널마다 악다구니처럼 시끄러운 소리와 영상이 방을 점령한다. 뜻도 모를 노래와 춤이 혼란스럽다. 돈을 준다 해도 전혀 보고 싶은 생각이 없는 드라마들이 리모컨 따라 휙휙 지나간다. 코미디언들의 슬랩스틱(slapstick)이 안쓰럽다.

경쾌한 타구 소리가 들린다. 프로 야구 중계다. 평소라면 볼 생각이 없겠지만 오늘따라 상대적으로 조용한 편이어서 잠시 채널을 고정했다. 예전 학생 땐 단체 응원도 가곤 했지만 사회인이 되고나서부터는 야구장을 찾은 적이 한 손을 꼽을 정도다. 그나마 후배인 투수 최동원(崔東原)이 은퇴한 뒤로는 완전히 발을 끊었다. 인연이 없는 야구장에서 많은 사람들 속에 끼여 휩쓸린다는 건 사막 한가운데에 내던져진 것 같아 끔찍하다. 야구가 아니라 〈종합오락 세트〉처럼 변해버린 가짜 스포츠에 자동인형처럼 의식 없는 환호로 범벅되고 싶은 생각은 추호도 없다.

프로스포츠는 팬이 있기에 존재한다고 할 수 있겠다. 귀한 시간과 돈을 내고 경기장을 찾아와 응원하는 팬이 없다면 프로야구가 존재하는 의미가 없으리라. 특히나 프로 야구는 아이들에게 〈꿈과 희망〉을 준다고 하지 않나? 그래서 각 구단은 팬을 대상으로 한 각종 행사를 열고 경기 외적인 볼거리를 제공하려고 애쓴다. 선수들도 팬들에 사인을 해주고, 사진 촬영 요구에 응하는 것이 일종의 의무처럼 돼 있다.

그러나 야구에서 팬은 제1의 명제처럼 〈절대적〉으로 존재하는 형식이 아니다. 순수한 〈야구〉라는 양식 자체가 〈온전한〉 모습이다. 팬은 어쨌든 야구에 종속된 한 부분일 뿐이다. 다만 야구가 프로스포츠로 자리 잡고 세상에 펼쳐 보이는 방식이 지극히 자본주의 방식으로 운영되다 보니 지금에 와선 팬이 야구의 주체(主體)가 되어버려 야구를 자신들의 기호에 맞게 휘둘리고 있을 뿐이다. 야구라는 시합 자체는 여러 잡다한 것들의 과도한 개입으로 마치 쓰레기더미처럼 온갖 모습을 뒤섞어 가장 자본주의다운 〈쇼〉로 변해버렸다. 지금 와선 팬이란 강력한 자본의 표상에 머리를 숙이고 절대복종을 맹세해버려 야구 자체의 정교한 구성력을 변질시켜 오히려 엔터테인먼트(entertainment)의 새로운 문화 양식으로 재창조되었다고 할 정도다. 그러나 야구는 엔터테인먼트가 결코 아니다. 인간의 가장 원초적인 투쟁의 의미가 결집된 야구에 부수적으로 존재하는 한 부분일 뿐이다. 관객은 유전자에 새겨진 투쟁과 승리의 방정식을 찾아 스스로를 위로한다. 그러나 지금의 야구는(다른 종목도 비슷하지만) 핵심은 까마득한 지하에 가라앉아있을 뿐 두터운 외피(外皮)들로 둘러싸여 온전히 맹목으로 변질되어버렸다. 엔터테인먼트의 함성과 열광이 야구를 오도(誤導)하는 오늘날 진정한 야구는 멸종해버린 화석으로 남았다. 난 순수한 결정 같은 야구 자체만 보고 싶을 뿐이다.

관중의 고함만 없다면 그런대로 묘미도 있다. 타자와 투수의 심리전과, 해설이 확장해주는 게임의 상황이 흥미를 주기도 했다. 땀과 열정, 치열한 심리와 정교한 기술, 순간의 결단과 승부… 아마도 모든 스포츠 중에서도 가장 정교한 수학적, 기하학적 메커니즘의 공간으로 구성된 야구는 그래서 가장 현대적인 스포츠가 아닌가 한다. 축구 같은 경우는 단순한 기본적인 규칙 속에 인간의 원초적 투쟁과 승부를 담은 본능과 육체의 폭발력이 어우러진 보편적인 스포츠라고 할 수 있지만, 야구는 그라운드라는 수학적(數學的)으로 완벽히 구조화된 틀 속에서 공과 타자, 그리고 주자의 도약이 어우러진 정교한 메커니즘의 스포츠다. 0.01초에 갈리는 순간의 판단과 선택, 그리고 결단(決斷)과 집중(集中)이라는 완벽한 수학과 기하학의 정점에서 폭발하는 야구의 원형은 현대인에게 강요된 규칙과 일상의 경계를 초월하는 짜릿한 흥분으로 치환(置換)된다. 게다가 아슬아슬한 도루라든가 결정적인 삼진, 허무한 태그아웃, 끝내기 안타나 시원한 홈런 등의 디테일(detail)은 일상을, 왜소함을, 압박을 단번에 깨뜨려버리는 오르가즘까지 선사한다. 틀 자체가 규칙과 일상이라는 압박을 뛰어넘고 초월하는 정교한 메커니즘이 펼쳐지는 환상의 별천지가 야구다. 역사상 이처럼 정교한 스포츠는 없었다. 컴퓨터로 구현된 완벽한 기계주의(機械主義)에서 인간의 원시적 힘이 펼쳐내는 환상의 드라마가 야구가 아닐까! 하지만 그만큼 덕지덕지, 얼룩덜룩, 삐까번쩍, 반질뺀질이 점령해버린!

혹시나 모처럼 야구 자체의 온전한 모습을 볼 수 있을까 하는 기분으로 TV를 시청했다. 그러나 역시 내 착오였다. 야구가 아닌 〈너무 많은 것〉들이 야구의 주인처럼 화면을 가득 채우고 내 시선 속으로 쏟아져 들어왔다. 시도 때도 없이 화면을 불쑥불쑥 점령하는 여자 관중이나 치어리더(cheerleader)들 때문에 내 흥미는 단번에 사라졌다. 하나같이 예쁘장한 여자들이었고(견고하게 정형화된 세상의 기준으로), 어쩌면 연예인 분위기도 풍겼다. 그보다는 캐스터(caster)와 해설자가 하던 중계는 제쳐놓고 그런 여자들에 대한 너절한 이야기는 왜 또 하는가? 전국민(?)이 보는 야구 중계를. 심지어 배트걸의 웃는 모습이라든지 연인인 듯한 관객의 모습을 거의 30초 이상 노골적으로 화면에 노출 시키기도.

아마도 이제 거의 야구의 한 부분으로 편입된 듯한, 본인에겐 꽤 경쟁적으로 표현해야 하는 튀는 사람들의 시구(始球)… 같은 것들은 〈순수한 야구〉가 아니다. 아니, 야구를 구성하는 한 부분도 〈절대〉 아니다. 그건 야구 밖에 있는, 정지된 스틸 사진 만으로서도 넘치는 것들이다. 그들이 자본주의 세상에서 스포츠와 공생하는 충분한 이유가 있고, 제각각 자부심도 가질 수는 있지만 그건 대중의 욕망과 열망으로 〈삽입〉, 〈결합〉, 또는 〈혼합〉되고 있을 뿐 순수하게 〈용해(溶解)〉될 수는 없다. 프로스포츠로서의 야구가 팬들을 외면할 수는 없을 테고, 그래서 팬들을 유혹할 수 있는 요소들을 고민해야 하고, 소비와 감각이란 자본주의의 특성을 집약시킨 〈쇼(show)〉적인 구성으로 화려한 퍼포먼스를 펼쳐나가야 했으리라. 그건 스포츠가 방송, 특히 TV와 결합되면서 〈시청률〉이란 지상의 명제 때문에라도 더욱 화려한 축제의 전면전을 작렬시키지 않을 수 없겠다. 다른 논리 자체가 설 여지조차 없을 뿐이다. 오직 시청자의 눈을 절대적으로 신봉해야 하는 속성상 오히려 속임수, 편법, 심지어 오도까지도 버젓한 퍼포먼스로 포맷하며 마케팅을 강요하고 있다. 하지만 그렇게 절대선처럼 현란한 쇼의 스텝으로 존재하다보니 〈스포츠+방송〉의 정체성마저 애매하게 만들었을 뿐이다. 야구 자체로 존재한다는 게 신기할 정도로 사람들의 의식을 맹목으로 만들어버렸다. 솔직히 말하자면 야구에 기생하는 그림에서 더 나아가 화면을 주인공처럼 점령하는 그림들은 야구를 야구가 아닌 쇼로 격하시키는 대중의 천박한 훔쳐보기, 또는 여성에 대한 차별로 가득한 성적 사디즘(sadism), 나아가 정당성이 뒤바뀐 부정직한 사회의 모습일 뿐이다. 야구에 웬 엉뚱한 사람들이, 아니 희멀건 허벅지를 드러낸 쇼걸들이 주인공인 듯 춤추며 흔들어대는. 그게 정말로 스포츠 정신에 부합하는 장면들인가? 야구는 청춘의 꿈이며 열광과 찬가를 동반하도록 본태적으로 내장되어 있단 말인가? 경기와 관중은 암묵적으로가 아니라 그렇게 드러내놓고 결합되어야만 하는가? 세계의 야구가 모두 그렇게 하는데 그렇다면 나만 틀린 건가? 아니, 나는 〈좀비 야구〉 신봉자인가? 야구를 마구 공격해대는 절대로 옳지 않은 반동분자인가? 화려한 퍼포먼스의 한 가운데에서 고독을 느끼는 사람은 하나도 없는가…. 야구의 순수를 훼손하는 이 시대 〈너무 많은 것〉들의 천박에 치가 떨릴 정도다. 차라리 중고등학교 때 단체로 응원 갔던 시합이 그래도 자본주의의 껍데기가 덜 입혀진 순진한 야구라는 생각이 강하다. 지금의 쇼처럼 변한 야구보다 좀비들이 벌이는 〈침묵의 야구〉가 벌어진다면 오히려 반가워서 스스로 좀비가 되겠다는 생각이 들 정도다.(물론 선수들의 땀과 고통, 최선을 다하는 부분은 여전히 존경스럽다.)

아니, 도대체 세상의 단 〈한 명〉도 그런 면에 관심을 가지고 통렬한 반박을 하지 않는다는 것이 신기한 일이다. 아니, 그러기는커녕 제일 인기 많은 치어리더가 누구니, 어느 배트걸의 사인을 받았느니, 홈런 친 누구의 배트 플립(Bat Flip?)이 멋지다느니 등 온통 경기 자체를 잡아먹어버리는 뒤바뀐 장면들을 아예 천년을 이어온 당연으로 여긴다. 선수들도 관중에 아부하듯 노골적으로 현란한 포즈를 지으며 그라운드를 누빈다. 도대체 스포츠 자체만 남겨두고 나머지를 오롯이 삭제해버린 채 치열하게 즐기는 사람이 있기나 한가? 스타플레이어란 사람 중에 일체의 외연을 잘라내고 오롯이 〈야구〉 자체만으로 승부를 거는 사람이 과연 있기나 하나? 관중, 아니 대중은 주체적인 존재가 되지 못하고 자신도 모르게 외연의 화려라는 회로에 접속하여 속절없이 움직이는 로봇으로 변신되어버렸는가? 나이 든 사람은 '스쿠루지(Scrooged)'처럼 이미 굳어버린 정신으로 그렇다 하더라도 비판적이고 진취적인 젊은이들이 오히려 짬뽕으로 뒤섞인 스포츠에 더욱 열광하고, 더해서 브레이크 없는 돌격과 무차별적인 변화와 강화를 더욱 요구하고 있다. 그래놓고도 젊음의 발로니, 건강한 청춘의 약동이니, 성숙한 시민의식이니 하며 오히려 정당으로 고착시킨다. 청춘에게 실망이다. 자본주의가 포맷(format)한 세상과 인생의 조잡한 행태에 아무도 항의조차 하지 않는, 아니 할 수 없는. 그 거대한 로봇들의 일률에 대해 임금님은 발가벗었다고 진실을 말할 수 있는 소년은 더 이상 존재하지 않아도 아무렇지 않다는 말인가? 다시 말하지만 인간은 압도적인 외연에 형편없이 굴종하고 마비된 정신으로 존재하도록 되어있는가? 어쩌면 불안정한 자신들의 삶을 잠시 잊고 싶은 심리의 기제(機制)가 작용하기 때문인지? 그렇게 만든 자본주의의 덫에 걸린 스포츠를 알면서도 순수 그대로 지켜내지 못하게 된 이 시대가 하이브리드(hybrid)류의 키메라(chimera)나 프랑켄슈타인(Frankenstein) 같은 잡종으로 변신한 건 아닌지. (아니, 모두가 당연으로 받아들이는 사실을 거부하는 제가 오히려?)

오늘날 프로스포츠는 TV로서가 아니라 현장에서, 그것도 열광하는 관중과 떨어져 홀로 오직 그라운드에서 펼쳐지는 선수들의 혼신으로 만들어내는 무브먼트(movement)와 흘러내리는 땀, 정교한 작전과 승부의 추이를 예측하면서 봐야만 〈진정한 야구〉를 볼 수 있으리란 생각이 강한…, 아니, 불가능할 게 틀림없으리라. 옆에서 환호하는 관객들의 소리, 청춘을 발산하는 벌거벗은 치어리더들, 너도나도 언제부터 야구와 가깝게 살았는지 술 마시며 과장된 소리와 어깨춤까지 추는 아저씨들, 여자들, 어린이들…. 그런 시대의 정의를 온전히 독점하고 외야까지 꽉 들어차 도대체 홀로 조용히, 숨을 곳 자체가 없는!

하긴 방송국은 텔레비전을 보는 대중들에게 어쨌든 시선을 고정시키고, 미인을 자주 클로즈업하고, 온갖 광고를 시청자의 눈과 귀에 주입시켜야 하는 본능으로 존재함을 왜 모르지 않을 것인가. 연예인을 데려와 시구하고, 배트걸도 채용하여 눈요기를 시키고, 늘씬한 치어리더로 관중들의 관음증(觀淫症)을 유발하고…. 광고판도 자주 노출시키고, 요즘은 화면 속 그라운드 위에 팝 업(pop-up)으로 순식간에 광고제품을 컴퓨터그래픽으로 믹서하여 가상광고(?)라는 걸 돌출시키는 생경하고 공격적인 구성을 보이기도. 아니, 그도 모자라 틈만 나면 광고방송으로 중계를 끊어먹고, 오랜만에 화면이 정돈되는가 싶으면 띠글자 광고와 안내가 화면 아래 왼쪽에서 오른쪽으로 흘러가고. 요즘은 화면 아래쪽을 아예 점령하고는 방송국 소식이나 중요 뉴스들을 끊임없이 되풀이되풀이…. 참으로 가관이다.

카메라맨이, 캐스터(caster)가, 화면 편집과 조정, 송출하는 조정실이 무슨 좋은 일이 있다고 그러지는 않을 것이다. 좋게 말해 그저 좀 더 세련된 화면 변화의 일부이며, 다양한 구성의 콘티(continuity)일 뿐이다. 엄밀히 말하자면 결국 타방송사와의 시청률 경쟁에서 우위에 서려는 철저한 스포츠 산업의 경제 논리로서 풀이할 수 있겠다. 아니 기회에 온전히 본전을 뽑아내려는.

그러나 그런 눈앞의 경제 논리는 종내에는 견고한 사회의 구성력을 비틀고, 오도하는 역기능으로 돌아온다. 마치 먹고 살기 위해 벌목을 하였지만 결국 밀림이, 지구가 황폐해지는 것처럼. (당장 닥쳐온 일이 아니라고 변명하는 것은 지구에 대한 예의가 아니다. 생존은 멸망에 비하면 아무것도 아닌.)

정말로 중요한 것은 추락하는 현대인의 초상이다. TV는 좋은 다큐나 시의적절한 휴먼물 등에서 보듯 아직 건강함을 잃지 않았다고 믿고 있지만(? 스스로도 <립 서비스(lip service)> 같아 얼굴이 화끈거리는) 왠지 대중을 선도하기는커녕 오도하는 내용이 차츰 많아지는 것 같아 오히려 부정적인 매체로 자리잡아가고 있는 것 같아 안타깝다. TV를 보며 꿈과 상상의 날개를 펼쳐야 할 우리 반 아이들의 순수와 주체성이 그런 끔찍한 악질(?)들로 마멸(磨滅)되어가는 현실이 통탄스럽다. 아니, 섬마을이나 오지, 변두리 단칸방에서 겨우 TV만으로 외부와 만나며 전적인 위로를 얻는 분들에게는 참으로 먹먹하기만 하다. 할 수만 있다면 내가 대신 머릴 조아리고 용서를…. 하긴 얼마 지나지 않아 저도 그렇게 되겠지만.

　텔레비전의 영향은 다양한 미디어 중에서 흡인력(吸引力)이 가장 강하다. 일찍이 시대를 앞서 사유(思惟)했던 '허버트 맥루한(Herbert Marshall McLuhan)'은 텔레비전의 순간순간 변하는 화면 구석구석을 액체처럼 시청자들이 빈틈없이 채우도록 강요하는 쿨(cool)한 흡인력에 대해 <마약과 같은 미디어>로 단정했다. 그리하여 텔레비전이라는 미디어가 제공하는 내용에 시청자는 중독되어 의존할 수밖에 없게 됐고, 그 의존은 곧 사회 전체의 의식으로 공유하게 되고, 그리하여 가치가 일방으로 고정되기 때문에 《미디어는 메시지(The medium is the message)》라는 시대를 앞선 선언문을 낭독했다.

　그러나 그 숭고했던 선언도 오늘날엔 그냥 메시지가 아니라 압도적인 퍼포먼스로 가득 채워진 시끄러운 난장판일 뿐이다. 오늘날 미디어에서 춤을 추는 <섹스>와 <소비>와 <오락>은 십계명에 못지않은 계율(戒律)로 변장한 선전 찌라시로 격상되지 않았는가? 아마 맥루한이 지금의 텔레비전을 봤다면 〈미디어는 노이즈(noise)〉라며 지끈거리는 머리를 부여잡고 절레절레 저으며 도망갔으리라. 어쩌면 하늘에서 자신의 선언에 대한 석고대죄의 눈물을 흘리고 있을지도.

텔레비전이란 메시지가 어떤 가치로 사회에 고정되는지는 많은 사람들이 해석한 대로 매우 명확하다. 다양한 메시지가 있겠지만 요즘 가만히 음미하다보면 그 모든 메시지의 총합은 결국 대중의 우민화(愚民化) 쪽으로 기운다는 의심을 떨쳐버릴 수 없다. 원하든 그렇지 않든 텔레비전이라는 미디어가 대중에 기반하고 있기 때문에 그들의 원하는 바에 따를 수밖에 없고, 어느덧 축적된 방송 기술과 시간이 개입되면서 다양한 종류의 퍼포먼스를 확대시켜 나왔다. 그 가장 대표적인 모습이 뉴스, 행사, 계몽, 교양, 광고, 오락 등등이 아닐까.

그 중 뉴스와 행사, 계몽, 교양 등등에는 사실과 가치, 또는 원리, 정치와 법, 역사, 과학, 철학, 종교 등의 개념으로 존재하는데 일견 삶의 근원이나 정체 등등을 주제로 하는 긍정적 면들이 많다. 물론 그런 장면 속에도 속물적(俗物的) 구성을 잊지 않고 끼워놓는 습성을 버리지 않는데, 예를 들면 학자들이 나와 대담하는 프로에 웬 인기 많은 잘생긴 여자 아나운서가 나와 사회자 역할을 맡게 하는 무리수를 두기도 하는데 그야말로 꽃과 같은 정물(靜物)로 존재하는 민망함을 보이기도 하고,(요즘은 전문가랄 수 있을 정도의 여성 진행자가 자주 보이지만 그래도 어째 말이 핵심보다 포즈를 의식하는 것 같고, 아니, 그보다는 복장이라든지 화장 등이 너무(?) 세련되고, 어쩐지 얼굴을 돋보이게 하려는 카메라 워크(camera work) 때문인지 불편한 모습이 자주 보인다.) 무슨 안전계몽 프로٠데 벌칙으로 먹물을 얼굴에 칠하거나 때리는 예능적인 구성을 보이기도 한다. 그러나 아무튼 미디어 본래의 장점이 많이 드러나고 있는 영역임은 사실이다. 예를 들면 〈BBC〉나 〈내셔널지오그래픽〉 등의 다큐는 자연과 인간의 장대한 드라마를 정교하게 펼쳐서 직접 그 속에 들어간 듯한 현장성으로, 또는 오지(奧地)에서 자연에 동화되어 살아가는 사람들의 삶을 그려낸 국내 다큐 등등은 삶의 먼 지평을 보는 듯한 감동으로 자주 보는 편이다. 그런 감동은 황금이나 유명, 성공, 사랑, 욕망… 따위 현대의 절대선(絶對善)들을 가볍게 단순으로 치환시키며 절제를 되돌아보게 한다.

광고는 미디어의 수단이지만 오히려 황금이란 최대의 목적으로 변질하여 무수한 비틀림을 보인다. 반전과 현실착각, 오도의 노림수가 횡행한다. 요즘 부쩍 많아진 대부업을 예로 들자면 그냥 돈을 펑펑 가져가라고 하면서도 무서운 고리대금과 폭력의 그림자는 숨겨둔다. 보험에 가입하면 마치 영생(永生)을 줄 것처럼 선전하지만 막상 소비자에게 부합되는 사항이 생기면 숨겨둔 온갖 세부 약정들로 겨우 잔돈푼이나 지급하거나 오히려 보험금 지급을 거부하기도 한다. 교묘한 약정 속에 숨어있는 사기술은 사람을 바보로 만들려는 듯하다. 홈쇼핑은 시청자의 주머니를 열게 하기 위한 협박과 조급과 과장의 종합전시장을 방불케 한다. 해외여행을, 명품을, 웰빙을, 건강을 주기라도 하듯 웃지만 실제 뻥튀기된 가격으로 소비자를 봉으로 보는 행태(行態)는 예나 지금이나 변함없다. 게다가 예상컨대 생산자에 비해 〈갑〉의 위치에 있을 게 틀림없을 홈쇼핑이 그 모든 이익의 대부분을 갈취할 게 틀림없으리라. 생산자는 실컷 고생하고도 쥐꼬리만큼 던져주는 먹이로도 머리를 숙여야 하고. 유통자가 생산자보다 훨씬 많은 몫을 차지한다는 건 심각한 갑질에 다름 아니다. 그래선지 홈쇼핑을 일러 〈황금알을 낳는 거위〉라는 말까지 떠돌던데 아마도 공론으로 까발려지면 홈쇼핑은 더 이상 지금의 무작정 황금 긁어모으기는 못하리라. 모르긴 몰라도 구매자들의 각성이 굉장히 예민한 폭발력으로 잠재되어 있을 것 같은. 홈쇼핑에서 구입한 상품은 몇 번 사용해보지도 않고 꽁꽁 구석으로 숨어버리기 일쑤라는 이야기를 들은 적이 있다. 그만큼 가성비(價性比)로는 형편없는 제품을 하느님이 만든 제품으로까지 뻥튀기하는 뻔뻔함을 아무렇지도 않게 내뱉는다. 혹자는 그런 광고에서 정보를 얻기도 한다던데 그야말로 졸부들이 코끼리 발톱쯤으로 자위하는 것에 불과할 뿐이다. 홈쇼핑은 현대적인 테크놀로지와 접목된 종합 사기쇼에 다름 아닌. 천박한 장사꾼들, 아니 사기꾼들이 세균처럼 번성하는 곳이 틀림없으리라. 그 엄청난 사기로 황금을 갈취하면서도 사회적 헌신과 베품에 대해선 전혀 들어본 적 없는.

　현대 자본주의의 미학으로까지 찬사를 받으며 격상된 광고는 그러나 내가 볼 땐 진실을 포함한 모든 것을 생략해버리고 최종적인 소비를 목적으로 치밀하게 구성된 〈악마의 음모〉일 뿐이다. 어쩌면 〈악어의 눈물〉일 수도. 자본의 시혜를 핑계로 허위와 과장과 선동과 아부와 사기로 범벅된 권력을 휘두르는. 이전 인간의 역사에서 다양한 모습으로 다가왔던 광고는 사람들에게 시점(視點)의 다양과, 지능의 발달과, 판단의 비교와, 더불어 총합적인 변증의 인식까지 도와주었지만 지금은 온통 인간 정신의 마비와 후퇴를 조장하며 감각의 제국을 퍼뜨리는 신판 흑역사(黑歷史)로 변신한 것이 분명하다. 과잉과 과장, 오도(誤導)와 저속을 팔아먹고, 그래서 모든 면에서 쾌락에 최적화된 이성의 마비를 최고선으로 포장한. 〈광고는 지옥까지라도 따라간다〉는 말을 들은 것 같은데 아마도 그런 속성을 지적한 말이 틀림없으리라. 어떤 사람들은 광고의 그 지독한 마수를 외면하기 위해 고개를 돌리고 귀를 막아버린다고도 한다. 오늘의 광고는 순진(純眞)과 진지(眞摯)와 격조(格調) 따위는 내던져버리고 오직 소비를 목적으로 〈빨리빨리〉 현란한 화면 변화와 거침없이 쏟아내는 말, 그리고 무차별적인 강박을 조루증에 걸린 듯 쏟아내기 바쁘다.

광고와 관련하여 미디어의 황금율(Golden Rule)에 가장 기여도가 많은 퍼포먼스가 바로 오락이다. 그러면서도 가장 포괄적인 이미지로 방송 전면을 차지하는데 세분하면 예능, 개그, 스포츠, 드라마, 영화, 가요… 등등으로 구성될 수 있겠다. 부담 없이 시청할 수 있는 잡담과 좌충우돌의 예능, 비틀고 해체하고 배설하는 개그, 땀과 열정은 감춰버리고 압도하는 소리와 화려한 율동으로 무장한 노래와 춤을 앞세워 엉뚱한 대리만족으로 치장한 무한식욕의 스포츠, 음모와 배신, 섹스와 미모, 환상과 비현실의 컴퓨터그래픽이 난무하는 드라마와 영화, 일률적인 리듬과 멜로디, 그리고 사설조(辭說調)의 생경한 가사로 노래의 심미적 감흥을 내팽개치고, 아니 그런 건 필요 없다는 듯 노래 자체를 주변부로 밀어내버리고 슬쩍슬쩍 벌거벗은 몸을 비틀며 화려(華麗)와 관음(觀淫)을 전면에 내세우는 가요쇼! 아마도 많은 사람들이 이 오락의 퍼포먼스에 하루도, 한시도 떠나서는 살 수 없을 것처럼 금과옥조(金科玉條)로 모시고 있다. 자신이 하루하루 쓸모없는 대중으로, 텅 빈 머리로 존재하는, 모든 것을 포기한 기성(旣成)과 화석(化石)으로 변하는 줄 모르고 악착같이 시간 되면 일초도 틀리지 않고 텔레비전 앞으로 꾸역꾸역 둘러앉는다. 사람들과의 대화는 주로 이 오락으로 주고받으며, (나로서는 전혀 모르는 내용들이어서 타인들과 아예 대화 자체를 할 수 없을 정도다) 의식 구조를 독립적으로 발전시키지 못하고 마치 네비게이션처럼 맹목으로 그저 따라가게 한다. 아마도 텔레비전의 속성이 그런 모양이다. 물론 포털, 신문, 잡지 등도 마찬가지다. 모든 곳은 갖가지 광고로 도배되어 도대체 뉴스 하나 제대로 볼 수 없다. 각오하고 보려면 〈Close〉나 〈×〉를 몇 번이나 지워야 겨우 볼 수 있을 정도다. 너덜너덜한 그림들의 잔상이 머리에 남아 골이 아플 정도다. 아마도 광고 창은 개미지옥처럼 클릭하기만을 기다리며 관능에 부채질을 하는 것 같다. 그러나 난 돈을 준다고 해도 관능에 꿈쩍할 생각이 없다. 오히려, 차라리 기사를 무시해버리고 절대 클릭하지 않는다. 개미지옥이 굶어죽든 말든, 관능이 내게 뭐라 푸념을 하든 말든. 광고가 아닌 기사라도 주로 연예인들의 시시콜콜한 내용들을 무슨 큰일이나 있는 것처럼 확대재생산한다고 법석이다.

대중의 천박한 훔쳐보기와 보여주기를 묵계로 터무니없이 부풀려지고 포장된 걸그룹들은 섹스의 전도사가 되어 오늘도 한결같이 희멀건 허벅지를 경쟁적으로 드러내고 자신을 소비하라며 끊임없이 사람들을 호객하고, 어느 사회자는 특유의 큰 목소리로 한동안 화면을 휘어잡더니 갑자기 보이지 않아 어휴, 이제 귀가 좀 조용하겠다 싶어 좋아했는데 역시나 또 나온다고 한다. 역시 어떤 코미디언은 멀쩡한 언어를 비틀어 〈조으다〉로, 〈째끼야〉, 〈고뤠?〉로 변주해버리는 신묘한 잔재주를 부리고. 가만 보면 유행어 하나 만들어 퍼뜨리면 돈과 유명 모두 움켜잡을 수 있는 모양이다. 그런 사람들은 자신의 행위가 무슨 뜻과 의미를 가지는지 전혀 모른다. 오직 자신의 출세와 유명을 위해 유행어 하나 만들지 못해 안달이다. 그마저도 못하면 도태될 수밖에 없는. 이미 우리 언어는 심각할 정도로 수준 이하의 짬뽕 유행어들로 오염되어버렸다.

오늘날 콘텐츠 자체의 순수로 존재하는 건 모조리 사라져버렸다. 모두다 대중이란 지엄한 소비자가 즐거워하는 오락과 순간적인 쾌감을 삽입하지 않으면 생존의 곡예를 타야 하는 생태계 환경에서 살아남기 어렵다. 아니 다른 프로를 파괴하고 살아남기 위해서는 오히려 더욱 공격적이고 과감한 포맷을 장착한 프로들로 아부해야 한다. 스포츠는 그 하수인이 되어 정말 열정적으로 홍보나 마케팅이란 이름의 짬뽕문화를 쏟아붓기 바쁘다. 순수 야구는 이미 그런 자본과 섹스와 매명과 선동이라는 히트 앤드 런 (hit-and-run)에 빠져 익사했음이 분명하고, 그에 중독된 대중은 이미 〈두뇌 없는 허수아비〉로, 〈심장 없는 녹슨 양철〉로, 용기 없는 〈겁쟁이 사자〉로 추락해버렸다. 오히려 방송은 그런 대중의 추락을 좋은 기회라도 되는 양 다른 진지한(?) 스포츠를 잡아먹어버리고 오직 야구를 상품으로 축포를 쏘며 세일 한다고 연일 채널을 독점하고 있다. 자본축적의 난장판 속에서 한바탕 요란으로 범벅되어 허깨비처럼 변해가는 야구를 아무도 지켜내지 못했다. 아니, 내가 볼 땐 그나마 '최동원(崔東源)'만이 순수 야구를 지켜내려고 했을 뿐 단 한 명도 저항했다는 기억이 없다. 아니, 오히려 스스로 먼저 세상의 짬뽕 국물에 머릴 박고 아부한다고 야단이다. 왜 야구 이외로 얼굴을 내미는가? 왜 자신의 순수를 더럽히는 것들에 강하게 거부하지 못하는가? 절대 공짜가 없는 자본의 공습에 시체처럼 죽어나자빠지는 줄도 모르는. 하긴 대중과 자본이 결탁하여 만들어낸 스포츠 산업의 번지레한 기름기에 바보같이 순박하기만 했던 스포츠 정신이 속아 넘어간 잘못이 큰 것 같기도 하지만. 정말이다. 불순한 잡탕을 배제한, 순수한 결정 그대로 존재하는 세상의 법칙은 정말로 없는가? 가짜들이 점령하고 난장판으로 만든 이 세상은!

    오늘날 미디어는 〈너무 많은 오락〉의 메시지를 숭고한 율법으로 대중에게 선포하고 있다. 어느 누구도 이 선포에 반항할 수 없게 되었다. 숨겨진 재능과 열정으로 자신이 '장영실(蔣英實)'이나 '신사임당(申師任堂)', '아인슈타인(Albert Einstein)', '피카소(Pablo Picasso)'가 될 수 있음에도 불구하고 감각(感覺)과 세련(洗練), 영합(迎合)과 계산, 편리와 힐링 등등의 압도적인 외연(外延)들에 빠져 익사하고 있다. 특히 우리의 아이들은 전부 그런 오락의 율법에서 헤어나지 못하고 있다. 대화도, 움직임도, 그리고 생각도 네모꼴로 변해버렸다.
    82년 프로야구가 출범할 때 표어가 뚜렷이 생각난다. 〈어린이들에게 꿈과 희망을!〉 그러나 총체적 악화들이 그라운드를 점령하고는 꿈과 희망 대신 섹시와 저속, 편법과 막말, 몰상식과 무개념, 추태와 트집으로 종합오락세트의 대명사처럼 비친다. 우리 아이들의 빛나는 재능을 야구뿐만 아니라 모든 상황에서 일률적으로 타락시키는 악화들이 미디어 속에서 물 만난 세균처럼 번식하고 있다. 아예 텔레비전을 창고에 넣어버리든지 해야 하나 고민일 정도다.

(길어지는군요. 대중문화의 특징과 소비에 대해 다음에 좀 더 치열하게 인용, 대조, 분석해볼까 합니다.)

덧붙이는 글

퇴직하고 9~10년, 오랜 세월 TV를 잘 보지 않았는데 근래 영화와 다큐 등을 새로 돌아보니 홈쇼핑이 아직도 방송되고 있더군요. 벌써 전에 그런 낡은, 과장된 양식은 사라졌으리라 생각했는데… 저로선 무척 신기한! 홈쇼핑이 여전히 황금알을 낳고 있다니, 그 낡은 상술이 말입니다. 어쩌면 현대인의 간편, 단선적(單線的)인 특징이 끈질기게 연명시키고 있는 건 아닌지!

전에 최동원 씨가 세상을 떠났을 때 그에 대한 간단한 글을 적어본 적이 있는데 그동안 잊고 있다 이번에 우연히 발견했습니다. 좀 생경하고, 자신의 감정을 과장한 건 분명한데 그 당시 야구와 최동원에 대한 제 생각을 되돌아볼 수 있더군요. 좀 더 폼(?)나게 고쳐 쓰고 싶지만 그냥 당시의 심정을 그대로 드러내는 게 좋겠다는 생각으로 글자 하나 고치지 않고 첨부합니다. 그저 이런 생각도 있구나 하는 마음으로 읽어주시기를 바랄 뿐.

〈첨부〉 崔東原 斷想

야구를 야구 자체만으로 지켜냈던 거인

단아한 얼굴, 청춘의 표상, 영원한 현역, 스포츠를 철학으로 만든 그가 죽었다는 게 도저히 믿어지지 않는다. 가슴이 먹먹하다. 내 마음의 뿌리가 송두리째 뽑히는 것 같다. 열망만큼 처절하고, 그만큼 삶의 근본마저 저주스럽다.

화장하고 묘소에 안장된 지 꽤 지났건만 아직도 인터넷에 최동원의 소식들이 올라오고 있군요. 영원한 현역, 대중의 우상이었지만 철저히 숨겨져(?) 있다가 죽고 나서 너나없이 용비어천가(龍飛御天歌)를 부르며 아쉬워하는 현상을 보니 일상과 생활에 파묻혀 타락했던 스스로에 대한 반작용이 아닌가 하는 생각도 듭니다.
근래 죽음과 관련하여 가장 아쉬움으로 남는 경우였습니다. 곧잘 감상에 빠져 허덕이는 스스로를 감안하고서도 아직도 가슴이 먹먹하군요. 내 안에서 화려한 당대의 모습으로 남아있건만. 그저 역설이기를 바라는 못난 마음으로.
오늘 그와 관련한 글을 써봤습니다. 부칠 수 없는 편지를. 단상(斷想)으로 시작한 건 한 시대를 마지막으로 홀로 독야청정 했던 그를 되돌아봤으면 하는 무의식이 선택한 건 아닌지. 스포츠를 스포츠가 아닌 〈엔터테인먼트(entertainment)〉로 바꿔버린 불량품들이 환호받는 현대엔 더욱!

요 며칠 〈시간과 존재〉에 대해 많은 생각을 했다. 나이가 들면 당연히 나름으로 머릿속에 그려놓는 그런 부분들이 있겠지만 갑자기 폭풍 같은 최동원의 허망한 죽음을 보며 새삼. 고등학교 7~8년 쯤(?) 후배였지만 교가에 나오는 것처럼 〈영도에 날고뛰는 용마보다도, 현해를 구비치는 고래보다도〉 ○○高라는 명성의 탑을 더욱 강렬하게 쌓아 올린 그였기에.

생전 동창회 모임에서 딱 한번 봤을 뿐이지만, 무수히 많은 흑백과 컬러의 프레임(frame) 속에서 봐왔던 젊음과 도전, 그리고 순수와 낭만의 압도적인 이미지를 떠나보내기가 쉽지 않았다.

하긴 나는 사실 최동원을 잘 모른다. 그저 이름과 인상만으로서 알 뿐이다. 그러면서도 그는 거대한 현대의 신화처럼 마음속에 새겨졌다.

그는 ○○高의 자랑이기 전에 젊은 날 내 삶의 한 부분을 단단하게 구성해준 청춘의 마법사였다. 어쩌면 일찍부터 황폐한 정신으로 방황하던 무질서한 관념에 어머니처럼 따뜻한 〈미소〉와 〈포용〉을, 아버지처럼 견고한 〈지성〉과 〈과묵〉한 절제를 채워주었던 것 같다. 그래서 자학으로 삶의 층위(層位)를 변두리로 내몰지 않고 현실에서 치열하게 살아볼 수도 있구나란 각성을 최동원의 이미지에서 추출해낼 수 있었던 건 아닌지.

안경을 고쳐 걸고 모자를 매만진 후 한쪽 다리를 한껏 들어 올리고 던지는 다이내믹(dynamic)은 내 〈거친 열정〉으로 다가왔고, 불끈 주먹을 쥐고 흔드는 그의 환호는 현실에 당당하게 뿌리내린 〈실존의 영상〉을 강력하게 내뿜었다. 자신이 죽는다는 걸 알면서도 '라이언(Ryan)' 일병을 구해야만 하는 '밀러' 대위처럼 혼자 4게임을 책임지는 장엄한 모습을!

최동원은 그렇게 대리 만족을 넘어 불안정한 내 마음의 바탕을 가꾸어주는 자화상으로 다가왔다. 그의 깨끗하고 단아한 얼굴에서 〈묵직하고 아름다운 지성〉을 읽을 수 있었고, 단정한 목소리와 동작에서 〈인생의 규범적인 움직임〉을 눈치챌 수 있었다. 그리고 돌아보며 싱긋 짓는 미소에서 〈행동 양식의 굳건한 세련미〉를 떠올렸다.

세상을 스스로 정한 〈단순〉으로 살아온 사람-, 누구나 야구 밖 여러 가지 잡다한 〈복잡〉으로 자신을 팔아먹기 바쁜 시절에 그는 일체의 퍼포먼스를 배제하고 오직 혼신을 다한 투구에만 미쳐갔다. 사람의 외길이란 것은 얼마나 순수한 것인가! 그의 투구는 일체의 잡스런 것들을 향한 칼날 같은 정신의 꾸짖음이었고, 그것을 본다는 것은 쓰레기처럼 변해버린 내 정신의 정화(淨化)작용이었다. 그는 스포츠맨으로서가 아니라 무슨 철학자 같은 모습으로 존재했다. 순수와 열정으로 세상에 자신을 내던진 고독한 영웅, 야구 이외의 것을 철저히(?) 배격한 진정한 야구인! 그는 학교 후배였지만 스승의 모습으로 존재했다. 스포츠를 지켜낸 마지막 영웅시대의 마침표가 바로 그의 죽음이었다. 야구가 아닌 갖가지 비루한 퍼포먼스로 야구를 팔아먹는 이 시대에 순수한 야구만으로도 얼마든지 존재할 수 있음을 보여준.

지금의 스포츠는 자본의 전위대(前衛隊)가 되어 주군을 모신다고 고개를 조아리기 바쁘다. 조폭 두목은 자본이고 스포츠는 그 하수인이 되어 화려하게 치장한 포즈로, 그러나 사실은 온갖 쓰레기 문화를 쏟아낸다. 최동원 이외에 아무도 그에 반항하지 않았다. 아니, 일찍 항복하고 돌격대장을 자처하고 이곳저곳 요란하게 얼굴을 내밀고 들쑤시고 다녔다. 내가 그런 돌마니들에게 찬양을 쏟을 일이 있나?

그의 순수는 삶이 눈에 보이는 화려한 파노라마만으로 존재하는 것이 아니라 숨겨진 근원적인 층위(層位)들로 구성되고 있다는 것을 이해하게 했으며, 진정한 실존은 그 모든 것을 제어하고, 균형을 잡을 때 비로소 느낄 수 있음도.

그는 동창이라는 좁은 틀로서가 아니라 이름값의 존재 자체만으로도 나에게 많은 것을 가르쳐주었다. 어쩌면 그는 경험(經驗)에 앞서 선험(先驗)으로 내 마음속에 자리 잡고 있었던 것 같다.

그가 은퇴하던 날부터 나는 미련 없이 야구장에서 발을 돌려버렸다. 모두들 야구로 환호하는 이 시대에 반대로 야구를 내 속에서 베어냈다. 사직야구장엔 어린이날 학교 돌봄교실 아이들을 데리고 한번 간 것 빼곤 아예 쳐다보지도 않았다. 그가 없는 야구는 순수가 사라진 속임수 움직임이었고, 엉뚱한 고함이었고, 의미 없는 몸짓에 지나지 않았다. 순수한 영웅과 전설이 사라진 평균의 시대가, 그래서 억지로 분장하여 엔터테인먼트로 만든 야구에서 무에 그리 흥분할 일이 있겠는가? 있다 해도 후대들의 몫일 터, 내 시대는 아니다. 그저 값싼 소주 한잔에 좌충우돌하는 욕정으로서 일뿐이다. 사직야구장에 밀려 퇴락해버린 구덕야구장에서 벌어지는 중학교나 고등학교 야구대회엘 당시 만나던 동창들과 몇 번 가봤지만 의미 없는 추억의 플래시백(flashback)에 지나지 않음을 눈치채고는 그마저도 일찍 그만둬버렸다. 만약 그가 다시 화려하게 컴백하는 날이 있다면 나도 다시 야구장을 찾을 거라는 자못 애절한 결심을 하며.

인간은 살아가면서 무수한 마음의 지평을 건넌다. 그 과정에서 얽히고 설키는 마음의 행로는 삶의 이해력으로 작용한다. 지난 시간과 현재와의 간극(間隙)에서 삶의 불가해한 존재성을 감지하고, 애정과 절망의 곡예에서 청춘과 사랑의 이미지를 각인시키고, 황금과 빈곤의 줄타기에서 정의와 사회의 구조를 파악하고, 거역할 수 없는 운명과 순응에서 역설적으로 인간의 위대한 전설을 떠올린다.

죽음은, 그래 죽음은 거꾸로 모든 것을 비워내버린다. 만남과 이별, 청춘과 사랑, 정의와 분노, 안타까움과 애수…. 인생이 이루어지며 구성된 그 모든 정신의 총화(總和)들을 죽음은 아랑곳하지 않고 단번에 지워버린다. 우리들이 되도록 빨리 그런 생각들을 애써 지워내고 일상으로, 아무렇지도 않은 듯 돌아오게 만드는 조급함이다. 죽음은.

그저 흔한 야구 선수에 지나지 않는 사람이지만 나에겐 많은 것을 떠올리게 하는 죽음이었다.

까마득한 과거 속에 잠겨 있다 방금 되살아난 그였지만 또 순식간에 떠내려갈 과거로 옷을 갈아 입어버린 최동원! 미상불 육신을 버리고 하늘로 가버렸는가? 이젠 그의 깨끗하고 단아한 얼굴, 단정한 목소리와 싱그런 미소, 그리고 다이내믹한 규범적인 동작을 기억 속에서만 되살릴 수밖에 없는가?

무수히 많은 야구 선수들이 있었지만 내 속에서 언제나 인생의 〈에이스〉로 남아있던 최동원! 그를 인생에서 만났다는 건 내겐 축복이었다.

잘가거라! 그대를 조상하며….

※ 어쩌면 단순하고 우직하달 수 있는 최동원이었지만 지금의 스포츠는 자본과 마케팅이라는 현란한 그림들과 결합되면서 세련과 화려와 멋이 넘치는 엔터테인먼트로 변했다는 생각을 떨칠 수 없습니다. 〈너무 많은 것〉들로 요란하고 시끌벅적해진 잡탕 퍼포먼스! 그래서 더욱 조용하고 진지한 〈야구선수〉 최동원이 그리운가 봅니다.

2011년 12월

> 덧붙이는 글

　오랫동안 그를 잊고 있었습니다. 세상과 담을 쌓고 살다 보니 모든 것에서 거리를 두고, 외면하고, 아니 스스로를 삭제하고 살아온 것 같습니다. 사람들과 떨어지고, 화제에서 비켜나고 뒤쪽으로 숨은.

　부산 사직야구장 입구에 최동원 선수의 조각상이 있습니다. 그는 부산 야구의 상징적 존재이기 때문이지요. 제가 야구장에 갈 이유는 없지만 마라톤 훈련을 하기 위해 사직 육상경기장 가는 길에 지나칠 때가 있기 때문에 간혹 둘러보기도 합니다. 그 어머니는 지금도 조각상에 와서 아들에 대한 그리움을 어루만지는 손길로 달래고 있습니다. 그 어머니의 애틋한 마음을 우리들이 어찌 알 수 있겠습니까만.

　이 글을 쓰며 이리저리 알고 보니 그도 야구 이외로 TV에 많이 나왔다고 하더군요. 그리고 정치에 뜻을 두고 선거에 나섰다고 하기도. 당연히 그의 유명을 《TV와 정치에서 이용》하려고 그랬으리라 생각합니다만 그러나 어쨌든 역시 배반(?)에 가슴 아프군요. 그를 야구의 전설로, 그 어머니의 애절한 눈물로. 말년의 병고와 안타까움, 기타 여러 가지 아픈 이야기들로 상쇄하고 싶지만, 앞에서 단상(單想)을 이야기했지만 이젠 아무래도 단상(斷想)으로 잘라내야겠습니다. 바깥에서 더 많은 유명으로 존재했던, 믿었던 그에 대한 배신감(?)이 진지한 그의 얼굴과 겹쳐 더욱 진하게 다가옵니다. 아마도 그에 대한 마지막 헌사가 될까 합니다. 다만 그의 단순과 열정과 순수와 희생과 다이내믹한 그림만을 남겨두고….

　아마도 모두가 환호하는 야구에 냉소와 조소를 퍼붓는 건 저 혼자뿐인 것 같군요. 열광과 드라마틱, 청춘과 꿈, 단합, 애국심, 영웅… 그렇게 존재하는 스포츠를 감히.

| 제(26)주 학습지도 계획안 |

2012년 9월 17일 ~ 9월 21일)   4학년 2반

대중문화에서 삶의 미학을?

≡ 지난 8월 28일 갑자기 닥쳐온 태풍으로 휴교했는데 이번 9월 17일 월요일도 역시 태풍으로 휴교합니다. 집에 혹 취약한 부분이 있으면 미리 살펴보고 대비를 해야겠습니다.

    1800년대 말 미국에서 주로 논의되고 확산되기 시작한 〈프래그머티즘-pragmatism〉은 쉽게 실용주의(實用主義)로 번역될 수 있습니다. 이전 구대륙의 관념론(觀念論)이 지나치게 공허한 형이상학적 사색에서 정체되어 그에 대한 반발이 확산되고 당대 진화론을 비롯한 여러 가지 중요한 과학적 발견, 발명으로 새로운 생활적인 해석의 필요에 따라 대두(擡頭)되기 시작했지요. 진리를 실생활과 밀착되는 유용성으로 보는 공리주의(功利主義)의 색채와 연결되는 것 같기도 하지만, 아무튼 교육 철학의 한 부분으로 발전되었는데 굉장히 복잡하고 어려워 저 나름으로 용어에 맞게 간단히 축소해서 이해하고 있습니다. 예를 들면 어떤 사실이나 결과가 실용적인 영향을 가져온다면 그게 참(verity)이고 그러지 못한다면 가치가 없다고 주장하는 그룹이지요. 예를 들면 농구 경기에서 파울은 나쁜 일이지만 적절한 활용으로 게임을 승리로 이끈다면 작전의 개념으로 얼마든지 받아들일 수 있습니다. 〈나쁘다〉는 언어의 값으로는 절대 〈善〉이 될 수 없지만, 승리라는 실제 의미로서는 엄연히 선의 개념으로 편입된다는 뜻입니다. 그래서 극단적으

로 말한다면 인본주의에서 말하는 〈선〉과 〈악〉이라는 절대적 가치관도 고정된 잣대로 보지 않고 상대적으로 생각하게 됩니다. 악이나 거짓도 결과적으로 유용하다면, 생존에 도움이 된다면 그 틀에 얽매일 필요 없이 진리요, 선이며, 의미 있다는 자세를 견지하게 되는. 태초의 절대주의는 실용주의의 도전으로 이제 그 완고한 역사의 자리에서 쫓겨나야 했습니다.

아마도 그런 프래그머티즘의 가치가 가장 뚜렷이 드러나는 〈전위적(前衛的)?〉인 분야가 미술 쪽이 아닌가 생각됩니다만. 그림을 넘어선 액션(action)과 퍼포먼스(performance), 설치(設置)와 구성(構成)으로까지 가장 포괄적으로 정의되는 현실로 본다면. 어쩌면 제가 그런 쪽을 향한 관심과 활동을 합리화한 것 같기도 하지만.

저 자신이 국민학교를 다니며 벌써 미술가를 꿈꾸었고, 만화도 그런 상상력의 또 다른 삽화였는지 모르지만. 본관 옆 벽에 붙어 있는 단층의 자그마한 미술실에서(그저 블록과 슬레이트 지붕으로 된 창고 같은) 자주 그림을 그렸고, 그리고 4학년으론 처음으로 제 그림이 전시되기도 했습니다. 8~10호 정도의 마분지에 〈등대와 남항(南港)〉을 그린. 제가 태어나고 자란 등대와 남항은 제 평생의 삶과 마음의 색깔이 선명히 새겨진 이미집니다. 지금도 여전히 그 이미지에 주박(呪縛)되어 벗어나지 못하고 있지요. 제 삶의 원형은 그곳에서 형성되었다고 자신 있게 말할 수 있습니다. 제가 마음의 위로를 받고 싶을(?) 때는 지금도 등대로 순례를 가곤 합니다. 물론 엄청나게 달라진 모습에 오히려 상처받기도 하지만. 나중 사진 촬영에 뛰어들어 각종 사진전에 자주 입상하여 그런대로 그 계통에선 알아주는 큰형님에게 부탁하여 저 멀리 오륙도에서 해운대, 북항, 그리고 자갈치 시장과 영도, 등대. 그 너머 송도까지 모두 조감할 수 있도록 천마산 정상에서 파노라마로 찍은 사진을 제가 사는 집에 떡 전시한. 그렇게 바다라는 음울한 삶이 가르쳐주는 어두컴컴한 이미지는 이미 어린 저를 포위하고 위협하는 침략군의 모습으로 다가와 그 어떤 삶의 이미지조차도 넘어설 수 없는 황량한 풍경으로 자리를 잡아버렸습니다. 바닷바람과 뱃사람과 비린내와 술집 색시와 유행가와 눈물과 폐그물과 벌떡이는 물고기와… 그런 모습은 저를 가볍게 제압하며 세계에서 스스로를 알게 모르게 왜곡시켜왔습니다. 저는 바다의 그림 속으로 치열하게 달려가야 할 어떤 운명적인 유혹을 벗어날 수 없었습니다. 언젠가는 이까발이(오징어잡이) 채낚기 배를 타고 동해를 떠돌아다녀야 한다는 예감을, 바닷바람에 펄럭이는 옷과 곰장어 통발배와 짭조름한 소금기 머금은 습한 공기, 술과 눈물로 무너지는 색시와 뱃놈…! 그런 우울한 풍경을 벗어날 수 없다는 예감은 저를 지리멸렬 분해시켜버렸습니다. 그런 제게 세상은 별천지, 아니 위협적인 모습으로 다가왔고, 한없이 지하로 등 떠밀었습니다. 그리고 깨달았지요. 지렁이는 흙을 먹어야 하고, 저는 바다라는 무시무시한 고압(高壓)의 내폭발을 벗어날 수 없으리라는. 고등학교 1학년 내내 학창의 낭만과는 동떨어진 우울한 풍경 속에서 가라앉았습니다. 학교와 친구들 모두 저와는 다른 행성에서 배정되어 온 것 같은 배타적인, 아니 우울한 풍경은 2학년이 되자마자 그동안 미련으로 바다를 스케치해 놓은 커다란 화첩, 그리고 몇 편 어쭙잖게 써둔 시와 소설 습작품들을 몽땅 바다로 돌려보내고, 형과 어머니의 실망과 서러운 눈물을 뒤로 하고 귀족(?) 같은 학교도 뛰쳐나와 배를 타고 연근해를 떠돌기 시작했습니다. 봄과 가을 동안 거친 바다를 헤치는 뱃놈의 되어 미친 듯이 동해와 남해를 떠돌기도.

그 무렵 형과 누님 등 우리 가족은(어머니가 장사하던 옛집은 해안가 그대로였지만) 안쪽 마을 커다란 공터에 〈용대공장〉이라는 조그만 양은그릇을 만드는 공장에 붙어 있는 살림집에 세 들어 살았습니다. 공터 자체가 아주 넓었는데 드나드는 입구 쪽은 키 큰 플라타너스로 둘러싸인 커다란 단층주택이 비밀의 정원처럼 버티고 있었고(동네와 교류가 없는 전혀 모르는 사람이라 아직도 그 집은 수수께끼로 남은), 그 앞 공터는 10m를 훌쩍 넘는 길이에 두 아름 가까운 커다란 원목 통나무 2~30개를 3~4층으로 잔뜩 쌓아놓거나 서커스 천막이 들어서거나 했지요. 여름에 그 통나무 위에 자리를 깔고 누워 이미 익숙했던 소주를 마시며 프랑스 시인 '레미 드 구르몽(Remy de Gourmont)'의 시 '낙엽' 등을 읊조린 기억이 나는군요.

…
시몬
너는 좋으냐? 낙엽 밟는 소리를
발로 밟으면 낙엽은 영혼처럼 운다
낙엽은 날개 소리와 여자의 옷자락 소리를 낸다…

〈시몬〉이란 말의 어감이 언제부턴가 우리 한국 사람들에게는 아득한, 설레는 학창 시절 낭만의 대명사로 다가와서 그랬던 것 같습니다. 그래선지 '김진규(金振奎)', '김지미(金芝美)'가 출연하여 애절한 사랑의 순애(純愛)를 펼친 '모윤숙(毛允淑)' 원작의 그 유명한 「렌의 애가(哀歌)」도 가끔 읊조리곤 했지요.

시몬 그대는 들리는가 낙엽 밟는 소리를
나는 당신과 함께 낙엽이 떨어진 산길을 걷고 싶소
낙엽이 하나 둘 떨어지는 오솔길 낙조에서
그대 발자취를 따라 먼 길을 가고 싶소

그렇게 고독과 낭만의 이미지에 아파하며 세상을 정처 없이 떠도는 꿈을 꾸다 잠들기도 했습니다.

(전에도 언급한 것 같은데 저는 국내외 영화를 아마도 5~6백 편 이상 소장하고 있습니다. 세어보진 않았지만 주로 지금은 사라지고 묻힌 시대와 사람들의 잔영으로 남은 까마득한 시절의 영화를. 그래서 삶은 한바탕 꿈이며, 그 환상 속에서 제각기 마주치는 허무의 잔영을 확인하고 싶었던 마음은 아니었는지!

1895년 활동사진이란 역사의 첫 자리를 차지하는 뤼미에르(Lumière) 형제의 49초짜리 밋밋한 『열차의 도착(L'Arrivée d'un train à la Ciotat)』과, 오늘날 유치하나마 〈편집(編輯)〉 개념을 도입시켜 11분 남짓 길이에 의도적인 드라마(이야기)로 촬영된 첫 창작영화인 '멜리어스(Georges Melies)'의 1902년작 『월세계 여행-A trip to the moon』은 물론 〈로이드 안경〉의 주인공인 '해럴드 로이드(Harold Lloyd)'가 영화 역사에 길이 남을 명장면인 시계탑에 매달린 아슬아슬한 그림으로 유명한 무성 자막 영화 『마침내 안전-Safety Last』, 초창기 한국영화들인 「격퇴(擊退)」, 「그대와 영원히」, 「망나니 비사」 등등도 개인적으로 소장하고 있습니다. 물론 순애(純愛)의 바이블, 한국의 〈닥터 지바고〉라고까지 불리던 1969년작 김기영(金綺泳) 감독, 김진규, 김명진, 김지미 주연의 「렌의 애가(哀歌)」도 당연히. 그런데 무릇 좋은 일이 있으면 나쁜 일도 있다고 하필 1903년 미국영화 초창기 '에드윈 S 포터(Edwin S. Porter)' 감독의 『대열차강도-The Great Train Robbery』를 분실(?)하여 너무나 아쉽군요. 인터넷으로 볼 순 있지만. 그무렵 미국의 역사를 번개 치듯 그려냈다는 『國民의 創生-The Birth of a Nation』-지금은 『국가의 탄생(誕生)』이란 제목으로 굳은 영화는 자막(字幕)과 원어(原語)로 소장하고 있지만 현대적인 드라마 편집의 원형은 대열차강도가 아마도 최초일 듯.

어쩌면… 그래선지 운명적인 이미지도 섞여 있는데 그 시절 용대 공장 뒤쪽 풀밭 쪽에는 〈부산극장〉 간판을 그리는 높다란 천막 가건물이 있었습니다. 본래 남포동 극장이 협소하다보니 변두리 등대 동네 빈터로 있던 용대 공장 뒤에 작업장을 따로 만들었지요. 마치 인디언들의 집처럼 원뿔 닮은 높다란. 세 들어 살던 집 바로 옆이어서 거기 기웃거리다가 스카웃(?) 되어 곧 커다란 간판을 그렸는데 제가 그쪽으로는 초짜가 되다 보니 격자(格子-grid) 시스템이라고 보통 가로 2m×세로 3m 정도 크기의 간판에 2~30㎝ 간격으로 칸을 지르는 작업을 했습니다. 한두 달 지나니까 잘한다며 간판실 주임이 윤곽선을 그리게 해주더군요. 격자에 맞게 한 칸 한 칸 대충 밑그림을 그려놓으면 선배가 섬세하게 칸을 채워 그렸습니다. 나중 앞서 이야기한 '김기영(金綺泳)' 감독의 「렌의 애가(哀歌)」나 '신상옥((申相玉)' 감독의 「이조여인 잔혹사(李朝女人 殘酷史)」 등등은 선배의 조언을 들으며 제가 한쪽 면을 책임지고 그리기도 했습니다. 그렇게 완성되면 새 영화상영을 위해 늦은 밤 두어 대 리어카에 그보다 훨씬 큰 4~5짝의 간판들을 싣고 극장에 가서 새 간판을 달던 생각이 나는군요. 배를 타거나 군대 생활로 계속하지 못했지만 관심을 끊진 않았기에 그 후로도 안면 있는 그쪽 계통의 사람들과 계속 관계를 이어나가기도 했습니다. 나중에는 그림에 대한 나름의 안목(眼目)이 생겼는지(?) 지인(知人)으로 만난 화가 몇 분이 작품전 카탈로그(catalog)에 실을 해설을 부탁하기도 하여 화법의 특징에 맞춰 몇 번 멋 부린(?) 해설을 써보기도 했습니다.

20여 년 전 EBS에서 〈특선 밥 로스(Bob ross)의 그림을 그립시다〉라는 프로그램을 방영했는데 참 재미있게 본 기억도 나는군요. 그의 전매특허 같은 〈That easy-참 쉽죠〉란 말처럼 저도 새삼 다시 그릴 수 있겠다는 생각을 하기도 했습니다. 『시냇가 풍경』, 『화창한 가을 날』, 『회색빛 그림자』, 『어둠이 내린 강』…. 어쩌면 두터운 붓과 나이프로 물감을 덧칠(wet and wet)해나가는 방식이 간판 그림과 잘 어울릴 수도 있을 듯. 그런데 그가 일찍 죽었다는 사실을 알고 얼마나 마음이 아팠는지! 제 비디오 속에서 그는 아직도 생생한 설명과 함께 멋있는 풍경을 덧칠해나가고 있는데 말입니다. (당시 녹화해둔 그의 프로를 보며 뒤늦게나마 아픈 마음으로 조상합니다. 이미 추억 속에서나 볼 수밖에 없는!)

언젠가 저희 교실에서 선생님들이 모여 자체 연수를 할 때 한창 인기 있는 드라마 이야기가 나와 교감선생님이 엉뚱하게 제게 그림을 그려보라고 해서 당시 KBS에서 방송한 「꽃보다 男子」란 드라마 타이틀을 본떠 칠판에 분필로 커다랗게 「꽃보다 ○○」라고 제 이름을 활용하여 간단히 그린 생각도 나는군요. 근데 다음 날 아침 아이들로 난리 났습니다. 자습 겸해서 지우지 않고 그대로 뒀는데 1학년까지 전교 100명이 채 되지 않는 아이들 모두 저희 교실에 와서 와글와글! 이 녀석들도 드라마를 보는 것 같아 야단치며 수업 때 지우려고 했지만 울고불고! 며칠 칠판 사용을 하지 못했습니다. 여기 아이들은 그런 자그마한 퍼포먼스에도 관심을 많이 주더군요. 그 후에도 만화 「까치의 날개」를 응용한 2탄 등등도 그려봤는데 바쁜 학교생활이라서 더 이상 인기작전(?)을 펼쳐보지 못했습니다.

아무튼 모든 상장과 졸업장들마저 없어져버렸지만 무슨 단체에서 주최한 미술대회 상장 하나는 어딘가 있는 걸로 알고 있었는데 자주 이사하면서 정리하다 찾아봤더니 그마저도 이미 사라져버렸군요. 어쩌면 제 인생의 한 부분이 삭제된 것 같은 아쉬움도!

어쨌든 이런저런 연유로 남포동은 등대의 인력(引力) 속 한 풍경으로 아직까지 강력하게 자리 잡고 있습니다. 추억의 가수 '윤일로(尹一路)'의 빅 히트곡 「港口의 사랑」처럼 아찔한, 아니 아득한 풍경 속에 세포 하나하나를 물들여놓은.

    네온불 반짝이는 부산극장 간판에
    옛꿈이 아롱대는 흘러간 로맨스
    그리워도 소용없고 정들어도 살지못할 항구의 사랑
    영희야 잘있거라 영희야 잘있거라.

하긴 샤프(sharp)하고 정교한 삶을 사는 현대인들에겐 뱃놈, 간판장이, 술집, 색시, 자살… 그저 변두리 값싼 감상으로 칠갑을 한 저속한.
  그리고 보니 제가 조금 들떠서 또 옆길로 샜군요. 술 마시면 흐릿한 추억의 잔상 속에서 저절로 맺히는 눈물을 어쩌지 못하고. 죄송합니다.

프래그머티즘은 너무 포괄적이어서 미학(美學)으로 한정시켜 말한다면 자신의 유목적적(有目的的) 행동으로 〈미적 경험〉을 얻을 수 있을 때 그건 진리와 선(善)으로 인정되어야 하며, 특히 미학은 〈고급문화〉에서만 발현되는 것이 아니라 〈대중문화〉에서도 얼마든지 찾을 수 있다는 생각을 견지하였습니다.
  아마도 제 생각으로는 예전 고양(高揚)된 상황에서 감동을 일으키고 그 집적적(集積的)인 공유에서 느꼈던 예술적 자부심은 쾌락적 소비주의에 불과한, 자본이 만들어낸 가짜 예술로서 오히려 미적 경험을 일부러 기만하였다는 사망선고를 내리고, 그래서 일단의 예술가들이 철저히 파괴시켜버리지 않았나 생각합니다. 옳은 말이지요. 그런 게 진화(進化)고, 우리는 그렇게 다른 세상으로 달려왔습니다. 삶은 그런 부정과 탐험을 통해 새로운 상상력으로 구성되어왔습니다.

아마도 그 가장 대표적인 분야가 미술 쪽이라고 생각되는데 19세기 후반부터, 특히 제2차 세계대전 이후 통칭 〈아방가르드-avantgarde〉라는 이름으로 불리는 전위예술가(前衛藝術家)들이 등장하여 기존의 관습이나 금기를 깨뜨리며 도발적인 주제와 혁신적인 제작 기법을 보였습니다. 기존의 미술은 고가의 상품처럼 자본의 최전방에서만 소비되고 있으며, 일반 소비자는 작가와 철저히 떨어져 권력처럼 군림한 작품에 영문도 모르고 무조건 찬사를 보내는 박수부대로 만족할 수밖에 없다고 선언했지요. 그들은 회화와 조각 같은 기존 물리적 대상이 아니라도 얼마든지 미술의 영역으로 받아들일 수 있다고 했습니다. '앤디 워홀(Andy Warhol)', '잭슨 폴록(Jackson Pollock)'. '제프 쿤스(Jeff Koons)', '알베르토 자코메티(Alberto Giacometti)', '제니 홀츠(Jenny Holzer)', 마르셀 뒤샹(Marcel Duchamp), 데미안 허스트(Damien Hirst) 등등으로 대표되는 미국 팝아트(Pop Art) 계열의 전위 미술가들은 자신들의 작업공간을 아예 공장(工場-factory)이라 칭하고 여러 보조 작가들까지 동원하여 작품, 아니 〈상품〉들을 대량으로 쏟아내기 시작했습니다. 5m 정도 크기로 광장 한 부분을 꽉 채울 정도의 스테인리스 스틸(stainless steel)로 만든 거대한 『튤립』이나, 높이가 12m나 되는 『빌바오를 위한 설치 작품』, 또는 '마릴린 몬로'나 '엘비스 프레슬리(Elvis Presley)', '엘리자베스 테일러(Elizabeth Taylor)' 등 헐리우드 스타들의 붉은 입술과 기괴한 아이섀도우 같은 펑키(funky), 도발적인 이미지를 실크 스크린으로 다양하게 찍어내기도 했고, 『100개의 코카콜라병』, 『1달러 지폐 200장』, 『100개의 수프캔』, 『신의 사랑을 위하여(For the love of God)』 등 대량생산과 소비라는 미국식 자본주의를 표상하여 과열된 미술 시장을 조롱하기도 했습니다.

그들은 기존 미술 시장에 반발하여 지금 시대에 이해되지 않더라도 사고팔 수 없는 미술, 관객 속으로 직접 파고들어가는 미술, 이른바 행위(行爲) 예술, 퍼포먼스를 지향하기도 했습니다. 물감과 붓을 들고 바닥에 물감을 흩뿌려 밟고 다니거나 드러누워 몸부림치는 〈행위 자체〉를 보여주는 〈액션 페인팅〉이나 〈해프닝〉 등 충격적인 전위예술 등이 한때 유행되며 넉넉히 미술의 영역으로 편입되었고, 또는 쿤스나 허스트 등의 화려하고 기이한 설치 조각 작품, 단순하고 예쁜 아이콘들의 연속적인 배열로 특히 공장에서 대량 소비되는 생활용품들에서 실천되는 미니멀리즘(minimalism) 등등에서도 미적 경험을 얼마든지 얻을 수 있다며 한때 유행되기도 했고, 사진에 온갖 칠을 하여 전시하는가 하면 일부러 어린이 그림처럼 서툴고 마구 칠한 듯한 무정형(無定形)의 그림도 유입되었습니다. 특히 전통 미술을 부정하고 〈레디 메이드〉라는 기성품(자전거 바퀴와 삽)을 그대로 전시하여 새로운 영역을 나름으로 넓혔다는 평을 듣는 '마르셀 뒤샹(Marcel Duchamp)'의 『샘』 같은 경우는 남성 소변기 하나 달랑 〈그대로〉 좌대 위에 전시하여 그 자체로 예술이라며 황당하기 짝이 없는, 아니 현대 미술에 가장 강렬한 영향을 미치기도 했습니다. 뭐 〈개념 미술〉이란 찬사를 받기도 했으니까 성공이란 면으로는 확실하군요. 아니 우리나라의 '백남준(白南準)'은 〈비디오 아트(Video Art)〉라는 새로운 실험으로 로봇이나 탑 모양 등으로 다양하게 이어 붙여 현란한 색상(色相)과 변화하는 영상들을 쏘아대는 독특한 퍼포먼스로(예를 들면 1,003대의 낡은 TV 수상기를 이어붙여 『다다익선(多多益善)』이라 이름 붙인 18m의 탑 등) 세계 미술사에 독보적인 자취를 남기기도 했지요. 제가 생각해도 그 시절에 그런 공간적인 비주얼(visual)로 퍼포먼스를 펼쳐낸 전위적인 작가가 없을 정도로 뛰어난, 어쩌면 우리 미술사가 세계의 최첨단을 가는 그 가장 최초, 최고의 작가가 틀림없을 것 같습니다. 〈비디오아트(video art)〉, 〈전자아트 제국의 황제〉란 이야기는 그가 아직 살아있다면, 그래서 그의 작업은 지상 최고의 찬사를 들을 게 틀림없을 것 같습니다.

어쩌면 장난스러울 수 있는 아웃사이더 미술(?)은 단순한 평면 미술을 조롱하며 미적 경험의 폭발적인 분화(分化)를 가져왔습니다. 얌전하고 고답적인 답답한 미술과 왜소한 정신을 깨부수고 새로운 감수성과 상상력, 가치를 드날린 미학의 승리는 분명 프래그머티즘의 정당성을 증명했고, 지난날 찬사를 받았던 주류 미술이 세기말 배반의 세월 속에서 〈예술의 종언(終焉)〉이란 폭언을 듣게 된 것도 다 그런 경향에서 나왔을 게 틀림없습니다. 현대 과학문명의 절정으로 구성된 현실을 고답적인 낡은 가치와 분위기로는 이해될 수 없는.

프래그머티즘 철학자인 '리처드 슈스터만(Richard Shusterman)'은 그 점에서 가장 강력하게 대중문화와 실용주의와의 결합에 대해 깊숙한 천착을 해왔습니다. 그런 점은 그의 최근 저서인 〈삶의 美學〉에서도 잘 나타나 있더군요. 그 책에서 그는 순수예술보다 차라리 〈일상에서 개인이 느끼는 미의 경험을 삶에 투영하여야 한다〉고 했습니다. 삶의 전면에서 무언가 우리들이 느끼는 가치를 발견할 수 있다면 이를 일부러 멀리한다거나 내버리는 것보다 활성화시켜서 미학의 영역을 넓힐 수 있는 것이 정당하다는 요지입니다. 예를 들면 텔레비전이나 엔터테인먼트, 또는 오락, 현대에 와서 새롭게 인식되기 시작한 인체에서도 예술은 얼마든지 탄생할 수 있습니다. 우리는 보통 그런 것을 저급하다고 생각해왔고, 그런 관습적 사고방식과 무의식적인 억압으로 쉽게 받아들일 수 없을 뿐이라고 했습니다. 예술은 일상을 살아가는 삶 자체로서 그 속에 내재(內在)된 미학을 온몸으로 탐구하여야 하며 그런 의미에서 대중문화는 가장 훌륭한 〈미학적 대상〉이라고 미의 폭을 엄청나게 확장했습니다. 심지어 오늘날 대중문화는 민주주의의 의미를 가장 강력히 표상하는 지위에 있다고까지 치켜세웠지요.

실제 책은 훨씬 다양하게 예술의 종말에서부터 다양한 미적 고찰을 이야기하고 있는데 제 경험들과 관련하여 끝까지 재미있게 읽고 싶지만 이젠 나이가 들어선지 쉽게 머리에 들어오지 않고 자꾸 파편화한 이미지들만 굴러다니는군요. 힘을 내어 이 가을에 완독해봐야겠습니다.

프래그머티즘은 기존 답답한 관습적 미의 체험을 폭발적으로 확산시켜왔다는 긍정적인 면이 많습니다. 오히려 딱딱하고 폐쇄적인 기존 문화의 틀을 무너뜨리며 이미 미학의 중심으로 편입되었다고도 할 수 있지요. 대중문화-, 텔레비전이나 엔터테인먼트, 또는 오락은 긴장을 해소하고, 집중력을 고양시키기도 하고, 자유롭고 민감한 감수성을 발달시키며, 새롭게 세상을 해석할 수 있는 통찰을 줄 수도 있다고 합니다. 옳은 말입니다. 전적으로 찬성합니다. 저 자신도 가끔 텔레비전을 보며 영감과 각성을 떠올릴 때도 많으며, 새로운 감각과 표현에 무릎을 치기도 합니다. 엔터테인먼트에서 지친 마음을 가장 적절하게 달래주기도 하고, 세상에 대한 메타포(은유-隱喩)를 절묘하게 포착해낸 감독과 촬영기사의 카메라 앵글에 고개를 끄덕이거나, 여태 마음속에 미진(未盡)하게 남아있던 어떤 풍경을 대입하여 자신에 대한 반면교사로서 각성을 일깨우기도. 삶과 세상에 대한 미세한 의미를 깨닫기도 하며, 제가 미처 각성하지 못한 역설적인 진실을 되돌아볼 수 있도록 하는 대중문화의 시점이 생각보다 넓고 깊다는 생각을 하기도 합니다. 제가 지금의 〈옹졸〉을 떠나 좀 더 현실적인 감각으로 본다면 분명 삶의 새로운 양상을 만나고, 그에 어울리는 사고의 틀을 깊이 새겨놓기도 할 게 틀림없습니다. 오늘날 대중문화는 보편적으로 인간 생활의 그런저런 전면을 구현하는 소프트웨어처럼 자리 잡았습니다.

하지만…. 그런 미적 체험의 확산을 대중문화에서 말 그대로 〈전적으로, 분별없이〉 찾는다면 아웃사이더 예술 역시 언젠가는 그들이 폐기해버린 기존 인사이더(?) 예술의 운명처럼 누군가에게서 버림받을 확률이 높아집니다. 속된 말로 오르막이 있으면 내리막이 있다는 말이지요. 대중문화의 본질에 대한 천착과 이론들에 대한 점검도 없이 매끄럽게(?) 영합된 단순 논리로는 순진을 아예 초월해버린 지금의 대중문화를 감당할 수 없을 것 같습니다. 예전 고답적인 해석과는 이미 까마득히 떠나버린.

오늘날 대중문화의 선두주자인 텔레비전을 지배하는 오락성만 보더라도 삶의 미학을 확인하기보다 가벼운 흥미와 재미, 볼거리로 텔레비전을 멀리하라는 원성의 주범으로 전락하고 말았습니다. 물론 무릎을 탁 치게 만드는 영감(靈感) 가득한 대사와 가슴을 울컥 감전시키는 삶의 깊숙한 기미(幾微)들을 만나는 행운도 있지만, 저 자신 스치듯 느꼈던 기준을 잣대로 말한다면 대개 대중의 관심과 볼거리와 재미를 소재로 그들의 입맛을 장난처럼 만든 그 수많은 예능 프로들, 속 깊은 메타포(metaphor)도 가끔 보이지만 대부분 언어 비틀기와 겉멋만 잔뜩 든 재치, 그리고 과장으로 떡칠한 분장과 행동으로 특히 아이들 정신을 일찍부터 마비시켜버리는 개그, 진중한 감상과 정제된 언어의 확장, 그리고 서사성(敍事性)을 보이는 가수들도 있지만 대부분 감정마저도 〈포즈(pose)〉로 치환해버리는 일상어의 가볍고 직설적인 가사(?)에, 그마저도 모두 똑같이 허벅지를 드러내고 노래보다 〈섹스〉로 떡칠한 몸으로 승부하며, 그러면서도 세상의 또 다른 대중들에게 K-팝으로 칭송받지만 〈젊은 한때〉의 유통기한으로 소비되고 사라질 게 뻔한 젊음의 열광이 압도적인 가요, 현실성이라고는 눈곱만큼도 없는 동떨어진 마구잡이 스토리텔링(storytelling)으로 혼란스럽기 짝이 없는 감동을 강요하고, 연기보다 얼굴과 몸을 무기로 집과 회사를 왕복하며 화면을 덧없는 좌충우돌 막장으로 도배하는 드라마, 땀과 열정, 그리고 도전으로서의 본연(本然)보다 몇몇 종목에서만의 획일적인 파쇼(fascio), 그리고 자본주의와 결탁한 허황된 상업성으로 일상을 정복한 스포츠, 인간의 정동(情動)이 섬세하게 펼쳐지는 드라마는 사라지고, 아니 어쩐지 잘 빠진 폼을 생각한 꾸미고 만들어낸 대사와 과도한 액션, 그리고 쉽게, 함부로 내뱉는 슬랭(slang)과 난삽한 앵글(angle)과 얕은 시선, 턱도 없는 판타지나 컴퓨터 그래픽으로 마약 같은 환각을 심어주는 영화…. 현대의 대중을 온통 획일적인 바보로 만들어버리는 엔터테인먼트에서 〈계속적〉인 삶의 미학을 찾는다는 건 이 시대 우리나라에서는 도대체 가능하지 않습니다. 삶과 동떨어진 현대의 화려한 풍경 속에서 제조된 미학은 그저 값싸게 만든 상품, 일회용 유행일 뿐입니다. 삶의 본질은커녕 그저 가벼운 터치, 뻔한 감동의 〈포즈연습〉에 다르지 않지요. 현대의 엔터테인먼트가 말하고 싶은 메시지나 상징이 많겠지만 정교한 과학과 철학의 기본에서 본다면 한때의 열정, 청춘의 꿈, 본능적 몸짓, 육체의 표상 등등이 언제까지나 합리화될 수는 없지요. 어디까지나 그 젊음의 인력(引力) 안에서의 표상일 뿐입니다. 그런 의미로 존재한다면 저도 당연히 인정할 수 있지만 마치 세상에 던지는 의미와 표상 전체가 세상의 절대선이나 된 것처럼 무소불위의 권력적 행태로 존재한다면 좋은 말을 해줄 수 없습니다. 오늘도 내일도 화려한 세상의 런웨이(runway)를 장식하는 그 얼굴들에서 읽어낼 수 있는 건 오락과 안주(安住), 이기와 외면, 포기와 감각, 쾌락과 저질, 음흉과 우쭐…, 싸구려 정신에 귀신들린 몽유병에 다름 아닙니다. 물론 제 과도한 선입과 왜곡된 가치 탓임을 부정하지 않겠지만 그렇다고 전적으로 현대의 엔터테인먼트가 세상의 가치로 존재하지는 않습니다. 배려와 겸손과 은근과 동감과 주제를 내던져버린! 프래그머티즘이 틀렸다는 의미가 아니라 이미 〈너무 많은 오락〉의 브레이크 없는 거침없는 질주가 예술과 인생을 잡아먹을 수 있다는 이야깁니다.

케이블이나 종편은 섹스 드라마나 엽기, 범죄, 패션, 정치, 시사, 잡담, 오락, 예능에 또 끝없는 예능들… 그야말로 존재가치 자체를 생각해봐야 할 정도로 선정적(煽情的)인 프로들로 얕은 연륜을 커버하기 바쁘군요. 인생에 하나도 도움 되지 않는 심심풀이 땅콩만도 못한 저질 프로들! 특히 화면을 잠식하는 광고들은 가뜩이나 도가 지나친 얄팍한 감각과 속임수 술수로 일관된 이야기로 진행되는 프로그램을 또다시 마음대로 난도질합니다. 실제 재어봤는데 몇몇 광고는 무려 10분이나 되풀이 사설처럼 무한정 풀어놓아 프로그램 자체를 왜소하게 만들어버리기도 했습니다.

예를 들어보는 게 더 실감나겠군요. 앞선 프로그램 다음의 광고와 자사 프로 안내가 무려 10분 가까이 되풀이되고 나서 비로소 다음 방송이 시작되는데 영화 한 편 분량에 훨씬 못 미치는 짧은 프로들도 일부러 1, 2부로 나누어놓습니다. 〈몇 초〉의 타이틀 후 〈5분〉 전후의 광고가(실제 지켜보면 엄청나게 깁니다. 화장실에서 할 수 있는 일들 모두 다 처리하고 다녀와도 충분하지요.) 지겹게 지난 후 본 프로가 시작되는데 1부 중간쯤 되면 또 슬쩍 1분 전후의 짧은 광고 대여섯 개를 쏘아 보냅니다. 참고 볼라치면 겨우 1부 후반 프로가 시작되지요. 자, 다음엔 뭐가 나올까요? 그렇지요. 1부 엔딩 타이틀을 10초 이내로 친절히, 아니 굳이(?) 안내해줍니다. 불완전 프로를 만들 수 없다는 듯. 그래도 프로를 봐야 하는 힘없는 시청자가 참아야하지요. 역시 다음은 1~2부 사이의 중간광고가 몇 분 계속되고. 주로 홈쇼핑보다 광고단가가 훨씬 적을 게 틀림없을 종편과 케이블에 사기나 다름없는 보험이나 엉터리 제품을 엄청나게 부풀려 되풀이에 또 되풀이, 또또 되풀이 소리칩니다. 언뜻 좋은 상품인 것 같지만 자세히 따져보면 실소를 금할 수 없는 엉터리를 뻥튀기와 속임수, 협박과 강요, 기회와 횡재로 입에 침이 마르도록 칭찬합니다. 거기다 또 살림에 꽤 도움이 될 만한, 그러나 실제로는 별로 사용되지 못하고 고장 나거나 구석으로 쌓일 게 뻔한 불량 사은품을 그럴듯하게 포장해선 자꾸 비춰주며 〈상담을 완료한 사람에게 사은품을 줍니다〉고 유혹의 끄나풀을 내세우지요. 그러나 〈상담을 완료한다는 건 계약을 성립시킨다〉, 즉 팔아먹는다는 뜻일 듯한데 과연 계약에 들어가는 돈과 비교해서 얼마나 비효율적인지, 아니 속았는지 경험 있는 사람은 잘 알고 있으리라 생각합니다. 〈안 봐도 비됴-Video〉가 틀림없을. 아마도 상담을 완료하지 못하고 사은품을 받은 사람이 하나도 없으리란 제 생각이 무조건 허황된 것만은 아닐 겁니다. 저 광고를 선전하는 사람들은(주로 연예인들이지요.) 공범으로 절대 용서해선 안될 사람들이라는 생각이 들 정돕니다. 한눈에 척 봐도 50% 이상 사기에 가까운 제품을 자기 얼굴로 팔아먹기 때문이지요. 스스로도 내용을 모른 채 불러주는 대로 읽기 바쁜. 2부도 1부와 마찬가지로 중간에 슬쩍 광고, 프로가 끝나는 엔딩 타이틀 전에 또 엄청나게 긴 〈5분〉 전후의 광고! 다음에 엔딩 타이틀로 드디어 하나의 프로그램이 끝납니다.(요즘 들어 공중파 방송도 엔딩 타이틀이 실종되는 경우도 꽤 있더군요. 무책임의 극치!) 그렇게 프로그램들이 하루 종일 계속됩니다. 도대체 뭘 보라는 건지. 하루 총 광고시간을 재어보고 싶었지만 저만 미친 사람이 될 것 같아 차라리 TV를 꺼버리곤 합니다. 자주 보는 어떤 자연과학 다큐멘터리 채널은 기껏 45분에 불과한 프로에 중간중간 광고를 두어 번 〈슬쩍〉 집어넣고, 그것도 모자라 조금 전 방송한 끝부분 2~3분을 광고 후 친절히 되풀이 방송하여 시청자를 헷갈리게 하여 바보로 만들기도. 딴은 지겹게 해서 미안하다는 듯 역시 친절하게도 〈엔딩 타이틀〉은 잘라내어 〈불완전〉한 프로그램으로 만들어내는 센스(?)를 발휘하기도 합니다. 어째 타이틀에 대한 개념이 아예 없는 건 아닌가 싶은. 아마도 광고를 쏟아붓는 시간을 얻기 위해서라는 게 정확할 겁니다. 그리고 같은 프로 1부와 2부 사이에 광고나 안내를 몇 번이나 되풀이 되풀이하여 무려 10분이 지나 다음 프로를 시작합니다. 프로그램 자체는 겨우 40여 분도 되지 않는데 1/4 가까운 분량을 광고로! 그야말로 엄청난 식욕이 아닐 수 없습니다. (한 가지 의문은 뺀질이에 버금갈 정도로 머리 회전이 빠른 광고주들이 케이블이나 종편에서는 무조건 바보가 되어버리는 건 아닌가 하는 생각을 떨칠 수 없다는 점입니다. 프로그램 앞과 중간중간, 그리고 마지막에 10분가량 되풀이되는, 그런 식으로 하루 종일, 한 달, 두 달 계속 눈과 귀를 아프게 하는 광고를 과연 누가 보기나 하는지. 잠재적 인상의 누적이 효과를 발휘할 거라고 생각한다면 신념에 대한 오해도 이만저만이 아닙니다. 아, 하긴 저 같은 별종 몇몇을 빼고는 그런 걸 감안하고도 보는 사람들이 많아서 노출이란 측면으로는 참 계산이 빠름을 인정하지만.) 《글의 근거를 위해서라도 일부러 광고, 되풀이되는 부분까지 삭제하지 않고 전부 들어간 비디오 파일로 저장해두기도 했습니다. 새삼스레 문제점을 공개적으로 세상에 폭로(?)하면 여태 아무도 관심을 두지 않았지만 어쩌면 방송국 측으로서는 종말론에 버금갈 정도로 사회적 파장이 커질지도!》 근본적으로 그런 프로그램을 보는 사람이 많지 않은 시대의 맨얼굴이 가져온 생생한 비극(?)이 되풀이 방송으로 투영된 건 아닌지? 그건 궁극적으로는 존속마저 의심되는. 지금도 편성표에 예고된 프로그램을 함부로 바꿔치기하는 건 예사고 10분 이상 빨리, 혹은 느리게 방송하는 건 거의 당연하다는 듯 되풀이되고 있습니다. 무슨 큰일이 있거나 특별한 경우라면 인정하겠는데 순전히 자기들 자의로 아무런 고뇌도 없이 시간을 잘라버리지요. 한밤중 2~5시에 시간 때우기로 방송하는(실제 그 종편, 아니 방송국 전체를 통털어서도 뛰어난, 그러나 쉽게 볼 수 없는 최고의 프론데 말입니다) 수입 외국 다큐 프로가 필요해 비디오로 예약녹화 하려면 혹시나 하여 편성표보다 앞뒤로 5~30분 넘도록 시간을 길게 잡아도 툭하면 시작 부분이나 끝부분이 잘리기 일쑤지요. 어떨 땐 방송을 놓치지 않기 위해 잠자지 못하고 기다렸는데 이미 20여 분 전에 방송을 시작하여 저를 허탈하게 만들기도 합니다. 편성표 자체가 의미 없다는 말이지요. 아마도 정책적인 문제가 클 것 같은데 프로그램들 사이를 공익이나 안내, 광고 등등으로도 미처 다 메울 수 없는 허약하고 오래지 않은 업계의 현실이 아닐까 생각합니다. 아니, 쓰레기 중에서도 가장 쓰레기 같은 자사 프로들의 장황한 선전들은 텔레비전을 던져버리고 싶을 정도더군요. 그런 정교한 메커니즘도 없는 주제에 과연 국민을 상대로 방송을 왜 하고 있으며, 자의로 프로그램을 분해, 삭제, 조립, 재구성해버리는 권리가 도대체 국민을 상대로 가능하다는 것 자체가 오늘날의 세태가 그만큼 저질스러워졌다는 의미인 것 같아 불쾌하군요. 케이블 방송의 시청률 1%가 대박이니 하는 말이 있던데 그건 칭찬이 아니라 스스로를 쓰레기라고 증명하는 것 같아 씁쓸할 뿐입니다.

어쨌든 몇 번 시청한 일부, 아니 대부분의 케이블과 종편은 좋은 프로그램이 거의 눈에 띄지 않는, 시청률에 목을 매 천박과 소란과 일방과… 왜 존재해야 하는지 의심스러울 정도로 불량한, 아니 악질적인, 차라리 마음속에 지울 수 없는 낙인을 새기는 범죄적(?) 매체라고 생각합니다. 그런 종편을 허가해 준 정부도 제 기준에서는 미필적 고의에서 벗어날 수 없음을. 제 뇌수가 그 범죄의 흔적들로 너덜너덜 오염된 것 같아 몸서리가 쳐지는군요.(물론 저 혼자만의 생각이겠지만.)

과도한 유흥과 귀를 때리는 천박한 말과 일방의 거칠고 단편적인 정치적 함성과 뻔뻔한 자본의 전횡을 경전으로 모신 듯 일부러 돈으로 떡칠해 귀티(?) 나는 쓰레기 예능 프로들로 전진 배치한…. 눈과 귀가 멍하군요. 정말입니다. 누군가 105밀리 곡사포로 오늘도 내일도 쓰레기를 쏟아붓는 방송국 건물 자체를 폭파해버린다면, 그래서 쓰레긴 줄도 모르고 재밌다며 자기 직업에 충실하게 전파를 날리는 종자들 모두 날려버리면 정말 십년 묵은 체증이 싹 가실 것 같은!

하긴 요즘은 공중파 민방도 5분 이상 되풀이되는 광고가 부쩍 보이긴 합니다. 또한 믿을 수 없다고 하겠지만 편성표의 타이틀과 실제 방영되는 프로그램이 다른 기막힌 경우가 생각보다 많고(지역방송국의 자체편성이나 사회적 파장이 큰 사안이 있어 긴급편성을 하는 상황으로 말하는 게 아닙니다), 겨우 끝까지 시청했는데 광고만 10개 이상 잔뜩 붙여놓곤 혹시나 싶었는데 케이블처럼 역시 엔딩 타이틀은 행방불명! 설마 공중파 방송이 그럴 리 없다고 거짓말이라고 할까 봐 녹화까지 해놨으니까 변명의 여지도 없겠군요. 작정하고 초시계까지 동원하여 지켜봤지만 광고와 자사 프로와 시사 안내를 무려 10분 너머 진행한 후 다음 프로가 그냥 시작되는 걸 보곤 문득 우리 시대의 〈멋진 과시〉와 그 뒤에 숨겨진 〈무책임〉이란 배반적인 민낯을 보는 것 같아 참 씁쓸했습니다. 우리 사회에서 벌어지는 각종 사건들의 저변에는 그런 이중의 〈포즈〉가 불러온 필연이 과정으로 자리 잡고 있는 것 같아 새삼!

'스티븐 스필버그(Steven Spielberg)' 감독의 우울한 통찰이 돋보인 영화 『AI』에서 보인 짜깁기, 파편화한 불쌍한 로봇들은 타의(他意)에 의해 처리되지만, 광고는 그 스스로 해체, 분해하고는 또 멋대로 이어 붙여 프랑켄슈타인(Frankenstein)처럼 거친 봉제선이 선명한 짜깁기 제품으로 난도질하여 버젓이 대중에게 〈호랑이의 팔〉을 들이미는 것 같군요.

훨씬 더 서사적이었던 신문은 어떻습니까? 가십, 재산, 건강, 맛집 기행, 여행, 사건, 연예, 그리고 정치싸움으로 도배되어 사람들의 삶을 돌아보게 하는 속 깊은 기사는 꼭꼭 숨어 잘 보이지 않는군요. 신문이 꼭 그렇게 원대한 지평을 돌아볼 수 있는 내용으로만 존재해야 한다는 건 아니지만, 그렇다고 그저 잡탕, 상식, 흥미 등등 일상의 흔해빠진 정체된 기사에서 머문다면 그야말로 신문의 존재가치를 다시 생각해봐야 할 것 같습니다. 예전 진중하게 다뤘던 기획기사(企劃記事) 같은 리포트는 거의 자리 자체가 없어져 이미 사망선고를 받은 건 아닌지.

더구나 요즘 일반적인 홈페이지는 너나없이 경쟁적으로 낯 뜨거울 정도로 벌거벗은 여자의 몸이 온통 화면을 독차지해서 보는 내내 나쁜 짓 하는 것처럼…. 이 세상에서 가장 아름다운 것은 〈여인의 마음〉이라고 생각하지만, 또한 가장 추악한 것은 〈상업화된 여자의 육체-고깃덩이〉라는 생각이 강하게 치고 들어옵니다. 남들은 남자의 로망이니 뭐니 하며 아름답다고 하던데 어떻게 저는 허옇게 반질거리는 비계 속에 담긴 〈자본주의의 삼겹살〉이 두툼하게 겹쳐선지 구역질이 올라오는 게…. 그게 무슨 자랑이라고 얼굴을 드러내고 버젓이…. 은근하게 세상을 가득 채우고 들려오는 우주음(宇宙音)처럼, 시대를 껴안고 자연의 일부처럼 우리를 둘러싸던 〈여성〉이라는 거대한 존재의 지리멸렬한 추락!

그렇게 여성의 신비롭고 아름다운 형이상학을 가볍게 깔아뭉개며 육체로만 사는 게 정상인 것처럼 너도나도 온통 벌거벗고 세상을 뒤덮는-, 자본의 친위대로 선발된 상업주의가 무소불위의 권력으로 사육시켜 엄청난 가분수처럼 부풀려진 유방과 엉덩이를 발정난 개처럼 출렁출렁 흔들어대는 현대 여성의 육체는 솔직히 제가 볼 땐 모두 창녀의 삐끼질-호객(呼客)에 다름 아닙니다. 말로서는 삶에 활력을 주는 현대의 건강함을 표상한다느니, 예술적 영감을 불러일으키는 비너스의 신비로움, 또는 신이 내려준 인간에 대한 구원(久遠)의 형이상학이니 하며 엄청난 찬사로 꾸며내는 과장법의 종합전시장으로 불리지만 실제로는 〈외설(猥褻)사업본부〉의 선정적인 새빨간 간판일 뿐입니다. 아니, 차라리 창녀는 운명처럼 삶의 변두리로 떠내려간 우리들 누이의 비장한 애환이 눈물겹도록 베여있다고 자주 느끼곤 하지만 이 삼겹살들은 자본주의가 제공한 번질거리는 버터로 온통 치장하고는 부끄럼 없이, 부모나 오빠 동생이 보든 말든, 아니 무슨 벼슬했다는 듯 응원까지 받으며 오늘도 내일도, 밤이나 낮이나, 이곳이나 저곳 어디 없이 일상 속에서 무한 판매한다고 무척 바쁘군요. 〈섹스 할인 대방출〉이라도 하듯 벌거벗은 몸을 쩍쩍 흔들고 벌리며 〈이래도?〉라는 듯한 도전적인 포즈로 쳐다보는 뻔뻔함이 참 가관입니다. 아마도 모두 자아(自我)가 없는 〈섹시로봇〉처럼 일률적으로 제조된 얼굴이 틀림없는 것 같군요. 자신이 자본주의의 진열대에 전시된 고깃덩인 줄 모르고 모두가 마치 자신의 섹시美(?)에 머릴 조아리고 찬양하고 있다는 그야말로 〈로봇처럼 입력된 착각〉을 신념으로 굳게 새기며 오늘도 내일도 포즈를 취하는. 앞서 이야기한 영화 『AI』에 나오는 늘씬한 미녀는 자신이 로봇이라는 것조차 모릅니다. 아니 로봇뿐만 아니라 사람들조차도 〈꿈과 시간의 올가미〉에서 어둠 속으로 잠겨들어야 하는 음울한 절망을 마지막 엔딩 장면에서 조금씩 후퇴하는 카메라 워크(camera work)로 뭉클하게 마무리했지요. 그런 절망까지도 이해하지 못하는 주제에 무슨…. 갑자기 인간은 본래부터 영혼 없이 그저 태어났다 사라지는 하루살이처럼, 내일 축제를 위해 도살되는 줄도 모르고 온갖 장식으로 꾸민 얼굴을 들이대고 꿀꿀대는 돼지처럼 의미 없는 존재로 추락하는 것 같은 실망이 강하게 머리를 때립니다. 생각이 애초부터 없는, 반질반질한 고깃덩이에 지폐를 구멍마다 푹푹 쑤셔 넣은…. 앞에서도 이야기했듯 〈창녀〉는 인생의 우울한 이야기를 들려주는 스토리텔러(storyteller)로서의 표상과 때론 비장하게 슬픈 눈물의 미학(?)까지 줄 때도 있지만 이 섹시 로봇들은 그런 것 자체가 없는 육식주의의 은밀한 쾌락만을 폭포처럼 쏟아낼 뿐입니다. 아니, 제 눈에는 도대체 사람으로서가 아니라 이상한 고깃덩이들을 모아 짜깁기해 반질반질 기름기로 도배한 프랑켄슈타인(Frankenstein)처럼 보이는군요. 구역질이 올라오는… 아니, 오싹한! 우웨엑!(좀 미안하긴 한데 죄송해할 마음은 전혀 없군요.)

인생이 이렇게 덧없는 무의식 속에 허망한 이미지를 마구 배설하며 흘러가도 되는가요? 한때 아름답고 신비스러웠던 여성의 몸은 왜 모조리 사라지고 육즙(肉汁) 가득한 비계 덩어리가 세상을 덮어버렸는가요? 천사처럼 아름다운 미소, 섬세한 마음의 결, 부드러운 몸짓의 선(線). 더하여 견고한 지성의 율(律)과 순결한 문향(文香)이 돋보이는 여성은 좀체 보기 어렵습니다. 어릴 적 동네 누님들의 친절하고 건강한 미소, 동년배 여학생들의 수줍지만 풋풋한 아름다운 모습은 우리들에게 삶의 마법을 꿈처럼 펼쳐주며 환희와 전설, 거대한 삶의 여정으로까지 표상되던 대상이었지만 지금은 모조리 사라지고 벌거벗은 몸으로 승부하려는 듯 홍수처럼 지면과 화면을 가득 채우고 두더지처럼 이곳저곳에서 오늘도 내일도 쉴 새 없이 튀어나오는 〈비계덩어리〉들을 도대체 인간이라고 할 수 있는가요? 뭐라고요? 〈건강미〉가 넘친다고요? 〈심쿵〉이라 했나요? 그래 〈남자들의 로망〉, 아니 〈고혹미〉라니? 오호, 놀라워라! 절정을 넘어 〈초절정 섹시미〉라고까지? 흐흥흐흥! 우주를 넘나들 정도의 과장법에 기가 차는군요. 건강미란 말에는 견강부회(牽强附會)의 저의가 숨겨져 있다는 의심을 지울 수 없지만, 그래도 일정 부분 인정한다 하더라도 심쿵이라니? 무슨 뜻인지는 모르지만 글자로 봐서 아마도 〈심장이 쿵〉 뛸 정도로 아름답다는 뜻으로 받아들인다면 그야말로 남자들을 색정(色情)에 미친 짐승으로 이미 단정해버린 것 같군요. 저로선 그게 아니라 눈앞으로 쳐들어오는 반질반질한 삼겹살 비계의 뻔뻔한 무차별 공습에 놀라 〈심장이 쿵〉 뛴다고 이해되는데요? 보세요. 저 벌거벗은 삼겹살의 도전적이고 자신만만한 풍만과 미소 짓는 만족을! 제 해석이 타당하다면 심쿵이란 말은 받아들여야 하는 남자의 시선에서 쓰여야 하는 게 아니라 여자들이 〈주체적〉으로 삼겹살을 쏟아낼 때 쓰여야 하는 공격적인 말인데도 엉뚱하게 남자들에게 모든 책임을. 출렁거리는 젖통을(乳房-한자말이긴 하지만 그래도 아직 전적으로 타락한 말은 아닌 듯싶어 이 말을 쓰는 게 오히려 모욕적이군요. 어데 함부로 거룩한(?) 그 말을 두툼한 고깃덩어리로 타락한 젖통에 붙일 수 있단 말인지.) 쳐다만 봐도 코와 입을 눌러 숨을 쉬지 못하게 할 것 같아 〈심답?〉하고, 아니 〈모골〉이 송연(悚然)해지는군요. 말이 나온 김에 그래 '로망(roman)'이라니? 은근슬쩍 로망 밑에 숨겨진 수컷의 붉은 욕정을 겨냥하며 남자들을 모두 짐승으로 매도하고 싶은 페미니즘(Feminism)의 횡포가 도를 넘은 것 같은데? 로망이란 낭만적이고 순결한 단어를 〈불결한 욕정〉으로 교묘히 역설해버리는 이 악랄하고 포악한! 제 생각으론 오히려 벌거벗고 미소 짓는 〈私娼街 페미니즘〉이 남자들에게 마구 꼬리 치며 부추기고 있는 것 같은데요? 제 말이 틀렸나요? 잘 보세요. 단단한 말뚝 위로 비너스의 둥근 거울 속(♀)에 뭐가 보이는지? 제 눈에는 벌거벗고 누워 한쪽 눈을 깜박이며 검지로 유혹하는 요염한, 아니 참혹한! 〈위험〉이란 선명한 글자가 새겨진 굵고 붉은 사선(斜線)이 철딱서니 없는 벌거벗은 삼겹살을 가린다고 참 고생하는군요. 아니, 그래요. 과장법으로 버무린 〈고혹미〉에서 여름철 땡볕에 푸욱~푹 썩어가는 〈초절정 비계 냄새〉가 코를 짓뭉개는 것 같아 숨쉬기 어려운 건 그럼 마초(macho)의 트집이겠군요. 이현령비현령도 참! 지구가 온통 고깃덩이로 썩어가는 쓰레기장으로 변한 것 같습니다. 짐승은 본성으로 존재하지만 인간은 이성으로 존재하지요. 다른 건 필요 없다는 듯 오직 반질반질 잘 가꾼 비계에서 무슨 이성과 지성과 학문, 그리고 진정을 느낄 수 있을까요? 그저 퀴퀴한 암내 풍기는 《사람 동물》! 화면에서 절 쳐다보며(?) 미소 짓는 얼굴을 보노라니 음탕한 여자 〈지골로-gigolo?〉가 따로 있는 게 아닌 것 같습니다. 아마도 면도날처럼 잘 드는 칼로 피부를 가르면 〈솜사탕 같은 하얀 비계가 비눗방울처럼 꾸역꾸역 쏟아져 나와〉 눈 가는 곳마다 달라붙어 목 밑까지 치고 올라오는 구토로 속을 뒤집어놓을 것만 같은…, 꼭 제상(祭床)에 오른 털 뽑은 돼지 머리가 빙긋 미소 지으며 절 쳐다보는 것 같은…. 맙소사!

그렇지요. 세상에 창녀도 이런 노골적(?)인 창녀가 없습니다. 아니, 조금 전에도 되풀이 비유했지만 차라리 창녀의 우울하고 피곤한 눈에선 삶에 다가오는 모든 비극을 스스로 안고 가겠다는 절망적인 애수가 가득 담겨 물컹 눈물이 쏟아져 나올 듯한 애달픈 초상이 겹치며, 그래서 껴안고 통곡하며 위로하고 싶지만 이 콩나물처럼 막무가내로 자꾸자꾸 커지며 시선을 점령하고는 지독한 암내까지 쏟아내는 사람동물은 〈비계 팔이〉 이외에 할 수 있는 게 도대체 있기나 할까요? 저는 없다고 보는데? 대신 비싼 화대(花代)는 잘 챙기겠지요. 아직 삶지 않은 허연 돼지 족발 같은 징그러운 허벅지를 흔들어대는 값으로!

물론 인간에 대한 근원적인 인식은 그 뒤에 숨겨진 긍정적 의미들을 일부러라도 외면해서는 안된다고 생각합니다. 당연히 한 걸음 떨어진 시선에서 본다면 역시 삶에 대한 고단하고 피곤한, 그렇게라도 거뜬히 자신과 가족을(?) 먹여 살리려는 개인으로서의 여성임에 틀림없을 것 같아 달리 봐야 정당하다고 생각합니다. 오히려 굳건한 생활적 대비로 눈물겹도록 서러운 모습이라고 생각하지만, 그러나 이런 제 배려에도 불구하고 너도 나도 오직 삼겹살 〈스페셜리스트(specialist)〉나 되는 것처럼 배턴을 주고받으며 어제도, 오늘도, 내일도 지면과 화면을 점령하며 불쑥불쑥 나타나 온 통 세상을 휘젓는 면으로는 절대로! 그러면 제 성숙한(?) 배려가 오히려 초라하고 불쌍해집니다.

문화의 양식은 삶과 인생의 견고한 구동(驅動) 방식으로 구성된다고 할 수 있겠지만 그렇다고 온통 그런 식으로 작동되는 일률은 참 슬프군요. 〈청춘의 약동(躍動)〉이니 〈젊음의 도전〉이니 하는 멋진 말들로 치장하고는 정작 거역할 수 없는 본성을 과도하게 절대선으로 추켜세우며 세상의 구석구석을 교묘히 점령하고 추앙받는 육체에서 우리들 누이의 꽃다운 진선미(眞善美)를 다시는 찾을 수 없는가요? 구역질나는 삼겹살들의 마취제에 난도질당해 형편없이 사라져버린-, 희생과 헌신, 단아(端雅)와 자애, 청순과 사랑, 절제와 포용, 꿈과 미소, 그리고 건강한 에스프리(esprit)로 젊은 날 제 가슴을 플라토닉으로 설레게 했던 그 가장 아름다웠던(?) 여성의 모습은 이제 영원히 찾을 수 없는가요? 시대가 온전히 달라졌는가요? 아니, 겉으로는 세련됨의 현대적 방식으로 치장된 문화의 최전선을 가는 것 같지만 제가 볼 땐 아무래도 《유전자 자체와 더불어, 발현(發現) 방식의 변형으로 세포와 지방질의 번질거리는 과도한 교합 배분과, 더불어 그에 적절하게 매칭된 기질과 마음의 소프트웨어로 온전히 상품처럼 자리 잡은 새로운 "삼겹살 종자"의 출현에 가름하는》. 그렇지요. 요염하게 꾸민 뒤틀린 욕망을 전면에 포진시키고 연신 비계 포탄을 쏘아대는, 그리고 멍청하게, 아니 교활하게 맞장구치는 현대인의 과도한 몸에 대한 현상학(現象學)은. 이미 비계는 현대의 절대선이란 권력의 핵심으로 자리잡아버렸습니다. 마치 패션 쇼, 아니 삼겹살 쇼를 하듯 어제는 저 비계가 아찔한(?) 섹시미를, 오늘은 자기 차례라는 듯 이 삼겹살이 착한(?) 볼륨을, 내일은 오래 기다렸다는 듯 너도나도 한꺼번에 튀어나오는 건강한 역대급(?) 육체미를 스스로 드러내며 세상의 아름다움으로 완벽히 호도되는…. 제 시선 속에서 오늘도 내일도 벌거벗고 미소 지으며 저를 쳐다보는 여성의 몸은 청춘시절의 낭만과 특권으로 찬미되기는커녕 이미 도살할 1등급 고깃덩이의 붉은 낙인이 지울 수 없을 정도로 선명히 박혀버렸을 뿐인데 말입니다. 미(美)의 신 〈에로스(Eros)〉가 나이 들면서 청년에서 점점 어린이로 변해가는 거라든가, 영화 『벤자민 버튼의 시간은 거꾸로 간다-The Curious Case of Benjamin Button』에서 주인공인 '브래드 피트(Brad Pitt)'가 노인에서 어린이로 거꾸로 나이가 줄어들어가는 기이한 변주(變奏)들은 조금 제한적으로 말해, 아니 공격적으로 말한다면 일견 현대인의 육체에 대한 과도한 집착을 의미심장한 역설로 드러내고 있다고 생각되는군요. 몸의 현상학은 그래서 유통기한이 점점 짧아지는 한바탕 꿈일 뿐이며 그 끝의 찰나는 번데기처럼 말라붙은 주름으로 덮인 껍질로 시궁창에 내동댕이쳐질.

예? 뭐, 뭐라고요? 보호본능이라고요? 그 삼겹살이? 하이코! 지금 역설까지도 이야기하는데 웬 발칙한 농담을! 도대체 정신이 온전한 건지? 전 지금 장난치고 싶지 않거든요! 보호는커녕 쳐다보자마자 눈이 더럽혀진 듯, 아니 〈어머, 뜨거라〉며 똥통에 어서 던져버리고 싶을 정도로 오싹한!

(아하! 이런 부분에서 엄청난 항의가 있을 수 있겠군요. 시대의 가치와 변화를 따라가지 못하는 고답적인 꼴통의, 어쩌면 세상에 저 혼자만의 일그러진 관념을. 여성은 참(眞)과 착함(善)에 버금가는, 아니 더한 아름다움(美) 그 자체며, 그 발현은 자연스러우며, 더욱이 원초적인 생명력으로 이해되어야 하며….)

그러나 그런 걸 인정하고라도, 그리고 표현의 과도함을 받아들이고서도 그 속에 무늬 진 의미만은 양보할 생각이 눈곱만큼도 없습니다. 가치라는 것은 언제나 시대를 관통하는 삶의 진정성 속에서 구성되고, 변화는 양식(良識)의 범주 안에서 온전히 인정될 수밖에 없습니다. 앞에서도 말했지만 동물이라면 몸 자체만으로 사는 게 당연하겠지만 주체적인 정신의 발현 속에서 사는 인간은 당연하지 않습니다. 인간은 상승적 가치로 살아야 할 의무가 있으며, 향유의 과도한 집착으로는 추악을 가져올 뿐입니다. 어쩌면 아무도 몰래 〈소돔과 고모라(Sodom And Gomorrah)〉의 유전자가 삼겹살 비계 속에 한 겹씩 축적되고 있는 지도. 차라리 불덩이가 내리쳐 그 자리에서 돌로 굳어버린다면, 그래서 미래의 조각상이 되어 전시실에서 〈한

때 삼겹살 몸으로~〉 어쩌구저쩌구 하며 관람객들에게 표본이 된다면 속죄(?)라도 될까요? 아니, 누가 삼겹살 모두를 미라로 만들어 《비계Ⅰ-아무개》… 라는 이름표를 붙여 전시라도 하면 속이라도 시원해질!

물론 여성에게 온전히 그 책임을 묻기 전에 남성의 음흉한(?) 동물성과, 그리고 그런 구도로 파인더(finder)를 잡고 세상으로 덤핑처럼 마구 배설해 낸 매체의 상업성, 더하여 견고한 구조로 강화시켜온 현대 자본주의 사회의 사악(邪惡)한 욕망의 틀을 먼저 해부하고 고발해야겠지만. 만약 현대인의 근원적인 삶의 태도와 문화와의 상관, 시대의 가치와 역사 발전, 그리고 보편의 양상과 생물의 진화 등등까지 대입하여 누군가와 논쟁을 하겠다면 기꺼이 응할 용의도 있습니다만.

그렇군요. 〈남성의 음흉한 동물성〉, 〈매체의 상업성〉, 또는 〈현대 자본주의 사회의 사악한 욕망의 틀〉이란 말까지 하다 보니 한 걸음 떨어진 시선으로 봐야한다는 앞의 말처럼 역시 여성에게 온전히 그 책임을 물을 수만은 없다는 생각이 듭니다. 여성에게 가해지는 남성들의 억압과 편견, 반발의 구조는 현대의 가치 속에 워낙 교묘하게 스며들어 어쩔 수 없이 그 틀 속에서 스스로를 지켜내기 위한 순응(順應)의 한 방식으로 표현될 수밖에 없다는.

그러나…, 그럼에도 불구하고 현대의 첨단(?)을 휩쓸며 온통 삼겹살 비계를 쏟아내는 여성의 육체, 아니 그렇게 구동되는 소프트웨어-정신을 조상(弔喪)할 수밖에 없습니다. 미필적 고의라는 변명으로 남성을 대입하는 건 정당하지 않습니다. 아니, 온갖 매체, 아니 삶의 전면에서 스스로 벌거벗고 대활약(?)을 하는 이 시대엔 전혀 고려할 필요가 없지요. 여성의 몸-, 삼겹살은 여성의 〈주체적인 발현(發現)〉에서 온전히 책임을 찾아야 합니다. 스스로 추락해버린 희멀건 비계 덩어리에서!

그렇다고 여성에 대한 마초(macho)적인 군림이나 가치, 나아가 혐오나 가학으로 절 매도할 필요는 없습니다. 그건 인간에 대한 성찰과 삶이 이루어지는 근본을 이해하지 못하는 못난 사람들의 〈일차적인 반감〉에 지나지 않기 때문이거든요. 저는 여성 특유의 부드러운 마음씨와 아름다운 배려, 세상에 대한 본능적인 헌신과 인내, 그리고 무엇보다 하늘이 빚은 듯한 섬세함이 가득한 존재 자체로 삶이 충만으로 채워지고 있으며, 그런 바탕에서 이루어지는 세상의 본질에 놀라움과 함께 다함없는 찬양을 보냅니다. 양성이란 것은 쾌락과 경쟁으로서 존재하는 것이 아니라 서로 부족한 인간의 조건을 채워주고 삶을 위로해줄 수 있는 거의 유일한 장치라는 데 전적으로 찬동하고 있습니다. 여성은 차별받아야 할 이유가 전혀 없으며, 오히려 배려가 필요하다는 데 적극 동의합니다. 우리 사회는 아직 여성에 대한 편견과 제약이 매우 많고, 그래서 여성이 자신의 주체성을 제대로 펼칠 수 있는 기회 자체가 아주 적습니다. 그렇군요. 좀 더 찬찬히 성찰해보면 여성은 남성과 달리 〈세상을 구원할 수 있는 능력〉을 본태적(本態的)으로 가지고 있는 존재가 분명한 것 같습니다. 잉태와 양육, 헌신과 조화, 배려와 박애, 그리고 부드러움과 인내! 여성은 존재 자체로 신비와 놀라움의 능력을 하늘로부터 물려받은 게 틀림없고, 어쩌면 인간의 본원과 희망은 여성에게서 찾아야 하리라는 묵시적인 긍정은 신이 마련해둔 은혜일지도. 『파우스트(Faust)』에서 '괴테(Goethe)'가 말했습니다. 〈영원한 여성의 혼(魂)만이 우리를 구원할 수 있다〉고. 그러고 보면 남성은 단순히 주어진 환경을 개척하고 생존하려는 투쟁적 본능에만 갇혀있는 건 아닌지. 그래서 모든 여성은 남성과 달리 놀라운 〈형이상학적인 존재〉이며 〈세상의 어머니〉라는 제 생각이 그리 허황된 것만은 아닌 것 같습니다. 그 옛날 국민학교 시절 어떤 풍경(?) 속에서 어머니가 저에게 가르치듯 한 말이 뚜렷이 생각납니다. 〈여자는 무조건 보호받아야 하고 대접해야 한다〉고. 아마 어머니 스스로 등대라는 힘든 삶의 최전선을 거치며 체득했던 인간에 대한 본질적인 애정이었음.(다음에 기회가 된다면 그 풍경들과 함께 어머니의 삶의 조각들을 이야기하고 싶습니다만.) 그런 저에게 여성에 대한 〈감정의 편집으로 만들어낸 엉뚱한 편견과 허상〉이란 도매금으로 매도하는 건 온전히 사절합니다. 그러면서도 자본과 쾌락적 경향에 휘둘리며 맹목으로 변해버린 현대 여성의 몸, 아니 삼겹살, 아니아니, 긍정과 부정까지 포함해서도 온전히 〈범죄적〉이란 생각을 거둘 마음도 또한 전혀 없습니다.

어쩌면…, 아무래도 새로운 〈여성혁명〉이 필요하지 않을까란 생각도 드는군요. 이전 자아(自我)가 세상에 온전히 실현되지 못하던 시대에 세상의 허상을 깨뜨리며 불타올랐던 여성해방이나 정체성의 탐구 같은 혁명적 선언은 세상의 의식을 바꾸는 거룩한 물결이었지만, 그러나 지금은 마치 에스컬레이터를 탄 것처럼 엉뚱하게 몸의 과도한 해방(?)으로 변질되어 육체로 여성을 등급 매기고, 삶의 의미와 존재의 가치 등등은 쓰레기처럼 내동댕이쳐진 느낌이 없지 않군요. 물론 남성, 또는 사회구조적인 권력의 책임이 가장 크다고 할 수 있지만, 그러나 앞에서 언급했듯 근래 들어 오히려 여성이 〈스스로〉 성(性)의 사슬을 칭칭 감고 보무도 당당히 레드카펫(red carpet)을 걸어간다고 할 수 있을 정도인 것 같은 기분은 어쩔 수 없군요. 아니, 너도나도 반질반질한 비계를 드러내지 못해 안달하는 듯한 현상을 보노라면 여성의 본태성(本態性)이 〈정말로〉 그렇게 발현되도록 유전자에 새겨진 게 아닌가 하는 의심까지. 그렇다면 문득 여성을 남성과 동등이 아니라 종속된 〈하위개념〉으로 둘 수도 있겠다는 제 의심도 그렇게 무리라고만 할 수 없지 않을까란. 순결한 이성으로 존재하는 여성이나 여성단체 등에서 들고일어나 공격할 게 틀림없는데, 그래도 〈자업자득〉이란 말이 자꾸만 입속을 맴도는 건 순전히 제 책임만은 아닌 것 같습니다. 오늘날 〈플라토닉 러브의 꿈결 같은 환희〉, 〈첫사랑의 순연(順然)한 감미로움〉, 〈온 밤을 설레게 하는 사랑의 밀어(蜜語)〉 등등 상상만 해도 온몸이 녹아내릴 정도로 아름답던 말들이 〈**모조리**〉 사라져버린 책임은 현대적인 문화의 최전선이란 미명으로 치장한 보무당당한 삼겹살 비계들의 시도 때도 없는 공격이 일정 부분 져야합니다. 그 말들은 남녀가 존재하는 한 언제나 우리들 가슴에 징표처럼 새겨져있어야 하는 이성적이고 감성적인, 아니 온전히 축복으로 가득 찬 말들이기 때문입니다. 남자도 마찬가지겠지만 어쩌면 신의 은혜로까지 칭송될 수 있었던 여성의 몸이 시간의 굴레에 꿰여 엄청났던, 그러나 이젠 쓸모없어진 〈화려〉를 내팽개친 보잘것없는 모습으로, 바람 빠진 풍선처럼 쪼그라드는 것은 신이 베풀어주었던, 그래서 실컷 향유했던 은혜를 이제 거두어들이려는 〈청구서〉가 아닌가 싶기도 한. 그럼에도 불구하고 자신을 감추려는 듯 잔뜩 진한 화장을 하고, 귀걸이, 반지 같은 온갖 장신구들로 꾸미고, 거기다 필수품처럼 하늘거리는 비단 같은 옷을 두르고 화면과 무대에 올라 느끼한 미소를 흘리는 걸 보면 인간이란 존재가 너무 안쓰러울 정돕니다. 아직도 향유의 맹목에서 빠져나오지 못한. 비계는 현대에 와서 핵폭탄보다 더욱 강력한 맹목과 생생한 즉물(卽物)로 자리잡아버렸군요.

세상의 억압에 대한 정당한 이성의 축조(築造)로 받아들였던 페미니즘의 도전이 오늘날 오히려 이렇도록 스스로를 모독으로 물들인 걸 보노라니 페미니즘 자체가 본래부터 젠더(gender)보다는 섹스(sex)를 판매하는 악덕 포주의 탈을 숨긴…. (뒷목이 서늘한데 아무래도 이쯤에서 멈춰야 할 것 같군요.)

막강한 포털은 그 권력만큼 거의 성(性)의 향연으로, 화면과 이야기를 잡아먹는 광고로 도배되어 있습니다. 인터넷을 점령한 쏟아지는 악성 댓글들로 이미 오물 배설장으로 변해 썩은 냄새가 진동하는군요. 기사 하나 찾아 읽기가 여간 불편하지 않습니다. 찾으려는 진중한 이야기들은 그저 없어도 좋은 이야기들에 가려 행방불명되기 십상입니다. 언젠가 꼭 확인해봐야 할 자료가 있어서 작정하고 검색해보니 페이지 수로 무려 20여 화면 뒤쪽에서 겨우 찾을 수 있었습니다. 그나마 찾았다는 게 다행이지요.(지금은 아예 행방불명이군요.) 가만 보면 보통 대중의 관심사와 일방의 가치관에 따라 기사가 선별, 배치되는 것 같은 느낌이 드는 건 저 만의 생각은 아닌지. 하긴 무지막지한 광고들의 태클까지 더해 거기에도 포털에 의한 자본의 폭력이 간섭하는 것으로 알고 있습니다만.

쓰다 보니 자꾸 길어지는군요. 엉뚱한 이야기까지. 욕심이 과한 건지, 아니면 할 말이 많은 건지. 좀 과격한 내용들도 여과 없이 말입니다. 아니, 사죄드리고 싶을 정도로. 이번 주에 생각해둔 주제인 〈대중문화〉의 전반에 대해 다 써보려 했는데 역시 힘들군요. 주제가 너무 넓고 다양해서 그런가요? 그래도 다음 주로 미루면 일관성이 단절되어 많이 벗어날 듯해서 내키지 않습니다. 고생하더라도 호흡을 가다듬어 내일이나 모레 저녁 머리를 싸매서라도 완료해 학반 홈페이지에 올리겠습니다.

그런데 학부모님들께서 이런 글들을 전적으로, 아니 무조건 좋은 의미로만 받아들이지 않을 수도 있다는 걸 문득 느끼고부터는 고민을 하기 시작했습니다. 그래서 그만둬야겠다는 생각을 하기도 했는데…. 그보다는 현실적으로는 다음 주 지도안을 올리고 그 앞 지도안은 삭제한다면 그쯤으로 어느 정도는 타당하리라고 생각합니다. 〈별스런 생각〉들도 있구나 정도로 이해해주시면 감사하겠습니다. 하여튼 여러 가지로 죄송스럽게 생각합니다만 앞으로도 특별한 일이 없으면 매주 그렇게 일주일만의 유효기간으로 한정할 생각입니다. 스스로 자초한 고생은 분명한데 어쨌든 제 뻔뻔함이 죄송할 뿐입니다.

> 덧붙이는 글

앞서 20여 년 전 '밥 로스'의 〈그림을 그립시다〉란 프로그램에 대해 언급한 적이 있는데 작년(2020년) EBS 교육방송에서 새로이 방송을 시작하더군요. 여전한 말(That easy-참 쉽죠)과 특유의 〈덧칠〉기법으로. 다시 살아온 것처럼 참 반가웠습니다. 길가 호수, 바닷가 절벽, 안개 낀 날, 신비로운 산, 숭고한 풍경….

> 덧붙이는 글 2

역시 앞에 이야기한 윤일로의 히트곡「항구(港口)의 사랑」도 파일로 가지고 있습니다. 최치수 작사, 김주해 작곡의. 그때와 엉뚱한 시대와 장소에서 살고있지만 가끔 추억의 노래로 흥얼거리며 그 시절의 간판과 남포동을 떠올리며.

대중문화에서 삶의 미학을-2

⇒ 이틀 전 금요일에 이어 계속하겠습니다. 아무래도 보편적이지 못한 개인의 편집된 옹고집이 압도적인 것 같지만 그래도 생각한 김에 바짝!

스마트폰은 잘만 사용하면 굉장히 〈스마트〉한 생활을 할 수 있다는 말에 동의합니다. 스마트폰이 뭔지 제가 잘 이해하지 못하는 사이에도 모든 현대의 문화들을 융합(融合)시킨 만능 요술 상자(?)로 진화하며 절 가볍게 추월하고 있군요. MP3가 신기해서 이제 겨우 적응하려고 하는 중인데 그게 스마트폰 속으로 자석처럼 달라붙어버리고, 필름 카메라도 제대로 만져보지 못했는데 고급 카메라 못잖은 해상도의 카메라가 오히려 주인 행세를 하고, 무선 인터넷과, TV 채널도 제 자리를 찾았다는 듯 스마트폰의 대표주자가 되어 화면에서 반짝이고 있습니다. 세상은 현재도 거침없이 시대를 점핑(jumping)하고 있습니다. 스마트폰의 왕성한 식욕을 보며 전부터 현대의 모든 문화들이 필경 스마트폰의 네모 세상 속으로 예속(隷屬)되리라는 생각을 했는데 실제로는 더욱 빨리 융합되고 있군요. 캠코더 없는 동영상 제작, 최근엔 아직 제 차에 사용해본 적도 없는 GPS(위성 위치 추적 맞지요?)까지 활용되어 신기해하기도. 혈당, 운동량 등의 건강관리, 차량 제어, 자산 관리…. 아마도 생전 들어본 적도 없는 수렴, 교차, 융합이란 의미의 컨버전스(convergence)란 말이 저에게도 당연해질 정도로. 종래는 스마트폰에 우리들 살이에 필요한 모든 문화들이 집적되리란 생각입니다. 아니 의식 구조까지도 그렇게 네모 속에서 퉁퉁 튀며 기계처럼 자동화된 이상한 우주인으로.

하지만 그런 스마트하고 편리한 부분들은 저에게는 별로, 아니 앞으로도 〈절대〉 가까이하고 싶지 않습니다. 분명히 고답적이라고 인정하지만 개개 문화의 단일한, 순수한 능력을 팽개치고 단지 편리라는 이유로 이것저것 함부로 짜깁기하여 모든 문화의 현장을 한꺼번에 가져와 요란법석 판매하는 현대 기술 위주의 왜곡된 발전에 거부감이 강합니다. 문화는 그 세목적인 분야가 제각각 발전하고, 그래서 그런 기본 위에서 차원을 건너뛴 새로운 문화로 거시적인 발전을 하는 게 올바른 것 같군요. 그런데 스마트폰이란 한 분야의 문화 현상을 바라보노라면 마치 경쟁적으로 네모 안에 우격다짐처럼 여러 가지 문화들을 함몰시켜 단순한 기계의 모듈(module)로 짜깁기한 것 같다는 생각이 강합니다. 그게 사실 말 그대로 굉장히 스마트해보이긴 해도, 그러나 실제로는 개개 문화의 기술이라든가 문화적 현상들을 억지로, 아니 함부로 잡아먹은 괴물처럼 변해버렸다는 생각이 점점 강하게 다가오는군요. 기술이란 건 과학의 이름을 빙자해서 그저 편리만으로 짜깁기해선 안되는, 그 자체로 귀중한 〈생명현상〉으로서의 순수한 몫도 있다고 생각합니다. 마치 팔과 다리, 머리 등 이것저것 무조건 가져와서 〈프랑켄슈타인(Frankenstein)〉처럼 짜깁기해선 생명의 존귀함을 하찮게 만들어버리지요. 사람들이 엄청난 애정으로 하루 종일 만지작거리는 스마트폰은 생명이 없는, 그저 육체의 반응과 운동만으로 존재하는 좀비처럼 사람을 흉측하게 변형시켜버리지 않았나 싶군요. 자세히 보면 사람이라기보다 자동적인 반응과 움직임만으로 스마트폰에 접목된, 기술이 생명을 담보(擔保)하고, 그래서 체포되고 마멸된 영혼들의 무목적적인 선(線)으로만 연결된, 아니 무덤이 교활하게 모습을 둔갑시킨!

그런데…, 그런데 사실 그런 것보다 더욱 우려되는 문제는 실제로 스마트폰의 그런 엄청난 능력들마저도 사람들에게선 정작 개개인들의 〈편리한 이기〉 정도로 한정되고 있는 것 같고, 일상에서 전적으로, 그리고 무조건적으로 쳐들어오는 모습은 《게임》과 《카카오톡, 페이스북, 트위터, 인터넷 커뮤니티》 같은 압도적인 SNS로(여태 잘 몰라 SNS라는 말 자체도 독립적으로 따로 존재하는 '메신저'의 하나로 알고 모두 같은 자격으로 열거했는데 그런 것들의 속성을 묶어 모두 'SNS(Social Networking Service)'라고 한다는 걸 이제 깨달았습니다. 현대가 만들어낸 특정한 어휘를 의심으로 바라보다 바보같이 의미마저 놓쳐버렸지요.) 사적 농담 따먹기나 트윗으로 단순한 생각과 즉각적인 날 선 공격성만 기르는 게 아닌가 하는 부분입니다. 그렇지요. 길게, 진지하게 사유하는 능력은 이미 퇴화되어 모두 단순노동으로 귀결시켜버렸습니다. 단련되지 못한 즉각적인 감정, 일방으로 굴절된 사고, 경계의 말뚝으로 스스로를 가둔 언어…. 언제부터 인간의 정신이 그런 직설적인, 단회적인, 감정적인 일률로 줄 세워져버렸는지! 커뮤니티 자체의 다양한 접근법과 활용성과 효용성을 몽땅 삭제해버리고 오직 일방적인 개인의 거친 함성으로만 존재하게 됐는지. 역사상 커뮤니티를 담당하는 많은 통로-예를 들면 신문, 영화, 노래, 그림, 소설, 전화, 편지… 등등이 있었지만 SNS는 대상과의 관계를 부정하고 날카롭고 단단한 개인의 감정만을 허공으로 송(送)-찔러버리고, 방(放)-막아내는 그 최악의 정체성을 보여주고 있는 게 아닌가 싶군요. 반쪽짜리 커뮤니티는 돌연변이처럼 흉측한 괴물에 다름 아닙니다. (예전 김종래(金鍾來), 박기당(朴基堂) 등 전통 극화(劇畫)의 작품 세계를 보여준 만화가들의 검술만화에선 검을 찌를 때 <송(送)>으로 기합을 넣으면 상대는 <방(防)> 하며 막아내곤 했습니다.)

물론 SNS가 표현의 자유와 그에 따른 민주주의의 직접적인 양식으로 더욱 발전하고, 특히 작년 이슬람권의 소위 〈아랍의 봄〉이라는 민주화 혁명에 대해 19세기 프랑스 낭만주의 미술가 '외젠 들라크루아(Eugène

Delacroix)'의 작품 『민중을 이끄는 자유의 여신』이란 작품을 패러디하여 『민중을 이끄는 인터넷 여신』이라는 신문만평으로 SNS를 빗대 표현하였다는 이야기는 그 정당성을 넘어 찬양으로까지 매김 되지 않았나 싶을 정도더군요. 아마도 현대인의 소통에 가장 적합한 미디어의 〈표준양식〉이 바로 SNS인 것 같습니다.

 하지만 그런 걸 이해하고라도 현대 대한민국 국민, 아니 대중들이 주로 운용하는 모습에서 유추하더라도 진중함 없는 즉각적인 반응, 문자도 되지 못하는 엉터리 문장과 현실에 허덕이며 엮인 하찮은 정신으로 존재하는 SNS가 태어났다는 것, 그리고 모든 사람들이 아마도 빠짐없이 머리를 숙이고 몰두하는 자아 실종을 의심할 정도의 팬덤 상태는 이미 이 시대의 〈대중성〉과 〈조급성〉, 〈저급화〉를 말해주고 있으며, 그래서 저는 전에 말씀드렸듯 스마트폰이란 현대의 소통방식을 온전히 내버리기로 했습니다. 그것들이 현대의 시민 정신을 구현하는 하나의 플랫폼(platform)의 역할을 해야만 되는 필연이 있다 하더라도, 그래서 일부 사람들이 독점했던 문화의 독재(獨裁)에 대한 보편적 향유가 중요해졌다 하더라도, 대중의, 아니 역사의 발자취는 이미 그쪽으로 도도히 흘러가고, 그게 무소불위의 정의로 매김 되어 다시 돌이킬 수 없다고 하더라도 말입니다. 시민 정신이 정의의 온전함으로만 구성되는 건 아니니까요. 세상에 대한 비판이나 자존심의 또 다른 양식, 또는 그렇게 결집된 〈집단지성〉이라 하더라도 견고한 이성을 쫓아낸 자리를 독차지한 대중의 무조건적인 영합과 열광은 차라리 끔찍한 전체주의의 유령이 되살아나 그림자처럼 숙주인 인간을 조종하는 것만 같습니다. 우리는 모두 사형선고를 받고 SNS라는 감옥에서 〈머리를 숙이고〉 집행을 기다리는 수인(囚人)은 아닌지. 아니 이미 조금씩 뇌수를 갉아 먹혀 흉측한 좀비로 변신하고 있는.

진지한 만남과 대화는 회피하지 않겠지만 젊음과 우정, 청춘과 사교, 힐링과 교류, 본성과 편리라는 달콤한 말로 치장한 끼리끼리의 무차별적인 만남과 대화에는 전혀 관심 없습니다. 현실에 몸을 담고 있는 늙어가는 사람에 지나지 않지만 사교적인 가벼운 농담들로도 거북한데 휴대폰에서까지 또 다른 만남과, 저질스런 농담과, 쓸데없는 내용과…. 모두 다 그렇게 타인과 연결되지 못하면 죽는다는 듯 하루 종일 스마트폰으로 언어와 생각을 소비하는, 한 마디로 삶을 장난으로 몰아가는. 소름이 끼칩니다. 남들의 생각에, 판단에, 느낌에, 시선에, 칭찬에, 비판에, 격려에, 주장에… 왜 그렇게 관심이 많은지요? 스스로의 정체성에 자신이 없어서? 인정받고 싶어서? 아니 의심스러워서? 저는 남들이 저의 존재에 대해 어떤 생각을 가지고 엄청난 찬양이나 폭풍 같은 매서운 비판, 또는 악담과 저주의 총부리를 겨누더라도 눈곱만큼의 관심도 없습니다. 그건 그 사람의 생각과 느낌일 뿐 저는 저의 존재 자체로 살고 있거든요. 되도록 타인은 제 속에서 삭제시키며 살아왔다고 생각합니다. 그렇게 관심을 가지고 살 바에는 차라리 로빈슨 크루소처럼 절해고도에서 혼자 사는 게 훨씬 상쾌하리라 생각되는군요. 하긴 지금 제 삶의 주변이 조리개로 꽉 막힌, 어두운 골방처럼 내던져진 상태지만. 관계에 집중하느니 그 시간에 차라리 제 내면으로 돌아가 생명과 존재에 대해 성찰을 하는 게 훨씬 만족스러울 것 같군요. 비록 삶의 저변이 압축되어 시대의 미아가 된다 하더라도. 제 지인 중에(저보다 10년이나 젊은) 구청에 근무하는 50대 초반의 사람이 있는데 이 사람은 손바닥 안에 온전히 감기는 라이터처럼 아주 작은 휴대폰 초기 모델인 플립형 휴대폰을 지금도 사용하고 있습니다. 저보다 훨씬 더 낡은. 동료들이 화석을 가지고 있다고 꽤 강하게 압력을 넣고 있다면서도 소통이 잘 되는데 일부러 바꿀 생각이 없다는 이 골때리는. (글쎄요. 갑자기 폴더(folder)와 플립(flip), 그리고 피처폰(feature phone)이라는 구분이 애매해지는군요. 혼용하여 써왔다는 자각도 문득. 스마트폰에 형편없이 패배한 파편으로 지리멸렬해진 탓인지? 뭐 알고 싶지도 않지만.)

　하긴 그런 SNS를 가만히 응시해보면 고대 그리스 시대 광장에서 펼쳐지던 대화와 문답, 그리고 공론, 집결의 방식과 연결된 〈소통의 민주화〉라는 의미가 보인다고 하겠지만 그렇다고 온전히 민주화되었다거나 그게 절대적인 정의로 존재하지는 않는 것 같습니다. 수로 밀어붙이면 그게 민주화고 정의라는 말에는 차라리 코웃음이 나는군요. 오히려 그 틀 안에서 부정적인 역민주화, 또는 폭력과 일탈, 저질의 양상도 상당하다 하겠군요. 아니, 거의 점령당한. 정의란 달콤한 말로 한껏 포장한 또 다른 일방의 독재(獨裁)! 개인, 또는 소수는 절대적 정의에 군소리 말고 알아서 순응해야 하는. 사람들은 그래서 비판 없는 맹목의 로봇으로 존재하는 것 같습니다. 거의 폭포처럼 다른 모든 것들을 휘감아 익사시키고 절대적인 복종을 강요하듯, 그래서 길에서도, 화장실에서도, 전철 속에서도 모두 머리를 숙이고 짜릿한 감전(感電)을 무한 반복으로 받아들이고 있습니다. 아마도 SNS가 가지고 있는 문화적 의미와 그걸 적극적으로 받아들일 수 있는 인간의 〈본성〉들을 좀 더 따져봐야겠지만, 그래도 그 전에 이미 반짝이는 〈가짜 커뮤니케이션〉이란 생각을 떨쳐버릴 수 없군요. 외연의 화려와 호화찬란, 간편으로 구성된, 그래서 더욱 압도적인 〈싸구려 대량문화현상〉을 로봇처럼 따라가고 싶은 생각도 전혀. 그게 세상 모두가 인정하는 정당과 무소불위의 정의와 역사적 발전에 대응하는 방식으로 자리 잡았다 하더라도 말입니다. 기가 찬다고요? 기분이 상하셨나요? 하지만 〈책〉이란 소통방식을 뒷전으로 밀어놓은 대중의 천박은 결코 용납하고 싶지 않습니다. 예전에 책을 읽으며 그 속을 흐르는 의미들을 재해석하고, 삶의 보편적 가치를 마치 척추처럼 쌓아왔던 당당했던 우리들 정신의 소통을 너무나 쉽게 유배

보내고는 그 자리를 눈부시게 반짝이며 침략해 들어오는 동영상, 짧은 생각과 즉각적인 표출로 거의 날자처럼 지리멸렬 흩날리는 카카오와 트위터의 〈지지배배〉로 채워버린 역(逆)진화의 배반을 말입니다. 책이라는 문화가 우리들 살이에 당연으로 구성되었듯 SNS도 그렇게 제 마음 속에 구성되는 시대가 된다면 저 역시 받아들여야겠지만 아직은. 아니, 아예 불가능한. (아하! 그리고 보니까 학교나 학급에선 스마트폰의 엄청난 기능들이 아직 온전히 활용되는 시대가 아닌 것 같아 다행이란 생각입니다. 제가 지금 폴더폰으로도 충분히 견뎌내고 있는 걸 보면. 아마 내년 퇴직하고 나면 저처럼 보편적이지 못한 사람은 대부분 사라지고 없을 것 같군요.)

그렇군요. 이제보니 스마트폰은 자신이란 존재를 상품으로 만들어 스스로를 판매하려는 타자지향적인, 아니아니 타인들의 시선과 관심과 소통을 이끌려는 자아지향적인 양면을 동시에 가지고 있군요. 자석의 양극처럼. 어쨌든 타인과의 연결 속에서만 존재할 수 있는. 피에로(pierrot)가 그런 〈관계의 양면〉으로 존재하지요. 자신을 외부에 드러내면서 동시에 외부의 시선을 붙잡아두려는. 결과적으로 피에로는 존재 자체도 증명하지 못하고 시간 속에 흘러가버리는 허망한 퍼포먼스의 신기루임을. 우리는 모두 무대에서 어릿광대임을 알아채지 못하고 주인공으로 출연하고 있는 줄로만 알고 있다. 대부분의 사람들은 주인공인 날 알지 못하며, 그래서 죽었다 하더라도 죽든 말든!

그렇더라도 과연 장사치처럼 〈수다스런〉 자아(自我)에게 더 〈번잡한〉 타아(他我)까지 끌어들여 도대체 어쩌자는 건지! 엉터리 문자가, 함부로 찍어낸 허망한 그림과 동영상이 허공을 난무하는 〈끼리문화〉의 과도한 향유를 처참하게 붕괴된 시대의 현대인이 불안한 〈실존〉을 확인하고 위로하려는 몸부림으로, 아니 순기능(?)이라는 거창한 명제까지 덧붙여 언제까지나 무조건 이해해줘야 하는지. 오히려 한 가닥 스스로 자각하고 있는 실존마저 허공으로 〈타타타〉 날려 실종시켜버리는. 문득 이 시대 가장 필요한 덕목은 〈침묵과 외면, 그리고 손가락 놀이(?)가 아닌 진정한 노작(勞作)〉이 아닌가 싶군요. SNS는 적어도 제 가치 속에서는 순기능이라고는 조금도 없는, 오히려 인생을 낭비하게 만드는 역사상 가장 수다스런(?) 악덕이 틀림없습니다. 온 세상 모두 한 사람도 빠짐없이 눈이 빠질 듯 들여다보고, 손가락으로 저질범벅의 카카오와 트위터를 날리는 이 시대! 누가 그 골리앗 악덕을 만들었을까요?

며칠 전 어느 신문 홈페이지에서 봤는데 스마트폰으로 벌거벗은 자신의 몸을 찍어 SNS에 올리는 젊은 여자의 미소를. 세상에나! 자기 몸을 왜 남들에게 선물로 돌리는지? 몸에 대한 자신만만으로? 사람들이 자신의 몸을 보고 찬양, 아니 구매하라는? 섹시는커녕 공장에서 틀에 부어 뽑아낸 풍선처럼 꾸민 보시시한 얼굴과(? 요즘은 그런 이미지가 유행인지 너도나도 모두 똑같이. 뭐 누군가는 〈바비 인형(Barbie doll)〉 인형이라던가? 그야말로 〈발로 비빈〉 더러운 인형인, 아니 멍청한) 존재 이유는 거추장스럽다는 듯 거대하게 뻥튀기한 유방과 엉덩이를 손바닥보다 작은 헝겊으로 겨우 가리고는 건강으로 호도한, 그러나 사실은 섹시한 자기 몸을 〈스스로〉 촬영하여 요즘 쓰는 말로 〈안구 정화〉를 위해 나를 실컷 소비해달라는 그 허망한 삼겹살 나르시스트를 도대체 누가? 아니, 대부분 다 그렇게 하지 못해 안달인. 아니아니, 우리의 누이동생들이 언제부터 이상한 외계인처럼 얼굴과 몸, 그리고 생각이 달라져버린 걸까요? 젊음은 순식간에 연기처럼 사라지리라는 걸 잘 알아서 추억으로? 그야말로 달관해서 매달리고 싶은 건지? 아니, 제가 왜 그렇게 긍정적으로 생각해줘야 하는지? 구역질로 당장 화장실로 달려갈 정도로 눈앞을 가득 채우는 희멀건한 삼겹살의 반질반질을? 차라리 여기는 얼굴, 저기는 유방, 이곳은 허벅지, 저곳은 엉덩이… 식으로 방을 만들어 실컷 팔아먹으면 더욱 어울릴!

- 인생이 이루어나갈 많은 일들을 외면하고 몸뚱이에나 관심을 꽂는!
- 그게 인간의 당연한 행동이라고 철썩같이, 바보같이 믿는 멍청한!
- 실존의 가치를 삼겹살만으로 몽땅 지불해버린 이 어이없는 동물성은!
- 양념을 뒤집어쓴 삼겹살만으로 가장 저급하고 값싸게 존재를 깔아뭉갠!
- 이미 인간의 존재가치와는 상관없는 고깃덩이로 전시된 역사의 바보로!
- 아니, 지구상 모든 생명들의 비극을 비웃는 한없는 쾌락의 엑스타시를!
- 당연히 사람의 실존이 아니라 순간으로 존재하는 똥파리에 다름없는!
- 마음의 지층에 새겨진 인간의 형이상학을 삼겹살로 압살(壓殺)시킨 추악한!
- 자본주의의 황금으로 도금하여 사육한 삼겹살 파티에 즐거이 동참하는!
- 삶의 신화(神話)가 조잡한 삼겹살들에게서 형편없이 패퇴 되는 무참을!
- 과연 자신만만한 살코기 속에 인간의 정령(精靈)이 있는지 의심스러운!
- 자신에 집중하지 못하고 오직 타인을 향한 연기와 과시로만 존재하는!
- 아마도 조회(照會)수가 생의 전면적 목적으로 조작된 현대의 저급을!
- 선현들의 〈행복론〉이 개인에게서 얼마나 변질되고 타락할 수 있는가를!
- 선대(先代) 인류의 지성들이 이미 포기했다는 듯 대책 없이 허망해하는!
- 그야말로 똑똑한 스마트폰을 단지 개인의 욕망으로서만 발휘시킨!
- … … …

그리하여-,
- 그야말로 너나없이 흔해빠진 보편에 마약처럼 길들여져 현상만으로 이루어진 허깨비들이 값싸게 사회화한 방식은!

인간이 자신의 몸을 객체로 하여 타인과 대화하겠다면 참 좋은 모습일 수도 있습니다. 그러나 대화가 아니라 〈벌거벗은 몸〉을 거의 전면적, 공격적으로 보여주려는 것은 대화가 아니라 능동적인 매춘(賣春)에 다름없습니다. 그것도 가장 저질인. 개인이, 세상의 전면에서, 그 모든 표상들 앞에 우뚝 버티고 서서 오늘도 내일도 무소불위의 위세를 약동시키며 세상을 조리개처럼 꽉 조이고 세균처럼 창궐하는. 솔직히, 좀 더 강하게 말한다면 인간의 숭고한 가치를 저질로, 단순으로 팔아먹으려고 스마트폰을 스스로 내미는 《팔》을 《칼》로 《싹》 잘라 통통에 던져버리고 싶을 정도로.

　시대의 가벼움에 대한 무조건적인 순응과 불순한 쾌락과 이기적인 행복과 단순한 편리와 고집스런 개인에 최적화된 현대인들, 그래서 현실에 대한 성찰과 비판, 금욕을 실천하는 사람은 눈을 씻고 찾아봐도 별로 없고, 새로운 문화에 대한 정당한 판단과 해석은커녕 오히려 가장 먼저 신기한 문화의 시혜를 받아들여 화려하게 적응하려는-, 자본주의의 엘리베이터에 재빨리 편승한 《얼리어답터(early adopter)》들로 초만원을 이루는 이 시대-, 순수와 격(格), 진중과 치열이 아닌 난삽과 조급, 뻔뻔과 계산의 소화불량으로 존재하는, 아니 정말로 퇴화되는 정신들을 조상합니다. 더불어 아직 제 시대가 힘겹게나마 존재하고 있다는 서글픈 안도도. 예? 뭐라고요? SNS가 문화라고? 미디어라고? 흐흥! 정말 문화가 힘겨움을 넘어 치욕스럽다며 하나도 빠짐없이 세상에서 스스로를 삭제해버리려고 씩씩거리는 것 같은데? 역사상 가장 추악했던, 그러나 모두들 추앙하며 미래의 대세(大勢)문화로 자리 잡을 게 틀림없을 사이비 소비문화의 본질을! 아니 문화라는 미명(美名)으로 〈포장〉하여 너도나도 마구잡이로 쏟아내고 퍼 나르는 똥덩어리들의 합창을 미디어라니? (죄송한 말이지만) 사람들이 돌았나?

　아, 충격을 받은 일이 있습니다. 인터넷 세상을 잘 모르지만 얼마 전 우연하게 어느 유명 작가라는 사람의 트윗이라는 걸 읽어봤는데(뭐 읽어보려고 한 게 아니라 저절로 내용 일부가 드러나서 무심히!) 내용과 표현이 도저히 문장, 아니 글이라고 하지 못할 정도였습니다. 작가란 가장 치열하고 순정(純情)한 사람들로서 글을 통해 세상을 따뜻하게 느끼도록 이끄는 것으로 생각했는데 실제로는 시장통의 사기꾼보다 더 악덕(惡德)일 수도 있음을, SNS에 대한 제 부정적인 시선을 어쩌면 그렇게 몽땅 담고 있는지, 아니 제 생각을 완벽하게 그대로 반영했는지 신기했습니다. 앞서 제 몸을 찍어 SNS에 올리는 삼겹살 나르시스트는 차라리 순진한(?) 바보로 여겨질 정도였습니다. 언어는 육체보다 더욱 견고한 형이상학이거든요. 그래선지 경악과 배반에 오랫동안 치를 떨었습니다. 언어를 수단으로 한다는 작가가!

'프란츠 카프카(Franz Kafka)'는 문학을 업(業)으로 하는 사람의 글은 그저 〈도구가 아니라 유기적인 신체의 연장〉이라고 말했다고 합니다. 이 말은 곧 작가의 글을 대하는 〈진정한 자세〉를 말하고 있음이 자명하지요. 작품으로 대접받는 위치에 있다면 일상의 글이라 하더라도 말입니다. 너무너무너무나 당연한 말이 아닐 수 없습니다. 그런데도….

아무리 생각하지 않으려 해도 언어를 개인이, 막돼먹은 대중이 자유라는 정의, 아니 향유(享有)에 〈무작정〉 편승하여 함부로 훼손시키는 것에 너무 화가 나서 얼마 전 혼자 무작정 〈잃은 것은 언어와 정신〉이란 제목으로 좀 강하게 질책하는 글을 적어봤는데 이번 주 이야기와 연결되는 의미가 있어 뒤쪽에 게시하겠습니다. 아직 세상에 발표한 적이 없습니다만.(물론 저 같은 원시인으로서는 방법도 모르지만.) 혹 SNS라는 문화의 의미와 가치, 세상사에서 얽힐 수밖에 없는 당위(?)들로 절 비판한다면 당연히 받아들이겠습니다. 세상이 바로 현실이니까요. 또는 아마도 세상을 보는 치열하고 순정한 마음으로서의 작가를 본다면 더욱. 하지만 그런 걸 떠나 제가 〈무엇보다 중요하게 생각하고 있는 부분〉들에서는 결코 양보할 생각이 없군요.

이제 와서 보면 오히려 얌전(?)하다 할 정도로 그보다 더한 표현들도 많이 보이지만. 자신이 향유하는 〈당연〉을 누군가가 당연하지 않게, 다르게 볼 수 있다는 배려 자체가 없는!

트윗 원본은 인터넷 포털에서 《공지영(孔枝泳) 샤넬 백 논란》으로 치면 나오더군요. 지난주에 이어 엉뚱한 이야기를 또다시 덧붙이는. 죄송합니다. 반론이 오면 얼마든지 재반론을 하겠습니다. 스마트폰이 자신을 능욕한 손가락놀이에 반박도 못하고 그저 눈물을 흘리는 모습이 떠오르는 한. 편리라는 이기(利器)와 이기(利己)에 속절없이 체포된 사람들!

그리고 보니 〈가카빅엿〉이란 알듯 모를 듯한 말이 유행되고, 솔직한 삶이라고 우기며 저속한 막말과 행동이 일부에서 찬양받는 걸 보면 대중과 그 문화에 대한 《악감정(惡感情)》이 저절로 들 정도입니다. 그래서 대중문화를 일체 거절하고 견고한 〈나만의 길〉을 가려는 집념이 더욱 다져진 건지도. 차라리 지구가 아닌 다른 행성에서 다르게 사는 종족이라면 얼마나 좋을까 하는 상상까지도. (아, 그러고 보니까 구청의 지인처럼 어쩐지 저보다 더욱 낡은 아날로그적인 태도를 보이는 동료 지구인(?)도 아직은 많을 것 같다는 위로가.)

삶은 진정과 대중의 경계에서 곡예를 타는군요. 물결처럼 흔들리는 외줄 위에서 혹자는 엄격과 올곧음과 진지로, 혹자는 보편과 감각과 타협으로 삶의 곡예를 탑니다. 저 자신 그 경계를 드나들며 일견 현실의 물결에 춤추는 허수아비로 남을 것 같다는 자각이 그림자처럼 가슴을 차지하고 있습니다만. 칼날 같은 자책과 비판과 후회와 아쉬움은 차라리 창조자나 성자(聖者)처럼 완벽한 정신으로 존재할 수 없다는 현대인의 본질에 대한 절망으로.

프래그머티즘 철학의 대중에서의 〈미(美)적 경험〉 구하기는 정신의 진정성과 함께 미와 예술과 삶에 대한 확산을 심어주는 것으로 정당하다는 생각입니다. 대중이 바로 삶의 전면이며, 그 속에서 모든 의미가 생성되니까요. 그러나 그렇다고 무조건적으로, 그 속성의 다르게 다가오는 의미를 제대로 살펴볼 여지도 없을 정도로 함몰해버린다면 그 대중들에게 순진무구함을 잃어버리게 하고, 가치를 붕괴시키며, 사랑을 배반하고, 희망을 폐기해버리고, 인생을 실패하게 하는 반작용도 분명히 일으킬 수 있습니다. 그것은 서글픈 일입니다. 대중과 그 문화에 대한 서글픔에서도, 미적 경험도 수용할 수 없는 현대 대중문화의 속성과 한계 때문에라도 더욱. (참 그렇긴 하군요. 제가 조금 엉뚱하게, 좁게, 과하게 대입한 면은. 인정하겠습니다.)

아니, 이리저리 돌리지 않고 좀 더 본질적으로, 공격적으로 말해볼까요? 제 생각으로 대중문화는 근본적으로 《시간》이라는 널뛰기의 숙명을 벗어날 수 없습니다. 그보다는 체포되었다는 게 더욱 올바르겠군요. 포말(泡沫)처럼 그들에게 배당된 시간이 지나면 신의 섭리처럼 그 모든 속살을 파 먹히고 주름진 껍데기만 남아 쓰레기통으로 던져질. 시대의 최전선에서 영원할 것처럼 찬미를 독차지하던 그들의 화려한 세상은 어둠에 파묻혀 찬바람이 휘~ 돌아나가는 무너진 성터처럼 을씨년스럽게 변할 것이며, 감미로운 눈으로 끼리끼리 주고받던 술잔과 대화는 냄새나는 더러운 하수로 도시의 지하를 콸콸 흐를 것이며, 영화롭던 노랫소리는 서글픈 가을 들판의 풀벌레 소리로 잠겨들 것이며, 화려로 감쌌던 새파란 젊음의 육체는 구더기 들끓는 무덤 속에서 썩어갈…. 시간의 저주를 원죄로 짊어진 대중문화는 결국 그 엄청난 환희의 찬가 대신 멸망의 어둠 속에서 비명을 지르며, 기껏 돌아오지 못하는 〈종이비행기〉나 날리며 사라질 겁니다. 화려는, 젊음은 그야말로 순간의 꿈에 지나지 않으며, 그 꿈을 깨기도 전에 바스러지는 종이처럼 구겨져 쓰레기통으로, 똥물을 뒤집어쓰고 변기 속으로 GO-GO-GO! 얼마 전까지 마치 세상이 자신의 손바닥에 있다는 듯 젊음을 팔아먹기 바빴던 배우와 가수, 스포츠 등등 대중문화의 영웅들은 불혹(不惑)을 지나기도 전에 벌써 치욕적인 깊은 주름과 허망함 속에서 외롭게 인생을 곱씹으며 회한에…. 그렇군요. 시대를 선도하던 주인공들은 화려를 등에 업고 당당했던 시간의 대가로 냉정한 청구서와 함께 멸망의 압류 딱지를 이마에 붙이고 무덤 속으로 비참하게 끌려들어갔으며, 그 뒤를 이어 패기만만한 새로운 젊음이 자신은 천년만년 화려로 살 것처럼 짜잔~ 나타나지만 역시 얼마 지나지 않아 더 이상 〈소비〉할 게 없어져 어둠의 시간 속으로 하루살이처럼 달려갈. 제 나이대는 물론 훨씬 젊던 대중문화의 많은 주인공들도 이미 함부로 뒹구는 낙엽처럼 새로운 젊음에 밀려나 벌써 사라져버렸군요. 그렇게 유효기간이 다한 줄도 모르고 아직도 얼굴을 들이밀고 있는 누구누구는 좋은 말로 선배, 노장, 거장, 전설 운운하는 찬사를 받지만 실제로는 도대체 아직도 꿈에서 깨어나지 못한 바보거나 정신착란에 빠진 게 틀림없을.

지난 백 년 동안 받침대에 전시되어 당당히 폼을 잡던 소변기도 달빛 속 쓰레기장에 던져진 깨진 사금파리처럼 널브러져 불어오는 바람 속에서 무슨 기괴한 장송곡처럼 탄식하는 소리를 꺼이꺼이 내뱉는 것 같군요. 〈잔치〉는 영원히 계속되지 않도록 신이 마련해둔 미끼이며 원죄임을. (기회가 되면 그렇게 부럽게 존재하는 〈찬미〉와 〈영화(榮華)〉와 〈화려〉와 〈칭송〉이 사실 얼마나 기만적인 꿈, 아니 환상, 아니아니 속임수인지 좀 더 강하게 이야기하고 싶습니다만.)

대중문화는 그저 소비의 터미널에 널려 있는 수많은 잡화, 함부로 투기한 쓰레기, 아니, 알고 보면 한순간의 백일몽에 지나지 않는 것 같습니다.

그러고 보니 어느 종교에서는 악한 영들이 시도 때도 없이 하나님의 성전을 영(靈)적으로 공격한다고 '적(敵) 그리스도'의 통로인 대중매체를 끊어내야 한다고 소리치기도 하더군요. 거짓 아름다움으로 교묘하게 유혹하여 하나님과의 관계를 방해하여 우리 안의 죄성(罪性)을 자극하고, 육신의 죄악을 반복시키고, 하나님을 대척하는 마음이 생기게 하고, 다시 세상 속으로 돌아가고픈 욕구가 생겨 심각한 영적 타격을 받는다며. 대리만족이란 말이 이 경우 딱 들어맞는 상황이어서 차라리 기가 막힐 정돕니다. 사람들 마음에 본능처럼 깊게 숨어있는 〈딴따라〉 등등의 얕잡아 보는 심리와 함께 대중문화는 이래저래 공격받게 되어있는 것 같습니다. 딴따라란 말에는 나팔과 꽹과리, 울긋불긋 춤추는 깃발에서 연유한 뿌리 없는 예인(藝人)들의 유랑과 서글픔과 애환, 그리고 삶의 애수가 가득 묻어나는, 그러면서도 인내와 긍정과 정직의 이면을 간직하고 있었는데 지금의 와자지껄 소란스럽고 화려하고 고급스레(?) 치장한 딴따라는 그런 거추장스러운 껍데기를 스스로 몽땅 벗어버리고 권력의 화신처럼 변해 함부로 쳐들어올 뿐입니다.

그에 대한 실망으로 정작 말하고 싶었던 프래그머티즘의 주요 경향의 하나인 대중문화의 〈소비〉에 대한 이야기는 다음 기회에 말씀드려야겠습니다. 그 이야기를 하고 싶어 저번 주와 이번 주에 걸쳐 길게 썼는데….

뭐라고요? 아, 네, 그렇지요. 앞서 말한 것처럼 전적으로 동의합니다. 대중문화의 속성, 그리고 현상 자체가 삶의 근원성과 닿아있는 보편적 양식으로 자리 잡고 있음을, 당연히 우리는 그 문화의 틀을 결코 벗어날 수 없음을, 그게 우리들 삶의 원형으로 구성되고 이루어지고 있음을. 아! 다시 생각해보니 확실히 그렇군요. 현대 대한민국 특유의 역동성과 첨단 감각이 녹아든 대중문화는 이미 한국을 표상하고 있고, 그래서 한류(韓流)란 이름으로 세상에 대한 찬사와 권력으로 매김되고 있으며, 그리하여 제 주장의 편협과 고답은 괜한 트집과 시비라는 걸. 받아들이겠습니다. 어쩌면 악담으로, 아니 반역으로까지. 그렇지요. 좀 더 확산된 시선에서 출발하여 긍정적으로 이해한다면 대중문화는 시대의 트렌드(trend)로서 소통의 방식이 우리와 다르다는 특징(?)으로 해석해야지 저처럼 일방의 가치론으로 재단한다는 것도 결국 저의 편협에서 출발한 고루한 생각일 수도 있겠군요. 뭐 예전부터 X세대니 Y세대니 하면서 시대의 아이콘들은 당당히 자신들만의 삶의 양식을 구축해왔다고 할 수 있겠고, 〈가치〉를 떠나 삶을 대하는 〈방식〉 자체가 우리와는 다른.

하지만 그렇더라도 제 말 역시 몽땅 같은 식으로 치부되어서는 곤란하지요. 특히나 저처럼 굳건한 지성을 찬양하고, 견고하고 휩쓸리지 않는 정신을 숭배하는 사람으로서는. 그렇지요. 역으로 말하면 우리나라뿐만이 아닌 세상 모든 대중들의 환호와 열광, 그리고 압도적인 숫자로 강요되어 마치 전지구적으로 승인된 정의처럼 무소불위의 권력으로 자리 잡아버린 우리나라의 대중문화-, 아니 버라이어티, 아니아니 〈잡탕〉들을 말입니다. 어쩌면 호강에 빠져 요강에 똥 싼다는 의미도!

아, 이번 주는 〈꼰대〉를 작정하고 대중문화의 문법을 마지막까지 혹독할 정도로 공격했는데(?) 물론 전적으로 그렇게만 보는 것도 옳은 건 아니군요. 마음이 불편한 걸 보니까. 사실 필요하다면 그렇게 매도당하는 대중문화에서도 속 깊은 메타포의 신호들을 건질 수 있고, 들려드릴 수도 있습니다만 지금은.

프래그머티즘의 한 속성으로 기능하는 대중문화는 태생부터 하늘을 찌를 듯 건방으로, 그래서 신의 저주를 받은 '시지프스(Sisyphus)'처럼 멸망의 순환구조 속에 갇혀 판판이 몸부림치며 죽어갈 겁니다. 적어도 인간의 문명이 계속되는 한은 그렇게.

〈첨부〉

잃은 것은 언어와 정신

- 공지영의 '샤넬백 논란'이란 글을 읽고

그러고 보니 꽤 오래전에 화제가 된 글이다. 모두들 알고 있었는데 나만 바보같이…. 언제나 뒷북처럼 시대에 외면되고, 뒤처지고, 비웃음당하고! 뒤늦게 글을 접하고 충격을 받아 작가가 이런 식으로 글을 쓰고, 언어가 이렇게 모욕을 당해도 되겠나 싶어 이제라도 써본다. 그런 식으로 글을 쓰는 것이 이제 거의 보편적인 현상이 된 것 같은데, 그래서 이 글도 결국 소리 없는 개인의 끼적임으로 그치겠지만.

나는 현재 활동하고 있는 마라톤 관련 동호회 카페 하나를 제외하곤 일반적인 인터넷 세상에 글을 쓰는 등의 활동을 하지 않는다. 몇 군데 연결되는 세상과의 관련으로 써보기도 했지만 그곳을 떠나면서부터 온전히 끊어버렸다. 넘쳐나는 오물 같은 언어와 그림과 생각들이 뒤섞여 마치 악머

구리처럼 들끓는 세상에 억만금을 준다 해도 스스로 몸을 담그고 싶은 생각은 추호도 없다. 너나없이 썩어나는 쓰레기 속에 나도 오물로 남을까 두렵다. 어쩌다 겨우 한 번씩 쓰는 카페의 답글도 사교적인 칭찬으로 몇 번 써봤지만 그마저도 편치는 않다. 생각은 각자 하면 될 터였다. 나는 현대의 그물 같은 세상에서 될수록 스스로를 삭제하며 살아왔다. 어쩌면 온전히 사라진. 세상은 내 관심 밖의 허상일 뿐이다.

그렇지만 이 글을 읽고 도저히 그냥 지나치기에는 뭔가 아쉬운, 아니 억울함이 가득 가슴을 점령해서.

작가는 언어를 매개로 자신의 세계관을 드러낸다. 언어는 수단이지만 치열한 정신을 온전히 담아내는 만큼 목숨을 바칠 정도의 혼으로 다가가야 한다. 비유하자면 온당한 밥(정신, 작품)을 위해선 근로(언어)가 치열하고 정당하게 존재해야 한다는 말이다. 그건 보잘것없는 시중의 흔한 사람이나 세상의 참모습을 밝히고 알리는 위대한 문학가일지라도 마찬가지다. 글쓰기라는 근로가 치열하지 못하면 어린아이의 작문보다 못하게 되며, 문학의 원대한 지평을 갉아먹고 인간의 상상력과 드높은 꿈을 가두어버린다. 고지문이나 상업광고 카피가 인간의 교양과 정서, 가치를 높인다는 말은 들어보지 않았다.

일반적으로 창작(작품)을 위한 글이 아닌 잡문이라 하더라도 작가란 타이틀을 달고 있기 때문에 일반 사람들의 기대 수준은 높은 편이다. 작가가 세상에 자신의 생각을 강하게 토한다는 건 거의 천부인권(天賦人權)에 준하며, 따라서 얼마든지 인정되어야 한다고 생각하지만, 그러나 최소한 《적정 수준의 문법, 문장에서의 규칙》에서마저 배치(背馳)되지 않기를 바란다. 주관과 언어는 온전히 제각각 존재하며 그 형식에 서로 존중과 배려가 정당하게 입혀져야 하기 때문이다. 하긴 이 시대 언어를 무슨 하인 부리듯 함부로 사용, 아니 철저히 이용하는 시대라선지 경의까지는 바라지 않지만, 오히려 대중 일반 사람들의 적나라한 수준으로 나타낸다면 실망이 여간 크지 않을 것이다. 작가라는 타이틀을 〈향유〉하는 한 그럴 자격이 〈온전히〉 없다.

와글거리는, 그래서 문자 그대로 이전투구로 더럽혀진 현실 세상과 인터넷 세상에 전혀 관심도 없지만, 그러나 이 글을 읽고 일종의 충격을 받았다. 언뜻 몇몇 지식인이라고 자칭하는(그만큼의 자격으로 글을 쓰거나 가르치거나) 사람들의 글에서 주장의 왜소함과 일방은 물론 그 논리의 근저인 문법이 형편없이 퇴화된 글들을 자주 봤지만.

물론 스마트한 세상에서 상쾌하게 〈트위터〉나 〈카카오〉, 〈페이스북〉 등을 이용하고, 그 특성을 유감없이 활용하는 것까지 비판하고 싶지 않다. 나는 아예 그런 세상과는 담을 쌓고 살지만, 그러나 글이 일반 악성 댓글 수준이 된다면 내가 믿고 있는 세상에 대한 실망과, 그런 실망들의 총량으로서 세상을 휩쓰는 허무는 용납할 수 없는 일이다. 더욱이 이런 일로 일반 대중을 상대로 이러니저러니 하며 다투는 자체가 온몸에 소름이 돋는다. 그만큼 권력적인 모습으로 존재했던가? 그저 나 죽었다며 숨어 있으면 그래도 훨씬 나았을 텐데 말이다. 아니, 자가발전? 작가를 포함하여 모든 지식인이라는 사람들에 대한 이런 식의 허무주의는 결단코 타기되어야 하며, 그 책임은 전적으로 지식인에게 돌아간다.

나 혼자 글이지만 어떤 연유로 세상에 알려지고, 그래서 답글이 돌아온다면 얼마든지 이야기할 수 있겠는데, 우선 작가로서의 언어, 문법 사용이 엉망인 부분을 간단히 일별해보려 한다. 솔직히 잡문도 되지 못하는 이런 따위〈낙서〉에는 일별도 아깝다. (하긴 내가 왜 이런 고생을 해야 하는지?)

‖ 별 그지깡깽이들

〈그지〉가〈거지〉를 말하는가? 깡깡이(해금)에서 온 말인 듯하지만 뭔가 비꼬고 낮춰보는 의미가 강한 깡깽이는 표음(表音)을 앞세운 말인 듯해〈그지〉와 결합하여 느낌상 조금 원한과 분노의 마음이 묻어나는 것 같다. 예의와 겸손은 제쳐놓더라도 말이다. 그래도 일반적으로 이해할 수 있는〈깽깽이〉보다 강한 느낌을 주는〈깡깽이〉라도 이해할 순 있겠다. 말이란 것은 얼마든지 변형할 수 있고 그게 또 묘미가 될 수도 있으니까. 그보다 더 큰 문제는 마침표나 느낌표 따위도 없이 단어들을 뚝 잘라 붙여 의도는 살렸지만 대신 문장을 발가벗겨버렸다. 내 눈에는 아랫도리를 입지 않은 부끄러운 모습으로 보이는데?〈별〉과〈그지깡깽이들〉도 그냥〈비웃음을 가득 담은〉혓바닥으로 일부러 이어놓았단 말인가? 출발부터 벌써 대척과 저질의 예고편을 보는 것 같아 아쉽기만 하다.

‖ 갠적

뒤의〈넘〉,〈젤〉등과 같이 함부로 줄였다.〈개인적〉이란 줄일 수 없는 말을 억지로 줄인 걸 보니 인터넷에서 함부로 사용하는 걸 그냥 가져다 쓴 모양이다. 시류에 너무 따른다.〈과속〉된 마음을 그대로 글로 나타낸다면 그건 무의식적인 자기 부정과 비하로 돌아올 뿐이다. 어느 개그맨이〈좋다〉를〈조으다〉로 늘려 말하던데 이건 거꾸로 개그가 아니다.〈줄임말〉을 함부로 사용하면 초록동색(草綠同色)이란 말처럼〈마음과 감성은 물론 사람 자신도 점점 줄어든다.〉

‖ **탔구요**

〈타고〉는 일반적이지만 〈타구〉는 너무 개인적이다. 높임을 나타내는 종결어미인 〈요〉를 넣는다면 〈탔고요〉가 조음상 훨씬 더 어울린다. 보통 여자들이 그런 어투로 잘 쓰던 것 같던데 이 글을 쓴 사람도 여자?

‖ **허접한백**

띄어쓰길 함부로 하면 〈시베리아 유형〉보다 더 혹독한 벌을 받는다. 〈허접〉이란 말도 이 경우 틀린 건 아니지만 내용상 자기 합리화를 위한 혐의가 짙다. 허접을 자신에 대한 반어법으로 함부로 쓰면 스스로에게 반작용되어 글자 그대로 자신의 격이 허접해진다는 걸 느껴보지 못했는지?

‖ **짝퉁 아님**

〈짝퉁이 아님〉이라고 조사를 하나 붙여주면 얼마나 좋을까. 나도 조사는 물론 문장 자체를 줄이려는 성향도 있지만 이 글처럼 느닷없이 어울리지 않게 줄이지는 않는다. 속되게 표현하는 말인 〈짝퉁〉도 근래 함부로 쓰여선지 아직은 꽤 맘에 들지 않고. 쓰려면 짝퉁이 가짜와 〈심리적인 자격〉을 같이 할 수 있는 시대가 되면 쓰는 게 좋겠다. 일부러 말을 하지 않아 그렇지 세상엔 나처럼 아직 받아들이기를 주저하는 사람들도 많이 있다. 그런 사람들에 대한 배려는 생각조차 없는 모양이다. 언어를 과속(過速)시키면 변화가 아니라 자괴(自愧)로 돌아오기 쉽다.

‖ **갑자기 넘 쪽팔리다 ~ 흫!**

연결된 앞 문장에서 주어가 나타나있기 때문에 생략해도 문제없겠다. 그런데 엉뚱하게 〈갑자기〉란 부사가 나타나서 쪽팔리다란 한정어(限定語)와 묶여 자의식이 강하게 드러난다. 〈쪽팔리다〉는 말도 여기서는 〈넘〉이라는《읽기조차 엄청나게 거슬리는》말과 함께 매치 되지 않는 비속어로 나타나고. 〈갑자기 넘 쪽팔리다 이제껏 번 돈 다 어디다 쓰고〉는 〈창피하다〉 등으로 고친 후 마침표로 뒤 문장과 구분하는 게 좋을 것 같다. 그리고 〈어디다〉도 〈함부로〉 등으로 고치는. 이 문장 전체는 대체로 적절한 휴지부가 생략되고 무리하게 문장들을 연결하여 잘못 이해하면 프랑켄슈타인(Frankenstein) 같은 짜깁기 문장이 되기 쉽다. 그건 의지가 상식을 잡아먹는 과도함 때문이란 의심으로 나타난다.

∥ 이제껏

같은 말이라도 문맥상 〈여태〉가 가장 알맞다. 좀 더 포괄적으로는 〈이제까지〉도. 나는 사람들의 숫자로 밀어붙여 표준말 행세를 하는 뻥튀기 글들은 별로 신용하지 않는다. 뭐 그냥도 괜찮지만 하도 밉상 글이라선지 꽤 거슬린다. 언어는 같은 의미라도 음영(陰影)과 색깔이 하늘과 땅만큼 다르다.

∥ 업그레이드 비행기

도대체 무슨 말인지 모르겠다. 난 인터넷은 물론 개그나 드라마, 연예 등등 TV 자체도 잘 보지 않아 〈나꼼수〉, 〈소시〉, 〈나가수〉… 함부로 내 세상으로 침략해 들어오는 이런 말이 무슨 뜻인지 아직도 모를 정도로 무지하다. 내 세상에서 보면 그런 도구나 언어들은 허망할 뿐이다. 오히려 입을 더럽혔다고 생각되어 침을 탁 뱉을 정도다. 난 그림자 같은 허깨비들 세상에는 전혀 관심 없다. 오히려 이런 식의 허깨비 글들을 내 마음의 감옥에 가둬두고 두고두고 감시하는 재미가 상당하다. 그래선지 사람들과 대화가 어려워도 하나도 아쉽지 않다. 오히려 그런 식으로 내 마음이 간편하게 길들여지지 않았음에 장한 생각까지 든다.

전후 내용으로 봐 변명과 계산으로 쓴 글이 틀림없을 〈업그레이드 비행기〉는 대강 이해할 것도 같은데 (이런 따위 글을 이해할 수 있는 내 능력(?)에 새삼 스스로가 치욕스럽단 느낌으로 돌아오지만) 그래도 비유나 격(格), 유(類)가 어울리지 않는 건 물론 한 단어로 뚝 잘라 함부로 던져버리는 세태가 무척 아쉽다. 내겐 무책임한 〈간편함〉 뒤에 처져 그림자처럼 학살(?)당한 글자들이 지르는 비명소리가 귀를 쨍쨍 울리는데 글쓴이는 그런 건 들려오지 않는, 아니 생각조차 없는 모양이다. 글은 생각해주는 딱 그만큼 기의(記意) 되는데.

아니, 더 속 깊이 말해볼까? 비행기 타는 걸, 해외여행을 〈생각할 필요조차 없이〉 너무나너무나 당연한 권리처럼 함부로 말하는데 이 세상이 얼마나 다양하게 구성되어 있는지 이해하지 못하는, 그래서 배려하지 못하는 사람들이 참으로 가소롭다. 세상에는 평생 비행기를 한 번도 타보지 않은, 그리고 해외라고는 가본 적도 없는 〈보편적이지 못한〉 사람들도 엄청 많은데 비행길 타고, 더구나 해외여행을 했으면서도 그 사람들 앞에 배부른 〈투정〉이라니! 세상을 보는 눈이 진지하지 못하고 타성적인데다 맹목적이다.(하긴 머리 숙여 고백하자면 환갑을 벌써 지난 나도 딱 한 번 해외(?)인 제주도행 비행기를 타봤다. 어째, 아직도 우리 나이대의 감성적인 느낌으로는 그게 과시처럼 느껴지는데다 처녀성(?)을 잃어버린 것처럼 아주 큰 잘못인 것 같아 될수록 없었던 것처럼 잊고 지내는데? 아하, 군에서 사단 합동훈련 중 이쪽 산에서 저쪽 산까지 헬리콥터도 한번 타봤고.)

작가는 나의 정당이 다른 많은 삶들을 담보하고 있음을 각성하고 언제나, 이런 삶의 한순간들에도 진지하게 다가가야 한다. 현실의 삶은 될수록 안으로, 작게, 표나지 않게!

‖ 액수 제조사

〈금액〉과 〈제조한 회사〉를 말하는 건 전달되지만 열거를 할 땐 쉼표(,)나 가운뎃점(·)이 들어가야 한다. 그리고 제조사도 이 경우에는 함부로 줄여버리는 것보다는 〈제조회사〉로 써야 그야말로 〈허접한〉 글로 대접받지 않는다. 뭐라고? SNS에선 대부분 그렇게 사용하고, 이제와선 크게 문제 될 것 같지 않다고? 하긴 그런 것 같다. 난 SNS라는 게 뭔지 아직 잘 모르지만 어쨌든 관습은 인정해주겠는데 그 대신 〈작가〉라는 지위는 재고해봐야 하지 않을까? 그게 억울하다면 대신 〈SNS의 여왕?〉이라는 왕관을 헌정할까 싶은데?

‖ 대한민국서

〈대한민국에서〉라야 최소한 작가의 쫀심이(? 강조하기 위해 센소리를 사용하여 방금 내가 만들어본 기발한 말인데 우쭐은커녕 기분이 영 아니다) 살아난다고 보는데? 작가 직함을 버리려고 그랬나? 뭐, 틀렸다는 건 아니지만 처음부터 끝까지 언어를 너무 모독하는 것 같고, 그래서 세상을 쉽게 편의로 살아가려는 이기(利己)의 욕망, 아니 욕심이 거품처럼 와글와글 들끓는다. 난 휴대폰 문자나 포털 메일에서도 글자, 띄어쓰기 하나에도 목숨을 거는데. 편리는 재미와 참신과 창조까지도 줄 수 있지만 대신 인간의 격(格)을 본능(짐승) 수준으로 한정시켜버리는 무책임한 경우가 훨씬 많다. 내 생각일 뿐이지만 스스로를 객관화시키는 가장 뛰어난, 아니 오싹한 문장으로 '프리드리히 니체(Friedrich Nietzsche)'가 『선악(善惡)의 저편(Beyond Good and Evil)』이란 책에서 〈심연(深淵)을 오래 쳐다보면 심연 또한 너를 들여다본다〉고 한 경고문이 있다. 당신이 가장 기본적인 토씨를 만만히 대하면 대신 토씨가 괴물이 된 당신을 멀끔히 쳐다본다. 느껴본 적 있는가? 이런 글들은 당신을 〈**신념**의 감옥〉에 가둘 뿐이다. 아, 쓰다 보니 나도 괴물이 된 것 같은데 이를 어쩌나!

‖ 대한민국서 젤 돈 잘 버는 작가 망신!!

　아마 자랑하고픈 자신의 특권(?)으로 이해되는 권력화한 〈작가〉라는 위치를 내세워 역설적으로 비꼬는 말로 느껴지는데 뭐 받아들일 만하다. 난 이 작가에 대해서 아무것도 모르고(물론 60년대 내 젊은 시절 접한 작가들은 이름이나 작품으로 새겨져 있지만 이후는 대부분), 더욱이 현재 활동하는 대부분의 다른 작가들과 마찬가지로 작품 자체를 전혀 모르고, 그래서 단돈 한 푼도 보태주지 못한 신세지만. 아니 이젠 그냥 준다고 하더라도 단번에 불쏘시개로 태워버릴 거지만. 부사 〈젤〉은 〈가장〉으로 바꿔 목적어 〈돈〉 뒤에 오는 것이 어순과 어감에 부합한다. 〈대한민국에서 돈을 가장 많이 버는 작가로서 망신이다〉로 하면 얼마나 아름다운가? 《젤 돈 잘》이라니! 어머어머어머나! 세상에 어쩜 이런 말을! 가장 강한 의미 조각인 〈젤〉을 강조하다보니 앞으로 튀어나온 건 짐작하겠는데, 작은 것들을 편리를 위해, 강조하기 위해 함부로 이어붙이면 이런 〈괴물〉 같은 말이 만들어지기 쉽고, 이런 소소한 것들에서 글쓴이의 심리적 형태가 드러나니까 조심할 것. 그런데 더 큰 문제는 그게 아니다. 느낌표가 두 개? 그러면 느낌이, 강조가 두 배나 되나? 예전 영화선전 포스터에선 **〈토~오옾 스타아가 총등장한 세기의 스펙타클 초초 거작!!!〉** 등으로 엄청나게 과장한 글을 보긴 했지만 이 글은 그런 것도 아닌데 말이다. 일반적으로 인터넷 공간에서 사람들이 많이 사용하고 있고, 또 〈^^〉 같은 기호(記號)들도 사용하던데 (이 문자표가 있다는 말을 듣고 한참 찾았다. 알고 보니 <^>를 두 번 쓴 걸 모르고) 일반인들은 또 그렇다 치더라도 언어에 엄격해야 할 소설가가 함부로 문법은 고사하고 성급한 마음을 솔직히(?) 표현한다고 문장부호마저 장난처럼 파괴하다니! 부호의 엄청난 의미와 상징을 몰라서? 아니, 망신이 그렇게 〈두 배〉로 마음에 맺혔더란 말인가? 한글이 몽땅 인플레 되어 피를 흘리며 처참하게 널브러진 현장을 보는 것 같아 눈물이 난다. 내 눈물은 누가 위로해줘야 하나?

‖ 나 너무 후져

나? 사투리도 아니고 적확(的確)한 대명사인 〈나〉만 뚝 잘라 던지다니, 강조와 속도와 축약이 너무 지나치다. 어울리는 경우도 있겠지만 여기선 도전적 이미지가 강하게 따라온다. 또 자기를 이 글에서 〈나〉로 표현하는 건 오히려 객체인 대중을 낮춰보겠다는 전투적 의미가 뚜렷해 개인의 오만이 지나치다. 역시 〈후져〉보다는 속된 말이지만 〈후지다〉를 쓰는 게 그나마 품격(?)있다. 정말 품격을 생각한다면 〈뒤떨어졌다〉 등으로 고쳐야 한다. 그리고 역시 마침표, 아니면 느낌표라도 붙여야지?

솔직히 푸념 같은 이런 문장은 세상으로 드러내는 것보다 숨기는 게 성숙한 자세다. 개인적인 이런 글들은 격(格)을 밑바닥까지 떨어뜨린다. 그런 시선으로 본다면 난 〈후진〉 게 아니라 케케묵은 삼국 시절 〈박물관〉 수준으로 산다. 그런 나도 도도한 자존심으로 존재하는데 반짝이는 후진(?) 가방을 멘 현대인이 웬 화려한 자학과 역설을.

‖ 흙!

이 말이 흐느낀다는 의성어 〈흑흑〉의 줄임말인가? 〈흑!〉이라면 이해하겠는데 갑자기 우리가 딛고 다니는 땅을 나타내는 말이 왜 나오나? 하긴 〈줄임과 축약〉 대신 반대로 〈늘임과 첨가〉를 하는 역주행(?)도 보이는 것 같던데 이 말도 그런? 아마도 인터넷에서 슬픔, 혹은 우는 것을 표현하는 단어로 자주 쓰는 걸로 유추되지만 정말로 슬퍼서 울고 있는가? 아닐 텐데 역시 시류에 허덕이다보니 함부로 쓰는 말이다. 그러니까 진정성이 없는 잡글로 매김 되고 있지만. 그리고 위의 〈망신!!〉은 엉뚱하게 느낌표가 두 갠데 여긴 왜 하나? 행동을 동반한 느낌은 이 말이 더욱 강렬한데 말이다. 같은 문단 안에서 이렇게 뒤죽박죽이라면 글 전체의 논지가 맞다 하더라도 믿고 싶은 마음이 눈곱만큼도 없어진다. 〈재미와 편의〉가 개인에게 이렇도록 무한정 주어진다는 건 차라리 악덕(惡德)이 아닐까 싶은 생각이 문득 강하게 다가온다. 갈릴레오(Galileo Galilei)가 〈그래도 지구는 돈다〉고 한 것은 조금도 어긋나지 않는 규칙의 엄격을 돌려 말한 것임을.

중요한건

또, 또, 또…. 의도적인 띄어쓰기 무시. 오만한!

ㅠ

위에서 이미 언급한 〈^^〉 같이 많이 본 기호지만 일부러 알아보려고 하지 않았다. 세상이 함부로 쓰는 말과 글을 내가 따라 할 필요가 없지 않은가? 그게 설혹 시대의 대세고, 또한 그런 〈변이(變異)〉들로 〈발전과 진화〉가 이루어진다고 하더라도 말이다. 간편이라는 핑계로 따라가느니 고고하게 언어를 지키는 게 훨씬 가치 있다고 생각한다. 언어가 사라지고 낱자나 기호들이 인류의 의식을 연결하느라 우주를 둥둥 떠다니는 슬픈 〈사이언스 픽션(SF)〉의 풍경이 문득 떠오른다.

역시 이 말도 눈물을 뜻한다는 걸 이번에야 확실히 알았다. 당연히 언어에 엄격해야겠지만 적어도 이런 식의 글은 시류에 빠진, 혹은 편승한 글이다. 사라지는 언어의 미래까지는 생각해달라고 하지 않겠지만 세상을 이렇게 장난으로 만들 작정이라면 작가란 타이틀을 내놓든지. 그러면 이런 글을 쓸 필요도 없지 않겠는가. 내가 방금 〈오징어 다리〉 같은 이 기호를 썼다는 자책으로 지금 칼로 손가락을《싹둑》잘라버리고 싶을 정돈데 당신은 전혀 아무렇지도 않단 말인가? 언어에 더욱 엄격해야 할 작가가 오히려 엄격은커녕 함부로 이용만 하려는 못된!

※ 그런데 근래 〈ㅂㅅ〉이란 축약 낱자가 보이던데 아무리 생각해도 무슨 말인지 모르겠다. 〈ㅅㅂ〉은 단번에 저속한 욕설로 이해가 되던데?

‖ 샤넬풍~ 백

〈샤넬〉은 알겠는데 웬 〈풍〉? 경향, 유행, 분위기를 나타내는 말이라면 그도 이해 못할 바는 아니지만 우리나라 조어(造語)의 경향이 점점 저급화 되는 것 같아 아쉽긴 하다.

(아, 근데, 그런데…. 세상에 이런 바보가 또 있을까? 아무 것도 모르는 주제면서도 글을 쓰다 문득 생각나서 사진을 찾아봤는데 어두웠지만 거기에 허접한(?) 백을 맨 사람이 있었고, 그게 여자임을, 세상 모두가 알고 있고, 백을 맨다는 자체가 여성임을 말하고 있는데, 그리고 <탔구요>가 보통 여자들이 쓰는 어투이며, 무엇보다 '지영'이란 이름은 여자를 가리키는 경우가 많은데(뭐 송지영·宋志英이란 작가? 언론인인가 하는 분의 남성의 이름도 기억난다마는), 그런데도 생각조차 전혀 하지 못한! 아, 세상과 담을 쌓고 살아온, 현대와 북두칠성만큼이나 떨어져 사는 나는 무덤 속으로 가야 하나? 세상의 문법과 다른 문법으로 지구에서 살 자격이 없는 건 아닌지?

그런데도 미안함이나 가책, 불편이 없다는 건 워낙 첫인상이 나빠서 그런 모양이다.)

짧은 글이었지만 엄청난 충격으로 한동안 정신이 먹먹했다. 생각도 못한 글이어서 어떤 판단이나 생각을 할 겨를도 없이 모든 게 무너지는 것 같아 숨을 쉴 수 없을 정도로 얼굴이 화끈거렸다. 글이 이런 식으로 쓰여도 아무렇지도 않단 말인가? 내가 알고 있던 언어가 이렇게 처참하게 해부되어 내장이 드러나 썩은 냄새가 나는데도? 그것도 작가라는!

언제부턴가 문학이 문학으로서가 아니라 후광이 되어 작가를 장식, 단정해주는 〈수단〉으로서의 역할로 머문다는 걸 느끼고부터 독서를 끊어버렸다. 아마도 대중이 주체적으로 대활약(?)하는, 그래서 겸손할 필요가 없는 시대의 분위기 탓이 크다고 하겠지만. 내 생각이 덜떨어진, 그리고 일견 정당하지 못한 고집일 수도 있지만 그렇다고 어정쩡하게 참으면서 읽는 건 고문이다. 그냥 작품 자체로만 남으면 얼마든지 읽을 수 있겠지만 글 밖의 세상과 이런저런 식으로 연결되는 걸 보고도 순진한 문학청년처럼 환호한다는 건 집단적인 마취, 또는 열에 들뜬 군중심리에 불과할 뿐이다. 난 이름을 생략하고 그저 작품 자체만을 보지 세상에 온통 얼굴과 이름을 덤핑처럼 까발린 작가의 작품은 읽지 않는다. 물론 오랫동안 글, 뿐만 아니라 세상 자체와 가까이(?) 하지 않다보니 지금은 누가 누군지 촌놈처럼 어리둥절한 멍청이가 되어버렸지만. 아마도 6~70년대 최인훈(崔仁勳)이라든가 김승옥(金承鈺), 이청준(李淸俊), 박태순(朴泰洵), 송영(宋影), 서정인(徐廷仁), 황석영(黃晳映), 이문열(李文烈)… 기타 여러 작가들의 글은 꽤 읽은 것 같다.(그들이 다른 작가들보다 뛰어나서라는 건 절대 아니다. 글에 우선이라는 건 없다. 그저 젊은 날 가까이 접한, 그래서 쉽게 이름이 떠오른. 어쩌면 더욱 세속적이었을.) 그리고 좀 더 객관적 시선의 도움을 얻기 위해 염무웅(廉武雄), 김윤식(金允植), 천이두(千二斗), 김현(金鉉), 김치수(金治洙)-역시 마찬가지로 쉽게 떠올랐다는 의미로. 여타 많은 문예비평가들의 글들도 읽었지만, 그러나 세상에 너무 얼굴(?)을 팔아먹은 작가들은 뒤에 모두 내쳐버렸다. 정당하지 못하다는 건 인정하겠는데 얼굴과 이름이 앞서면 천성적으로 소름이 끼친다. 이념이라든가 성향 등등은 내가 고려할 필요가 전혀 없지만, 그리고 어느 순간까지는 인정하겠지만, 그러나 더 이상 이름과 얼굴을 세상에 팔아먹으며(?) 치고 들어오는 걸 느끼는 순간 용납할 수 없는 일이다. 고백하건데 젊은 한때 나도 소설을 써보겠다는 자신만만한(?) 생각을 한 적이 있고, 실제 오징어 배를 타고 동해안을 떠돌며 겪었던 거대한 삶의 이미지 등과, 누님의 아이가 죽어 그 모티브를 빌려 소설 속에서 매일 무덤을 찾는-, 실존의 망실(亡失)에 대한 현대인의 내면 풍경을 파헤쳐 본 장편들도 썼는데 치매에 걸린 어머니와 살며 집도 절도 없이 자주 이사 다니다 어느새 휴지처럼 잃어버리고 흉터처럼 약간의 낡은 원고지로만 남은. 또한 그 당시 어머니와의 기막힌 일 년을 대학노트에 빡빡하게 기록한 10권의 일기(언젠가는 한글 문서로 엮어 발표하고 싶은)가 있는데, 무엇보다 생각이 앞서 글이 엉뚱한 이야기들로 단속(斷續)되고, 낭만적 자세를 현학적(衒學的)인 답답함에 입힌 내 문체는 이야기라는 양식과는 어울리지 않는다는 생각이 들어 일찍 글쓰기를 그만둬버렸다. 무엇보다 당장 먹고살기 바빴고, 그래서 쉽게 말하자면 패자(敗者)로 남은. 그러나 나에게로 되돌아와 이리저리 괴롭히고 간섭(?)하는 내 문체는 나를 표현하는 최고의, 가장 적절한 방법론이어서 내가 가장 좋아하고, 그래서 지금 이 글처럼 그걸 바꿀 생각이 전혀 없다. 다만 특별히 생각나는 건 황석영의 노동 현실에 대한 통찰력 있는, 어쩌면 쓸쓸한 감수성과 묵직한 천착이 돋보이는 단편집 「客地」, 「아우를 위하여」 등등은 지금도 가슴을 서늘하게 한다. 그로 인해 당시 삶의 변두리를 헤매던 나의 삶을 돌아볼 기회를 얻은 점은 행운이었다. 또한 이문열의 그 고아(高雅)한, 현대적인 세련된 세상이 아니라 의고(擬古)의 묵직한 세상을 집요하게 파고들어가는 젊은 날의 생채기 같은 문체는 지금도 경탄할 만하다. 「皇帝를 위하여」, 「그대 다시는 고향에 가지 못하리」…. 순수하고, 진지하고, 서글프고, 사라지고, 잊혀지고, 단아한, 그래서 더욱 외로운 환영(幻影) 같은 세상은 무엇보다 먼저 가슴으로 치고 들어온다. 상스럽고 거친 바닷가 출신으로는 상상도 할 수 없는! 참 부러운 작가들이다.

아무튼 6~70년대 위의 작가들 이후는 전혀 모른다. 이광수 하면 「흙」, 손창섭은 「血書」, 이청준은 「별을 보여드립니다」-제목의 단편집도 아직 갖고 있다-등의 대표작 등등은 자주 접하긴 했지만 그쪽과 결별(?)하며 일상의 생활인으로 바삐 살다 자포자긴지는 모르겠지만 그게 지나쳐, 아니 세월이 흘러 근래 등단한 작가들을 포함해 문학작품 자체를 가까이해 본 적이 없다. 하지만 어쨌든 이런저런 연유로 듣거나 보고 느낀 생각으로는 가볍게, 쉬운 글을 쓰는 사람들이 넘쳐서 시나 소설을 읽는 게 차라리 사기나 악덕이란 생각까지 들 정도다. 물론 개인으로서는 엄청난 집념과 나름의 처절한 고통을 거쳐 썼겠지만 결과적으로 어떤 시대적인 양식, 포즈, 감각, 수준으로 귀결된다는 건 나에게 진지하지 못하다는 의미로 새겨진다는 말이다. 솔직히 근래 들어 신문평이라든가 해설, 이슈 등등 스쳐 지나며 유추해서도 그저 시정의 요란이나 흥미로 꾸민 단순한 일회적인, 그리고 간편하게 차용한 표피적(表皮的)인 주제와 뻔한 스토리로 쳐들어오는 것 같아 신경이 쓰인다. 어쩌면 묵직한 뚝심(?) 같은 맛이 없는, 그래서 뱀의 비늘처럼 〈감각의 미끄럼〉을 타는 듯한 스타일의 문체와 이야기들이 번성하는 듯해서 입맛이 쓰기도 하다. 물론 가장 큰 이유는 뱃놈 출신의 내 성향과 맞지 않아서라고 하겠지만, 시대적인 가치나 심리 속에서 작가의 작법이 머물 기회가 많을 수밖에 없겠는데 그래서 그렇게 단정 짓는 게 올바르지는 않지만. 근래 몇 편 읽어본 바로는 어쩐지 겉으로는 정교한 작법을 따르고 있는데 속으로 또 다른 모습을 숨겨둔, 또는 거친 함성으로 남은 듯한! 공장에서 정교하게 만든 잘 빠진 글이 아니라 순결한 마음의 결이 묻어나는 문장이나 어귀가 참 그립다. 읽고 난 후 가슴에 치고 들어오는 작품이 별로 없다. 마치 일회용 앰풀주사처럼 시정에 영합하는 냄새가 강한, 그저 가볍게 소비할 수 있는 물품 같은. 하긴 지금 쓰고 있는 내 글도 그렇게 영향 받아 〈제조〉된 부분이 〈아주아주〉 많지만. 어쨌든 취향이 맞지 않는 건 질색이다. 칭송과 사교와 과시와 대접과…. 난 그런 건 전혀 관심도 없다. 자가당착인지도 모르겠다. 그런가? 어쩌면 수줍게 진정을 담은 작품을 조심스레 내밀며 세상의 뒤편에서 자신의 열정과 꿈과 욕망을 펼치는 작가도 많이 있을 것이다. 문장 하나에도, 시구(詩句) 하나에도 시퍼런 칼날처럼 자신을 삭제한 수수한 내면의 소리와 결을 담아낸. 그대들은 청초하고, 싱싱하고, 아름답다. 제발 세상과 연결되어 그 통로에서 뒤집어쓴 〈세련〉된 언어들로 분식하지 말라. 세상은 언어로, 노래로, 운동으로, 춤으로, 미모로… 그런 것들로 이름과 얼굴을 내밀려는, 아니 그렇게 이미 거장, 스승, 대부(代父), 전설로 행세하는 사람들 천지다. 어쩌면 그건 인류의 발전과 삶의 긍정으로 작용하는 보편적인 동인이랄 수 있지만, 그러나 모두들 그렇게 유목적적인 본능으로 펼치다 보니 정작 자신을 삭제하고 죽이는, 진실만으로 존재하는 사람 자체가 사라져버렸다. 치열과 성공과 눈물과 고난을 왜 팔아먹으려고 하는지. 더 나아가 예술을 핑계 대고 실제 예술이 아니라 고집스런 웅변으로 존재하는. 그대들도 발전과 확산이란 이름으로 번잡해지는 순간 이미 돌이킬 수 없는-, 고집스런 독선과, 자기 이름과 얼굴을 먼저 내세우는 매명의 악덕으로 새겨질 것을. 세상과 단 하나의 끈으로도 연결되지 않기를! 그저 나와는 관계없다는 듯 세상으로 던진 후 미련 없이 잘라 내버리는. 아니 시정의 그냥 평범한 시민으로 존재하는.(하긴 이 글도 그런 악덕이 없다고 하는 건 그저 희롱에 다름 아닌.)

세상을 휩쓰는 그 수많은 엉터리 작가, 미숙한 지식인들과 마찬가지로 난 공지영이란 작가를 전혀 모른다. 앞에서 말했듯 샤넬 백 논란과 관련하여 이번에야 소설가, 아니 여성 작가임을 알게 됐을 뿐이다. 고백하건데 춘천마라톤에 몇 번 참가한 경험 때문인지 춘천 〈공지천〉이란 지명이 가장 먼저 떠올랐다는 건 참으로 민망한 일이다. 물론 10년 가까이 삶의 함정 속에서 허덕이며 일상의 사교와 소통은 물론 신문과, TV… 와도 멀찍이 담을 쌓고 내면으로 가라앉아 살았더니 「도가니」란 책의 존재와 작가와의 관련도 근래 들어 겨우 눈치챘을 뿐이고, 그 이외 그의 개인사가 어떻고, 작품에 어떤 것들이 있는지, 그 속에서 표현하고 있는 정신이나 언어들이 어떤 것인지… 하나도 모른다.

어쩌면 내가 순진하게 이해하고 있는 언어의 모습과는 판이한 이런 글들이 작가의 타이틀을 달고 함부로 시중을 돌아다닐 수 있다는 것이 신기하다. 아니, 어쩌면 이토록 철없는 말을 작가가 겁도 없이 쓸 수 있는지 신통방통하기만 하다. 글자 하나 잘못 쓰는 건 얼마든지 받아들일 수 있지만 처음부터 끝까지 견고하게 눈알을 부라리는 글자들을, 그것도 작가들이 쓴다는 걸 알고는 거의 경악할 정도다. 일희일비하는 경박(輕薄)은 차지하고라도 작가가 정신박약아 같은 악성 댓글들과 다름 없는 글, 시류에 편승, 또는 분명히 일방의 주장을 목적으로 완전무장한 선전적(宣傳的) 글을 쓰면 미상불 죽는 건 예술이다. 적어도 〈언어와 정신〉이란 면에서는 말이다. 희극이다. 불굴의 정신으로 조립된 거친 산문의 시대가 아쉬울 뿐이다.

그래선지 그의 책을 찾아 읽어보려고 했던 생각이 단번에 싹 사라졌다. 더 심한 경우도 있겠지만 트위터란 놀이터에서 거칠고 단순하고 장대한 고집으로 뭉친 댓글들을 보노라니 그 책도 그렇게 거칠고 조악하게 내갈긴 것만 같다. 내 언어도 그런 생경하고 거친 이미지로 조립되어 있음을 알고 자책하고 있지만 어쨌든 이젠 만정이 뚝 떨어져버렸다. 그런 내 선입견은 정당하지 못하지만 사람이란 그걸 떨치지 못하는 법이다. 그런 저급에 내가 그렇게 반응한다는 말이다. 아이들을 가르치는 순백한 마음, 그리고 세상을 정교한 이성으로, 또한 확산된 감성으로 바라보려는 마음에 〈비교육적인 언어〉와 〈날카롭게 무장된 사고〉는 사절이다. 학교와 세상이 다르지만 그러나 세상을 연결해주는 교사로서는 조금도 용납할 수 없다. 작가에게는 미안하지만, 그리고 그의 삶과 생각들을 부정하지는 않겠지만 글 자체에 나타난 사실들은 시정의 잡배보다 못하다는 〈강력한 분노〉를 어쩔 수 없다. 아마 대한민국의 국어를 사랑하는 대부분의 진중한 사람들은 나와 생각을 같이하는 분들이 많으리라 생각한다.

그런 조악한 단어 나열과 정제되지 못한 메모 같은 글과 말을 통해 매명 하는 다른 몇몇 사람들도 분명 있을 것이다. 엉터리 말과 글로 나대는. 아니 이미 봤다. 이 작가보다 더 엉터리 말과 글로 나대는. 자칭 유명하다는 교수, 작가, 언론인, 정치가… 들은 물론 이름 없는 수많은 무명씨들도 모두 이렇게 쓰지 못해 안달하는 건 아닌지. 오늘날 내가 생각하는 그런 사람들은 모조리 사라지고 세속의 유행을 따라가지 못하면 사회에서 차지하고 있는 지분을 박탈당한다는 듯, 아니 먼저 그런 유행어(?)를 만들지 못해 아쉬워하는 그런 형편없는 사람들이 사회의 전면에서 화려한 활동을 하는 게 아닌가 싶어 마치 벌거벗은 임금님을 보는 것 같이 아슬아슬하다. 이게 무슨 헛된 짓이란 말인가? 자신이 악화인 줄 모르고 선량한 양화들을 마구 짓밟는 언어폭력에 분노하는 사람은? 또한 그렇게 휘둘려도 된다고 생각하는 이 시대의 처참한 대비에 또 분노한다. 설혹 그들의 삶에 어떤 눈물겨운 사연이 녹아들어있고, 그래서 내가 감동으로 눈물을 흘리더라도, 현재도 세상에 다시 없을 헌신과 정성을 다하는 부분이 있다 하더라도 문자 같지도 않은 그 〈엉터리 파편〉들은 결코 용납할 수 없다. 그 글의 세계인식을 보면 내가 그 작가를 그렇게 고정시켜도 당연하다. 난 그런 사람들의 글 따위는 전혀 관심 없다. 만약 내 손에 들어와서 멋모르고 읽었다면, 그래서 찬양까지 했다면…? 그 시간만큼 사기당한 분노로 바로 쫙쫙 찢어 내버릴 것이다. 아니, 그런 글을 쓴 者(?)들의 이름을 깊게 새겨놓고 잊지 않을 것이다. 다행히 아직 읽어보지 않아서 놀란 가슴을 진정시키며 쓸어내린다. 내가 이렇게 그런 글을 쓴 작가보다 오히려 더욱 악독해질 수 있다니! 누군지 전혀 모르는데도.

새삼 생각해보니 세상에 회자(膾炙)되는 많은 책들을 읽은 기억이 아주 오래됐다. 독서라면 그런대로 할 말이 있다고 자부하지만 언제부턴가 진정한 성찰과 고백, 정교한 논리적 비판은 사라지고 매명과 안락, 분식(粉飾)된 헌신과 자기만족, 그리고 턱없는 일방적 고발과 시류에 편승한 가벼운 신변 토로로 떡칠한 책들밖에 보이지 않는 것 같다. 지상을 떠나 높은 하늘에서 쳐다본다면 결국 지렁이의 백일몽 밖에 되지 않는 가소로운 자들이지만 어쨌든 세상을 선도해야 할 지식인들의 내 편, 다른 편 가르기와 엉뚱한 정의의 전유(全有), 빈정으로 떡칠한 언어의 굴종(屈從), 왜소한 논리, 무작정한 대입(代入)과 전개. 달관한 듯 포즈 짓는, 그러나 스스로에게도 무책임한 달콤한 언어…. 단어와 문장들마다 숨겨져야 할 저의가 통통 튀듯 겉으로 너무 드러난다. 깊숙하게 쳐다본 인생의 맛이 하나도 없다. 화려한 단어와 문장이 제각각 겉돈다. 그만큼 우리의 지식인들이 쓴 책들은 없어도 하나도 아쉬움이 없겠다고 생각하는 내가 참 불쌍하고, 그렇게 만든 책 같지도 않은 책들이(작품이 아니라 엉터리 제품 같은 책들 몇 권을 가지고 있다. 멋모르고 구입했는데 나중에는 가진다는 자체가 소름이 끼쳤다. 그래도 어떤 <증거> 같은 심리로서는 아닌지.) 세상을 휩쓸고 있다는 현실이 참 팍팍하다. 만약 분서(焚書)가 용납된다면 나도 멋진 〈퍼포먼스〉로-현대에 와서 외곬으로 너도나도 함부로 싸질러 내 맘에서 절대로 받아들이지 않았던 단어지만-처음이자 마지막으로 세상에 한판 신나는 불꽃쇼를 하고 싶을 정도다. 거의 대부분 태어나지 않았어야 할 글과 책들! 아마 많은 무명씨들이 박수치며 달려올지도 모르는.

이 시대 유명과 황금과 과시로 떡칠한 잘난 사람들만 북적일 뿐, 진정한 인간 정신을 가진 이가 하나도 없다고 생각하는 스스로가 불쌍해서 못 견디겠다. 단 한 명의 예외도 없이 모조리 물갈이할 순 없는가? 오히려 일반인들은 눈물겨울 정도로 훌륭한 생각과 행동을 하는 경우가 많은데 말이다. 가난한 사람들을 위해 보잘것없는 자신의 봉급을 쪼개 나눠주는 익명의 독지가, 두 다리가 없는 고아를 받아들여 훌륭한 사회인으로 키워낸 마음의 어머니, 몸이 불편하면서도 교회나 경로당을 돌며 노래와 음식에 이발 봉사까지 하는 가난한 부부, 구순(九旬)의 아버지를 지게에 업고 금강산을 구경시켜준 그 아름다운 청년, 신장부전으로 죽어가는 사람에게 자신의 신장 하나를 선뜻 내어준 그야말로 영웅적인 학생, 부모에게 버림받고 해외 입양되는 아이들이 〈외로워하지 않길, 조국을 원망하지 않길〉 빌며 헌신적으로 돌봐주는 위탁모, 부실하고 가난한 나라에 가서 병으로 죽어가는 사람들을 살려내는 의사, 사지마비로 움직이지 못하는 청년과 결혼하여 지극정성으로 돌봐주는 천사 같은 처녀, 그리고 일본 도쿄 전철역에서 일본인 취객을 구조하기 위해 자신의 목숨까지 내던진 우리 시대의 義人 이수현(李秀賢)…. 그런 사람들을 볼 때마다 왜 그리 눈물이 흐르는지. 그들은 가진 것 없고, 배운 것 없어도 우리들 가슴을 눈물로 가득 채워주는 진정한 〈인간 영웅〉들이다. 잘난 사람들이 말로서만 분식할 때 영웅들은 조용히 뒤에서 자기 할 일을 할 뿐, 겉으로 드러나지 않는다. 대신 그 자리를 채우는 것은 온통 제 잘난 가짜들뿐이다. 죽어도 가짜임을 깨달지 못하고 끝까지 대접받고, 세상을 이기려하고, 자리를 차지하려고 하는. 지금 솔직히 쓸쓸하다. 이 글도 나중 어떻게 세상에 드러나게 된다면 역시 또 다른 의미의 반동적인 불굴로 떡칠한 가짜 글로 실망을 주게 될 테니까.

글은 정신을 온전히 드러내는 표상이다. 앞에서 축약이나 기발한 조어들이 진화의 개념으로 이해될 수도 있겠다고 했지만 그건 포괄적으로, 일회용으로 한 듣기 좋아라는 의미가 강하다. 사실은 정신이 그렇게 지리멸렬 분해되고, 명정(明正)한 정신으로 구성된 시스템을 무너뜨리고, 종내에는 분별도 희미해지는 파괴로 작용한다. 그런 개인들의 집적은 사회의 양식과 기반을 무너뜨리고, 삶 자체를 무목적성의 함정으로 내몰게 된다. 과잉은 질서를 파괴할 뿐이다. 아니 진화가 아니라 퇴화로 활짝 달려갈 뿐이다. 임시변통의 축적으로 알고 보면 너덜너덜 누더기처럼 변해온, 그러나 당연한 듯 맘대로 이용해먹는 우리 한글의 맨얼굴만 보더라도.

이런 글 수준에서 머문다면 절필하라고 권하고 싶다. 아니면 작가란 타이틀을 더 이상 이용하지 말고 순수한 댓글쟁이로 존재하든지. 세상 모든 사람들이 이렇게 쓰고 있고, 또한 소설과 댓글, 그리고 작가와 개인의 삶과 일상은 별개인데 그게 억울하다고 생각한다면 그 자체가 자신이 세상의 공명과 가치와 허영에 들떴다는 의미다. 자기 이름을 내건 글을 읽고 이토록 분노하는 사람이 있을 거라는 생각은 왜 하지 못했나? 〈개인의 진정〉을 내세워 함부로 반박할 생각도 말라. 진정이나 정의, 공명은 한 세대만 지나도 훅 사라진다. 출렁거리는 물결처럼 헛되이 춤추는 꼭두각시로 남지 않기를! 진정한 지성을 가진 많은 사람들은 오늘도 말없이 지켜보고, 깊숙이 생각하고 있음을 알아챌 수 있다면. (바라노니 앞으로 이런 저급은 버리고 진정으로 꽉 짜인 글과 소설을 쓴다면, 그러면 「도가니」 뿐만 아니라 다른 소설들도 읽을 수 있으리라. 아니 평자는 아니지만 여태 받았을 칭송하는 글과는 다른 멋있는(?) 평문을 쓸 자신도.)

전에 누군가(아마 판사?) 〈가카새끼짬뽕〉이라고 도대체 정신이상 수준의 기막힌 말을 한 것으로 아는데 덕분에 괜히 더럽혀진 내 〈눈깔과 주둥이와 손모가지〉를 비누로 몇 번이나 씻었는지 모른다. 그 사회적 위치를 위해 지불된 재화와 직분과 존경은 어디서 보상받아야 하나? 억울한 일이 아닐 수 없다. 난 여태 SNS라는 세상에, 인터넷 세상에 쪼가리 같은, 낙서 같은, 무책임한, 진지하지 못한, 간편한 댓글(?)이란 걸 써본 적이 없다. 드나드는 동호회에 몇몇 좋은 의미로 글들을 써봤지만 거기서도 글자 하나, 문장 하나에 목숨을 걸 정도로 진정을 다해 썼다. 그래선지 전에 어디선가에 달린 댓글이란 걸 보고 〈기겁〉을 한 적이 있다. 도대체 인간이기를 포기한 게 아닐까 싶을 정도로.

국민배우 김승호(金勝鎬)와 더불어 전형적인 한국의 어머니상을 표상하던 배우 '황정순(黃貞順)'이 돌아가셨을 때 아무도 댓글을 〈달지 않았다〉. 충분히 만인의 칭송과 헌정을 받아 마땅한 사람인데 말이다. 사람들에게는 역사의 진정은 아무렇게나 잘라내도 좋을 뿐, 그저 화려한 현대의 배우들로만 이루어진. 역사는 이미 사치한 엄살로 치부되는 모양이다. 그래서 모든 사람들은 아무도 몰래 죽어야 하는 원죄로 존재해야 하는 건 아닌지. 댓글은 이런 때에 달려야 한다. 대신 내가 뒤늦게나마 이렇게 댓글을 달고 싶다.

- 세상의 고통을 말없이 삭여내던 한국의 어머니! 당신이 짊어졌던 맷

힌 한을 우리들이 흠뻑 위로해드릴 테니 이젠 모두 씻어내고 편안히 쉬십시오.

⇒ 미국 영화의 영원한 명작 〈소공녀-A Little Princess〉에 출연했던 아역 스타 '셜리 템플(Shirley Temple)'이 죽었을 때 누군가는 이렇게 말했다
"이런 늙은이가 죽는 게 무슨 뉴스냐?"
그는 템플 분만 아니라 미국과 영화, 그리고 3~40년대 자체를, 아니 〈늙은이〉란 말로 인간 자체를 부정하는 멍청이가 틀림없으리라. 어쩌면 늙은 자기 어머니까지도. 차라리 오, 그렇구나 하고 가만히 고개만 끄덕이면 좋았을 텐데 말이다. 이렇게 〈의미 없는, 필요 없는, 무식한, 엉터리 바보 같은, 읽는 사람을 허망하게 만드는〉 댓글을 〈꼭, 정말, 진짜, 죽어도〉 달아야 했는지. 스스로도 아무렇지도 않게 깔겨 논 똥덩어리처럼 되돌아보지도 않고 이미 떠난 무정(無情)으로 떠돌게 됨에도.

⇒ 〈웨스트 사이드 스토리-West Side Story〉, 〈초원의 빛-Splendor In The Grass〉 등에 출연했던 '나탈리 우드(Natalie Wood)'에 대한 이야기가 화제가 된 기사의 댓글에서 누군가가 記事의 글자가 〈틀렸다〉고 지적하던데 정작 자신은 이렇게 말했다. 〈그녀ㄴ이 죽뜬 말던 관시미 업ㄸ〉. 당연히 나탈리 우드에 대해서는 도무지 모를 게 틀림없고, 더욱이 '윌리엄 워즈워드(William Wordsworth)'의 시 〈초원의 빛, 꽃의 영광〉이란 이미지까지 바라는 건 가당찮은 내 욕심에 지나지 않으리라. 아니 앞의 댓글처럼 역사 자체가 〈폭력적〉으로 무참히 삭제된. 그런데 정말로 희극은 그의 아이디! 〈대가리가슴쌍관통뒈진병신박정희!〉 아마 박정희와 그 시대에 대한 증오가 충만해서겠지만 그래도 격이 있어야 정당한 증오가 될 수 있다. 나 자신 역시 박정희에 대한 비판적 인식도 갖고 있지만 오히려 박정희를 반대하는 분들 전체를 그야말로

비참하게 만들어버리는, 박물관에 전시된 국보에 함부로 낙서하듯 역사의 숨결을 무참히 잘라 내버리는 이런 무지막지한 바보들이 손가락놀이로 온통 헤집어버리는 이 척박한 시대는!

나는 정론(正論)이 아닌 댓글은 읽을 가치도 없다고 생각한다. 칭찬이든, 반대, 또는 저주든 그 세계에 발을 들여놓을 생각 자체도 전혀 없다. 무슨 동호회 모임에서 좋은 의미의 덕담을 하기도 했는데 그게 스스로를 한정시키는 화려한 가면임을 깨닫고는 될수록 스스로를 가두어버렸다. 이 밝은 민주주의 시대 집단지성의 한 의미로 매김 된다 하더라도 말이다. 집단지성? 아서라! 되풀이 말하지만 함부로 툭 던지는 글은 글이 아니다. 예전처럼 인간이 얼굴을 마주하고 진지하게 이야기를 나누던 시대는 이미 사라졌다. 그냥 그대로 가만히 있는 것 자체가 최고의 선(善)임을.

아무튼 작자의 이런 식의 글은 소름이 돋는다. 그게 세상 모든 사람들이 향유하고 있고, 그리고 그게 아무리 시대의 정의로 자리 잡았다 하더라도 그런 식의 정의는 몸서리가 쳐지고, 그래서 철저히 사절이다. 정의가 그렇게 일방과, 무책임과, 저질 언어와, 비방과, 단순으로 구성된다는 건 이미 정의는커녕 쓰레기일 뿐이다. 내겐 여기저기 마구 〈ㄸ〉을 깔겨 논!

〈허접한백〉을 맨 사람과 〈가카새끼짬뽕〉을 외치는 사람-, 그런 더러운 언어로 끼리끼리 찬양을 주고받는 경박하고 저속한 대중에게서 무슨 삶의 미학을! 차라리 개 짖는 소리에나.

⇒ 앞에 언급한 의인 이수현 이야기와 관련하여 5~6년 전 미국 로키산맥에서 가족들의 생명을 구하기 위해 노력하다 죽은 '로버트 김'의 이야기가 화제가 된

적이 있었습니다. 모두들 그의 생환을 애타게 바랬지만 안타깝게도 차디찬 몸으로 발견됐지요.

그래선지 언젠가 이수현의 이야기를 해보고 싶었지만 아직 펼쳐보지 못했군요. 이 시대의 진정과 가치는 과연 어떤 식으로 구성되고 실천되는지를 다뤄보고 싶은 생각이 강합니다. 행동은 그 어떤 말이나 글, 그리고 생각보다도 언제나 위대하니까요. 그는 이 세상의 모든 훌륭한 글들을 몽땅 긁어모아도 가뿐히 부끄럽게 만들 수 있는 〈슈퍼맨〉입니다. 아니, 지금 현재 세상에서 잘 났다고 폼을 잡는 〈잘난〉 사람들 모두의 목숨값보다도 훨씬 귀한. 글을 쓰다 보면 어떤 흐름이나 일관성이 내재적으로 만들어지는데 앞으로 과연 그런 기회가 있을지는 자신하지 못하겠군요.

그는 일본에서 어학연수를 하다 2001년 1월 26일 도쿄 신오쿠보(新大久保)역에서 지하철 선로에 떨어진 사람을 구하고 꽃다운 목숨을 바쳤지요. 당시 일본 열도가 굉장한 충격으로 감동을 했는데 왜 그랬을까요? 우리나라 같으면 어쩌면 희생적인(?) 일회성 가십 정도로 넘어갈 수도 있었을 텐데 말입니다.
아마도 우리들 정신을 강력하게 정복해버린 개인과 이기(利己)가 현대인의 생존 모드로 굳어버린 상황에 대한 절망에서 출발한 듯합니다. 인류의 가치로 함께 해온 헌신과 배려, 균형과 이타(利他), 그리고 인간의 진정이 어느새 물신화(物神化)한 현대에 희석되고, 뭉개지고, 외면되고 대신….
학생교육문화회관을 비롯하여 몇 군데 이수현의 비(碑)가 있는 걸로 알고 있습니다. 학부모님 모두 잘 아시겠지만 우리 학교 밑 오르막 고개를 넘어가면 이수현의 모교인 내성고등학교가 있어 교문 바로 옆에 비가 있습니다. 전에 글을 한편 써봐야겠다는 생각으로 〈진정〉이란 말을 떠올리며 일부러 걸어서 퇴근한 적이 있습니다. 검은 상석(床石)에 비를 맞은 노랗고 하얀 꽃들이 함초롬히 피어 있더군요. 꽃을 꽂은 사람이 누군지는 꼭 알 필요가 없겠지요. 인간에게 있어 그러고 보면 〈善의 의지〉는 본능인가요? 무언가 잃어버린 정신의 본향(本鄕)이 그리운?

가까운 곳이니까 다음 주에 아이들 데리고 한번 가볼까 합니다. 그게 교육이지요. 〈세상에서 가장 귀한 분〉이 우리 학교 가까이 있다는 기적을!

⇒ 이번 주에는 주제넘게도 심한 말을 많이 했군요. SNS에 대한 막말도 주저 없이 지껄였고, 그와 관련하여 첨부한 글로 유명 작가의 글을 하나하나 스토크에 다름 없을 반박과 비난을. 그저 모른다는 듯 외면했으면, 아마도 그 소설가를 좋아하는 분들이 많이 있을 수도 있다고 생각되는데 좋은 게 좋다면 저도 부담스럽지 않았을 텐데 말입니다.

근데 아무튼 오랜 만에 속은 시~원합니다.

제(27)주 학습지도 계획안

(2012년 9월 24일 ~ 9월 28일)   4학년 2반

저번 주에 '공지영'을 〈공지천〉으로 연관 지어 이해했다는 말을 했습니다. 어떻게 생각하면 그 작가의 마음으로나 사회적인 예의로는 미안한 일이지만 그보다 먼저 피식 웃음이 나오는 건 어쩔 수 없군요. 제가 이름을 포함하여 다른 사람들이 다 아는 말을 전혀 모른다든가, TV에서 다른 사람들이 다 알고 있다는 듯 쉽게 말하는 내용들을 도대체 이해하지 못하는…, 세상의 현실이나 사실들을 받아들이는 마음의 회로가 전혀 다르게 작동된다는 걸 이번에 다시 자각하는 기회가 된 것 같습니다만.

5~6년쯤 전 '변천사'란 이름의 쇼트트랙 선수가 있었던 것으로 알고 있습니다. 저는 그 이름이 참 아름답다고 생각했지요. 어떻게 이런 참신하고 고차원적인 이름이, 그것도 참 어울릴 수 있다는 게 신기할 정도였습니다. 〈變遷史〉! 분명히 본명은 아니란 생각은 드는데 아마 성이 변씨라서 그렇게 지은 것 같습니다. 시간에 따라 변하여 바뀐다는 뜻의 〈변천〉과 그 과정인 〈사〉! 참으로 절묘하고 쉽게 만날 수 없으며, 혼란과 거짓과 치사가 넘치는 세상에서 의미심장함이 독보적인 이름이었습니다. 국어음운 변천사, 민주주의 변천사….

그런데 맙소사! 제가 맹탕 바보라는 자각이 드는군요. 어느 여선생님이 〈변천+史〉가 아니라 〈변+天使〉일 거라고 말하더군요. 절 빤히 쳐다보다 웃으며 그런 말 쓰는 사람은 저 말고는 아무도 없을 거라고. 세상에 어쩌면 그리 뻔한! 결국 세상 사람들이 너도나도 함부로 차용하여 그 뜻이 무

참히 타락된, 이제와선 인플레를 넘어 반어적(反語的) 의미까지 더욱 강해진 〈천사-Angel〉를 덧붙인. 너도나도 자신을 천사로 치환하여 사뿐사뿐 날아다니는가요? 실제로는 눈을 씻고 찾아봐도 본래 의미의 아름다운 천사는 없고 사교적인 말로 타락한 천사들만 넘쳐나는. 마치 걸리버 여행기의 주인공이 되어 사이즈(크기)가 다른 사람들과 만나는 듯 제 마음의 이상한 발현이 지금 보니 그저 신기하기만 합니다. 어쩌면 제가 바보가 된 것 같은 느낌도!

일부러 확인해보진 않았지만 그 비슷한 느낌으로 '권리세'란 이름도 보이더군요. 權利? 稅金? 자릿稅? 〈클리셰(cliche)〉의 의음(擬音)? 만약 그런 유의적인 의미를 가졌다면 어쨌든 참 파격적인 이름이 아닐 수 없습니다. 생활적인 현장에서 사용하는 말을 가져온 파격도 좋고, 특히 어감에서 무척 호감이 갑니다. 〈權利稅〉! 어쩌면 앞서 예를 든 〈변천사〉보다 더욱. 그러나 아마도 연예인이 틀림없는 것 같아 관심을 끊어버렸지만 만약 〈변+天使〉와 비슷한 반어적 의미가 숨겨진 경우라면 그야말로 자화자찬으로 썩은 냄새가 진동하는 클리셰(cliche)들이 버젓한 양화(良貨)처럼 변신한 경우가 아닌가 싶어 갑자기 조마조마해지는군요. 제 불안이 기우에 불과하며 새삼 통쾌한 기쁨을 맛볼 수 있다면 얼마나 좋을까 싶지만 아무래도 권리나 세금과 관련지어 짓지 않은 것 같다는 마음이 강해선지 과연. 세상은 저만큼 멀리 세련된 발전(?)을 하고 있는데 어쩌면 그런 요술을 빨리 알아차리지 못하는 시대의 지진아란 자책도.

(변천사나 권리세 그 당자들을 말하는 것보다는 사람들이 아마도 그런 식으로 <사용하는 현상>으로서의 의미가 강합니다. 특히 변천사 선수는 이름 때문에라도 제가 응원을 꽤 했거든요. 어느 동계올림픽인가에서 박수 치며 열광적인 응원을 한 것 같은. 어쨌든 그런 이름으로 한때나마 제 마음이 호강했다는 생각으로. 누군지 얼굴도 모르지만 '권리세'

에서는 변천사 같은 기막힌 오해가(?) 없기를.)

하긴 한자말에 중독 수준으로 절은 늙다리의 아집이 불러온 불상사(?)가 분명하긴 한데 아무튼 어떤 사실, 기호들에서 보편적 의미를 떠올리지 못하고 특수한 상황에서 쓰이는 고급스런(?) 뜻을 먼저 떠올리는 습성과, 그 때문에 상처를 받는 스스로가 안타깝기도 하군요. 어쩌면 세상은 아무런 문제가 없는데 오히려 거대한 벽을 마주한 듯 어리둥절해 하는 제가!

사라호! 유토피아를 향한 역설

다음은 무엇을 나타내는 말일까요?

제니스(Janis), 올가(Olga), 글래디스(Gladys), 사라(Sarah), 배티(Battie), 루사(Rusa)…. 예쁜 여자아이 이름 같은데 잘 모르겠다구요? 그럼 매미(Maemi), 나리(Nari)는? 아직? 그럼 셀마(Thelma)는? 아하, 이제 눈치채셨군요. 그렇습니다. 우리나라를 강타한 〈태풍〉들 이름이지요. 기상학적으론 〈열대성 저기압〉이란 밋밋한 이름으로 부른다지만 실제론 부드러운 여성성(女性性)으로 의인화하여 큰 재해 없이 지나가길 바라는 마음을 표현한 건지도 모르겠습니다.

올해도 어김없이 태풍이 찾아왔습니다. 저번 주 볼라벤((Bolaven)과 이번 주 산바(Sanba)…. 태풍은 해마다 7~9월이면 북태평양 남쪽에서 발생해 중국과 우리나라, 일본에 많은 피해를 일으켰지요. 뭐 동남아 쪽에서는

〈타이푼(typhoon)〉이라 부르고, 인도양 쪽에서는 〈사이클론(cyclone)〉, 북중미에서는 〈허리케인(hurricane)〉, 남태평양에서는 〈윌리윌리(willy-willy)〉라 부르기도 한다지만.

태풍은 특히 9월에 우리나라에 자주 찾아왔습니다. 사라와 매미 등등. 그때마다 많은 인명과 재산 피해를 일으키곤 했습니다. 다행히 저번 주 볼라벤과 이번 주 산바는 큰 피해를 주지 않아서 얼마나 다행인지 모르겠습니다. 보통 침수와 정전, 산사태, 해일 등의 피해를 입히는데 재산상 피해는 물론이고 많게는 수십에서 몇백 명 단위까지 인명 피해가 나기도 했습니다.

그러나 제 기억, 아니 한국인의 마음에 뚜렷이 새겨진 태풍은 뭐니뭐니 해도 역시 〈사라(Sarah)호〉입니다. 하나의 단일한 태풍에 〈부를 號〉를 붙인 건 아마도 사라가 유일한 게 아닌가 생각될 만큼 특별한 태풍으로 한국 사람들 머리에 깊숙이 각인된 공포의 기억으로 남은 것 같군요. 통일호, 메이플라워호, 컬럼버스호처럼 특정 의미를 확정하여 다른 것들과 확연히 구별시키려는 뜻이 있는 모양입니다. 그런 점에서 사라호는 아직도 한국 사람들의 심리 속에 강력한 블랙홀처럼 단번에 소용돌이치는 태풍의 전형으로 남았습니다. 처참한 공포의 경험으로, 아니 이미 많은 시간이 지나 어린 날 추억의 흑백으로 다가오는 감정교육(感情敎育)으로 한국 사람들의 유전자에 새겨져 있는 것 같은. 위력으로서는 매미나 루사 등보다 낮은 등급인지 모르지만 재해방지 개념이나 시설 등이 제대로 확립되어있지 않았던 시대에 사라호는 3천 명이 훨씬 넘는 인명과 막대한 재산 피해를 입혔습니다. 아마도 당시 전라도 일부와 경상남북도 지역 바닷가나 강이 흐르는 평지에 다닥다닥 이어붙어 있던 판잣집들은 대개 많은 피해를 입었고, 심지어 땅도 쓸려 내려가 지형이 확 바뀔 정도였습니다. 전국민적 재앙이

어선지 '서정주(?)'란 만화가가 「사라호여 안녕!」이란 만화도 만들었지요. 폐허처럼 변한 마을 앞에 죽은 사람들(해골)이 처참하게 나뒹굴고, 그 위에 아이를 업고 서 있던 계집아이의 망연자실(茫然自失)한 모습이 뚜렷이 기억에 남아있습니다. 또 가수 '최숙자(崔淑子)'는 그 당시 연평도에서 배를 타고 나갔다 태풍으로 죽은 사람들을 주제로 64년 「눈물의 연평도(延坪島)」란 노래를 불러 히트하기도 했습니다. 〈조기를 듬뿍 잡아 기폭을 올리고 온다던 그 배는 어이하여 아니 오나〉라는 가사 그대로 만선의 깃발을 높이 치켜들고 지아비와 자식이 돌아오기를 기다리던 여인들의 눈물과 고통의 한숨 소리를 들뜨지 않고 차분하게 표현하여 꽤 히트하였습니다. 특히 우리들 해안지대에 살던 사람들로서는 저 같은 아이나 어른들, 뱃사람, 술집 색시들이 감정을 쥐어짜며 꺾어 부른. 〈…갈매기도~ 우우는 구나아~! 누운~물에에에~ 여언펴어어엉~도!〉.

애증이 교차하는 선명한 그림으로 마음에 음영 지어진 사라호! 오늘은 나이 든 몇몇 사람들의 기억 속에서만 존재하는 잃어버린 사라호의 흑백사진을 이야기해보고 싶군요. 사실감을 획득하기 위해 시간을 건너뛴 풍경으로 서술하면서. 아울러 2003년 태풍 매미의 기억도 비교하면서.

아, 그 전에. 저는 송도해수욕장으로 넘어가기 전 남부민동 아래 해변가인 충무동(실제로는 남부민동에 속했지만 행정상으론 해변가는 모두)에서 태어나 거기서 자랐습니다. 남항을 보호하는 방파제 겸 등대가 빨간 영도 등대와 함께 외항을 가로막고, 그 안쪽 남항에 여러 종류의 배들이 가득 정박한. 그 바다에서 꼬마 때부터 수영을 하며 자랐습니다.

- 1959년 9월 16일 추석 전날, 어머니는 추석 음식을 만들고 있었다.

국민학교 2학년인 나는 어머니 옆에 붙어 부침개와 산적, 과일 등을 훔쳐 (?)먹는다고 바빴다. 풍족하지 못한 생활에서 명절 음식은 그야말로 굉장한 기회였고, 호사스런 잔치였다. 매일 보리밥이나 강냉이, 배급받은 밀가루로 만든 수제비와 옥수수떡뿐이었다. 그것도 점심은 굶는.

눈치껏 몇 개 먹은 후 어머니의 핀잔을 듣고 자리에 든 게 밤 12시경, 스피커에서 태풍주의보를 들은 것 같지만 우리 국민학교 꼬맹이들에게는 그야말로 허깨비 놀음이었다. 높다란 등대, 아니 방파제가 늠름하게 가로막고 있는데 파도가 넘기는 불가능한 일이었다. 물론 태풍 경험이 없었고, 다섯 살 이전에 배운 내 수영 실력은 건방지게도 타잔처럼 초인적 힘을 발휘할 것으로 믿었다.

그때 남항 가운데에는 일년 내내 항내를 드나드는 배들을 검사하는 철제 경비정이 언제나 그 자리를 지키고 있었고, 자갈치에서 충무동 쪽으로는 엔진으로도, 돛으로도 항해할 수 있는 범선의 일종인 〈우따시〉라는 커다란 저인망(底引網) 어선-거실 장식용으로 많이 보이는 돛이 많은-이 그 당시 처음 본 커다란 흰색 원양 어선들과 함께 빼곡히 정박해 있었다.(그림이 헷갈리는데 원양 어선들이 당시 있었는지, 뒤에 본 풍경을 착시했는지!) 등대엔 영해 침범으로 나포된 운동장만큼 커다란 철선인 일본배가 오랫동안 등대 가운데 떡하니 매여 있어서 우리 꼬맹이들의 호기심을 부추겼고(언젠가 우리 꼬마들 몇이 길고 굵은 꼴(船尾-배의 뒤쪽) 닻줄을 타고 수수께끼의 배를 탐험해보려고 했지만 철사를 여러 줄 꼰 굵은 닻줄이라 50cm도 못가 대롱대롱 매달리다 손바닥 껍질이 벗겨져 피가 나고, 그보다 먼저 힘이 빠져 바다로 떨어지며 결국 포기해야 했던), 등대 가까운 충무동 끝쪽과 건너편 영도 대평동 해안가에 있는 많은 소형 조선소들에는 배를 끌어올리고 내리는 전차 레일 같은 철로가 줄지어 바닷속으로 빠져들었다. 등대 옆 우리 집 근처에는 크고 작은 각종 밀수배, 항내에서 사람이나 물건을 싣고 운항하는 작은 도선(渡船), 예인선, 수산대학(水産大學) 실습선인 자산호(훨씬 뒤 무보직으로 몇 달 허드렛일을. 부산 지역의 바다를 잘 알다 보니 선장이 청해서. 근해에 나가 가끔 물고기 탐사(?)를 한다며 조업했는데 방금 잡은 고기를 바로 국이나 회로 먹는 맛이 일품이었던), 기타 노를 저어 움직이는 작은 덴마(뗀마)선, 그리고 고깃배로서는 디젤 엔진을 장착한 배가 귀하던 시절 〈야끼다마〉라고-'야끼'는 '불(火)'이란 뜻의 일본말. 군만두 등을 '야끼만두'라고 말하기도-램프불로 엔진 피스톤을 벌겋게 달궈 그 열로 시동을 걸어 〈타타타타타〉 귀가 떨어져나갈 듯 요란한 소리와 함께 추력을 얻는 힘 좋은 소형 저인망 〈고데구리〉선, 무동력의 모래운반선 등등의 배들로 가득했고, 10m 남짓 하는 커다란 대나무 끝에 매단 쇠로 된 끌개(?)로 바닥을 긁어 커다란 조개를 잡는 사라져가는 작은 돛단배들도 남아 있었다. 그리고 우리 집처럼 바닷가 꾸불꾸불한 좁은 길을 따라 반은 육지에, 반은 바다에 말뚝을 박고 벽에 아스콘을 먹인 기름종이인 〈루삥〉으로 둘러싼 집을 지어 여름에 더우면 방에서 낚시로 꼬시래기(문절망둑)나 작은 넙치를 잡았고, 사다리를 통해 그대로 바다로 뛰어들기도 했다. 그야말로 방바닥이 바다였다.

새벽에 무언가 이상한 기분이 들었다. 해먹(hammock)처럼 흔들리는. 이상해서 어둠 속에 손을 들어보니 허공에서 딱딱한 것이 만져졌다. 도대체 이해할 수 없는 일이다. 어둠 속에서도 양손으로 잡으니까 둥근 통나무 기둥 같았다. 방에 길게 누운 기둥이라니! 말도 되지 않는 일이다.

그야말로 말도 되지 않아서 일어났다. 희미한 눈앞에 커다란 대포의 포신처럼 굵은 기둥이 방 한가운데를 가로지르고 있었다. 정신이 없었다. 당연히 상황이 이해되지 않았다. 눈을 비비고 어둠에 익숙해지자 그제야 사태를 알아챌 수 있었다. 내 몸통 2개보다도 훨씬 굵은 나무 기둥이 바다 쪽

벽을 뚫고 우리 집을 들었다 놨다 흔들고 있음을. 재빨리 창으로 바다를 내다보니 맙소사! 근처 해안에 매여 있던 거대한 우따시 3대가 파도에 떠밀려 와 그중 하나가 10미터 넘는 기다란 이물(船首-배의 앞쪽) 주둥이를 마치 청새치 주둥이처럼 우리 집을 꿰뚫고 흔들어대고 있음을. 집은 지진처럼 어지럽게 흔들렸고, 피곤한 가족은 그대로 자고 있었다. 어린 마음에도 큰일 났다 싶어 가족을 깨웠다. 어머니와 형과 누나들은 놀라 우선 값비싼 물건부터 밖으로 꺼집어낸다고 야단이었다. 물론 내 귀중한 물건들은 크고 작은 딱지, 그리고 울긋불긋한 무늬의 〈아이노꾸(あいのこ)〉 구슬 등이었다. 그러나 그보다 지금까지도 건져내지 못해 너무나 아쉬운, 꽤 많았던 울긋불긋한 만화들이었다. '김용환(金龍煥)'의 전매특허였던 「코주부 삼국지」, 덥수룩한 세 갈래 머리칼로 도전 정신과 순정(純情)한 마음이 매력적이었던 '박기정(朴基楨)' 만화의 주인공인 '훈이'가 나오는 「도전자」, '김종래(金鍾來)'의 극사실화(極事實畵)의 매력적인 그림과 고난스런 방랑에 흠뻑 빠져든 「엄마 찾아 삼만리」, '오명천(吳明天?)' 특유의 선이 뚜렷했던 「정의의 사자 싼디만」, 워낙 많이 그려서 지금도 눈감고 그릴 수 있는 '박기준'의 짱구 주인공 「두통이」, 엉뚱한 장난과 명랑한 그림이 어우러져 참 재미있게 봤던 '김경언(金庚彦)'의 「칠성이와 깨막이」, 나중에 대작가의 면모를 보였던 '산호' 특유의 스케일이 두드러진 「정의의 사자 라이파이」 등등의 만화책(더 뒷날의 그림들인지 자꾸 헷갈리지만), 그림 연습으로 전매특허였던 '김성환'의 「고바우 영감」, 「꺼꾸리군 장다리군」 등등의 1컷 시사나 4칸 신문 만화 등을 빽빽이 그렸던 공책 서너 권이었다. 그 시절 우리 집 베니아 담벼락은 내가 그린 만화의 주인공들로 호화찬란(?)했다. 새 만화책이 나올 때마다 주인공 그림을 그대로 그려 사람들마다 제가 당연히 만화가가 될 거라고 이야기했고. 이제 와선 그리운 추억, 아니 마음의 유토피아로 남은, 그야말로 보물 1호였지만, 그러나 당연히 형은 내게 알밤을 먹였고.

우리 집도 바빴지만 왼쪽 세탁소는 더욱 정신없었다. 내가 쳐다보는 중에도 바닥에 뻥뻥 구멍이 뚫리며 분순이 할머니 한쪽 다리가 빠져 비명을 질렀고, 오른쪽 찐빵집은 이미 무너져 큰 무쇠솥이 바다로 춤추듯 떠내려가고 있었다. 아수라장이라지만 그 솥을 타고 타잔처럼 바다를 가로지르고 싶다던 생각도.

그런 중에 우리는 해안보다 훨씬 안쪽 마을에 있는 〈복천탕〉이란 목욕탕에 살림들을 옮겼다. 목욕탕 어머니는 충무동 해안 동네에서 큰아들이 부산 MBC의 사장(?)을 지냈다는 유치원 집과(그러나 언제나 잠겨 있어 그 집 큰딸이 결혼할 때와 아폴로 11호의 달 착륙 중계를 볼 때 들어가 본 기억밖에 없다. 넓은 마당에 봉긋한 동산?이 있는) 함께 권위(?)가 가장 높았고, 그리고 우리 어머니보다 몇 살 많았는데도 가난한 어머니와 흉금 없이 친하게 지냈다. 해안 마을에 많은 집들이 있었지만, 더구나 동네사람이나 뱃사람, 등대를 찾아오는 손님들을 상대로 색시를 두고 술집을 하는 우리 가족에게 친절히, 아니 십년지기처럼 대해줬다. 지금 와 생각해보면 아마도 아버지도 없는, 어머니 혼자 술장사를 하는 보잘것없는 가운데서도 우리 형제들의 학교 성적이 뛰어나서가 아닌가 싶기도 하다. 형들은 충무동 해안가에서 유일하게 사범중학교와 일류 중학교에 당당히 합격해선지(물론 저도 충무동, 남부민동 아래 윗동네를 합해 명문 중학교에 합격한 단 3~4명(?)에 포함됐지만) 동네 사람들이 무척 부러워했으니까. 해방 전부터 등대보다 조금 안쪽인 천마산 기슭에 이미 부모님들이 자리를 잡아 살았기 때문에 등대 마당에서 가장 기대가 컸지만, 그러나 아시다시피 운명이란 못된 심술쟁이 때문에 우리 형제들 모두 동네 사람들의 기대를 제대로 채워주진 못했다. (해마다 홀로 고향을 순례하는데 큰아들인 재곤이 형이 이어받아 운영하다 몇 년 전부턴가 주인과 간판 자체가 달라진데다 여성전용으로 바뀐 목욕탕을 둘러보며 회한에 젖곤 한다. 그리고 14년 전 어머니의 죽음이 가깝다고 생각해 차에 태워 마지막으로 일부러 찾아가 어머니와 만나게 해드린 적이 있다. 정신을 놓아버린 어머니였지만 어둡고 습한 시대를 살아낸 어머니의 삶을 어딘지 모르는 곳에서 제각각 흔적도 없이, 그대로 떠내려 보내지 않고 등대와 관련하여 매듭지어야 한다는 일종의 의식이 필요할 것 같아. 그때 눈물지으며 제 손을 잡고 어머니를 신신당부하셨는데 그 어머니도 벌써 전에!) 아무튼 우리 집만 목욕탕에 짐을 옮길 수 있었고, 오전 내내 바람 소리를 들으며 물 없는 둥근 탕 속에서 철없이 몇 권 챙겨온 만화책만 봤다.

오후 늦게야 바람이 잦아들어 가족들 모두 밖으로 나갔다. 맙소사! 해안 가 우리 집과 목욕탕까지는 거의 7~80m 이상 떨어져 있었는데 (어릴 땐 그보다 훨씬 먼, 지금의 감각으론 거의 100m 이상으로 느껴졌다) 그 사이의 집들은 물론 골목길 자체도 몽땅 사라져버렸다. 우리 꼬맹이들이 모여 언제나 시끄럽게 팽이, 딱지, 고무줄놀이를 하던. 그러니까 파도가 그만큼 침범해 그 위 땅과 집들을 휩쓸었고, 그리고 아무렇지도 않은 듯 물러나버린 것이다. 기막힌 일이었다. 그 높은 등대를 무용지물로 만든 태풍이란 놈은.

그러나 기막힌 건 어머니와 형, 누나들이었지 내겐 마냥 신기한 일이었다. 그때의 절망적 상황이 어린 내 마음에 들어오지 않았다. 다만 집을 다시 지어야 하는데… 라는 생각은 했지만, 그보다는 우선 난리가 난 세상이 온통 내 마음을 들뜨게 만들었다. 바다는 온통 쓰레기 천지였다. 나무 조각, 드럼통, 이상한 모양으로 뒤집히거나 부서진 배, 둥둥 떠다니는 가구, 죽은 고양이, 고기잡이 어구…. 큰형이 말했다. 먼저 줍는 사람이 임자다. 주워라! 형들과 누나들은 물개란 별명대로 모두 바다로 뛰어들어 쓸만한 건 모두 건져냈다. 나도 나무 판재나 밧줄, 주전자 등을 건졌다. 나무 문짝은 물론 냄비, 대나무 바구니 등 살림 도구, 가구….

무엇보다 우리 집터를 찾는 것이 급했다. 우리 집뿐만 아니라 모두 해안가에 반은 돌로 쌓은 둑 위와 나머지 반은 바다에 기둥을 박아 그 위에 집을 지었는데 땅 자체가 없어졌으니까. 기준이 될 표지가 없어 정확히 가늠할 수 없었다. 당연히 나도 집터를 찾을 수 없었다. 다른 이웃집 사람들도. 시들해진 마음으로 드러난 돌멩이들을 발로 차며 주저앉았다. 그런데….

그런데 발 아래에 조그만 하수도관이 보였다. 이럴 수가! 그 하수도관은 목욕탕 물이 빠지는 곳으로 정확히 우리 집을 받쳐주는 축대 한가운데 밑의 구멍을 통해 바다로 흘러나갔다. 물이 빠지면 그 돌 틈에서 고동(고둥)과 게, 소라, 앙장구(성게)를 잡곤 했다. 따뜻하고 유기물(?)이 많아선지 방에 앉아서 고동을 으깬 미끼를 끼운 낚시로 그 근처 꼬시래기 등 작은 고기들도 쉽게 낚아 올리기도. 사람들이 내 소리를 듣고 와서는 옳지! 그래! 하며 각자 자기 집터를 요량한다고 야단이었다. 우리 집을 중심으로 제각각 자기 집터를 확보했다.

그날부터 우리 가족은 물론 이모 집까지 총출동하여 바다에서 건져 올린 것들로 다시 집을 짓기 시작했다. 부산에서 피해가 가장 심해선지 시에서 인부들이 나와 돌멩이로 축대를 쌓았고, 수레로 흙을 싣고 와 평평하게 깔아 터를 닦았다. 바다에서 건져낸 기다란 나무를 얽어 사각형 집 틀을 만들었다. 나무를 얼기설기 엮고 그 위에 흙을 개어 발라 벽을 만들었고, 젖은 루삥 조각을 이어 붙여 밧줄로 고정시켜 벽체를 둘러쳤고…. 한 달이 못돼 해안가 마을은 멀쩡히 되살아났다. 등대 불빛은 여전히 바다를 비추고. 무엇보다 새집 베니어 문짝과 벽에 떡 하니「정의의 사자 라이파이」가 하늘을 나는〈제비호〉에서 내린 밧줄을 타고 땅으로 착륙하는 '산호'의 만화를 비롯해 '손의성', '김종래', '박기당', '조원기' 등등의 만화가들이 그린 주인공들을 파노라마처럼 그려놓아 나름으로 꿈의 궁전(?)을 복원한 것은 특별한 개인의 추억으로 남았다.

하지만 61년 북항(北港)에 있던 수산센터가 남항 충무동으로 이전해올 때 송도까지 일직선으로 바다를 메운 해안도로를 내며 집은 물론 땅 자체도 몽땅 사라져버렸다. 도꾸라미도 해양고등학교도. 그리고 송도 다이빙대도. 허망하여라, 단절되고 까마득한 기억 속 어둠에 유폐되어버린 고향과 추억은!

2003년 추석에 불어 닥친 〈매미〉는 그러나 그에 비하면 저에게는 사라호처럼 추억도 무엇도 없는 그저 현상으로서 뿐이었습니다. 아무런 상상력도 떠올릴 수 없는 본능적 공포만으로. (어머니가 돌아가신 후 이곳저곳 떠돌며 살 때 안타까워하던 작은 누님이 저를 불러 부곡동 영구임대 아파트에서 몇 년 같이 살았지요. 고아처럼 어릴 때부터 남의 집살이를 하며 따로 살던 누님과는 지금도 남다른 형제애로 굳게 맺어져있습니다.)

- 밤새 바람은 산 위 낡아빠진 임대 아파트를 날카롭게 긁어대며 휘파람 소리를 냈다. 베란다 창문이 뜯겨나가고, 아파트 출입 현관 천장이 무너져 내리고, 복도로 깨진 장독대와 흙 부스러기 등이 쌓였고, 널브러진 나뭇가지, 박스들이 배처럼 둥둥 떠다니고, 건너편 언덕 소나무들이 뿌리째 뽑혀 주차장 차량들을 깔아뭉갰다. 복도 오른쪽 끝집 휠체어를 타고 다니는 비쩍 마른 할머니는 베란다에서 넘쳐 들어오는 물을 쳐다보며 넋을 놓아버린 듯해서 내가 판재로 막고 양동이에 퍼 담아 뽑아냈고, 왼쪽 한 집 건너 살며 가끔 술을 함께 마시던, 태산처럼 배가 부풀고 숨길이 가빴던 영감님은 넘쳐나는 복도 물길에 미끄러져 119구급차를 타고 병원으로

실려 가고, 그 뒤로 계속해서 구급차들이 비명을 지르며 드나들었다. 오후 늦게까지 정전으로 단지 전체가 어두컴컴하고, 그 속에서 사람들은 무서운 침묵으로 잠겨들었다. 지금 생각으론 9·11테러로 속절없이 무너져 내리던 미국 뉴욕 무역센터처럼 아파트가 통째로 산비탈 아래로 곤두박질치는 것 같아 조마조마했다. 그 옛날 동굴 속에서 벼락과 천둥소리로 공포에 질린 원시인의 표정이 새삼 이 문명 시대에 떠오르다니! 그렇다면 그 후 엄청난 과학 기술과 지식으로 무장한 인간도 겨우 태풍 하나에 그렇게 공포에 질린다는 건 무슨 뜻인가? 결국 과학 문명은 태풍 하나도 이겨내지 못하리라는 공포로, 어쩌면 원시 시대부터 선험적(先驗的)으로 유전자에 새겨져 전해오는 건 아닌지? 그런데도 현대 과학 문명에 기대 악착같은 이기와, 절대적 황금 숭배와, 분에 넘치는 주장들을 무소불위로 휘두르는 걸 보면 가소롭기 그지없다. 겨우 자연의 숨결 한 번에 휴지처럼, 형편없이 부서진 차들처럼 속절없이 무너져 시체처럼 널릴 것을 말이다. 우리는 지구 위에서 그저 나타났다 사라져도 좋은 하루살이임이 틀림없다. 낙원이나 유토피아라는 말들은 우리처럼 산 위 낡은 영구임대아파트에 사는 사람들에게는 꿈속에서나 가능한 말장난으로, 사람들을 홀리는 사기술임을. 정전이라 TV도 볼 수 없고, 컴퓨터도 쓸모없다. 단번에 익숙한 일상의 공정이 빗나간다. 전에는 그런 것들이 없어도 얼마든지 풍족했는데.

태풍은 어쩌면 인간을 돌아보게 하는 거울은 아닐까? 인간의 근원적 공포와 한계를 절실히 볼 수 있는. 그리하여 우리들이 일상에서 추구하는 오만한 가치들이 아무 뜻도 없다는 것을 보여주는 지도. 또 그리하여 우리가 그만큼 보잘것없는 존재들이며, 우리들 역사가 형편없는 백일몽임을 가르치는 지도. 몇 사람이 죽고 오후 3시의 쨍쨍 내리쬐는 햇볕에 널브러진 우리들 허깨비들이 푹푹 썩어가는 파괴공작을 보노라면 더욱.

사라호는 죽은 사람들과 무너진 마을들만큼이나 그렇게 잔혹한 태풍이었지만 시간의 빗질에 쓸려간 폐허의 그림과 아스라한 어린 시절의 풍경들로 이제와선 차라리 낭만(?)으로 남았습니다. 그 시절 해안지대의 흐릿한 풍경과 이제는 사라진 구식 배들, 매립되어 반쪽으로 남은 등대, 그리고 뿔뿔이 사라져간 사람들, 그 속에서 피어났던 이야기들은 이제 현대의 갖가지 재미있는 압도적인 디지털 이야기들에 묻혀 까마득한 전설들만큼이나 멀어졌습니다. 풍경은 허깨비처럼, 기억은 의미 없는 기호처럼…. 헛헛하군요. 하지만 개인에게 주어지는 기억, 또는 역사들은 세포 하나하나에 심어져 가끔, 아니 지하(地下) 소프트웨어처럼 죽을 때까지 스크린을 펼치고 눈앞에서 영사되고 있습니다. 그 어떤 현대의 화려로 치장하더라도 영원히 되풀이되는, 여기저기 그려논 만화의 주인공들 얼굴처럼, 마치 현실에서 패배한 피폐한 마음을 달래주려는 유토피아이기나 한 것처럼!

그렇군요. 앞에서 말했듯 사라호와 매미라는 근원적인 공포와 한계는 역설적으로 잃어버린 〈유토피아(Utopia)〉라는 피안의 또 다른 강력한 이미지를 가르쳐주는 게 아닐까 싶군요. 사라호의 처참한 파괴력에 허탈해진 마음을 달래주는. 자연의 절대적인 폭력성에 대해 인간은 패기 있게 과학의 힘으로 도전하기도 하지만 국지(局地)가 아닌 지구와 우주의 개념 아래서는 결국 거품 한 방울의 백일몽에 다름 아닌 것을, 도저히 어찌할 수 없는 절대성에 오히려 순응하고 경배해야 하는 우주의 신앙으로, 그래서 인간은 그 안에 기대 한 줄기 피어나는 안온한 그림 속에서 보호받아야 하고, 공포에 포박(捕縛)된 우리는 역설로 매김 되는 유토피아라는 세상으로 빠져들려는 원시의 기억을 쉴 새 없이 떠올리는 건지도 모릅니다. 제아무리 화려로 꾸민 커다란 아파트에 숨어 있다 하더라도 본능처럼 떠오르는 공포 속에서 천둥소리를 들으며 공포에 떨던 인간들의 궁극적인 모습은. 신화(神話)와 종교와 제사와 경배와…. 온갖 쓰레기들이 둥둥 떠다니는 바다를 보며 망연해하던 어머니의 얼굴도 뚜렷이. 사라호는 제가 그려논 만화 주인공들의 선명하고 정겨운 모습처럼 이제 와선 유토피아라는 또 다른 얼굴을 우리들에게 각성시키는, 강력한 촉매가 틀림없는 것 같습니다.

우리들 삶은 그렇게 떠나가고 사라지려는 유토피아-, 낙원을 끈질기게 붙잡아두려는 몸부림인지도 모르겠습니다. 어쩌면 지렁이의 꿈틀거림에서부터 거대한 현대 문명의 최전선에서 호기를 부리는 인간의 과장까지 사실은 공포를 벗어나려는, 그래서 유토피아를 향한 영원의 꿈은 아닐까요. 어머니의 안온한 자궁 속처럼, 그 자궁은 한 사람도 빠짐없이 인류의 시원(始原)에서부터 마지막 사람에게까지 미소를 떠올리게 하는. 아마도 역사는 그런 유토피아를 향한 여정 그 자체인지도. 우리들 일상은 본능처럼 숨어 있는 유토피아의 향수에 겹쳐있는지도.

'플라톤(Plato)'이 〈철인정치(哲人政治)〉로 그 이상을 제시한 자체가 바로 유토피아를 찾아 나서려는 인간의 여정이 시작됐다는 의미인 것 같습니다. 이루어질 수 없음을 알면서도 사람들은 그렇게 유토피아를 향한 여정을 끊임없이 꿈꾸었습니다. 자신과 대립하던 왕에 의해 죽게 된 영국의 '토마스 모어(Thomas More)'는 『유토피아-Utopia』를 써서 이상적인 정치체제를 꿈꾸었지요. 이성에 의한 공동체적 사회를 이루고자 했던 그의 국가는 이루어졌을까요? 〈아는 것이 힘이다〉라며 자연을 정복대상으로 삼았던 '프란시스 베이컨(Francis Bacon)'은 과학 기술과 지식으로 새로운 생명들을 창조하여 행복의 나라인 『뉴 아틀란티스-New Atlantis』를 그려 새로운 창세기를 만들려고 했으며, 시시각각 다가오는 죽음의 고통을 극복한 불굴의 신학자인 '토마스 캄파넬라(Thomas Campanella)'는 『태양의 나라-Civitas Solis』에서 절대자인 〈태양〉의 대리인이 다스리는 다분히 공산주의적 유토피아를 그려내어 구원을 찾아 나섰습니다. 과연 새로운 세상은 어떻게 펼쳐졌을까요? 그렇군요. 사실 구원은 이야기에서보다는 눈앞에서 직접 영사되는 화면에서 더욱 생생히 다가오지 않을까요? 마치 제가 그려논 매혹적인 만화 주인공들 얼굴처럼. 올드 타이머(Old timer)의 향수를 일깨우는 '듀마 피스(Dumas Fils)' 원작의 흑백영화『椿姬-Camille』나『마음의 行路-Random Harvest』등의 원작자로서 할리우드 영화가에서 가장 영향력 있는 소설가로 알려진 '제임스 힐튼(James Hilton)'은『잃어버린 지평선-Lost Horizon』이란 소설에서 〈샹그릴라Shangri-La〉란 이상향을 그려 공전의 히트를 기록하기도 했습니다. 샹그릴라는 〈마음 속의 해와 달〉이라는 의미가 담긴 티베트 말로 사람들이 늙지 않는 곳이라는 신비의 땅으로 알려져 뒤에 할리우드의 명장(名匠) '프랭크 카프라(Frank Capra)' 감독이 동명의 영화로 제작할 때 할리우드의 중후한 신사역으로 널리 알려진 배우 '로날드 콜맨(Ronald Colman)'이 주연으로 출연하여 30년대를 대표하는 고전 필름으로 매김되기도 했습니다. 영화 속 주인공은 나중 문명사회로 귀환할 기회가 있었지만 결국 샹그릴라에서 평화를 찾아 여생을 보냈다는 것으로 알고 있습니다.

 (앞에 예를 든 어린 시절의 기억으로 남은 만화와 함께 춘희나 마음의 행로 등과 더불어 3~40년대 흐릿한 흑백영화들은 시간의 빗질에 쓸려간 이미지로 외롭게 제 머릿속에 남아 아릿한 영상으로 다가오는군요. 아마도 <시간의 옷>을 껴입은 영상에서 어머니의 자궁처럼, 안온(安穩)한 신호를 확인해보고 싶은 욕망은 아니었는지, 그 욕망은 그래서 스스로 콜렉터(collector)가 되어 사라져 쉽게 보기 어려운 흑백의 흘러간 옛 영화들을 마치 유토피아를 찾아 나서듯 애써 모아온 건지도 모르겠습니다. 잃어버린 만화와 제가 그려놓은 주인공들을 되찾겠다는 듯 그렇게 천 편에 가까운 제 영화 비디오 라이브러리(video library)에서 운명에 따라 춤추는 여러 가지 유토피아를 확인해 보고픈 낱낱의 과

정과 그 모습들은 아니었는지도.)

　그렇군요. 동양에서도 유토피아는 사람들의 가슴 속에 복숭아처럼 달콤하게 심어져 있었습니다. 중국 도가(道家)에서는 영생, 불사의 신선이 사는 유토피아라는 이상향을 상정하고 있는데 李白(이태백)이 『산중문답-山中問答』이란 칠언절구(七言絶句)에서 세상 밖 복숭아꽃이 만발한 절경을 작품 속에 뚜렷이 표현하여 사람들 마음에 《도화유수묘연거(桃花流水杳然去)-복사꽃이 시내에 떠서 아득히 흘러가니, 별유천지비인간(別有天地非人間)-별다른 천지로 인간 세상이 아니구나》라고 '도연명(陶淵明)'이 말한 무릉도원(武陵桃源)의 지극한 선경(仙境), 이상향을 심어주기도 했습니다. '제임스 카메론(James Cameron)' 감독이 영화 『아바타(avatar)』를 실제로 심대(深大)하고 몽환적인 분위기를 풍기는 중국의 이런 곳에서 촬영했단 이야기도 들리던데 그래선지 영화 속 외계행성 〈판도라〉의 배경 그림에 새삼 감탄했던 기억도 나는군요. 영화를 보며 사람들이 그곳으로 찾아가봤으면 하는 생각을 하기도 했다는데 아마도 그런 유토피아 속에서 스스로의 행방을 묘연(杳然)하게 만들고 싶은 생각은 아니었나 하는 생각도 문득! 그렇게 중국, 티베트뿐만 아니라 동양에서는 무릉도원이란 유토피아의 향수가 진하게, 뭉클하게, 아련하게 사람들 가슴을 채우고 있습니다. 우리나라엔 '홍길동'이 〈율도국(栗島國)〉을, '허생'이 〈빈섬(無人空島)〉이란 이상사회를 찾아간다고도 했지요? 과연 불쌍한 신민과 민초들을 이끌어서 평등하고 자율적인 천국을 만들었는지! 기타 조선 후기 정치 사회적 혼란 등을 겪으며 정감록(鄭鑑錄)을 위시한 여러 가지 감결(鑑訣), 비기(秘記) 등의 예언서엔 〈십승지(十勝地)〉란 이상향을 담아 피폐한 백성들의 마음을 달래주었고, 신선이 불사약을 먹고 산다는 〈삼신산(三神山)〉, 도인들이 모여 산다는 〈청학동(靑鶴洞)〉 등의 관념적인 낙토(樂土), 명당(明堂)도 자주 입에 오르내렸습니다. 그리고 보면 인류는 양(洋)의 동서(東西)나 때의 고금(古今)을 막론하고 유토피아의 유전자가 생명의 고동처럼 깊숙이 새겨져있는 것 같습니다. 그래서 오늘날에 와서도 각개 인간들의 원망(願望)을 달래듯 확장된 현장성을 테마로 〈우주〉라는 욕망의 스위치를 계속 스파크(SPARK) 시키고 있는 지도. '리들리 스콧(Ridley Scott)' 감독의 영화 『에일리언-Alien』이 그렇게 유토피아(?)를 향한 우주의 여정을 그려낸 게 아닌가 하고 생각해보기도 했지요. 4편까지 펼쳐진 그 장대한 우주 오딧세이(Odyssey)의 사투(死鬪)는 유토피아를 향한 인류의 열망을 뚜렷이 드러내고 있었습니다. 과연 아직도 유토피아를 찾아 우주를 떠다니고 있는지는 모르지만 아마도 우리들 모두는 제각기 그 여정의 한 컷 한 컷을 타고 끝없이 동참하고 있다는 냄새(?)가 강하게 풍겨오는 것 같습니다. 어쩌면 에일리언의 주인공은 등대를 찾는 저처럼 아직도, 아니 영원히 유토피아를 찾아 우주를 떠돌아다니고 있을. 그렇게 유토피아를 향한 열망은 오늘날에도 이어지고 있다는 듯 누군가가 대우자동차에선가 〈알카디아-Arcadia〉란 이름의 차가 판매되고 있다는 이야기를 하더군요. 전 본적도 들어본 적도 없는데 유토피아란 뜻이라고 합니다만.

　그러나 유토피아란 어원 자체가 〈어디에도 없는 곳〉이란 뜻의 그리스어 〈Utopia〉에서 왔다고 합니다. 말 그대로 현실적으로 존재하지 않는 이상향일 뿐이지요. 역설을 꿈꾸는 인간의 원망은 그래서 많은 것을 생각하게 합니다. 영국 소설가 '올다스 헉슬리(Aldous Huxley)'의 『멋진 신세계-Brave New World』나 현대 문명에 대해 그 누구보다 예리하고 독보적인 성찰을 지녔던 '조지 오웰(George Orwell)'의 『1984』 등의 디스토피아(Distopia) 소설은 그 역설을 또다시 비틀어 역설하는 현대의 고백록이었습니다. 그야말로 유토피아는 깨진 거울 건너편에 비치는 허상에 다름 아닌 지도.

　제 머릿속에 있는 해안지대와 사라호는 바로 디스토피아였습니다. 아니, 한때 기억 속 처참한 그림으로 존재했지만, 지금은 잃어버린 꿈의 파편을 먹고 자라난 유토피아였습니다. 이젠 그마저도 깨끗이 청소해버린 거울 속 허상에 불과합니다만. 등대, 배, 해녀, 만화, 고기, 술집, 색시, 눈물, 자살, 유행가, 그리고 태풍…!

한바탕 꿈같은 그림들…. 어쩌면 심심한 현실을 희롱하고 싶은 원망에 들뜬 바다의 요정 '세이렌'이 보낸 심술궂은 숨길은 아니었는지. 그래선지 태풍은 여인의 이름이 어울리지 않을까 싶기도 하군요. 올가, 루사, 배티, 사라, 사라…!

그래, 그 어둡고 못살던 시절이 끝난 이제와서는 그야말로 서정주의 만화 제목처럼 《사라호여, 안녕!》이군요.

우리 아이들은 그런 고향과, 피폐한 삶과, 울고 웃는 운명과, 스러져간 인간들을 기억해주기나 할까요? 태풍이 인간의 마음에 공포로 새겨진 디스토피아의 원형이며, 그래서 사라호가 유토피아라는 이상향을 향한 열망의 역설로 의미를 키워온 원초적인 바람의 의미를 간파할 수 있을까요? 우리들 삶이 조금씩 갉아 먹히며 검은 함정 같은 시간 속으로 던져지는. 그렇지요. 이 화려한 컬러의 세상이 희미한 흑백의 세상을 돌아보기나 할까요? 형편없이 사라져간 만화의 주인공들을 기억이나마 해줄지? 제가 가르친다고 해서 그 삶의 한가운데를 거쳤던 마음의 행로(行路)를 짜 맞추기나 할까요? 매립으로 처참하게 잘려나가 고래 등뼈처럼 남은 등대의 눈물을!

사라지는 유토피아-사라호에 대한 예의를 갖추어야겠습니다. 아니, 환영처럼 사라져간 그 시절의 해안지대와 그 속에서 울고 웃던 사람들을, 유토피아로 남은 그 풍경을 못내 잊지 못하는 스스로를 위해 예년처럼 올해도 이번 일요일엔 낡은 검은 옷을 입고 순례하며 엄숙한 제의(祭儀)를 바칠 생각입니다. 허공에서 문득 돋아나는 낡은 옛날 배와, 좁은 어시장과, 목욕탕과, 개구쟁이들이 놀던 골목과, 그리고 오징어 배를 타고 동해안을 떠돌다 납북(拉北)되었다 귀환했지만 모진 고문 탓으로 벌써 전에 유명을 달리한 유치원집 태욱이(등대에서 가장 권위(?)가 높았던 집이었지만 형제들처럼 호랑이가 되지 못하고 못난 시라소니로 남아 외롭게 등대를 배회하던. 저보다 두 살 많았지만 말을 놓고 지냈는데 우리 집이 등대를 떠나고, 유치원집도 흩어진 후 홀로 등대를 지키다 죽었다는 소식만), **어머니가 마지막 동래 권번(券番) 기생이었던 귀공자처럼 생긴 한 살 많은 동욱이**(아아! 그 화려하고 단단한 미모의 주인공이었던 어머니는 무슨 회환이 가득 찼는지 어느 날 동욱이와 저를 꿇어앉히고 가야금을 타며 카랑카랑 창자를 끊어내듯 절규하던, 자신의 예(藝)에 함몰하여 귀신처럼 소릴 타던. 어쩌면 어린 제가 그 삶의 감동을 마지막으로 이해할 수 있을 걸로 생각했던 건 아닌지), **외가 쪽 사촌 동주, 지룡이…, 그리고 작은 형 친구로 저와 동해 이까발이를 같이 갔던, 주먹이 억센 묵호항 깡패들과 혼자 싸워서도 이겼던 길용이 형과 선장 아들로 서글서글하게 잘 웃던 귀천이, 그리고 이젠 이름마저 희미해진 검고 굵은 주름으로 남은 뱃사람들과 색시들의 청승스런 유행가와 젓가락 장단, 파노라마 같은 만화 주인공들의 알록달록한 그림들! 그리고… 결국 상실의 아픔으로 허름한 술집에 들러 독한 술을 마시게 되더라도.**

어쩌면 우리 아이들은 또 그렇게 제각각 다른 유토피아를 꿈꾸게 될 겁니다. 바라는 건 부디 저처럼 〈아픔〉으로서는 아닌.

> **덧붙이는 글**

위 사라호 이야기가 어느 개인 홈페이지에 게재되어있다는 이야기를 듣고 그런 추억을 공유하고 있는 분들도 있었구나라며 미소를 짓기도 했습니다. 후후!

> 덧붙이는 글 2

권리세라는 가수를 몰랐는데 이번에 글을 새로 다듬다 알아보니 참 안타까운 사연이 있더군요. 아직 창창하게 젊은 청춘인데…. 죽음은 세상의 모든 것들을 훌쩍 뛰어넘는 절대적인 비극이 아닐 수 없습니다. 결국 제 글이 그에게 무슨 실례라기보다 결과적으로 아무것도 모르는 어중이떠중이가 멋대로 진술한 셈이 되었는데 아무튼 참으로 죄송하고, 그리고 깊이 반성합니다. 삶의 아이러니가 그런 절 허망하게 하는군요. 인간은 전방위적인 이성으로 존재하지 못하고 그렇게 철없는 아집에 메여있는 것 같습니다. 권리세! 아름다운 청춘에 세상과 이별했던 그녀를 조상합니다! 참으로 죄송합니다.

제(28)주 학습지도 계획안

(2012년 10월 1일 ~ 10월 5일)   4학년 2반

≡ 추석이군요. 이번 추석은 29일(토)부터 10월 1일(월)까지 3일 연휴지만 10월 3일 개천절과 사이에 낀 〈2일(화)을 재량휴업일로 정해 총 5일간 연휴〉입니다. 오랜 만에 가족이 모여 조상께 차례를 지내고 제각기 살아가는 여러 이야기들을 나누는 즐거운 시간이 되기를 바랍니다.

유목(遊牧)과 실존(實存)

우리 어릴 때인 5~60년대 대한민국은 그야말로 세계에서 가장 못사는 나라였습니다. TV에서 자주 볼 수 있는-, 굶어 뼈만 앙상한 아이들이 파리가 함부로 덤벼드는 우울한 눈으로 쳐다보는 아프리카 어느 나라들만큼이나 가난하였습니다. 아니, 아예 〈꼬레〉란 국명은 물론 그런 나라가 있는지, 어디에 존재하는지 자체를 모르는 세계인들이 많았습니다. 해방과 함께 6·25 사변을 거치며 한줌 밖에 되지 않는 생산 기반 자체도 파괴되어 국민들의 의식주도 해결할 수 없어 선진국의 원조물자가 없으면 모두 굶어 죽을 정도였으니까 세계적으로도 오랜 역사와 역동적인 문화, 정제(精製)된 전통을 가졌다는 것은 더더구나 캄캄할 수밖에 없었습니다.

반만년에 가까운 역사와 그 시간의 구비구비를 주름잡으며 중화(中華)와 패권을 다퉈온 세계 일류 국가가, 지구상에 자기 말을 그대로 적을 수

있는 문자를 가진 몇 안 되는 나라 중의 하나였던, 시대를 달구어온 사상과 정신들의 총화(總和) 속에서 칼날 같은 기상(氣像)과 거인 같은 호방(豪放)을 토하던 동아시아의 강자가…. 우리나라는 굶어 죽는 사람이 부지기수인 아프리카 신생국들과는 전혀 다른 엄청난 나라였습니다. 결단코 이름 없는, 어디에 있는지 몰라도 되는 나라가 아니었습니다. 그래서 단재(丹齋) '신채호(申采浩)' 선생은 우리나라가 넓고도 넓은 만주 대륙을 호령하던 동아시아의 주인공이었으며 앞으로도 세계를 이끌어나갈 뛰어난 민족이란 〈民族史學〉을 세웠지요. 잃어버린 북방에 대한 고토(故土)회복을 위한 북벌론(北伐論)은 그의 그런 집념을 잘 나타내고 있습니다.

그러나 조선말부터 쇠락의 길을 걸어온 우리나라는 때마침 대륙진출에 목을 맨 일본에게 나라를 빼앗기며 그들이 거짓으로 꾸민 역사 속에서 기상과 호방과 활력과 자존을 잃어버리고, 생활에 허덕이며 가혹한 현실을 견뎌내야 했습니다. 아마도 강직했던 선생이 좀 더 살아계셨다면 강도 같은 일본을 향해 칼날을 곤추세우고 직접 총독부로 쳐들어갔을지도 모릅니다. 그러나 끝내 광복을 보지 못하고 뼛가루를 고국산천에 뿌려달라는 유언을 남기고 일찍 돌아가신 점은 남북으로 갈라진 한민족 모두의 빚이 아닐 수 없습니다. 해방을 하고 새롭게 출발선에 설 수 있었지만 6·25라는 연이은 국난을 겪으며 우리나라는 겨우 목숨만 부지하는 식물인간 신세로 전락하고 말았지요. 그 시절을 제 또래들이 살아가야 했으니까 얼마나 어려웠을지는 다 아시는 바와 같습니다.

그 시절 우리들 삶은 참으로 팍팍했습니다. 의식주 자체가 해결되지 않았으니까요. 영주동, 대청동, 영도…. 부산항을 둘러싸고 있는 깊은 산속에 6·25사변으로 피난민들이 들이닥쳐 움막이나 판잣집을 다닥다닥 지어 살았지만 비바람만 겨우 피할 정도로 허술했습니다. 요즘 크루즈(cruise)선을 타고 부산항에 입항하며 밤바다에서 보이는 그 불빛들이 만들어내는 야경이 참 아름답다는 씁쓸한 말들도 나옵니다만. 루삥(roofing), 골판지 박스, 천막, 흙, 벽돌, 나뭇가지들이 그 시절 서민들이 함부로 지을 수 있었던 집 재료였습니다.

옷은 말 그대로 전부 원조(援助)로 들여온 구제품들이었는데 제대로 맞는 것이 없었습니다. 제국주의 러시아 군인들이 입던 것처럼 두툼하고 볼품없는 커다란 컬러가 가슴을 뒤덮고, 질질 끌리는 옷을 발목까지 걷어붙이고 학교 다닌 기억이 새삼스럽습니다. 양말은 코 부분과 뒤축 부분을 몇 번이나 기워 신었고, 옷은 무릎과 팔꿈치와 엉덩이가 잘 닳아서 둥그렇게 색상 다른 조각 베로 기워 울긋불긋한 샌드위치맨(sandwich man)처럼 입었습니다. 지금은 그게 유행이 되어 일부러 그 부분을 덧댄 옷들도 나왔습니다만. 덕분에 저는 바느질 하나는 지금도 끝내줍니다(?). 홀치기, 궁굴리기, 짜깁기, 엇걸기…. 나중에는 재봉틀도 저절로 배워 재봉틀 사용이 익숙하지 않은 선생님들의 요청으로 6학년 전체 실과 바느질 단원을 대신 가르칠 때 자주 고장 나는 재봉틀을 일일이 고치기도 하고(아시는 분들은 이해하겠지만 재봉틀에 실이 끼인다든지 북실이 끊어진다든지 하며 한 아이만으로도 10번, 20번 이상 손봐줘야 겨우 수업을 진행할 수 있을까, 재봉틀의 메커니즘을 잘 모르면 수업 자체가 불가능한. 주어진 시수(時數)로는 제대로 교육과정을 마칠 수 없어 다른 덜 중요한(?) 과목 시수를 가져와 채워야 했지요. 그만큼 만족도 큰), 교과서에 나오는 주머니를 좀 더 크게 신발주머니로 만들어 아이들에게 나눠주기도 했습니다.

신발은 대개 고무신이었는데 얼마나 신었으면 닳아 너덜너덜할 정도

였습니다. 나중 다른 천을 덧대 홀치기로 기워 신었지만 고무에 천을 덧댔기 때문에 신고 다니기가 좀 불편하기도 했지요. 부잣집 아이들은 하얀 운동화를(지금 우리 아이들이 신는 실내화처럼 생긴) 신고 다녀 참 부러워했습니다. 초등학교 5~6학년쯤인가 어머니가 어디서 구했는지 〈지까다비-じかたび〉라고 공사판 인부들이 신는 신발 비슷한 걸 구해줘서 그야말로 잘 때도 가슴에 품고 잔 기억이 새삼스럽군요.

맹물을 몇 번 얼굴에 끼얹는 것으로 세수를 끝내곤 했을 무렵 지금 빨래비누보다 못한 효능이었지만 누런 비누는 하얗게 때를 벗겨내 마치 백인처럼 변하게 하는 마법의 〈사분〉이었습니다.(요즘 사람들에게 물으니 사분이 비누의 경상도 지역 사투리임을 전혀 모르더군요. 말과 시대가 행방불명된!) 아무튼 지금도 저는 머리를 감거나 몸을 씻을 때 비누 하나로 해결합니다. 목욕하는데 준비하는 게 왜 그리 많은지! 단언하지만 비누는 그 모든 세제(洗劑)의 알파(A)와 오메가(Ω)가 아닌가 합니다. 그 수많은 비누, 샴푸, 린스… 그리고 이름도 모르는 무슨무슨 목욕, 세탁용품들은 따지고 보면 꼭 필요하니까 존재하겠지만 저에게는 과분한, 아니 잉여(剩餘)에 지나지 않습니다. 피부 보습이라든가 자외선 차단, 또는 머릿결을 위한 모발 영양제 등등 문명이 두툼하게 몸집을 불려 세팅(setting)시킨 시대의 과장법(誇張法)을 주렁주렁 걸친 것에 지나지 않는. CF에 나오는 화려한 언어로 가득 형용한 그런 것들은 제겐 요염하게 꾸미고 현대인을 유혹하는 욕망의 기호들로 각인되어 있을 뿐입니다. 그렇군요. 강신재(康信哉)의 단편 「젊은 느티나무」 첫머리는 〈그에게서는 언제나 비누 냄새가 난다〉라는 저자의 이름만큼이나 상큼하고 감각적인 문장으로 시작하지요. 어쩌면 언어의 지층 밑에 성적(?) 욕망을 은근히 숨겨둔 것도 같은. 뛰어난 문체에 버금갈 정도로 비누는 현대인의 그런 욕망의 원형으로서 존재합니다. 과연 번잡하고 세련된(?) 현대의 세재들이 비누만큼의 깔끔한 욕망으로 자신을 씻어낼 수 있을까요? 전 명절 때 많이 보이는, 기회를 만난 듯 엄청나게 과장시킨, 그러나 실제로는 싸구려 미용 세트 등이 들어오면 비누만 빼고 작은 누님에게 다 줍니다.(혹 비누가 들어있으면 가져가라며 오히려 누님이 먼저. 아! 그러고 보니 화장실에 아마도 5년을 훌쩍 넘긴 듯 무슨 'Kerasys hair 클리닉 샴푸'니 굉장히 큰 튜브에 담긴 'Dove deep moisture 샴푸' 등등이 뚜껑도 따지 않은 채로 두툼한 먼지를 뒤집어 쓰고 있었군요. 아마도 이미 썩었을 것 같은!)

   그 시절 공중 보건이 제대로 확립되지 않아 지금은 보기 어려운 그림들이 꽤 많았습니다. 어릴 때부터 머리에 주로 생기는 〈버짐〉이라는 피부병이 생겨 두피가 갈라지고 듬성듬성 머리칼이 빠져 동그란 민머리 피부를 국민학교 4학년 무렵까지 커다란 도장처럼 달고 살았습니다. 약이 없어 가끔 손톱으로 버짐 껍질을 벗기다 피가 나기도 했는데 어느 날 어디서 알고 구했는지 어머니가 무식하게(?) 식초보다 훨씬 독한 〈강초〉를 들이부어 피부가 부글부글 끓어올라 기절할 뻔했지요. 할 수 없이 큰 누님이 해변가에서 가위로 머리를 박박 깎아줬는데 거친 가위여선지 뽑아내는 것처럼 아팠던 기억이 뚜렷합니다.

   또한 그 시절 우리들이 옷(내복)을 벗고 매일 해야 하는 작업이 있었습니다. 요즘 사람들은 한 번도 보지 못했을 〈이〉를 잡아야했거든요. 빈대보다 조금 작은 회색 벌레, 아니 기생충인데 머리에 사는 이는 따로 〈머릿니〉라고도 했습니다. 햇빛 비치는 벽에 앉아 두툼한 내복을 벗어 매듭 사이에 숨어 있는 이를 잡아 손톱 사이에 놓고 눌러 톡 터뜨려 죽이면 밤새 빨아먹은 피가 얼굴로 튀기도 했습니다. 머릿니 알을 표준말로는 〈서캐〉라고 하는데 우린 〈쌔가리〉라고 불렀지요. 군데군데 모여 있는 하얀 쌔가리들을 손톱으로 눌러 토토톡 터지는 소리를 들으면 쾌감이 온몸으로 자르르 흘렀습니다. 걸핏하면 어머니와 누님이 제 머리를 잡고 머릿니를 잡거나, 또는 좁쌀보다 더 작은 쌔가리를 빗살이 아주 촘촘한 참빗으로 빗어 뜨거운 물을 부어 죽이기도 했습니다.

특히 작은 누님은 회충 때문에 매일 고개를 꾸벅꾸벅 끄덕이며 졸기도 했습니다. 나중 어머니가 누구의 말을 듣고 구해온 독한 약을 먹고 100여 마리가 훨씬 넘는 회충 덩어리가 나와 놀랐다는 이야기를 들었을 땐 저 자신도 여러 가지 기생충으로 고생했기 때문에 뭐, 놀라지는 않았습니다. 아침에 보면 작은 지렁이 같은 하얀 회충이 바지 속에서 움직일 때도 있고, 간질간질하는 항문에서 요충 몇 마리를 끄집어내 연탄불 위에 태워 죽이거나 물바가지에 넣어 익사시키는 재미(?)도 쏠쏠했습니다. 세 살 터울 제 바로 위 셋째 누님은 목에 하얀 막(?)이 생겨 숨을 쉬지 못한다는 〈디프테리아(Diphtheritia)〉에 걸려 제대로 치료도 받지 못하고 결국 두 살 때 죽었다고 합니다. 어머니가 둘둘 말아 천마산 계곡에 땅을 파고 묻었다고 하더군요. 치료 자체가 부실한 시절의 안타까운 이야깁니다. 그러니까 저도 5학교 때 친구들과 함께 지금은 육지로 변해 어딘지도 모를 〈도꾸라미〉라는 옛 해양고등학교 앞 해안가 바위틈에서 멋진 포즈로 다이빙하다 날카로운 암초에 배를 찔려 피와 함께 시커먼 창자가 쏟아져 나올 때 〈성자병원〉이라는, 동네에 단 하나 있는 작은 병원에서 마취도 하지 않고 그냥 동그랗게 굽은 양철 조각 같은 날카로운 바늘로 6~7바늘 꿰매기도 했습니다. 무슨 생각이었는지 이빨을 꽉 물고 견뎌내다 숨을 토하느라 입속이 얼얼했던 기억이 뚜렷합니다. 오른쪽 골반 근처엔 그 흉터가 아직도 선명한. (저번 무슨 말끝에 작은 누님이 말하더군요. 원장에게 단 하나 있던 자기와 나이가 같은 딸이 지금 무슨 요양병원에서 오늘내일하며 힘겹게 지내고 있다고. 성자병원이라는 어쩌면 생경해진 사라진 그림들에 애틋하고 안타까운 감정이 뭉클한!) 그래선지 3년 전 시골학교에서 아이들과 축구 하다 늑목(肋木)에 부딪혀 머리가 찢어졌을 때도 마취 없이 너덧 바늘 거뜬히 꿰맸지요. 좀 무식하긴 했지만 뭐 별로 아프지도 않더군요. 감각이 예민한 편인데 말입니다. 지금도 위, 대장 내시경이나 칼로 간단한 치료를 할 때 마취하지 않고 바로 하겠다고 하면 의사 선생님이 멀뚱한 눈을 하고 쳐다보더군요. 하긴 요즘 사람들은 그렇게 무식한 치료를 하지 않으리라 싶지만. 위내시경으로 목이 막혀 조금 그렁그렁할 뿐 아무렇지도 않게 일어나는 걸 보더니 배시시 웃으며 고개를 끄덕이더군요.

아, 고백하자면 제게 슬픈(?) 이야기가 하나 있는데 저는 냄새, 향기를 전혀, 완전히 맡지 못합니다. 라면을 끓이는데 다른 일을 하다 문득 짙은 연기가 방을 가득 채워 놀라 후다닥 부엌에 가보면 냄비 자체가 새카맣게 타버리기 일쑤지요, 서너 살 때 뇌염인가 하는 전염병에 걸려 거의 죽다 살아났다고 하는데 그 때문인지도 모르겠습니다. 예전 축농증(蓄膿症. 뭐 요즘은 부비동염이라고 부르는. 아마 평생을 함께해야 할)에 감기가 겹쳐 숨쉬기 어려워서 구서동 침례병원에 입원했을 때 알아봤는데 뭐 냄새 맡을 수 있는 세포라든가 감각모가 아예 없다는 뜻의 말을. 이리저리 듣고 생각해본 결로는 음식에서 나는 냄새는 혀의 미각보다 훨씬 더 강한 유혹으로 다가오리라 생각되는군요. 커피나 전통차 등을 마실 때, 맛있는 음식을 먹을 때 나는 냄새, 향기는 거절할 수 없는 강한 유혹으로, 어쩌면 형이상학적인 오묘한 후각의 세계로 인도할 거라는 생각이 들지만 제게는 알 수 없는 허황된. 무슨무슨 이름의 커피 종류를 마시며 눈을 감고 향을 깊이 음미하는 모습이 TV에 자주 비치던데 신기한 일이 아닐 수 없습니다. 제겐 오직 설탕의 단맛, 음식의 맵고 짠 맛만 느낄 수 있으니까 생각할수록 얼마나 슬픈 일인지. 대신 화장실 변기나 오물 등에서 나오는 푹푹 썩는 냄새는 남들은 코를 틀어막고 잔뜩 찌푸릴 정도라고 하던데 전 코 바로 앞에 들이대도 전혀 눈치채지 못하니까 샘샘(same same?)인가요? 하하! 어쩌면 후각은 시력으로 본다면 흑백의 윤곽에 컬러의 화려가 입혀진 것과 비슷할 듯. 아니, 하나의 건반에서 나오는 모노(mono) 소리가 아니라 여러 악기에서 동시에 어울려 소리 나는 오페라의 입체적인 아름다운 화음의 청각처럼, 아니아니, 우주 끝 저 멀리서 펼쳐지는 성운(星雲)들의 환상적인 색채의 마술처럼. 그야말로 후각의 휘황찬란한 세상을 이해하지 못하는 저는 시각이나 청각이 없는 맹인, 귀머거리와 다름없는 것 같습니다. 고대 제식(祭式)에서 냄새는 신들과 소통하기 위한 신성한 품목이었다고 하고, 특히 여성들에게 향유(香油)는 그 무엇보다도 가장 필요한 화장품의 기본이라고 알고 있지만. 뭐 그렇다고 삶에 특별한 장애는 없으니까 운명(?)으로 받아들이고 있습니다. 제 아이들도 아버지의 그런 비밀을 전혀 모르고 있지요. 하긴 술을 좋아하면서도 그윽하고 독특한 향을 모르고 그저 독한 알코올의 〈씁쓸한 맛〉으로만 느끼고 있으니 슬픈 일이긴 하군요. 그런 면으로 제게 비싼 양주는 소주보다 대접을 조금도 받지 못하고 있습니다. 오히려 그 비싼 값 때문에 천대를 받고 있지요. 예전 이십여 년 전 누굴 서무실-요즘은 행정실(行政室)이라고 하지요-에 추천하여 학교 계통에 취업할 수 있도록 도와준 적이 있습니다. 그때 고맙다면서 고급 양주(?)를 선물로 줘서 받은 적이 있는데(극구 사양했는데도 어쩔 수 없이) 생각 자체를 하지 않고 부엌 선반 안쪽에 놓아뒀다가 어느 해 명절 문득 생각나서 선물로 큰형님에게 줬더니 이 비싼 걸…! 하며 놀라더군요. 형님에겐 그 양주가 아주 가치 있는 건지 몰라도 제겐 소주 한 병보다 못한데 말입니다. (그 전에도 어떤 일로 양주 두어 병이 생겼는데 벽장 안에 아직도 있는지! 25년을 훌쩍 넘긴. 아마도 썩었을 것 같은.)

부잣집 아이들은 등에 메는 〈란도셀(Randoseru)〉이란 가방을 메기도 했습니다. 지금 유치원 아이들의 가방 비슷한데 네모난 몸통에 위로 여는 뚜껑이 있고 알록달록한 색과 그림으로 치장되어 왕자와 공주님 가방으로는 그만이었습니다. 우리야 그저 낡은 보자기로 대신했지요. 어깨에서부터 반대쪽 허리에 걸쳐 묶고 달리면 녹슨 양철 필통에 든 연필이 마구 달그락거려서 심지가 부러지기 일쑤였습니다. 요령이 생겨 종이를 구겨 채우면 기막히게 소리 하나 나지 않았습니다만 나중 더러워진 손은 씻어야 하는.

책도 그랬지만 공책은 전부 갱지(속칭 똥종이)였는데 그나마 앞뒤 표지까지 빽빽하게 쓰고 나면, 검정 지우개로 지워 그 시커멓게 변한 공책에 처음부터 다시 썼습니다. 교과서는 저보다 한 학년 빠른 이모집 사촌 형이 쓰던 찢어진 책을 물려받아 사용했고.

그 시절 설이나 추석 무렵 제 소원은 언제나 〈새 옷〉과 〈새 책〉이었습니다. 새 옷은 한 번도 입어보지 못했고, 물려받은 사촌 형의 책은 이곳저곳 찢어지고 낙서가 많아 새 학년부터 기분이 좋지 않았습니다. 딱 한 번 4학년 때 어머니가 새 책을 사줬는데 얼마나 기뻤던지 뽀뽀하고 밤새 껴안고 잤을 정도였습니다. 새 옷에 대한 열망은 중학교 교복을 입으며 그럭저럭 채워졌지만 그 무렵 유행하던 청바지는 생각도 못했습니다. 훨씬 뒤 언젠가 아주 낡은 청바지나마 구해 입었을 때 참 기뻐했던 기억이 나는군요. 고아 출신으로 언제나 낡은 청바지 차림으로 곰장어 배를 타는 '김성필'이라는 사람이-폐병으로 병원 신세를 많이 져선지 쓸쓸함과 허무가 베인 얼굴이었는데 저보다 4살 많았지만 그냥 말을 놓고 지낸-자기가 너무나 좋아하는 가수 '도미(都美)'의 「청포도 언덕길」을 전주까지 휘파람으로 불며 제게 들려주기도 했습니다.

　　청포도 언덕길에 파랑새 슬피 울던
　　그날 밤 지은 맹서 어데론지 사라져버리고...

자기 나름의 음색으로 잘 불렀지만, 뭐 노래라면 우리 집 색시들 따라

올 사람들이 없었지요. 애자 이모, 경자 누나, 그리고 저와 나이가 같았지만 등대까지 흘러온 어린 순이… 더불어 큰형과 작은형은 물론 작은 누님도 다 노래라면 걸어다니는 백과사전이었습니다. 물론 제 어머니도 등대에서 누가 물어보면 막히는 법이 없었지요. 어쩌면 어머니는 일찍 남편을 여의고 5남매를 데리고 억척같이 살아온 분이어선지 유행가에 자신의 삶을 녹여낸 것이 아닌가 합니다만.

아무튼 등대는 변두리 고단한 삶이 생생히 펼쳐지는 곳이어선지 별의별 노래들이 만들어지곤 했습니다. 개사(改辭)는 특별히 등대가 아니면, 아니 등대라는 공간에서 더욱 많이 펼쳐진 건지도 모르겠습니다. 해방 후 최대의 히트곡인 가요황제 '남인수(南仁樹)'의 「이별의 부산정거장」을 가사를 바꿔 젓가락 장단에 맞춰 신나게 부르기도 했습니다.

> 서울 가는 쌔빠질 놈아 외상술값 갚고 가거라
> 밑천 없는 이 장사에 식구가 열둘이란다
> 이것도 장사라고 한번 해보니
> 밑천이 똑떨어져 못해먹겠네
> 영도다리 둘러메고 국제 시장 팔러갈까
> 이별의 부산정거장

전쟁 후 피난민들의 환도(還都)로 이별해야 하는 변두리 서글픈 인생의 애환을 짙게 녹여낸, 아니 어머니의 삶이 그대로 투영된. 2절로 〈가기 싫은 장가를 갔더니 여편네가 병이 걸려서/반지 팔고 시계 팔아 약 한 첩 지어다놓고/한 손에 부채 들고 불을 붙이고/한 손에 수건 들고 눈물 닦을 때/미역도 끓기 전에 여편네가 눈을 감았네/이별의 부산정거장〉이라고 부르던 기억도!

특히 〈가련다 떠나련다 어린 아들 손을 잡고…〉란 가사의 박재홍(朴載弘) 노래 「유정천리(裕靖千里)」는 시대의 격랑과 맞물려 가사를 바꿔 불러 영화와 함께 대히트(?)를 하기도 했습니다.

    가련다 떠나련다 해공선생 뒤를 따라
    장면 박사 홀로 두고 조박사도 떠나갔네
    가도 가도 끝이 없는 당선길은 몇 구비냐
    자유당에 꽃이 피네 민주당에 눈이 오네

    세상을 원망하랴 자유당을 원망하랴
    춘삼월 15일 조기 선거 웬말인가
    천리만리 타국 땅에 박사 죽음 웬말인가
    서름 어린 신문 들고 백성들이 울고 있네

해공선생은 56년 5월 호남선 열차를 타고 전북 이리로 유세가다 뇌일혈로 죽은 대통령 후보 해공(海公) '신익희(申翼熙, 1894~1956)'이며, 조박사 역시 60년 대통령 후보로 출마했으나 유세 중 병을 얻어 미국 워싱턴에 있는 병원에 입원해 치료 중 급사한 유석(維石) '조병옥(趙炳玉)'을 가리킵니다. 연전 TV 드라마 「야인시대(野人時代)」에도 나왔지요.

아아! 지금도 청춘 시절의 낭만-, 서글픔과 아픔을 진하게 토해내던 색시들은 지금 어디서 어떻게! 제발! 아직 살아있어 만나면 껴안고 통곡하며 한이나 풀었으면! 저에게 슬쩍 돈을 쥐어주며 웃어주던 그 누나들은…!

조금 옆길로 샜는데, 얼마 후 성필이가 폐병으로 위독할 때 부산 메리놀 병원에서 제가 마지막을 지켜줬습니다.

아무튼 뱃일에 닳아 너무 낡았지만 제가 빨래 방망이로 하나하나 두드려 때를 뺀 후 이틀 밤새 정성스레 누비고 꿰매 입었을 때의 기쁨! 요즘에야 빈티지(Vintage)라고 일부러 낡은 옷처럼 만들어 입기도 한다지만. 그러고 보니 저는 본의 아니게 시대를 앞선 첨단 패셔니스트(?)였군요. 그 청바지는 생전 성필이와의 추억 속에서 소중히 간직했는데 살다 보니 어느새!

옛날이야기를 하다 보니 앞의 제 사촌 형도 가족들과 떨어져 라디오 CF로 흥얼거렸던 〈범표 삼화고무〉, 〈기차표 동양고무〉 등등 부산 신발산업의 메카로 유명했던 범일동(凡一洞) 신발공장들을 떠돌다 길에서 비참하게 죽었을 때 제가 화장을 해줬습니다. 가족이 찾지 않고, 겨우 연락됐던 하나 있던 아들도 그냥 무연히 지켜보다 떠나버려 제가 유해 가루를 베주머니에 넣어 청룡동 영락원 지하 창고에 넣었습니다. 15년 후에도 찾는 사람이 없으면 다른 유골과 함께 묻어버린다는 말과 함께. 제게도 슬픈 청춘의 낙인(烙印)이 그렇게!

치약, 칫솔은 군대 가서 처음 구경한 동년배들도 많았고(70년대 촌데도 강원도 시골 마을에서 온 동료 이등병은 치약을 신기해하며 빨아먹기도. 하긴 저도 어릴 때 몇 번 빤 기억은 있습니다), 그저 손가락으로 그냥 쓱싹 이를 훔치거나, 소금을 찍어 손가락 양치질을 했지요. 호롱불 청소는 제가 맡아 아침마다 그을린 유리를 물로 깨끗이 씻었습니다. 책을 좋아해 학교 뒤 절벽 쪽 어두컴컴한 도서실에서 혼자 늦도록 읽어서 그런지 3~4학년 때부터 근시가 왔지만 안경을 살 형편이 되지 못해 할 수 없이 시내 안경점에서 눈에 맞는 작은 렌즈 조각을 얻어 그걸로 한쪽 눈에 대고 칠판 글을 공책에 적던 슬픈 기억이 새삼스럽습니다.

그 시절 우리들의 과자는 솜사탕과 꽈배기와 왕사탕이 전부였습니다. 하지만 대개 비싼 편이어 쉽게 먹을 수 없었는데 작은 형이 사탕 공장에 다녔기 때문에 알록달록한 〈아이노꾸〉 사탕(그러니까 사탕 안 빨갛고 노란 회오리 무늬가 한국과 미국의 혼혈처럼 보인)을 꽤 많이 먹은 기억이 납니다. 덕분에 이빨이 썩어 실로 많이 뽑았는데…. 지금도 썩은 이빨 때문에 데굴데굴 구르며 밤새 신음을 토하던 기억이 서늘합니다. 2~3분 정도 무섭게 쑤시다가 10초쯤 조금 통증이 가라앉지만 또 턱을 뽑아내는 것처럼 아픈. 치료는 언감생심이었고 그저 실로 뽑아낼 수밖에 없습니다. 그렇게 습관처럼 어금니 없이 지내다 작년 봄 50여 년 만에 비로소 빠진 어금니 3개를 임플란트로 끼웠습니다. 혀가 제멋대로 돌아다니다 어금니에 막히니까 신기하기도 했지만 어렵게 살던 옛 시절과 관련하여 복잡한 감정으로 어쩌면 눈물 한 방울이!

중학교 입시 때 사업을 하는 반 친구 부모가 같은 중학교에 응시한 학생들을 모두 초청했을 때 저도 가서 처음으로 바나나와 밀감을 각각 한 조각씩 먹어보고 세상에 어쩌면 이렇게 맛있는 과일도 있나 하며 감격(?)에 떨던 기억이 나는군요. 지금은 거지들도 질려 잘 먹지 않는다고 합니다만.

중학교 여름방학 때 어머니가 장사하던 집 옆 중국집에 붙어있던 건물에 〈아이스께끼〉 공장이 있었습니다. 나무 상자에 넣고 남포동에 나가 〈아이스께끼 사려〉 소리치며 장사를 하기도 했습니다. 비 올 땐 남기도 하여 맛있게 빨아먹던 기억이 새삼스럽군요.

가끔 동네 꼬마들끼리 어울려 송도해수욕장 모래를 헤집어 백합조개나 소라를 건져 불에 구워 먹던 기억이 납니다. 모래가 씹히는 소리가 났지만 돌도 소화 시킬 정도의 우리들 당당한 전성시대였습니다. 송도 끝 혈청소 뒷산에서 커다란 칡을 힘들게 캐서 먹기도 하고, 돌아오는 길에 〈필기〉라는 여린 풀을 뽑아 풀피리를 신나게 불다 흐물흐물해지면 껍질째 씹기도 했습니다.

쌀밥은 명절에 한 번 먹는 것으로 만족했고, 대개 동회(동사무소)에 깡통 들고 가서 노란 옥수수죽을 받아오거나 옥수수빵을 받아 그걸로 배를 채웠습니다. 죽에 사카린을 타서 먹으면 텁텁하지만 꽤 맛있었지요. 특이하게 학교에서 가난한 학생들에게 일주일에 두 번 노란 옥수수 떡을 점심에 줄 때도 있었는데 화장실에 가서 저보다 더 지지리 못살던 친구(저와 성이 같은 통통. 지금 무얼 하고, 아니 살아는 있는지?)에게 줬던 기억이 납니다. 집에 가서 동생들 먹이라고. 가난이 일찍 생각을 깨우친 모양입니다. 살아있다면 아마 그 친구도 그 시절을 기억하기는 할 겁니다.

밀가루도 배급받곤 했는데 그걸로 수지비(수제비)를 만들어 먹었습니다. 제가 자주 끓이곤 했는데 학교 다녀와 배고플 때 부엌을 뒤져 여름철 쉰 수제비라도 있으면 허겁지겁 먹기도 했습니다. 수제비는 어린 시절 최고의 음식으로 아직도 제 맘속 깊이 자리 잡고 있습니다.

(지금 학교 밑 시장에 가면 칼국수와 함께 수제비를 2,000원에 팔고 있는데 퇴근하며 일부러 가서 먹기도 합니다. 5~6천 원 근사한 식사보다 훨씬 맛있지요. 비록 말은 별로 없지만 친절한 미소와 눈빛의 주인 아주머니를 보면 누이동생처럼 느껴져 괜히 기분이 좋아집니다. 아이들과 돌봄반 행사 같은 걸 마치고 가기도 해서 제가 선생님인 줄 알지만 다른 사람들에게도 마찬가지로 말없는 미소를 보이는 걸 보면 천성적인 모습인 것 같습니다. 아무튼 저에겐 지금까지 남겨진 은밀한 기쁨이 아닌가 싶은, 요즘 말로 소울푸드(Soul Food?)에 버금갈 정도의 음식으로 생각되어 퇴직하더라도 가끔 찾아갈 생각입니

다. 어떤 끈(?)이 그렇게 쉽게 단절되지 않고 이어진다는 건 인간의 진정(眞正)과 관련되는 듯한 생각이!)

고구마 썬 것을 말린 '빼때기'나 곰장어 껍질을 길쭉하게 마름질해 말린 '비각', 또는 굳힌 어묵과, 상어 창자를 삶은 '두토'는 참 많이 먹었습니다. 근래 추억의 음식으로 되살아나는 것 같은데 작은 누님이 가끔 자갈치 시장에 가서 사오면 맛있게 먹습니다.

우리 꼬마들 몇은 배가 고프면 등대로 갔습니다. 덴마선 아저씨에게 개상어나 곰장어, 돌고기 등을 얻거나, 그도 없으면 몽둥이를 들고 등대 입구 무릎 깊이의 얕은 물에 들어가 기다리다 숭어나 고등어가 지나가면 두드려 잡아 해변에 쌓인 나무토막들을 태워 구워 먹기도 했습니다. 검댕이 묻은 얼굴을 보며 버짐이 듬성듬성한 까까머리들이 모여 먹는 맛이 기막혔지요. 지금은 온갖 오물로 하수구나 다름없지만 그 시절 남항은 깨끗해서 김이나 미역, 조개도 먹을 수 있었습니다.

남항이라니까 생각나는 추억의 그림이 몇 개 있는데 조그만 덴마선 할아버지가 길이가 10m 가까운 기다란 대나무 장대에 쇠갈고리가 이빨처럼 여러 개 달린 국자 모양 끌개로 바닥을 긁어 아주 커다란 조개를 잡던 모습이 60년대 흐릿한 흑백의 그림처럼 떠오르는군요. 요즘은 섬마을 깊은 바다에 가도 그렇게 큰 조개를 좀체 구경하기 어렵습니다. 또한 지금은 대개 편리하고 말랑말랑한 고무 옷을 입지만 예전엔 고무를 먹인(도포-塗布)한 뻣뻣한 갑바(두터운 천) 잠수복에 우주비행사 헬멧 같은 걸 쓰고 등에 무거운 납덩어리를 달고, 더해서 납 신발까지 신은 〈머구리〉라 불리는 사람이 물속으로 들어가면 배 위에서 다른 사람이 공기주입 펌프를 시소처럼 좌우로 눌러 공기를 공급하여 2~30분쯤 물속에서 커다란 조개나 소라, 해삼, 문어 등등의 해산물을 채취하는 그림도. 아니, 저 자신도 물안경을 쓰고 들어가 커다란 굴이나 조개, 멍게를 따기도 했습니다. 조개는 어디에 많고, 미역은 어디에 많다는 것도 잘 알고 있었습니다.(전 6~10미터 가까운 물속에서-압력이 장난 아닙니다. 귀를 무슨 날카로운 송곳으로 꽉 찌르는 듯한 고통에다 지나는 배의 엔진 소리가 쾅쾅쾅 귀를 후벼 파는-2분 이상 잠수할 수 있습니다.) 훨씬 뒤 해녀들과 어울려 제주도나 지방을 떠돌 때 물망태-물에 뜰 수 있도록 두텁고 커다란 고무공을 달아 채취한 해산물을 넣어두는 망태, 또는 그물망사리-에 제가 더 많은 해산물을 채취해 이웃집에서 세탁소도 같이 운영했던 키 작은 분순이 엄마가 저놈은 물개가 틀림없다며 부러운 흉(?)을 할 정도였지요. 이젠 담배에 절고, 시대의 유약하고 깔끔한(?) 풍경에 매몰되어 그만큼 잠수할 수 없겠지만. 등대 밖 외해 쪽으로는 쌓아둔 돌무더기 밖으로 나가면 노랗거나 하얀 모래 더미들이 대개 평탄하게 깔려있지만, 항내엔 조금 탁한 물 밑에 돌덩어리들과 그물 등의 어구, 몇몇 덴마선 부스러기와 자갈치 시장에서 처리한 물고기 부스러기 등이 듬성듬성 널린 위로 진흙이 평탄하게 깔려있는데 머구리꾼 빼고는 아마도 남항 바닥을 날고기는 충무동 출신들 중에서도 들어가 본 사람은 거의 없을 듯.(하긴 크고 작은 배들이 쉴 새 없이 드나드는 항내라서 수영 자체를 금지했지만 집들이 해변 쪽으로 반은 육지에, 반은 물 위에 나무 기둥을 얼기설기 박고 그 위에 집을 짓고 살아서 굳이 단속하지 않았지요.) 그렇게 익숙했던 남항이었지만 바다를 매축한 중학교 시절에 벌써 기름 냄새가 심하게 나고, 여러 가지 오물과 동물 사체, 폐그물, 심지어 가구 등이 폐허처럼 버려진 더러운 항구가 됐습니다.

어쩌면 바다, 아니 물속은 저에게는 세상에서 상처받을 때마다 말없이 달래주던 구원(久遠)의 정화(情火)는 아니었는지!(그렇군요. 명국환(明國煥)이 노래한 「구원의 정화」라는 노랠 가끔 부른 기억이.)

> 남장에 말을 타고 사냥도 하고
> 활을 쏘고 칼을 쓰는 명수였소.
> 노략질 대감님네 조롱쯤은 예사요
> 용감하게 남아 같이 이 몸도 싸웠소.

참, 가슴 아픈 이야기들도 꽤 있는데 등대 밖 외해(外海) 쪽으로는(항내도 가끔) 죽은 사람들이 떠밀려오기도 합니다. 바다에 빠져 죽은 사람들이지요. 처음 초등학교 5학년 때 친구들과 수영하고 있었는데 시체 하나가 등대 안쪽 해변 가까이 떠밀려온 걸 알고 놀라 도망치듯 땅 위로 나왔습니다. 시체를 본다는 게 놀랍고 무서웠지만 한편으로는 바다가 제 삶의 전부로 알고 있던 저에게 빤히 눈앞에 떠밀려온 주검을 그냥 두고 볼 수 없었습니다. 아리랑 고개에서 떨어져 죽은 동네 형의 검푸른 얼굴을 떠올리기도. 친구들이 눈을 둥그렇게 뜨고 말렸지만 도로 헤엄쳐 들어가 조심스레 해변으로 끌고 나오는 걸 보고는 친구들이 마침 등대 입구 간이 초소에 신고를 해서 수습할 수 있었습니다. 불쌍한 사람을 거두었다는 보람을 느꼈던. 그래선지 그 후 고등학교까지 등대를 떠나기 전 어쩌다(어느 가을엔 두 번까지도) 시체가 떠밀려오기라도 하면 파출소에서 제게 먼저 연락을 해오기도 합니다. 시신을 수습해줄 수 있겠느냐고.(처음 어머니가 알았을 땐 파출소 습격(?) 사건-소장 멱살까지 잡은-까지 치르며 난리가 났습니다. 그리고 절 꿇어앉히고 매섭게 야단쳤지만 나중엔 결국 천국에 갈 거라며 칭찬을 해주셨습니다.) 전 그들이 너무 불쌍해(오래 바다를 떠다녀 그런지 대부분 신체가 온전하지 않은, 머리가 없는 몸통에 울긋불긋한 내장이 길게 흘러나온 끔찍한) 장갑을 낀 손으로 밧줄을 들고 헤엄쳐 들어가 물결에 너덜거리는 신체 부분들을 모두 거두어 얼기설기 묶어 기다리는 덴마선에 연결하면 등대 입구 초소 앞 쓰레기들 사이로 듬성듬성 펼쳐진 모래사장까지 몰고 가서 파출소에서 준비해온 낡은 우비로 그냥 덮다시피 묶습니다. 경찰 백차에 실려 대학병원으로 가는 모습을 보며 그런 날은 서글픔에 젖어 괜히 손을 빡빡 씻고 그즈음 남몰래 꽤 익숙했던 술을 들이키기 바빴습니다. 그렇게 고향(?)으로 찾아온 불쌍한 인생들을 2번이나 거두어준 기억은 제 인생의 가장 보람찬 눈물(?)로 남았습니다. 나중 생각해보니 제가 무슨 '프로메테우스(Prometheus)'의 헌신과 구원은커녕 오히려 쇠사슬에 묶여 간을 쪼아 먹히는 끔찍한 고문을 당하는 듯한 느낌도 들었지요. 인간과 삶의 비밀을 해부하듯 너무 생생하게 살펴본 값인 듯합니다. 이런 이야기는 아이들에게 절대 해서는 안되는.

당대의 눈물겨운 모습들은 이제 〈대한 늬우스〉에서나 볼 수 있으려나! 아이들에게 그런 시절 너나없이 굶던 이야기를 하면 모두 신기하게 생각합니다. 〈6·25사변〉과 〈임진왜란〉이 어떻게 다른지도 잘 모르는 아이들에게 역사는 시간이 휘발된 의미 없는 기호로 존재합니다. 모든 것을 오직 눈에 보이는 현상으로서만 판단하는 맹목에 갇혀 있는 나이기 때문입니다. 때론 어른들도 그런 유치한 생각에 사로잡힌 사람들도 있습니다만.

역사는 사람들의 삶을 묶어줍니다. 조국, 고향, 친족, 가족…. 나를 중심에 두고 동심원(同心圓)으로 삶이 이루어지지요. 그 가장 원초적인 인력은 가족입니다. 피로 엮인 존재들이 동시대의 다양한 삶을 헤쳐 나가는 원동력으로 역사의 동심원을 개척해나갑니다. 피는 가족, 친족, 고향, 조국이라는 메아리의 유전자입니다. 짐승이 죽을 땐 태어난 곳을 향해 머리를 숙이고, 사람은 평생을 고향과 가족이라는 틀에서 벗어나지 못합니다.

근래 노마드-유목(遊牧)이라는 말이 한창 유행했지요.(저도 '펠릭스 가타리(Félix Guattari)'의 「천개(千個)의 고원」이나 '자크 아탈리(Jacques Attali)'의 「호모 노마드(Homo Nomad)-유목하는 인간」 등등의 책을 가지고 있습니다만 역시 여러 가지 일로 바쁘고, 무엇보다 정신을 집중하지 못해 제대로 읽지 못하고 있습니다. 인간의 본원적 삶의 의미와 연결된 주제를 다루고 있는데 언제 정독할 수 있을지.) 근래 들어 북극이나 남극, 아프리카, 아마존 등의 자연 다큐가 많이 보이던데 그런 것들도 어쩌면 우리들 유목적인 삶의 원초적인, 혹은 변두리의 자취를 돌아보고 싶어하는 바람이 은연중에 입혀진 것으로 이해되기도 하더군요. 노마드적인 삶은 이젠 문명화의 상징적인 코드가 되어버려 예전처럼 온전히 출신 지역, 또는 인종, 국가라는 틀로 인간을 해석할 수 없어져버렸습니다. 교통과 통신, 지식과 산업 등이 폭발적으로 늘어나면서 예전 촌락 위주의 고답적 삶의 영역은 필연 거대도시의 길을 걷게 되고, 그 도시의 다양한 양적, 질적 확대로 삶의 변화가 강요될 수밖에 없어져버렸습니다. 오늘날 개인이 칼이나 농기구 등을 직접 만들지 않고 대장간에서 만든 것들을 구입하여 사용합니다. 아니, 생활에 필요한 모든 것들은 공장에서 꾸역꾸역 쏟아져 나오고, 우리는 간편하게 가게에서 필요한 것들을 구입하여 사용하지요. 걷거나 말을 타고 출퇴근하지 않으며, 소리를 지르지 않고도 먼 곳에 떨어진 사람들과 대화를 나눕니다. 삶은 점층법(漸層法)처럼 하나씩 우리가 모르는 사이에도 부지런히 분화, 진화되고 있었습니다. 그러니까 등대 시장에서 흔히 봤던 〈칼갈이〉 아저씨를 본 것도 까마득한 시절의 그림이군요. 앞서 언급한 제사촌형처럼 그렇게 어제의 사람들은 모두 말끔히 우리와 연결이 끊어져 다만 기억으로 이어지고 있습니다. 지금은 고향이 사라진 시대입니다.

심지어 〈디지털 노마드〉라고 현실이 아닌 가상의 세상에 빠져 살아가는 사람들 이야기를 하기도 합니다. 하루 종일 게임이나 인터넷 세상을 유랑하는. 현대의 카카오톡이나 트위터, 페이스북 등의 SNS, 개인 홈페이지, 블로그 같은 네트워크, 또는 판타지 종류의 영화, 아바타(avatar) 같은 개념들에도 자세히 살펴보면 그런 노마드의 기호들이 꿈틀거리고 있을 겁니다. 현대는 그런 노마드의 초상으로 존재할 수밖에 없습니다. 저번 주 말씀 드린 것처럼 사라호와 그 시절의 등대와 제 옛 친구들처럼 제각기 어느 순간 연결이 끊어지고 낯선 곳에서 이름도 없는 개인으로 살다 아무도 몰래 세상과 이별해버립니다. 〈정착(定着)〉은 무슨 낡은 이론처럼 용도폐기 되어버렸습니다.

제각각 폐쇄적인 공간과 잘게 나눠져 배당된 시간을 허겁지겁 살며 피의 동심원인 부모형제와도 멀리 떨어지고, 어릴 때 가까웠던 삼촌과 이모는 쉽게 만날 수 없어져버렸습니다. 하물며 사촌들은 하는 일이 무언지는 물론 이름마저 희미해지는 망각의 늪 속으로 오늘도 달려가고 있습니다. 손자뻘만 되어도 벌써 남이 되어버리지요. 앞의 성필이는 진작에 까마득한 어둠 속으로 사라져버려 저에게도 흐릿한 모습으로 남은. 현대인은 고향은 물론 피, 가족에서마저도 멀리 떠나가버렸습니다. 어느 들판에서 제각각 유목인으로 살다 아무도 모르게 사라지는. 〈성을 쌓는 자는 망하고 계속 이동하는 자만 살아남는다〉라는 말이 한때 유행한 적이 있었는데 우리들 삶에 정교하게 연결된 인연(因緣)과 동질성(同質性)에서 보면 칼날처럼 잘려지는 삶의 고리들 속에서 둥둥 떠다니며 사라지는 개인들의 초상이 명료하게 떠오르는군요.

우리는 유목적인 바쁜 일상을 핑계로 우리를 이어주던 많은 고리들을 끊어버리고 고립의 길로 들어서고 있습니다. 외부와 소통하는 문을 닫아버리고는 대신 자신이 만든 고치 속에서 편안하고 안락한 현대문명을 향유하는 번데기가 되어버렸습니다. 조선 말 쇄국(鎖國)은 타의적인 정치적 구속이었지만 현대의 고립은 자기도 모르게 빠져든 정신의 구속이기 때문에 심각한 실존(實存)의 문제까지 제기되고 있습니다. 존재하면서도 존재하지 못하고 다중(多衆)이란 허상의 함정에서 허우적거립니다. '사르트르(Jean-Paul Sartre)'는 그의 자전적 소설 「말(Les Mots)」에서 자신을 받아주었으면 하는 허황된 희망을 품고 이곳저곳 무리들을 기웃거리지만 실패하는 모자(母子)의 이야기를 통해 실존을 위협받는 현대의 비정한 상황을 이야기했고, 나중 그의 최고 작품으로 매김된 「구토(La nausée)」라는 소설에서 '로깡땡(Roquentin)'이라는 섬세한 인물이 〈사람의 무리〉가 아닌 일개 〈보잘것없는 현상, 사물〉들에게까지 우월하지 못하다는 심각하고 치밀한 내면의 불화로 실존의 두려움을 극단적으로 보여주었습니다. (두 작품 모두 오래전에 읽어 가물하군요. 아무튼 제 성향이나 생각을 그렇게 대입하여 생각을 굳혀 온 건지도 모르지만.)

그런 불안하고 음습한 비관적 실존은 지상을 떠나 우주라는 공간으로 삶의 무대가 확장되면서 마치 선명하게 유전된 본능처럼, 계시록(Revelation)의 예언적인 화면처럼 자주 나타나기도 하더군요. 저번 주에 말씀드린 것처럼 『에일리언-Alien』 같은 영화는 그런 유목적인 삶의 위기의식을 잘 드러내고 있습니다. 우주 전사(戰士) 〈리플리〉 역의 '시고니 위버(Sigourney Weaver)'는 기약 없이 가축을 데리고 우주를 떠돌아다니는 목동(牧童)에 다름 아닙니다. 절대 지구로 돌아올 수 없는, 우주에서만 존재의 정당을 부여받은. 이미 고향이란 개념도 상실하고 전혀 관계없는 시간과 장소가 짜깁기된 우주에서 늑대처럼 존재를 위협하는 적들과 영원히 마주하고 있을 뿐입니다. 산성 침을 마구 흘리는 괴물은 그에게서 알(새끼)을 낳을 수 있도록 집요하게 위협합니다. 아! 문득… 그 에일리언은 우리를 감싸고 있는 《시간》이라는 괴물의 불안한 모습에 다름없었군요. 끝없는 우주에서 집요하게 존재를, 삶의 근거를, 고향을 파괴하려는 듯, 그래서 자신의 항상성을 계속 이어가려는 듯 리플리에게 집요하게 달라붙는. 우주라는 시간의 지평(Time Horizon)에서 우리는 리플리처럼 우주의 목동이 되어 어딘지도 모르고 흘러가야 하는.

서구 지성사에서 실존주의(實存主義)는 20세기 들어 압도적으로 들이닥친 불안정한 유목 세상에 잠식당하는 인간군상을 뼈저리게 보여준 예언이었습니다. 노마디즘(Nomadism)은 실존주의의 씨앗이면서 동시에 열매의 의미를 현대에 와서 보여주고 있습니다.

현대의 디지털 노마드란 말도 그런 스스로 만든 고치의 감옥에 다름 아닙니다. 아무도 내 이름을, 내 존재를 생각해주지 않고, 삶과 죽음마저도 관심을 가지지 않습니다. 하물며 누가 무슨 생각을 하고 옆집에서 사는지 전혀 알 수 없지요. 심지어 아파트에서 홀로 살다 죽어 백골이 되어 발견되는 경우도 있더군요. 전에 어느 소설가의 「종이비행기」란 작품에서 그 비슷한 내용이 있었음을 이 글에서 적어본 기억이 납니다. 현대의 소외론들은 대개 그런 실존주의의 이론을 차용하여 사실은 노마드적인 삶의 기미들을 해석하고 있습니다.

현대의 살벌한 풍경은 개인들의 불안을 차압하여 감옥에 가둬버렸습니다. 맛있는 음식과, 명품 옷과, 30평 아파트와, 번쩍이는 자동차와, 품위 있는 직위, 해외여행, 명예… 를 제공하는 잘 조직된 감옥에. 그마저도 대접받지 못하는 사람들은 좀 더 더러운 지하 감옥에서 꾀죄죄한 냄새를 맡으며 오늘도 서로 악다구니처럼 다투며 사육되고 있습니다. 사람들은 자신이 사육되는 불쌍한 존재인 줄 모르고 던져주는 그런 먹이들에 흐뭇해하며 표정관리를 하는 희극을 연출하고 있지요.

문명화는, 아니 유목은 인간의 삶을 화려하고 다양하게, 편리하고 손쉽게 해주었지만, 반대로 문자 그대로 사람들 사이라는 〈人間〉의 영역을 소멸시켜버렸습니다. 지구가 없이는 살 수 없듯, 인간의 영역이 없어지면 모래알처럼 흩어지고, 묻히고, 아무도 모르게 사라져버립니다. 어느 구석에서 제각각 외롭게 스러지는 존재의 무화(無化)! 귀신들도 이제 자신의 기일(忌日)에 자식의 집을 찾지 못해 제삿밥도 찾아 먹지 못하고 있다는 우스개를, 사실은 절망을 이야기하고 있습니다. 다음에 기회가 되면 유목에 기댄 현대 문명의 다양한 모습들을 좀 더 일별해보고 싶습니다만.

이번 추석에는 그런저런 새삼스런 마음으로 가족과 친척들을 만나 그들의 이야기를 들어보기를, 그래서 나의 근원과 존재의 양식을 확인해보는 기회가 되기를 바랍니다.

덧붙이는 글

1. 앞에 이야기한 학교 밑 시장의 칼국수는 2022년 지금도 가끔, 아니 자주 찾아가 먹습니다. 역시 말없이 미소로 맞는 여주인이 그렇게 반가울 수 없는. 맛 또한 여전한데 TV 등에 과장되게 소개되는, 온갖 비법(?)으로 짬뽕된 맛집들과는 거리가 먼 단순한. 2,500원짜리 칼국수를 한 그릇 먹고, 나머지 7,500원어치는 집에서 먹을 수 있도록 정성껏 싸서 담아줬는데 재작년 초에 6~7년 만에 3,000원으로 올랐지만 역시 본전이나마 건지는지 모르겠습니다. 가당찮은 고집이겠지만 어쩌면 정처 없는 노마드(Nomade)의 메마른 감정을 탈출하려는, 아니 사실은 이미 유령이 되어 배회하는!

2. 마찬가지로 앞에 이야기한 양주 2병을 그대로 가지고 있다가 역시 작년 마라톤클럽의 연말 행사 때 협찬했더니 엄청난 파장(?)이 일어났습니다. 쉽게 접할 수 없는, 3~40년을 훌쩍 넘은 귀한 술이라는데 돈으로 아마 50만 원 이상 될 거라며 생전 처음 이렇게 귀한 걸 마셔본다고 하더군요. 전 그게 귀한 줄도, 아니 알았더라도 전혀 관심 없는데 말입니다. 그저 소주 한 병과 바꾸자고 해도 당장 바꿀. 어쩌면 삶은 그런 과장법으로 스스로를 위로하려는 건지도.

3. 역시 실과 실습을 하고 남은 마패표 컬러 재봉사 15통(한 통에 미니 실패 10개가 든) 중 3통과 아이들이 사용하고 남겨둔 열댓 개의 미니 실패는 버리지 않고 슬쩍(?) 집에 가져와 8년여 지난 지금도 여러모로 잘 사용하고 있습니다. 검은 실은 이미 다 써버렸지만. 남겨둔 12통은 어느 분이 재봉틀 수업에 잘 사용했는지. 후후!

4. 참, 그 시절 큰누님이 깜박 죽을 뻔한 일도 있었습니다. 59년 부산 구덕 공설운동장에서 열린 시민 위안대회(?)에서 갑자기 쏟아지는 소나기를 피해 한꺼번에 인파가 몰려나오다 철망이 무너지며 사람들이 깔려 죽는 사건이 벌어졌지요. 그때 누님도 깔렸는데 다행히 상체는 깔리지 않아 겨우겨우 빠져나올 수 있었지만 긴박한 가운데 사정없이 밟히고, 철망에 긁혀 온몸이 피투성이가 되었다고 하더군요. 지금도 몸과 다리에 기다란 상처 자국이 보이지요. 얼굴에도 희미하지만 기다란 상처 자국이. 그때 50여 명이 죽었다고 하던데 살아온 것만으로도 다행이라며 서글픈 미소를 짓는 걸 보면 우리 모두 그 시절을 살아낸 것만으로도 행복한 일이 아닐 수 없습니다.

그런데 65년 광주 전국체전 때도 개막식에 몰려든 10만 관중들로 철제 정문이 무너져 150여 명의 사망과 부상자가 발생하는 불상사가 일어났습니다. 모두 상황을 예견(豫見)하지 못한 안이함이 불러온 안타까운 사고였습니다.

학교에서 부치는 편지 1부
2012학년도 서곡초등학교 4학년 2반

1판 1쇄 발행 2021년 11월 01일
2판 1쇄 발행 2025년 9월 10일

저자 우길주

편집 윤혜린　　**마케팅·지원** 이창민

펴낸곳 (주)하움출판사　　**펴낸이** 문현광

이메일 haum1000@naver.com　　**홈페이지** haum.kr
블로그 blog.naver.com/haum1000　　**인스타그램** @haum1007

ISBN 979-11-7374-135-7(03800)

좋은 책을 만들겠습니다.
하움출판사는 독자 여러분의 의견에 항상 귀 기울이고 있습니다.
파본은 구입처에서 교환해 드립니다.

이 책은 저작권법에 따라 보호받는 저작물이므로 무단전재와 무단복제를 금지하며,
이 책 내용의 전부 또는 일부를 이용하려면 반드시 저작권자의 서면동의를 받아야 합니다.